F. H. Müller

Die deutschen Stämme und ihre Fürsten

F. H. Müller

Die deutschen Stämme und ihre Fürsten

ISBN/EAN: 9783743391055

Hergestellt in Europa, USA, Kanada, Australien, Japan

Cover: Foto ©ninafisch / pixelio.de

Weitere Bücher finden Sie auf **www.hansebooks.com**

Die deutschen Stämme
und ihre Fürsten.

Oder:

Historische Entwicklung der Territorial-Verhältnisse Deutschlands im Mittelalter.

Von

Ferdinand Heinrich Müller.

Vierter Theil.

Historisch-geographische Darstellung von Deutschland im Mittelalter vornehmlich während der Zeit des zehnten Jahrhunderts.

Aus dem Verlag von C. G. Lüderitz in Berlin übergegangen
1861
an Friedrich Andreas Perthes in Gotha.

Historisch-geographische Darstellung

von

Deutschland im Mittelalter

vornehmlich

während der Zeit des zehnten Jahrhunderts.

Von

Ferdinand Heinrich Müller.

Erster Theil.
Die Länder Hohenrhätien, Alemannien und Burgund.

Aus dem Verlag von G. H. Lüderitz in Berlin übergegangen
1861
an Friedrich Andreas Perthes in Gotha.

Vorwort.

Später als es mein Wunsch und meine Absicht war, erscheint die Fortsetzung dieses Werkes. Ein langwieriges Leiden, von welchem ich auch jetzt noch keineswegs befreit bin, griff aber hemmend in meine Thätigkeit ein und bewirkte eine ziemlich lange Unterbrechung in den Arbeiten, welche mich seit mehrern Jahren beschäftigt haben, was für mich selbst um so unangenehmer war, als ich grade bei dem Punkte angelangt war, wo ich einem lange gehegten Lieblingswunsche zu Folge eine übersichtliche Darstellung von Deutschland nach seiner alten Gau-Eintheilung zu geben im Begriff stand.

Indem ich nun hiermit den Anfang der historisch-geographischen Darstellung unsers deutschen Vaterlandes nach seiner politischen und kirchlichen Organisation im Mittelalter jedoch mit besonderer Rücksicht auf die Zeit des zehnten Jahrhunderts, in welchem das deutsche Reich des Mittelalters nach seinem äußern Umfange zuerst seine bestimmte Ausbildung erhalten hatte, der Oeffentlichkeit übergebe, habe ich für diese Arbeit wohl in mehrfacher Beziehung die Nachsicht der Freunde und Kenner der vaterländischen Geschichte in Anspruch zu nehmen. Denn wohl darf ich sagen, daß dies der erste Versuch zu einer solchen Darstellung sei sowohl für das gesammte deutsche Gebiet als auch namentlich für die bei dieser Arbeit von mir befolgte Art und Weise ihrer Ausführung. Zwar hat das neu erwachte Studium der deutschen Geschichte seit den letzten Decennien, wie es zur Genüge bekannt ist, seinen wohlthätigen Einfluß auch auf die Erforschung der ältern Verhältnisse und Zustände unsers gemeinsamen Vaterlandes geäußert, und die in dieser Beziehung so wichtige Gau-Geographie von Deutschland hat seitdem schon viele treffliche Bearbeitungen in größerm oder geringerm Umfange erhalten, durch welche die Bedeutung dieses Gegenstandes für die allgemeine historische Entwickelung von Deutschland eigentlich erst recht klar geworden ist; aber diese Arbeiten waren bis dahin immer nur auf einzelne Theile unsers Vaterlandes beschränkt und an einer umfassenden Arbeit über das gesammte Gebiet desselben fehlte es bis jetzt noch. Freilich erklärt sich dies zur Genüge aus der Schwierigkeit des Gegenstandes, und auch ich möchte kaum an die Ausführung eines solchen Unternehmens gedacht haben, wenn ich nicht die mancherlei Vorarbeiten in dieser Beziehung, die mich schon seit langer Zeit mit besonderem Interesse für diese Sache erfüllten, vor Augen gehabt hätte. Doch darf ich dabei nicht unerwähnt lassen, daß es grade für die in dem vorliegenden Bande behandelte Parthie bis jetzt an allen Vorarbeiten gebricht, so daß ich hier auf einem für die vorliegenden Zwecke bisher ganz unerforschten und durchaus brach liegenden Gebiete wandelnd um so mehr der Nachsicht bedarf, wenn die Darstellung der historisch-geographischen Verhältnisse, wie ich es selbst am besten fühle, nicht den Anforderungen entsprechen sollte, welche man vielleicht an dieser Arbeit zu machen geneigt sein dürfte. Uebrigens wird es kaum nöthig sein, die dieser Darstellung in eben diesem Theile gegebene geographische Ausdehnung, wo sie über die Grenzen Deutschlands oder des deutschen Landes hinausgehen möchte, hier noch besonders rechtfertigen zu wollen, da das, was in dieser Beziehung zu sagen ist, gehörigen Ortes auseinander gesetzt worden ist und dort seine Begründung finden wird.

Wenn man nun aber auch heut zu Tage die Wichtigkeit einer historisch-geographischen Darstellung Deutschlands in jener Zeit, für welche die Erforschung der Gaue nebst der Abgrenzung der größern volksthümlichen Gebiete in den Herzogthümern des ältern deutschen Reiches ganz besonders in Betracht kommt, wohl anerkennt und dieses Ziel durch Schriften und Chartenwerke zu erreichen sucht, so ist doch mit einer blos registratorischen Aufzählung der Gaue noch keineswegs alles geschehen, was in dieser Beziehung noth thut. Vielmehr bildet die Erforschung und Darstellung des Grund und Bodens oder das eigentlich geographische Element ein sehr wesentliches Moment in einer solchen Arbeit, dessen Vernachlässigung bis jetzt sich immer selbst gerächt hat. Denn eben daraus erklärt es sich, daß die gewiß verdienstvolle Arbeit Wilkens in der Angabe der alten

Gaue Deutschlands in seinem Abriß der deutschen Geschichte bis jetzt so wenig fruchtbringend für die Geschichte selbst gewesen ist. Die vorliegende Arbeit nimmt aber bei allen darin vorkommenden historischen Elementen und Abschnitten wesentlich den Charakter eines geographischen Buches in Anspruch, wie wenig ihr derselbe bei der heutigen Stellung der geographischen Wissenschaft unter uns darum auch zur besondern Empfehlung gereichen mag. Denn in der That liegt das geographische Studium bei uns so im Argen und steht in solcher Ungunst, daß kaum eine Gewährleistung darüber vorhanden ist, ob nicht dieses Buch deshalb ein gleiches Schicksal haben werde, welches meine Arbeit über Ost-Europa erfahren hat. Auch ist es bekannt genug, daß wir bis jetzt keine einzige geographische Behandlung unsers Vaterlandes besitzen, welche nur irgend wie einen gegründeten Anspruch auf einen solchen Namen machen könnte, so daß ich auch hier ohne alle Vorarbeiten selbst wieder den ersten Grund zu legen hatte und die Mühe meiner Arbeit verdoppelt sahe. Aber die Ursache der Geringschätzung, welche dem geographischen Studium unter uns noch immer zu Theil wird, ist offenbar das unglückliche Vorurtheil, welches nur allzu verbreitet genannt werden muß, daß man über die Geographie längst hinaus sei, oder daß sie als untergeordnete Hülfswissenschaft der Geschichte keine besondere Beachtung verdiene. Ist es doch leider der Fall, daß selbst diejenigen, welche sich auf unsern Hochschulen einer allgemeinen wissenschaftlichen Bildung befleißigen, kaum einmal Notiz davon nehmen, ob es überhaupt geographische Studien giebt oder nicht. Wie selten aber auch unter den Historikern unserer Zeit eine genügende geographische Bildung verbreitet ist, wird leicht aus fast allen historischen Schriften, wo das geographische Element in Betracht kommt, zu erkennen sein. Nichts destoweniger nimmt die Geographie, mag sie nun mehr von der einen oder der andern Seite der in ihr herrschenden Elemente berücksichtigt werden, auf jeden Fall eine selbstständige Stellung in der Reihe der Wissenschaften ein und verlangt dasselbe Studium wie die andern Wissenschaften. Wollte Gott, daß dies immer recht anerkannt würde, und daß die geographischen Studien unter uns denselben Anklang und dieselbe Theilnahme und Beförderung fänden, welche den historischen Studien zu Theil zu werden pflegt, damit die Beschäftigung mit denselben nicht nur der Sache selbst zum größern Vortheil gereichen, sondern auch für das geistige Leben erfreulicher und aufmunternder sein möchte.

Mag man auch immerhin zugeben, daß die Geschichte im Großen und Ganzen genommen oder die sogenannte Weltgeschichte unabhängig sei von den Länderräumen, auf welchen sie spielt, obschon auch das nur halb wahr ist, so ist es doch eine ganz andere Sache mit der Geschichte in ihrer Besonderung und Individualisirung. Da zeigt sich eine ganz bestimmte Wechselwirkung zwischen den Naturverhältnissen des Landes und der politischen Entwickelung des dasselbe bewohnenden Volkes, und die letztere ist nicht vollständig zu erkennen ohne die Erkenntniß der erstern. Namentlich muß das der Fall sein bei einer so bestimmt und scharf ausgeprägten Landesnatur, wie sie sich auf deutschem Grund und Boden kund giebt, und die daher stets einen so mächtigen Einfluß auf die mannigfache und reiche Entwickelung des deutschen Volksstammes nach seiner vielfachen Gliederung ausgeübt hat. Aber grade dieser Einfluß der Landesnatur Deutschlands sowohl in ihren Hauptformen als in ihren kleinern Gebieten auf die volksthümliche und politische Entwickelung seiner Bewohner soll und muß in einer historisch-geographischen Darstellung des deutschen Landes, so weit es möglich ist, zur Anschauung und Erkenntniß gebracht werden, damit die Geschichte und die Geographie dieses Landes nicht blos an Klarheit und Bestimmtheit gewinnen, sondern auch in ihr gehöriges und nothwendiges Verhältniß zu einander treten. Nicht zu läugnen ist es jedoch, daß die Verarbeitung des geographischen, ethnographischen und historischen Elementes in einander zu einem harmonischen Ganzen, wie es hier versucht worden, mit eigenthümlichen Schwierigkeiten verknüpft ist. Denn vornehmlich kommt es darauf an, das geographische Element überall als die Grundlage für die beiden andern Elemente erkennen und gleichsam hindurchscheinen zu lassen. Auch muß dadurch zugleich wieder der Gang der Darstellung bedingt werden, wenn es nicht blos bei ganz abstrakten geographischen Angaben oder Beschreibungen sein Bewenden haben soll.

Demnach würde man zunächst von den Hauptformen der Naturbildung des Landes auszugehen haben, an deren Charakteristik nach ihrem gesammten Umfange und ihrer Bedeutung die Entwickelung des Völkerlebens anzurücken wäre. Ist nun im Allgemeinen auch anzuerkennen, daß die verschiedenen volksthümlichen Gebiete Deutschlands mit seinen Naturgebieten zusammenfallen oder sich im Wesentlichen doch entsprechen, so findet bennoch keine vollständige Uebereinstimmung dieser verschiedenen Verhältnisse statt. Denn die volksthümlichen Gebiete greifen nicht selten in verschiedene Naturgebiete des deutschen Landes ein, so daß die Darstellung genöthigt ist entweder von dem Zusammenhange der Natur-Abtheilungen des Landes abzusehen, um die Herzogthümer und kirchlichen Diöcesen nach ihrem äußern Umfange im Zusammenhange zu geben, oder mit Aufgebung des Zusammenhanges der volksthümlichen und politischen Abtheilungen der Darstellung der verschiedenen Naturformen des Landes zu folgen. Indessen der eine Gang der Darstellung würde eben so einseitig und unzweckmäßig sein als der andere. Nothwendig müssen beide Arten der Darstellung mit einander verbunden werden, obwohl es keine leichte Sache ist dies auf eine geschickte Weise zu thun, so daß die Anschaulichkeit weder der geographischen noch der historisch-ethnographischen Verhältnisse darunter leidet oder verloren geht. Ich bin nun fern davon zu glauben in dieser Beziehung überall das Rechte getroffen zu haben, doch glaube ich, daß die hier von mir befolgte Methode, wenn auch manches daran auszusetzen sein sollte, von der Art sein werde, um neben der Darstellung der historisch-ethnographischen Verhältnisse zugleich eine angemessene und geeignete Anschauung von den Naturverhältnissen oder von dem Grund und Boden des deutschen Landes so wie von ihrem gegenseitigen Verhältniß zu einander zu gewähren.

Zwar glaubte ich bei dem Beginn der Ausarbeitung dieses Buches einen bedeutend größern Abschnitt in diesem Theile vollenden zu können, aber wie gewöhnlich wächst die Arbeit unter den Händen oder nimmt doch im Verlauf der Ausführung eine größere Ausdehnung in Anspruch, als man ursprünglich vermuthet hatte. Wohl hätten vielleicht die historischen Ausführungen etwas beschränkt werden können, wenn ich auch nicht ohne Grund denken darf nur so viel davon aufgenommen zu haben, als zur Erläuterung und Charakterisirung der geographischen Verhältnisse nöthig schien. Somit habe ich hier nur einen kleinen Theil von der Darstellung unsers deutschen Vaterlandes gegeben oder nur das Gebiet behandelt, welches im Allgemeinen mit dem heutigen Schweizerlande zusammenfällt. Aber auf einem so mannigfaltig entwickelten und reich ausgestatteten Boden, dem eine eben so reiche historische Entwickelung durch alle Jahrhunderte der Geschichte entspricht, konnte nach dem Zwecke der ganzen Arbeit kaum eine größere Kürze erreicht werden, und bei den Freunden und Kennern der vaterländischen Geschichte wird dies um so eher eine Entschuldigung finden, als grade dieser Theil von Deutschland nach allen seinen Verhältnissen leicht als das merkwürdigste und interessanteste Gebiet desselben bezeichnet werden möchte, welches bis jetzt noch lange nicht genug die Forschung in Anspruch genommen hat und noch immer seine genügende Bearbeitung in sehr vielfacher Beziehung erwartet.

Zur größern Veranschaulichung der so mannigfaltigen und bunten Landschafts-, Gau-, Comitats- und Diöcesan-Verhältnisse in dem Schweizerlande während des karolingischen Zeitalters und der nächst folgenden Zeit wäre wohl eine historische Charte sehr angemessen gewesen, aber die Ausführung und Veröffentlichung einer solchen Arbeit hat bekanntlich noch mit größern äußern Schwierigkeiten zu kämpfen als die eines Buches, und ich kann daher nur auf K. v. Spruner's verdienstvolles Chartenwerk verweisen, wie wenig dasselbe für diese Gebiete auch immer ausreichend genannt werden dürfte. Gewiß würde mir der in dem neuen Archiv für schweizerische Geschichte (Zürch 1843) angekündigte historische Atlas von der Schweiz von Vögelin in Zürch bei meiner Arbeit um so ersprießlichere Dienste geleistet haben, als dieses Werk sich offenbar der Unterstützung aller möglichen einheimischen Mittel zu erfreuen haben wird und einen Namen an seiner Spitze trägt, welcher für die treffliche Ausführung des Unternehmens eine gute Bürgschaft leistet. Möge dieses Werk im Interesse der Wissenschaft doch recht bald der Oeffentlichkeit übergeben werden können. Sonst ist für die Vergleichung des Gebirgslandes in der Schweiz und namentlich der Alpenstraßen und Alpenpässe die gewöhnliche Charte dieses Landes von Weiland, die durch ihre Wohlfeilheit allgemein zugänglich ist, mit großem Nutzen zu gebrauchen und daher zu empfehlen.

Gern hätte ich noch in diesem Theile den Abschnitt über das Land Burgund vollendet, aber mein augenblicklicher Gesundheitszustand erlaubte mir das nicht, und somit müssen die daran noch fehlenden Parthien der etwanigen Fortsetzung dieses Werkes überlassen bleiben.

Der dem Buche vorgesetzte doppelte Titel wird übrigens dadurch gerechtfertigt werden, daß dasselbe eben sowohl die Fortsetzung des historischen Anfanges des Werkes in den drei ersten Bänden bildet, als es auf der andern Seite auch wieder als eine besondere und selbstständige Arbeit betrachtet werden kann.

Berlin, im July 1844.

Inhaltsverzeichniß.

Einleitung.

Das deutsche oder oſtfränkiſche Reich S. 1. Deutſchland und das deutſche Land S. 3. Die deutſchen Herzogthümer S. 4. Die Gau-Eintheilung Deutſchlands S. 6. Bedeutung der Gau-Geographie Deutſchlands für die deutſche Geſchichte S. 9. Namen der Gaue S. 10. Die Namen Feld, Want und Baar S. 12. Bedeutung der Gaue in geographiſcher und politiſcher Beziehung, die Ober- und Unter-Gaue S. 13. Verſchiedener Gebrauch des Namens Gau S. 15. Verhältniß der Gau-Eintheilung Deutſchlands zu der kirchlichen Eintheilung S. 18. Die Gebiete des deutſchen Reiches S. 20. Gruppirung der deutſchen Gebiete S. 21. Der Gang der Darſtellung S. 23.

Erſter Abſchnitt.

Alemannien oder das Schwabenland nebſt Hohenrhätien und die germaniſch-deutſchen Gebiete von Hoch-Burgund.

Ausbreitung der ſchwäbiſch-rhätiſchen und burgundiſchen Gebiete an den Alpen S. 24.

Das Gebirgsſyſtem der Alpen.

Lage und Größe des Alpengebirges S. 25. Name der Alpen S. 26. Ausbreitung des Alpenlandes S. 27. Der doppelartige Abfall des Alpenlandes und die Alpenſeen S. 28. Die Maſſen- und Gipfelerhebung der Alpen S. 29. Der Bau der Alpen in geognoſtiſcher Beziehung

S. 30. Die Höhen-Verhältnisse des Alpengebirges, die Vor-Alpen, Mittel-Alpen und Hoch-Alpen S. 33. Die ewige Schneelinie im Alpenlande S. 34. Die Gletscher-Bildung des Alpengebirges S. 35. Die Thalbildung des Alpengebirges S. 37. Die Alpenstraßen und Alpenpässe S. 38. Die Gliederung des Alpenlandes S. 39. Vergleichung der drei Haupttheile des Alpengebirges mit einander S. 40.

1) Die West-Alpen. Die Meer-Alpen und die cottischen Alpen S. 41. Die grajischen Alpen und die Gruppe des Montblanc S. 42.

2) Die Central-Alpen. Die penninischen Alpen S. 43. Der St. Gotthard und die lepontischen Alpen, die Waldstätter- und Thurgauer-Alpen S. 44. Die rhätischen Alpen S. 45. Die mittlere, südliche und nördliche Kette der rhätischen Alpen S. 46.

3) Die Ost-Alpen. Die norischen Alpen S. 48. Die karnischen und die julischen Alpen S. 49.

Die Gebirgsgruppe des St. Gotthard und das Quellgebiet des Rhein.

Die Plateaumasse des St. Gotthard S. 50. Die ethnographische und kirchliche Grenzmark S. 51. Die St. Gotthard-Passage S. 52. Die Paßhöhe des St. Gotthard und das Ursern-Thal S. 54. Die große Kreuz-Passage des St. Gotthard S. 55. Das Land Graubünden S. 57. Die Quellströme des Rhein und das obere Rhein-Thal S. 58. Die Stadt Chur S. 60. Die Gabelung des Rhein-Thals im Alpenlande S. 61. Das Rhein-Thal bis zum Bodensee und das obere Inn-Thal im Engadin S. 62.

Das Land Hohenrhätien.

Das rhätische Land und der rhätische Volksstamm S. 63. Hohenrhätien des Mittelalters und Verbreitung des rhätischen Namens im Mittelalter S. 64. Namen von Hohenrhätien S. 66. Das Land Churwalchen oder der Churwalgau S. 67. Ausdehnung und Grenzen von Hohenrhätien S. 68. Die Berührungslinie Hohenrhätiens mit dem Schwabenlande und der rhätische Rheingau S. 70. Die alte Grenzmark von Burgund und Chur-Rhätien in dem helvetischen Alemannien S. 72. Grenzen Hohenrhätiens gegen Baiern und Lombardien S. 74. Verhältniß Hohenrhätiens zum Schwabenlande S. 75. Die rhätischen Gaue S. 76. Der Prättigau und Wallgau und die rhätische Mark S. 77. Das Comitat von Chur S. 78. Der rhätische Ober- und Nieder-Rheingau S. 80. Die rhätischen Grenz-Comitate von Misor, Bellenz und Cleven S. 81. Die Bevölkerung des rhätischen Landes, Verbreitung deutscher Bevölkerung durch Hohenrhätien und die heutige rhätische

Bevölkerung. Name von Graubünden S. 82. Die rhätische Sprache S. 84.

Die Stadt und das Hochstift Chur S. 85. Die Diöcese von Chur und ihre Grenzmarken S. 88. Die Land-Kapitel der Diöcese von Chur S. 90. Die rhätischen Alpenstraßen S. 91. Die westrhätische Alpenstraße und die Paßhöhen des Bernhardin, Splügen und Septimer S. 92. Der Straßenzug von Chur durch das Thal des Hinterrhein S. 93. Das Domleschger- und Schamser-Thal S. 94. Die Passage des Bernhardin nach Bellinzona S. 95. Die Passage des Splügen nach Chiavenna S. 96. Die Passage des Septimer nebst den Paßhöhen des Julier und Maloja S. 97. Das Pyrenäische Gebirge an den julischen Alpen S. 98. Die Stadt Cleven S. 99.

Der Bodensee und das Rheinthal von Constanz bis Basel.

Namen und Ausdehnung des Bodensees S. 100. Lage, Klima und Tiefe des Bodensees S. 102. Die Städte und die Uferlandschaften des Bodensees S. 104. Der Ausfluß des Rheins und sein Durchbruch durch das Jura-Gebirge S. 105. Die Katarakten des Rhein S. 106.

Alemannien oder das Schwabenland.

Die Namen Alemannien und Suevien oder Schwaben S. 108. Gebrauch beider Namen im Mittelalter S. 110. Die Naturbildung des Schwabenlandes und sein Einfluß auf die Entwickelung des schwäbischen Volksstammes S. 112. Ausbreitung der Landeskultur in Schwaben und die Begünstigung des Landes durch die karolingischen Fürsten S. 113. Grenzen des Schwabenlandes S. 117. Die nördlichen Grenzen gegen das Frankenland S. 118. Die nordöstlichen Grenzen gegen Frankonien und das Gebiet von Eichstädt S. 120.

Das helvetische Tafelland und die alemannisch-burgundischen Grenzmarken.

Das Hochland der Aar oder das helvetische Tafelland S. 123. Die Namen Aargau und Thurgau S. 124. Das Thal der Thur mit der Sitter S. 125. Die Quellen der Aar und der Gebirgsstock des Finsteraarhorn S. 126. Der obere Lauf der Aar. Das Hasli-Thal in dem Berner-Oberlande und die Alpenseen von Brienz und Thun S. 127. Das Berner-Niederland und die Saane in dem Alpenlande von Greyerz und in der Thalebene von Freiburg S. 128. Das Gebiet der Neuenburger-Seegruppe und der See von Neufchatel S. 129.

Die Broye und die Bassins der Seen von Biel und Murten S. 130. Die Zihl und der untere Lauf der Aar S. 131. Die Reuß und der Vierwaldstätter-See S. 132. Der untere Lauf der Reuß und ihre Zuflüsse Emmen und Lorze. Der Vulpelsberg S. 134. Die Limmat. Der Walenstädter-See und die Linth S. 135. Die Kanalbauten an der Linth S. 136. Der Zürcher-See und die Sihl. Der Lägern-Berg an der untern Limmat S. 137.

Die ethnographische Einheit des helvetischen Tafellandes im Alterthum. Die Einwanderung der Alemannen und Burgunden S. 138. Das alemannische und burgundische Helvetien S. 139. Bestimmung der alten Volksgrenzen in Helvetien S. 140. Grenzmarken der alten helvetischen Bisthümer im Mittelalter S. 141. Die romanisch-deutsche Sprachgrenze in Helvetien S. 142. Wechselwirkung beider Volksthümlichkeiten auf einander und die Grenzlinie der Reuß S. 144. Verbindung des alemannischen Helvetiens mit Burgund und Ausbreitung des burgundischen Namens bis zum Bodensee S. 145. Politische Einheit des helvetischen Tafellandes im fränkischen Zeitalter S. 147. Die Spaltung Helvetiens durch die karolingischen Theilungen S. 148. Bildung der heutigen Sprachgrenze zwischen dem alemannischen und burgundischen Helvetien S. 150. Ethnographische Stellung des Gebietes zwischen der Reuß und Aar S. 152. Schicksale des helvetischen Tafellandes in der Zeit nach den Karolingen mit Beziehung auf den burgundischen Namen S. 153. Ausbreitung der neuen burgundischen Herrschaft bis zum Rhein und zur Reuß S. 154. Politische Vereinigung des helvetischen Tafellandes durch die fränkischen Kaiser und neue Verbreitung des burgundischen Namens über das helvetische Tafelland unter den Zähringern S. 156.

Das neue Volksherzogthum Alemannien seit Herzog Burkhards Zeit S. 158. Politische Spaltung des Alemannen-Landes durch die Stromlinie des Rhein S. 160. Alemannien und der Elsaß S. 161. Geographische Unterscheidung der Haupttheile des rhätisch-alemannischen Landes S. 163. Die alemannischen Herzoge S. 165. Der alemannische Adel. Die Burkhardingen, die Welfen, das Geschlecht Gottfrieds und die Habsburger S. 167. Der Alemannen-Gau S. 171.

Die schwäbischen (und burgundischen) Gaue am Bodensee und im obern Rheinlande.

Die helvetischen Gaue des Mittelalters S. 172. Der ältere Thurgau S. 173. Grenzen des Thurgaues in landschaftlicher Beziehung S. 174. Der Arboner-Gau S. 176. Der Urner-Gau und Glarner-Gau S. 177. Der Thurgau und Zürichgau S. 179. Ausdehnung des

Zürichgaues S. 180. Die Herrschaft der Burkhardinen im Thurgau S. 181. Die jüngern Dynastengeschlechter im Thurgau und Zürichgau S. 183. Die Abteien Rheinau und Reichenau S. 184. Die Abtei St. Gallen S. 186. Die weltliche Ausbildung des Stiftes S. 188. Ausbildung der Kunst und Wissenschaft in St. Gallen S. 189. Verfall der geistigen Blüthe von St. Gallen S. 192. Die Stadt und das Hochstift Constanz S. 193. Geschichte des Bisthums Constanz S. 194. Der Bischof Salomon III. von Constanz S. 196. Bischof Konrad der Heilige S. 198. Die Diöcese von Constanz und der Constanzer-Gau S. 199. Grenzmarken der Diöcese von Constanz S. 200. Die Archidiakonate des Bisthums Constanz S. 204. Die Töß und die Stadt Winterthur S. 206. Die Burg und die Grafen von Kyburg S. 207. Die Stadt Zürch S. 208. Die Stadt Luzern S. 211. Die Abtei Einsiedeln S. 212.

Der Linzgau S. 213. Ausdehnung des ältern Linzgaues S. 214. Der Schussengau und der Argengau S. 216. Die Stadt Lindau S. 217. Das Dynastengeschlecht der linzgauischen Ulriche und die Grafen von Bregenz und Buchhorn S. 219. Das Dynastengeschlecht der Welfen und seine Verzweigung S. 221. Die burgundischen und lombardischen Welfen S. 222. Die ältern deutschen Welfen und ihre Schicksale bis zum Erlöschen ihres Geschlechtes S. 224. Der Hegau S. 227. Der Untersee-Gau S. 229. Die Bergkegel des Hegaues und das Schloß Hohentwiel S. 230. Die Grafen von Nellenburg S. 231. Die Stadt Schafhausen S. 232. Der Klettgau S. 233. Der Albgau S. 234. Das Stift St. Blasien S. 235. Das Stift Seckingen S. 237. Der Aargau S. 238. Der Umfang des Aargaues in landschaftlicher und politischer Beziehung S. 239. Das burgundische Alemannien. Der Ober- und Unter-Aargau S. 241. Der Wilvesgau S. 242. Die Grafen von Lenzburg S. 243. Die Grafen von Habsburg S. 244.

Das burgundische Helvetien im Flußgebiet der Aar und der Uffgau S. 246. Das Bergland Ogo und die Grafen von Greyerz S. 249. Das Flachland von Nugerol oder das Land Klein-Burgund S. 250. Der Aventiner-Gau, der Wilach- oder Wistisburger-Gau S. 251. Das Uechtland S. 252. Der Gau von Yverdun S. 253. Das Schloß und die Stadt Orbe S. 254. Die Städte Milden, Peterlingen und Murten S. 255. Die Comitate Bargen und Oltingen und die Grafen von Neufchatel S. 256. Das Pipinische Comitat S. 257. Das Comitat Bargen S. 259. Der Salzgau und Buchsgau S. 262. Der Salzgau und seine verschiedene Ausdehnung S. 263. Die Stadt Solothurn S. 265. Der Buchsgau und die Grafen von Froburg S. 267. Die Abtei Granfelden im Münsterthale S. 269. Der Sornegau S. 271.

Das alemannische Gebiet von Basel in Helvetien S. 272. Das raurachische Helvetien und der Raurachen-Gau S. 273. Der Ergotz-Gau S. 274. Das Comitat des Augustgaues S. 275. Der Frickgau und die Grafen von Lauffenburg und Rheinfelden S. 275. Der Augst-gau S. 277. Der Sißgau und die Grafen von Homburg und von Thierstein S. 278. Die Stadt Basel und der Basel-Gau S. 279. Verhältniß der Stadt und Landschaft Basel zu den burgundischen Reichen S. 281. Das Hochstift Basel S. 283. Die Diöcese von Basel und ihre Grenzmarken S. 285. Die Dekanate der Diöcese von Basel S. 288. Der Elsgau oder das alemannische Burgund S. 289. Die Vertheilung des Elsgaues an zwei Diöcesen S. 292.

Das Gebirgssystem des Jura und das Stromsystem der Rhone.

Name des Jura-Gebirges S. 295. Ausdehnung des Jura im weitern Sinne S. 296. Der helvetische Jura S. 297. Naturbildung des Jura S. 298. Höhen des Jura S. 299. Thalbildung des Jura S. 300. Die Durchbrechung des Jura durch die Aar und ihre Zuflüsse S. 301. Die Rhone das große burgundische Stromsystem S. 302. Weltstellung des Stromsystems der Rhone und seine Beziehung zum Alpenlande und zum Mittelmeere S. 303. Die Ausbreitung des Rhone-Systems und die Thallinie der Saone-Rhone S. 304.

Das Land Burgund.

Das alte burgundische Reich und das Land Provence S. 305. Die politischen Mittelpunkte des alten burgundischen Reiches und die verschiedenartige Ansiedlung des burgundischen Volkes in dem Lande Burgund S. 306. Die Ansiedlung der Burgunden in dem Lande am Jura S. 308. Die Besetzung des westlichen Helvetiens durch die Burgunden und die sieben burgundisch-helvetischen Gaue S. 309. Die Ansiedlung der Burgunden in Wallis S. 312. Die Besetzung des Landes Savoyen und die sieben burgundisch-savoyischen Gaue S. 313. Schicksale des burgundischen Reiches in Verbindung mit dem fränkischen Reiche der Merowingen S. 314. Das Reich Burgund des Königs Guntram S. 315. Bedeutung der Stadt Chalons S. 316. Das Land Burgund unter der karolingischen Herrschaft, die karolingischen Theilungen in Burgund und die Spaltung des Landes durch den Lauf der Saone S. 316. Hoch-Burgund und Nieder-Burgund, das cisjuranische und transjuranische Burgund S. 318. Gegenseitiges Verhältniß der Namen Provence und Burgund bei den karolingischen Theilungen S. 319. Das

Königreich Provence oder das cisjuranisch-burgundische Reich S. 321. Das Reich Hoch-Burgund der Rudolfingen und seine Ausdehnung S. 322. Vereinigung der beiden burgundischen Reiche. Das Reich Arelat oder von Vienne S. 324.

Das obere Rhone-Thal und das Land Wallis.

Das Alpenland Wallis S. 325. Das Quellgebiet der Rhone und ihr oberer Lauf S. 326. Die Stadt Sitten S. 328. Der Abfall des Berner-Alpenlandes zum Rhone-Thale S. 329. Der penninische Gebirgswall und das Rhone-Thal S. 330. Die Gebirgsgruppe des Monte Rosa S. 331. Die Hochthäler an der Monte Rosa-Gruppe S. 332. Die deutschen Anwohner des Monte Rosa S. 333. Die Seitenthäler des Rhone-Thales S. 334. Die Stadt Martinach und das Thal der Dranse S. 335. Der Durchbruch der Rhone durch das Alpenland bei St. Moritz und ihre Einmündung in den Genfer-See S. 336.

Namen des Landes Wallis im Alterthum und Mittelalter und der Wallis-Gau S. 337. Die Städte Martinach und Sitten und das wallisische Bisthum S. 339. Das Hochstift Sitten und die Abtei St. Moritz S. 340. Geschichte des Bisthums Sitten, der heil. Theodorus S. 341. Verheerungen des Landes Wallis durch die Araber S. 343. Die Diöcese von Sitten und ihre Grenzmarken S. 344. Die wallisischen Alpenstraßen S. 345. Die große St. Bernhard- und die Simplon-Straße. Die Eröffnung der Bernhard-Straße durch die Römer und die Anlegung von Kolonien und Heerstraßen in Helvetien S. 347. Die Eröffnung der Simplon-Straße durch die Longobarden S. 348. Straßenzug von Martinach durch das Rhone-Thal nach Brieg S. 349. Der große Kreuzweg in dem Hochthale der Rhone S. 350. Die Simplon-Passage nach der obern Tosa und nach Mailand S. 351. Die Hochpässe am Monte Rosa. Die Monte Moro-Passage S. 353. Die St. Theodul-Passage S. 354. Die St. Bernhard-Passage oder der Straßenzug von Martinach nach Aosta S. 355. Das Val d'Entremont S. 356. Die Paßhöhe des St. Bernhard und der Mont Jour S. 357. Die römischen Werke und Denkmale an der St. Bernhard-Straße S. 358. Die St. Bernhard-Straße in dem karolingischen Zeitalter S. 359. Das ältere Hospitium auf dem St. Bernhard und seine Zerstörung in Folge der Ansiedlung der Araber daselbst S. 361. Die Erneuerung des Hospitiums durch Bernhard von Monthey und der Name des großen St. Bernhard S. 363.

Der Genfer-See und der Lauf der Rhone in ihrem Durchbruch durch das Jura-Gebirge.

Der Genfer-See und seine Namen S. 363. Gestalt, Größe, Lage und Klima des Genfer-Sees S. 365. Die Städte und Uferlandschaften des Genfer-Sees S. 367. Die Tiefe des Genfer-Sees, sein Anschwellen und seine Zuflüsse S. 369. Ausfluß der Rhone aus dem See und die Aufnahme der Arve S. 370. Die Gebirgsgruppe des Montblanc und die Alpenpfade an derselben S. 371. Das Chamouny-Thal und die Polarzone des Montblanc S. 372. Die Entdeckung des Chamouny Thales S. 374. Das Thal der Arve und die Landschaft Faucigny S. 375. Der Durchbruch der Rhone durch den Jura und die Straße von l'Ecluse S. 376. Die savoyischen Alpenseen, der Lac d'Annecy und die Landschaft Genevois S. 378. Der Lac de Bourget und die Landschaft Savoyen im engern Sinne S. 379. Die Landschaft Bugey und die Berggruppe des Mont du Chat S. 380. Die Vollendung des Durchbruchs der Rhone durch den Jura und die Aufnahme des Guyer S. 381. Der Austritt der Rhone aus den Jura-Ketten und ihre Vereinigung mit der Saone. Ihre untern Zuflüsse Bourbre und Ain S. 382.

Das Waadtland und der alte Waadt-Gau S. 383. Die Gaue von Yverdun und Lausanne S. 385. Der Equester-Gau S. 385. Die Stadt Lausanne S. 387. Das Hochstift Lausanne und der Bischof Marius S. 388. Geschichte des Bisthums Lausanne S. 389. Bischof Heinrich der Heilige von Lausanne S. 391. Die Diöcese von Lausanne und ihre Grenzmarken S. 392. Die Dekanate des Bisthums Lausanne S. 393.

Das von König Heinrich dem Sachsen in der ersten Hälfte des zehnten Jahrhunderts auf dem Boden des alten Germaniens neu begründete Reich konnte in so fern mit Recht mit dem Namen des deutschen Reiches bezeichnet werden, als es wesentlich aus den deutschen Stämmen und Völkern des in sich zerfallenen fränkischen Reiches der Karolingen hervorgegangen war. Aber so wenig es alle rein deutschen Volkselemente aus jenem ältern großen Weltreiche in sich vereinigte, eben so wenig umfaßte es, auch abgesehen von den zu jener Zeit ihm schon angehörigen slavischen und wendischen Völkerschaften, nur rein deutsche Elemente in seiner Bevölkerung. Denn auf gleiche Weise wie dies deutsche Reich von Anfang an der deutschen Bevölkerung in dem Lande Flandern entbehrte, welche durch das ganze Mittelalter mit dem westfränkischen oder französischen Reiche verbunden blieb und erst am Schlusse jener Zeit wieder mit demselben vereinigt worden ist, eben so war ihm noch die deutsche Bevölkerung in dem hochburgundischen Reiche am Jura und an der Aar entfremdet, welche erst ein Jahrhundert nach jenes Königs Heinrich Zeit mit dem deutschen Reiche verbunden wurde, sich aber auch nur theilweise seine deutsche Sprache und Sitte bis jetzt bewahrt hat. Dagegen umfaßte jenes Reich eine nicht unbeträchtliche doppelte romanische Bevölkerung an seinen südlichen und westlichen

Grenzmarken und zwar dort in dem rhätischen Alpenlande in dem Quellgebiete des Rhein und des Inn, wo sich noch bis auf den heutigen Tag die im engern Sinne so genannten Romanen erhalten haben, hier aber in noch größerer Ausdehnung in den mittlern Gegenden der Maas, wo sich das Waldgebirge der Ardennen ausbreitet, und wo noch jetzt in dem heutigen Belgien die sogenannten Wallonen durch ihre Sprache ihre Abstammung von der alten römisch=gallischen Bevölkerung kund geben.

Das deutsche Reich des Königs Heinrich war aber aus dem fränkischen Reiche hervorgegangen, und wenn gleich dieses sich damals schon vollkommen aufgelöst hatte, so blieb doch bei den früher ihm angehörigen Völkern ihre ehemalige Vereinigung noch lange im Andenken. Auch wurde das deutsche Reich eigentlich nur als eine Fortsetzung des fränkischen betrachtet. Daraus erklärt es sich, daß noch in dem Vertrage zu Bonn vom Jahre 921 zwischen dem Könige Heinrich dem Sachsen und dem Könige Karl dem Einfältigen jener als rex Francorum orientalium, dieser als rex Francorum occidentalium bezeichnet wird. Die spätern deutschen Kaiser wie die aus dem sächsischen Geschlechte nannten sich selbst immer Könige der Franken oder Ost=Franken, und noch in den Urkunden des eilften Jahrhunderts wird bei den deutschen Geschichtschreibern Deutschland das Reich der Franken genannt [1]). Wie verändert nun auch die Stellung der Franken zu den übrigen Völkern in diesem Reiche sein mochte, so erhielt sich doch das Ansehn des fränkischen Namens in demselben um so mehr, als letzteres eigentlich auf das rheinländische Frankenland gegründet schien. Darum bemerkt der hohenstaufische Geschichtschreiber Otto von Freisingen bei der Erwerbung des Kaiserthums durch den sächsischen König Otto, daß derselbe diese Würde den deutschen

---

1) Montag, Geschichte der deutschen staatsbürgerlichen Freiheit. Bamberg 1812. 8. Th. II. S. 38. 39.

Franken wiedergewonnen habe. Dazu kam noch der Umstand, daß nach dem Erlöschen des karolingischen Geschlechtes der fränkische Graf Konrad unter den Großen der deutschen Völker es zuerst gewesen, welcher nach der Begründung einer neuen Herrschaft bei ihnen strebte und auch theilweise seine Absicht erreichte. Deßhalb wurde er wenigstens später, nachdem das neue Reich unter der Herrschaft der sächsischen Fürsten fest begründet war, als der erste König desselben betrachtet, und höchst wahrscheinlich schreibt sich von da an auch der in dem deutschen Staatsrechte fortan herrschende Grundsatz, daß ein deutscher König durch seine Erhebung auf den Thron sein angebornes Landesrecht verliere und fränkisches Recht gewinne oder ein Franke werden müsse [1]).

Indessen neben dem fränkischen Namen machte sich in diesem neuen Reiche nothwendig auch der alte einheimische Name wieder geltend, mit welchem sich die germanischen Völker ursprünglich selbst bezeichnet hatten, und welcher jetzt bei der engen Verbindung der auf dem alten germanischen Boden zurückgebliebenen Stämme im Unterschiede von den ausgewanderten und romanisirten Stammgenossen zum Bedürfniß wurde. Schon seit dem Anfange des neunten Jahrhunderts hieß in dem fränkischen Reiche die Sprache aller echt germanischen Völker die deutsche Sprache (sermo theodiscus oder lingua theutonica sive teutisca bei dem Mönche von St. Gallen aus der Mitte des neunten Jahrhunderts), obschon die Ableitung dieses Ausdruckes ungewiß bleiben muß [2]). Denn wenn er auch, wie es wahrscheinlich ist, durch Volkssprache zu erklären ist, so bleibt es doch unentschieden, ob er die gemeine Volkssprache im Gegensatz der gelehrten, oder diejenige Sprache bezeichnen soll, an welcher sich alle, welche sie redeten, als ein Volk gleicher

---

1) Eichhorn, deutsche Staats- und Rechtsgeschichte. II. S. 41.
2) Zeuß, die Deutschen. S. 63. 64.

Abstammung erkannten ¹). In Deutschland selbst findet man seit dem zehnten Jahrhundert den Ausdruck Deutsche (Teutones) für die Gesammtheit der Völker, welche zum ostfränkischen Reiche gehörten und jene Sprache redeten, sowohl im Gegensatz gegen die Welschen (die Westfranken und Longobarden) als gegen die Wenden, und er hat sich in diesem ursprünglichen Sinne in der Volkssprache immer erhalten, ungeachtet der neuere Sprachgebrauch den deutschen Namen auch im politischen Sinne ohne Rücksicht auf die Sprache nimmt. Darum sind heut zu Tage Deutschland und das deutsche Land wesentlich von einander zu unterscheiden. In officiellen Gebrauch kam der Name eines deutschen Reiches oder eines Reiches der deutschen Völker erst weit später, und erst Otto von Freisingen bezeichnet den König Otto den Großen mit dem Namen eines Königs der Deutschen, den dieser selbst sich jedoch nie gegeben hat, sondern in den Urkunden sich nur einen König der Franken und Longobarden nennt ²).

Bei einer genauern Darstellung des deutschen Reiches, wie es gegen die Mitte des zehnten Jahrhunderts bestand, nach seiner politischen und kirchlichen Organisation kommt vornehmlich die Bestimmung des Umfanges und die Abgrenzung der Herzogthümer und Diöcesen in Betracht, womit sich zugleich die Untersuchung über die weitere Zertheilung dieser größern weltlichen und kirchlichen Gebiete nach den Landschaften und Gauen so wie nach den bischöflichen Sprengeln und ihren Archidiakonaten, so weit diesel-

---

1) Rühs, Erläuterung der zehn ersten Kapitel des Tacitus über Deutschland. Berlin 1821. 8. S. 103 bis 107. Eichhorn, deutsche Staats- und Rechtsgeschichte. I. S. 46.

2) Otto Frising., chron. VI, 17. Otto, qui imperium a Longobardis usurpatum deduxit ad Teutonicos orientales, forsan dictus est primus rex Teutonicorum, non quod primus apud Teutonicos regnaverit, sed quod imperium ad Teutonicos Francos revocaverit.

ben uns aus jener Zeit bekannt sein können, verbindet. Denn bei fast allen Stämmen und Völkern des deutschen Reiches hatten sich damals schon Herzoge erhoben, deren Gewalt sich auch durch das ganze eigentliche Mittelalter oder bis zum Untergange der Hohenstaufen im Allgemeinen bei denselben erhalten hat. Doch ist, wie schon von Andern bemerkt worden, dabei durchaus nicht an eine planmäßige Eintheilung des deutschen Reiches in Herzogthümer zu denken, wie sich dies eben sowohl aus der Entstehungsart der deutschen Herzogthümer als aus den spätern Verhältnissen des Reiches ergiebt, indem schon bald genug bedeutende Veränderungen darin vorgenommen wurden, die eine solche systematische Einrichtung nicht begünstigten. Dennoch bleibt die genauere Kenntniß dieser Herzogthümer, eben weil sie **Volksherzogthümer** waren, nach ihrem äußern Umfange und ihren kleinern theils von der Natur gegebenen, theils auch politisch bestimmten Unterabtheilungen von der größten Wichtigkeit, um die daraus hervorgegangenen Umgestaltungen gehörig würdigen zu können, welche die Grundlage zu allen spätern Territorial-Bildungen abgegeben haben.

Die **Franken** am Rhein und Main, die **Alemannen** oder **Schwaben**, die **Baiern**, die **Sachsen** und auch die Völker des Landes **Lotharingien** hatten ihre Volksherzoge erhalten, welche man im Allgemeinen als die Repräsentanten ihrer Stämme zu betrachten hat. Nur zwei deutsche Völker, die **Thüringer** und die **Friesen**, hatten nicht in einer solchen bei ihnen selbst entstandenen herzoglichen Gewalt ihre Vertretung gefunden und haben sie auch später nie erlangt, da man die Erhebung der Landgrafen bei den erstern in einer spätern Zeit um so weniger der Errichtung der Volksherzogthümer an die Seite stellen kann, als diese letztern eben damals ihre ursprüngliche Bedeutung schon zu verlieren begannen. Beide Völker haben daher auch unbeschadet ihrer sonstigen Bedeutung in der deutschen Geschichte, und in ihrer Volksfreiheit ungefährdet, niemals eine Haupt=

rolle in ihr gespielt, sie erscheinen immer nur mehr untergeordnet und in einer größern oder geringern Verbindung mit ihrem mächtigen Nachbarvolke den Sachsen, welchen die Friesen überdies nahe verwandt waren. Uebrigens war, wie sich dies gleichfalls aus der Entstehungsart der deutschen Herzogthümer ergiebt, die Gewalt der verschiedenen Herzoge sich keineswegs gleich zu achten, indem sie nach dem damaligen Zustande der deutschen Völker, als sie sich schon mancherlei Theilungen ihrer Gebiete in der karolingischen Zeit hatten müssen gefallen lassen, eine größere oder geringere Machtvollkommenheit bei ihnen begriff. Denn so unterschieden sich die Herzoge der Franken und der Baiern wesentlich an Macht und Geltung bei ihren Völkern. Indessen wie wenig oder wie sehr auch die Macht dieser Herzoge in der Zeit des zehnten Jahrhunderts ausgedehnt gewesen sein mag, so wurden doch die von ihnen beherrschten oder verwalteten oder auch nur repräsentirten Herzogthümer damals immer noch als volksthümliche Einheiten betrachtet, die sich durch mancherlei Verhältnisse ziemlich scharf von einander absonderten.

So wie nun diese Herzogthümer die größern volksthümlichen Gestalten im deutschen Reiche darstellten, so die sogenannten Gaue die kleinern Gruppen der von ihm umfaßten Völker. Ohne Zweifel geht die Eintheilung der deutschen Gebiete, wenigstens was die Heimath der deutschen Stammvölker zwischen dem untern Rhein und der Elbe betrifft, in Gaue in die frühesten Zeiten des germanischen Alterthums zurück, hängt mit der ersten politischen Gestaltung der Stammväter der Germanen genau zusammen und ist die feste Grundlage geworden, auf welcher alle weitern Formen des politischen und kirchlichen Lebens der Deutschen beruhen. Denn als der Ausgangspunkt für die ältesten Verfassungen der deutschen Völker erscheint in den frühesten Nachrichten und in den spätern Rechtsverhältnissen die Vereinigung von Markgenossenschaften, d. h. von einzelnen Gemeinden, welche durch den Anbau und die gemeinsame Benutzung des Bodens verbunden waren, zu größern Volksgemeinden. Ein einzelnes Volk war eine solche größere Gemeinde oder eine Vereinigung mehrerer solcher Gemeinden, und der von einer solchen Gemeinde bewohnte Landstrich erscheint sodann unter dem Namen eines Gaues (pagus). Uebrigens waren die Markgenossenschaften eine Folge des ersten Anbaues des Landes, und der ursprüngliche Begriff einer Mark scheint der eines gegen Nicht=Genossen geschlossenen Distriktes gewesen zu sein. Auch wurde in diesem der angebaute Theil des Bodens von dem unbebauten Lande unterschieden und der letztere wiederum im engern Sinne mit dem Namen der Mark bezeichnet. Die uns von Tacitus namhaft gemachten Urvölker Germaniens bestanden aber fast sämmtlich schon aus der Vereinigung mehrerer Volksgemeinden, deren Gebiet dann in eine Anzahl von Gauen nach Maaßgabe ihrer ursprünglichen Bestandtheile zerfiel, obschon auch das Ganze wiederum den Namen eines gemeinsamen Gaues führen konnte. In beiderlei Beziehung entsprechen diese Gaue im Osten des Rhein den sogenannten civitates bei den west=rheinischen Germanen und den belgischen Völkern in dem römischen Zeitalter [1]). Die politische Verbindung jener germanischen Stammvölker beruhete wesentlich auf ihrer Ver=einigung in Gaugemeinden, welche Tacitus concilia nennt; diese waren der Mittelpunkt ihres öffentlichen Lebens und nur die vollständige Genossenschaft in ihnen machte frei und rechtsfähig. Da nun die ursprünglichen Vereinigungen der kleinern und größern Volksgemeinden durchaus von den Naturverhältnissen des Bodens, auf dem sie lebten, abhängig und bedingt waren, und da sich dieselben Erscheinungen bei der Bildung größerer Völker wiederholen mußten, so ergiebt sich schon daraus die doppelte Bedeutung des Wortes

---

1) Schöpflin, Alsatia illustrata. 1. p. 624.

Gau, indem es sowohl ein Land, in gewisse natürliche Grenzen eingeschlossen gedacht, als einen politisch begrenzten Distrikt bezeichnen kann [1]).

Auch bei der Bildung der größern Völkervereine aus jenen germanischen Urvölkern, wie sie seit der Zeit des dritten Jahrhunderts hervortreten, gingen jene ursprünglich und von der Natur gegebenen Abtheilungen bis in die kleinsten Kreise hinab nicht verloren, sondern haben sich durch alle Zeiten der Geschichte erhalten. Ja selbst bei der Ausbreitung der germanisch-deutschen Völker über die Gebiete des römischen Ober-Deutschland, in dem heutigen Schwaben, Franken und Baiern, und bei der neuen Germanisirung der westrheinischen Gebiete erfolgte die erste Besitznahme und Ansiedlung durch die Stammväter der Alemannen und Bajoaren ganz auf dieselbe Weise, wie sich in der Urheimath die ersten Gemeinden gebildet und zu größern Genossenschaften zusammengeschlossen hatten. Denn das gesammte deutsche Land, mit Einschluß der hochburgundischen und flandrischen Gebiete, finden wir bereits im karolingischen Zeitalter in eine große Anzahl kleiner Gebiete von verschiedener Größe getheilt, welche meistentheils nach den Naturverhältnissen, wie nach Bergen und Flüssen, zuweilen auch nach den alten Städten am Rhein entlang ihre Namen führten, und welche unter der allgemein vorherrschenden Bezeichnung von Gauen die Grundlage abgaben, auf der Karl der Große die Comitats-Verfassung seines Reiches errichtete. Ja in Ober-Deutschland hat sich das Andenken an die alte Gau-Verfassung Deutschlands, wie aus manchen noch jetzt dort üblichen Landschaftsnamen von einem Breisgau, Aargau, Thurgau, Kraichgau u. a. erhellt, länger erhalten als in dem germanischen Stammlande in Nieder-Deutschland, obschon ihre Bedeutung hier eben so groß wie dort genannt

---

[1] Eichhorn, deutsche Staats- und Rechtsgeschichte. I. S. 61 bis 65.

werden muß und sie sich hier eben so lange wie dort erhalten hat [1]).

Erst in den neuern Zeiten ist man zu der Erkenntniß gekommen, daß die Gau-Geographie von Deutschland einen wesentlichen Theil der deutschen Geschichte bilde, und daß die letztere ohne genauere Kenntniß der erstern sich von der sie in vielen Parthien noch bedeckenden Dunkelheit nicht befreien könne. Die Eintheilung Deutschlands nach Gauen bildet den eigentlichen Mittelpunkt der Geographie Deutschlands im Mittelalter, und sie bildet zugleich das verknüpfende Band für die historisch-geographischen Verhältnisse der neuern Zeit Deutschlands und für die des germanisch-deutschen Alterthums. Denn eben so wie auf der einen Seite die ursprüngliche Bildung der modernen Territorial-Verhältnisse der jetzt in Deutschland herrschenden Fürstengeschlechter aus den alten Gauen hervorgegangen ist, eben so hängt das System der Gaue des Mittelalters mit den geographischen und ethnographischen Verhältnissen Germaniens in der alten klassischen Zeit zusammen. Man findet in der Geographie des Mittelalters eine große fast durchgängig sich bewährende Uebereinstimmung in den kirchlichen und politischen Abtheilungen Deutschlands, und bei der großen Schonung, welche man in allen Einrichtungen des Mittelalters namentlich auch der christlichen Kirche für die bestehenden Verhältnisse der Völker wahrnimmt, führt diese Erscheinung von selbst auf den Gedanken, daß ältere Völkerverhältnisse, welche der Zeit der Einführung des Christenthums und der Einrichtung der Kirche auf deutschem Boden vorangehen, diese Uebereinstimmung in den spätern geographischen Eintheilungen begründet haben werden. Die kirchlichen Einrichtungen in Deutschland folgten immer den ältern Provinzial- und Gau-Abtheilungen, und da erstere aus den kirchlichen Urkunden

---

[1] (Bessel), chronicon Gottwicense. Tegernsee 1732. fol. Tom. II. p. 527 — 532.

jener Zeit noch jetzt zu erkennen sind, so ergiebt sich aus ihnen nicht nur die alte Gau-Verfassung Deutschlands, sondern sie erläutern und bestimmen auch die ältesten ethnographischen Verhältnisse des Landes in dem römischen Zeitalter, und lehren uns die ursprünglichsten Bestandtheile der einzelnen Völker und größern Volksgenossenschaften kennen, wie sie sich in den im Mittelalter vorkommenden Gaunamen kund geben.

Was den deutschen Namen Gau selbst anbelangt, so läßt er mit dem ihm ohne Zweifel synonymen Wort Au oder Aue, welches nicht minder als jenes zur Bezeichnung der kleinen natürlich abgegrenzten Gebiete Deutschlands gebraucht wurde, seine Verwandtschaft mit den beiden synonymen griechischen Wörtern αἶα und γαῖα oder γῆ und demnach auch seine eigentliche Bedeutung schwerlich verkennen. So wie das Land am mittlern Rhein den Namen Rheingau führte, so hieß eine benachbarte an dem Flüßchen Wetter liegende Landschaft die Wetterau, wie sie noch jetzt dort im Munde des Volkes diesen Namen führt. Auch mag das Wort Au in einer ältern deutschen Mundart noch eine Umgestaltung erlitten haben, wenn man die für zwei fränkische Gaunamen vorkommende Endung Eiba wie in den Namen Wettereiba und Wingarteiba als von derselben Wurzel mit den Wörtern Au und Gau herleiten dürfte [1]).

Bestimmter bezeichnet wurden die Gaue auf verschiedene Weise. Da die Thallinien der großen Ströme Deutschlands ursprünglich für die kleinern Volksgemeinden mehr Grenzmarken als Verbindungsglieder sein mußten und diese vielmehr ihre Gebiete nur in den von den kleinern deutschen Gewässern durchströmten Thalbecken finden konnten, so waren die Gaue anfangs wohl meist nur von diesen kleinern Flüssen benannt, um welche sie sich ausbreiteten, bis mit

---

[1]) F. J. Dumbeck, de geographia pagorum Germaniae cisrhenanae. Berol. 1818. 8. p. 2 — 4.

der Erweiterung der volksthümlichen Verhältnisse und dem Erstarken des politischen Lebens der Germanen die sich neu bildenden Gaue auch nach den größern deutschen Strömen benannt wurden. Ueberhaupt spielen die Flußnamen in der Bezeichnung der Gaue eine große Rolle. So gab es einen oder eigentlich einen doppelten Rheingau, einen Donaugau, ferner einen Moselgau, Maasgau, Lahngau, Nekkargau, Aargau, Illergau, Maingau, Emsgau, und nach den kleinern Gewässern benannt einen Ruhrgau, Hasegau, Rednitzgau, Archgau, Kraichgau, Thurgau, Zabernachgau, Garbachgau, Würmgau u. a. Dann dienten aber die großen Gebirgsmassen Deutschlands gleichfalls zur Bezeichnung verschiedener Gaue, wie aus den Namen Ardennergau, Eifelgau, Wasgau und Harzgau erhellt. Nicht minder wurden dann nach der Eroberung der Rhein= und Donau=Länder durch die Germanen die Gebiete der alten großen Römerstädte daselbst unter deren Namen zu neuen Gauen eingerichtet, und so finden wir einen Kölngau, Jülichgau, Lüttichgau, Wormsgau, Speiergau, Baselgau, Augstgau (oder das Gebiet von Augsburg) und einen Salzburggau, der auch nach dem Flusse daselbst den Namen Salzachgau führte.

Zuweilen wurden auch die Gaue durch ihre Lage nach der Himmelsrichtung unterschieden. So gab es in Friesland einen Ostergau und Westergau, und der letztere Name wiederholt sich auch auf andern deutschen Gebieten, wenn gleich der Gegensatz gegen einen östlichen Gau dabei nicht überall bestimmt hervortritt. Eine größere Rolle spielt dagegen in dieser Beziehung der Gegensatz zwischen dem Norden und dem Süden, und er wiederholt sich besonders dreimal in ganz verschiedenen Gegenden von Deutschland. So vornehmlich der Gegensatz zwischen dem Nordgau und Südgau (Sundgau oder Sundergau) in dem Baierlande an der obern Donau, ferner in dem schwäbischen Elsaß am obern Rhein und zuletzt in den westfälisch=friesischen Gebieten in den Niederungen an der Nordsee.

Die **Formen**, in welchen das Wort Gau in den alten Urkunden erscheint, sind natürlich nach Maaßgabe der ältern deutschen Sprache und ihrer Dialekte sehr verschieden, und bestehen entweder in Auflösungen oder Contraktionen oder auch in Lautumwandlungen. So findet man die Formen „gau, ga, gawe, gewe, go, gon und gowe," die dann mit den nähern Bestimmungsnamen immer zu einem Worte verwachsen sind, woraus es sich erklärt, daß bei den Autoren jener Zeit gewöhnlich noch das Wort pagus dem Namen vorangestellt wird. Doch scheinen die auf die Sylben ga, go und gon endigenden Gaunamen vornehmlich in dem sächsisch-friesischen Niederdeutschland einheimisch gewesen zu sein, wie sich zeigt an den dort vorkommenden Namen Wessaga, Almunga, Auga, Federgo, Fivelgo, Sudergo, Scotelingon und Guddingon. Der altnordischen wie der angelsächsischen Sprache fehlt der eigenthümliche Ausdruck Gau, dort im Norden wird er durch den Ausdruck herad (Harde), hier in England durch den Ausdruck scire (engl. shire) ersetzt, welche beide sich bekanntlich auch seit den ältern Zeiten bis jetzt in jenen Gebieten erhalten haben [1]).

Aber außer dem durch ganz Deutschland verbreiteten Namen Gau erscheinen zur Bezeichnung der kleinen natürlichen Abtheilungen des Landes vornehmlich noch drei andere hier in Betracht kommende Namen, deren Ableitung nur zum Theil als sicher bezeichnet werden kann, und welche zugleich gruppenweise oder nur in bestimmten Gegenden Deutschlands vorzukommen scheinen. Denn nicht selten werden die beiden rheinländischen Gaue Wormsgau und Maiengau auch unter den Namen Wormsfeld und Maienfeld erwähnt, und diese Bezeichnung **Feld** findet sich vornehmlich in einer großen Reihe von Gaunamen, die sich durch die thüringisch-fränkischen Gebiete von Mittel-Deutschland ausbreiten. Dort liegen vom Thüringer-Waldgebirge bis zum

---

1) **Eichhorn**, deutsche Staats- und Rechtsgeschichte. I. S. 66.

Main und zur Donau der große Gau Grabfeld, ferner das Tullifeld, Eichsfeld, Gozfeld, Sualafeld u. a., bei denen das Wort Feld als ganz gleichbedeutend mit dem Worte Gau erscheint [1]). Dagegen findet sich in dem nordwestlichen Nieder-Deutschland in den an der Nordsee ausgebreiteten Landschaften eine wenn gleich kleine Anzahl von Gebieten, welche sich durch das Wort Bant als Gaunamen zu erkennen geben, über dessen wahrscheinliche Bedeutung schon früher (Th. II. S. 18) gesprochen worden ist. Denn so sehen wir daselbst die Gaunamen Bracbant, Teisterbant, Ostrobant, Hasbant (auch Haspengau genannt) und Bursibant. Als eine letzte Bezeichnung deutscher Gaue ist dann hier noch zu erwähnen das Wort Baar, welches letztere im südwestlichen Deutschland und zwar nur auf schwäbischem Grund und Boden vorkommt. Eigentlich wird aber auch nur ein großer Landstrich in Alemannien im Quellgebiet der Donau darunter verstanden, welcher im weitern Sinne Gau genannt aus verschiedenen kleinern natürlichen Abtheilungen oder Gauen mit besondern Namen bestand, welche als eben so viele verschiedene Baaren bezeichnet werden. Das Wort Baar oder Para in den alten Urkunden soll übrigens im Althochdeutschen ein eingehegtes Land bezeichnen [2]).

Aus der ursprünglichen Bedeutung des Wortes Gau ergiebt sich leicht, daß es in geographischer Beziehung rücksichtlich seines Umfanges in sehr verschiedenem Sinne genommen werden konnte. Auch finden wir das Wort pagus wirklich bei den mittelaltrigen Autoren und in den Urkunden jener Zeit so verschiedenartig gebraucht, daß seine eigentliche Bedeutung ganz verloren gehen zu müssen scheint. Daraus erklärt sich der früher vielfach geführte Streit über den Unterschied von Obergauen (pagi majores) und Unter-

---

1) Dumbeck, de geogr. pagorum Germ. p. 5.
2) Chr. Fr. Stälin, wirtembergische Geschichte. Stuttgart 1841. 8. Th. 1. S. 279.

gauen (pagi minores), indem man ihn auf der einen Seite läugnen, auf der andern Seite behaupten zu müssen glaubte. Auf jeden Fall wird man vom geographischen Gesichtspunkte aus eine Unterscheidung zwischen den sogenannten größern und kleinern Gauen zugeben müssen, indem man nur die irriger Weise damit verknüpfte Meinung von einer politischen Unterordnung der einen unter die andern bei Seite zu stellen hat. Jene Meinung war aber zum Theil mit Recht in der politischen Bedeutung begründet, welche die Gaue gehabt haben. Denn wie schon früher (Th. II. S. 183 und III. S. 9) dargethan ist, gründete Karl der Große die in seinem ganzen Reiche eingeführte Comitats-Verfassung auf die schon vorgefundene Gau-Verfassung des Landes, und zwar so daß, um eine gewisse Gleichförmigkeit in die Verwaltung zu bringen, die großen Gaue in mehrere Comitate aufgelöst, mehrere kleinere Gaue aber gemeinsam unter die Verwaltung eines und desselben Grafen gestellt wurden. Also nur gewisse und namentlich die kleinern Gaue fielen auf solche Weise mit den Comitaten der karolingischen Zeit zusammen und bildeten einen kleinen geographisch und politisch abgegrenzten Landstrich, während dies bei den meisten Gauen nicht der Fall war. Daher kommt es auch, daß man nicht ganz mit Unrecht hat sagen können, daß die alten Grafschaften (Comitate) mit den Gauen eigentlich gar nichts gemein hatten [1]).

Indessen erhellt doch aus den Angaben über die karolingischen Theilungen bei den Autoren jener Zeit klar genug, daß nicht selten die Gaue und Comitate zusammenfielen, indem überall, wo daselbst pagi genannt werden, diese in solchen Fällen mit den Comitaten eins und dasselbe sind, so wie auch wohl von einem und demselben Gebiete ein Autor den Ausdruck pagus braucht, während ein anderer dasselbe

---

1) Wohlbrück, bei Ledebur, neues allgem. Archiv für die Geschichtskunde des preußischen Staates. 1836. Th. I. S. 3.

Bedeutung der Gaue. 15

comitatus nennt. Unter einem Gau, in diesem politischen Sinne genommen, hat man sich demnach, was die Gerichtsverfassung betrifft, die zu dem Geschäftskreise des Grafen gehörte, einen Amtssprengel zu denken, welcher in mehrere kleinere Bezirke die sogenannten Centen oder Huntare (die angelsächsischen hundredas) getheilt war, für deren jedem eine besondere Malstätte des Grafen bestand, wo der Graf über die zu diesem Bezirke gehörigen Freien das Gericht abhielt [1]). So wie nun die ursprünglichen Gaue, im geographischen Sinne genommen, in verschiedene Marken zerfielen, die auch wohl unter dem Namen pagus vorkommen, so zerfielen die Gaue, im politischen Sinne genommen, als gleichbedeutend mit den Comitaten, in Centen oder Huntare, welche, und zwar vornehmlich in Schwaben, unter dem Namen pagus erwähnt werden [2]). Dies wären nun eigentliche pagi minores; aber wie man mit Recht bemerkt hat, gab es in diesem Sinne keine Untergaue oder Gaue als politisch abgegrenzte Bezirke in einem andern Gau dieser Art [3]). Uebrigens scheinen die sogenannten Centen in dem Sachsenlande, wo Karl der Große bei seinen Einrichtungen daselbst häufig mehrere zu einem größern Ganzen nach Art der übrigen fränkischen Gaue verband, ursprünglich die dortigen Gaue bezeichnet zu haben [4]).

Der Name Gau oder pagus wurde demnach auf der einen Seite zur Bezeichnung der niedrigsten politischen Kreise gebraucht, wie er auf der andern Seite auch wieder über den Begriff der gewöhnlichen politischen Kreise des karolingischen Reiches oder die Comitate hinausging, und nicht sel-

---

1) Eichhorn, deutsche Staats- und Rechtsgeschichte. I. Seite 428 und 461.
2) Stälin, wirtembergische Geschichte. I. S. 278.
3) Schrader, die ältern Dynastenstämme zwischen der Leine und Weser. Göttingen 1832. 8. S. 64.
4) Eichhorn, deutsche Staats- und Rechtsgeschichte I. Seite 428 und 464.

ten die aus der frühern Zeit noch bestehenden Ducate bezeichnete. Ja dieser Name mußte dann sogar dienen um auch die größern Landschaften und selbst ganze volksthümliche Gebiete in Deutschland zu bezeichnen. In Schwaben finden wir nach dem oben Bemerkten die kleinen Gerichtsbezirke Glehuntare, Hattenhuntare, Munigisingeshuntare, Munteriheshuntare in den Urkunden aus der Zeit des neunten Jahrhunderts als pagi erwähnt, und gleich daneben erscheint wieder der pagus Rhaetia, der doch aus mehreren Comitaten bestand. Eben daselbst wird der schwäbische Linggau bald pagus, bald comitatus genannt, und die beiden Gebiete des Thurgaues und Arbongaues werden sich unter den Namen pagus bald einander coordinirt, bald der letztere dem erstern subordinirt. Auffallender aber erscheint es, wenn in den schwäbischen Urkunden aus dem neunten Jahrhundert die Gebiete Prisigaugense, Argowe und Mortenau, lauter bedeutende und noch heute sogenannte Gaue, nur mit dem Namen pagelli bezeichnet werden. Da diese ansehnlichen Gebiete aber ohne Zweifel aus mehreren Comitaten bestanden, so hat man wohl hier wie bei dem gleichfalls in schwäbischen Urkunden aus jener Zeit vorkommenden Ausdrucke von einem pagellus Perachtoldespara eher an eine Unterabtheilung jener Gebiete als an die ganzen gleichnamigen Landschaften zu denken [1]).

Von dem großen schwäbischen Gaue oder der Landschaft Baar wissen wir mit Bestimmtheit, daß sie in mehrere Comitate zerfiel, welche zum Theil nach den in ihnen einheimischen und sie verwaltenden Grafen ihre Beinamen bekommen haben, der dem allgemeinen Landschaftsnamen zugefügt wurde. Dasselbe gilt von verschiedenen westrheinischen oder lotharingischen Gebieten, wie aus den Nachrichten über den Theilungsvertrag des Landes Lotharingien vom Jahre 870

---

[1]) K. v. Spruner, Baierns Gaue nach den drei Volksstämmen. Bamberg 1831. 8. S. 18.

hervorgeht, indem es dort heißt in dem Gau oder der Landschaft Brabant (in Bracbanto) vier Comitate, in Hasbanien vier Comitate, in Wavern (in Wavrense) zwei Comitate. Solche größern Landschaften fallen nun im Wesentlichen mit dem zusammen, was in der ältern fränkischen Zeit ein Ducat genannt wurde. Denn ein Ducat bestand aus mehreren Gauen oder Comitaten, und die Anzahl dieser Ducate muß in den ältern Zeiten sehr beträchtlich gewesen sein, da sie noch in der karolingischen Zeit sehr häufig erwähnt werden, ungeachtet sie damals gewiß nicht mehr einem einzelnen Beamten anvertraut wurden. Diese Ducate erscheinen aber ebenfalls unter dem Namen der Gaue. So wird in der karolingischen Theilung vom Jahre 839 ein ducatus Ribuariorum genannt, welcher ohne Zweifel mit der alten volksthümlichen Abtheilung dieses Namens oder mit dem eigentlichen Ripuarien zu beiden Seiten des untern Rheins zusammenfällt, welches Gebiet in dem ripuarischen Gesetzbuche unter dem Namen pagus Ripuarius oder provincia Ripuaria erwähnt wird. Dieser große ripuarische Gau enthielt aber nach dem Theilungsvertrage vom Jahre 870 auf dem linken Rheinufer an fünf Comitate, welche man in den fünf Gauen Kölngau, Jülichgau, Zülpichgau, Archgau oder Ahrgau und Eifelgau, sämmtlich innerhalb der Diöcese von Köln gelegen, zu erkennen haben wird, wonach dann der Analogie gemäß auch auf dem rechten Rheinufer innerhalb des Gebietes der kölnischen Diöcese eben so viele Comitate und Gaue zu dem ripuarischen Gaue und Ducate zu rechnen sein werden ¹).

Der Elsaß bildete eine Hauptabtheilung des Landes Alemannien. Der in der Theilung vom Jahre 839 erwähnte ducatus Helisaciae umfaßte nach der spätern Reichstheilung vom Jahre 870 zwei Comitate, unzweifelhaft die später be-

---

1) **Eichhorn**, deutsche Staats- und Rechtsgeschichte. 1. Seite 461 bis 463.

kannten Gaue Nordgau und Sundgau, welche wiederum aus
verschiedenen kleinern Gauen bestanden, und doch wird das
ganze elsassische Land auch nicht selten unter dem Namen
des pagus Alsatiae erwähnt. Diese erweiterte Ausdehnung
des Namens Gau scheint aber vornehmlich in dem weiten
Sachsenlande üblich gewesen zu sein, welches aus einer
Reihe mehr oder minder politisch abgetheilter Landschaften
bestand, die alle als Gaue bezeichnet werden [1]). So erscheinen die großen Landschaften Emsgau, Nordland und
Nordalbingien nur als einzelne Gaue, und auf dieselbe Weise
ist da die Rede von einem pagus Westfalon, Ostfalon und
Angeri, worunter nur die großen politisch=ethnographischen
Abtheilungen des Sachsenlandes verstanden werden dürfen,
da es einzelne kleine Gaue oder Comitate dieses Namens,
wie man wohl gemeint, niemals gegeben hat. Dies ergiebt
sich schon daraus mit Sicherheit, daß selbst die großen
Hauptgebiete Deutschlands auf solche Weise bezeichnet werden. Denn bei den hin und wieder in den alten Urkunden
vorkommenden Ausdrücken von einem pagus Thuringiae,
Saxoniae und Alemanniae hat man durchaus nicht an einen
einzelnen kleinen gleichnamigen Gau zu denken, sondern das
Wort pagus ist hier in seinem weitesten und ganz allgemeinen Sinn genommen, wie man in neuern Zeiten
von einem Schwabenland und Frankenland ohne Rücksicht
auf ein politisch bestimmt abgegrenztes Gebiet zu sprechen
pflegt [2]).

Noch ist hier aber zum Schlusse der Betrachtung über
die Gaue im Allgemeinen ein Punkt zu berühren, welcher
in den neuern Zeiten ein Gegenstand des lebhaftesten Streites unter den Forschern auf dem Gebiete der deutschen Al-
terthumskunde geworden ist. Dies betrifft die schon oben

---

1) Medem bei Wigand, Archiv für Geschichte und Alterthums-
kunde von Westfalen. Hamm 1825. 8. Th. I. Heft 2. S. 83.
2) Spruner, Baierns Gaue. S. 19.

bewährte Uebereinstimmung der kirchlichen und politischen Abtheilungen Deutschlands im Mittelalter. Der triersche Geschichtschreiber v. Hontheim war der erste, welcher bei seinen Forschungen über die rheinländische Geschichte zu dem Resultate kam, daß sich aus den uns genau bekannten bischöflichen Diöcesen und deren Unterabtheilungen, den Archidiakonaten und Dekanaten, die alten Gau- und Provinzial-Eintheilungen Deutschlands erkennen ließen. Ihm folgten darin die namhaften fränkischen Geschichtschreiber Kremer und Schultes so wie der baiersche Geschichtschreiber K. H. v. Lang, und in der jüngsten Zeit hat L. v. Ledebur bei seinen Forschungen über die Geschichte der westfälischen Gebiete in seinem Werke über die Brukterer auf eine sehr glänzende Weise die Wahrheit dieses Resultates dargethan, aus welchem sich zugleich die überraschendsten Folgerungen für die Erläuterung der Geographie und Ethnographie des germanischen Alterthums im römischen Zeitalter ergaben[1]). Nichtsdestoweniger haben sich doch bald sehr bedeutende Stimmen gegen dieses System der Subordination und Coordination der deutschen Gaue mit den bischöflichen Diöcesausprengeln erhoben, wenn man auch im Allgemeinen das Uebereinstimmen der größern Provinzial-Abtheilungen Deutschlands mit jenen kirchlichen Provinzen zugab, und an der Spitze dieser Gegner steht vor Allen der baiersche Geschichtschreiber Vinc. v. Pallhausen in seinem Nachtrage zur Urgeschichte der Baiern. Ihm folgten bald verschiedene andere Forscher auf dem Gebiete der oberdeutschen und niederdeutschen Geschichte, so J. v. Hormayr und K. v. Spruner in ihren Untersuchungen

---

1) Für die gallischen Gebiete behauptet und beweiset dasselbe der Baron Walckenaer in seinem neuern und sehr gründlichen Werke géographie ancienne, historique et comparée des Gaules cisalpine et transalpine. Paris 1839. III. 8. Vergl. besonders Tom I. p. 236 — 239.

über die baiersch-tirolischen Gaue und Wedekind für die sächsischen Gaue. Wenn man nun auch den damit übereinstimmenden neuesten Geschichtsforschern Stälin und Rudhart in ihren Arbeiten über das alte Schwaben und das alte Baiern zugeben mag, daß sich aus den Archidiakonats- und Dekanats-Registern der bischöflichen Diöcesen kein sicherer Schluß auf die alte Gau-Eintheilung Deutschlands ziehen lasse, in so fern diese erst aus jüngern Zeiten oder aus den letzten Jahrhunderten des Mittelalters herrühren, wo die Gaue selbst sich schon aufgelöst hatten und zum Theil unbekannt geworden waren, daß ferner die Diöcesansprengel selbst im Laufe der Zeit manche Abänderungen erlitten haben und daß — was allerdings am wichtigsten ist — auch die einzelnen Gaue nicht immer ganz zu einer und derselben Diöcese gehörten, sondern nicht selten von den größern kirchlichen Abtheilungen durchschnitten wurden: so ist doch damit die Grundlage des ganzen Systems, nach welchem wenigstens eine ursprüngliche Uebereinstimmung der kirchlichen und politischen Abtheilungen Deutschlands angenommen werden muß, durchaus nicht umgestoßen und wird um so mehr seine praktische Anwendung auf die mittelaltrige Geographie von Deutschland behalten, als man doch in den meisten Fällen die historischen Verhältnisse nachweisen kann, durch welche eine Abweichung von der ursprünglichen Einrichtung, welche der Lebensordnung jener alten Zeit so ganz angemessen war, bedingt worden ist.

Das deutsche Reich zerfiel um die Mitte des zehnten Jahrhunderts in **sieben große in volksthümlicher und politischer Beziehung** mehr oder minder geschiedene Gebiete nämlich in Alemannien oder das Schwabenland nebst Hohenrhätien, in das Baierland, Frankenland, in die Länder Lotharingien und Thüringen, in das Sachsenland und Friesenland, deren Umfang und Gliederung nach ihren Gauen und Diöcesen als Grundlage für die historische Entwickelung der Territorial-Verhältnisse Deutschlands im Mittelalter wir jetzt genauer zu betrachten haben. Doch sind dabei zugleich die andern deutschen dem Reiche damals noch entfremdeten Gebiete anzuschließen nämlich die **westfränkisch-deutschen Landschaften** in Flandern und Artois bis zu der großen Naturgrenze der Ardennen zwischen dem deutschen und französischen Reiche, und dann die **burgundisch-deutschen Landschaften** am Jura und an der Aar, welche zum Reiche Hoch-Burgund gehörten. Auf gleiche Weise sind auch die weiten **slavischen Gebiete** auf der Ostseite des Reiches von dem baltischen bis zum adriatischen Meere hin, welche damals schon von dem deutschen Reiche abhängig waren, nach ihren volksthümlichen und politischen Abtheilungen in Betracht zu ziehen, weil sie nachmals eine Heimath deutschen Volkslebens und ein integrirender Theil des deutschen Landes und Reiches geworden sind.

Uebrigens pflegten die verschiedenen volksthümlichen Gebiete des deutschen Landes nach Maaßgabe des innern politischen Zustandes im Reiche stets in verschiedene Gruppen vertheilt zu sein. Denn so haben wir schon früher (Th. III. S. 139. 140) kennen gelernt, daß das ostfränkische Reich des Königs Ludwig des Deutschen aus **drei Hauptmassen** bestand, aus dem **fränkisch-alemannischen Rheinlande**, noch aus älterer Zeit Austrien oder Austrasien genannt, im Westen, aus dem **Baierlande** an der Donau im Osten und aus dem **Sachsenlande** nebst den Gebieten der Friesen im Norden. Auch wird diese historisch gegebene Eintheilung des Reiches oder die Gruppirung seiner Gebiete in den fuldischen Jahrbüchern ausdrücklich hervorgehoben [1]). Diese Stellung der einzelnen Theile des

---

[1] Annal. Fuldens. a. 852 ap. Pertz, mon. I. p. 367. Habita est synodus in civitate Mogontia, metropoli Germaniae, praesidente Hrabano, venerabili ejusdem urbis archiepiscopo, cum omnibus episcopis atque abbatibus orientalis Franciae, Bajoariae et Saxoniae.

Reiches zu einander mußte sich jedoch ändern, seitdem nach dem Erlöschen der Karolingen unter der Herrschaft des Königs Heinrich des Sachsen und überhaupt der Ottonen die beiden Stämme der Franken und Sachsen die eigentlichen Stützen und Träger des neuen deutschen Reiches geworden waren. Ihre Gebiete bildeten daher seit der ersten Hälfte des zehnten Jahrhunderts auch das Reich im engern Sinne, wie dies aus den Angaben in verschiedenen Urkunden aus den ersten Jahren des Königs Otto des Großen erhellt, indem es namentlich in der vom Jahre 938 für das Bisthum Osnabrück heißt, daß diese Kirche dieselben Freiheiten wie die übrigen Kirchen per totam Franciam et Saxoniam haben sollte. Auch entspricht dem die Angabe in einer eben derselben Zeit angehörigen Bulle des Papstes Leo VII. an die deutsche Geistlichkeit, welche die Ueberschrift episcopis per Galliam, Germaniam, Barariam et Alemanniam commorantibus führt [1]). Denn hier werden nur mit Rücksicht auf die noch im Laufe des neunten Jahrhunderts im Westen des Rhein gemachten Erwerbungen nur vier Theile des deutschen Reiches unterschieden. Der Rheinstrom bildete, wie bereits früher (Th. II. S. 91. 92) bemerkt, noch in der Anschauung der spätern deutschen Geschichtschreiber des eilften und zwölften Jahrhunderts eine große Grenzmark innerhalb des deutschen Reiches, so daß das im Westen desselben liegende Land Lotharingien sogar noch mit dem Namen Gallien im Gegensatz von dem eigentlichen Germanien im Osten des Stromes bezeichnet werden konnte, und da nun die oberdeutschen Gebiete von Alemannien und Baiern in jener Bulle als zwei besondere Theile des deutschen Reiches genannt werden, so ist hier natürlich unter dem Namen Germanien oder dem eigentlichen Reichslande eben nur das Gebiet der Franken

---

1) **Köpke,** König Otto I. Berlin 1838. 8. S. 3. Num. 2.

und der Sachsen oder das gesammte mittlere und untere Deutschland von dem mittlern Rhein bis zur untern Elbe und dem deutschen Meere hin zu verstehen.

Um aber bei der Betrachtung dieser so mannigfaltigen Gebiete Deutschlands in ihrer weiten Ausdehnung von dem Hochgebirge der Alpen bis zu den Niederungen des deutschen und baltischen Meeres zugleich eine naturgemäße Anschauung derselben zu gewinnen, haben wir auf die schon früher (Th. I. S. 12 u. f.) charakterisirten großen Naturformen Deutschlands Rücksicht zu nehmen, und haben demnach in unserer Darstellung dort den Anfang zu machen, wo mit dem Quellgebiet des Rhein auch der Ausgangspunkt für alle Naturverhältnisse Deutschlands gegeben ist. Dies führt uns zu dem Hochgebirge der Alpen, an dessen Nordgehängen sich die erste Hauptgruppe der deutschen Länder in den Gebieten von Alemannien nebst Hohenrhätien und von Hoch=Burgund ausbreitet. Daß in diesen Landschaften der eigentliche Ausgangspunkt für eine historisch=geographische Schilderung Deutschlands überhaupt genommen werden muß, lehrt auch das hydrographische System von West=Europa, indem wir hier nicht nur das Quellgebiet und den ganzen obern Lauf des Stromsystemes der Rhone haben, welche beide dem Gebiete von Hoch=Burgund angehören, sondern auch das Quellgebiet der Donau, welche mit einem Theile ihres obern Laufes gleich wie der Rhein=Strom selbst in seinen obern Theilen dem Schwabenlande angehört. Ja der eigentliche Quellstrom der Donau, der aus dem Herzen des Alpenlandes sich ergießende Inn, entspringt nicht weit von dem Quellgebiet des Rhein oder kommt aus der Gegend des Alpenlandes, wo die Quellen der Hauptströme von ganz West=Europa alle einander nahe benachbart liegen. Erst von dem schwäbischen Gebiete aus haben wir dann den Stromrinnen des Rhein und der Donau weiter durch die Gebiete der fränkischen und baierschen Gaue zu folgen, um sodann zu den sächsischen Gauen an der Elbe und Weser überzugehen und ihnen die Darstellung der wendischen und slavischen Landschaften außerhalb des klassischen Bodens des ältern Deutschland anzuschließen.

Erster Abschnitt.

Alemannien oder das Schwabenland nebst Hohenrhätien und die germanisch-deutschen Gebiete von Hoch-Burgund.

Waren die schwäbischen, hohenrhätischen und hochburgundischen Länder um die Mitte des zehnten Jahrhunderts auch noch nicht unter einer gemeinsamen Herrschaft vereinigt, so erfolgte diese genauere Verbindung derselben doch nur ein Jahrhundert später, und alle drei Gebiete, wenn auch jetzt dem deutschen Lande und Reiche größtentheils entfremdet, sind doch bis auf die neuern Zeiten mit demselben vereinigt gewesen. Zugleich erfüllen diese drei Gebiete einen großen Theil des Alpenlandes und enthalten und beherrschen die Passagen, welche durch durch jenes Hochgebirge hindurch zur Verbindung von Deutschland und Burgund mit dem Lande Italien in der deutschen Geschichte stets von großer historischen Bedeutung gewesen sind. Darum haben wir hier zunächst das Alpengebirge, welches wenigstens für die Zeit des Mittelalters seinem bei weitem größten Theile nach dem Gebiete der deutschen Geographie und Geschichte angehört, nach seinen Naturverhältnissen näher kennen zu lernen, um den sich daraus auf die historische Entwickelung der Bewohner Deutschlands kundgebenden Einfluß bestimmter würdigen zu können.

Das Gebirgssystem der Alpen.

Das Alpengebirge bildet, wie schon früher bei der Angabe der vier verschiedenen natürlichen Regionen Deutschlands bemerkt worden ist, nach Umfang und Höhe den Kern und das Centrum von dem gesammten westlichen Europa. Die vier mächtigsten und gewaltigsten Ströme des west-europäischen Landes haben in ihm ihren Ursprung und aus seinen ewigen Schnee- und Eisfeldern durch alle Jahreszeiten hindurch eine stets gleiche und reiche Wasserfülle, welche die nie versiegende Quelle der Befruchtung für alle jenem Gebirge angelagerten Landschaften bildet. Halbkreisförmig lagert sich der mächtige Gürtel des Alpengebirges in der Richtung von Südwest nach Nordost zu beiden Seiten des 45 Parallels, und scheidet so das deutsche und burgundische Land im Norden und Westen von dem zum europäischen Süden gehörenden Lande Italien. Bei einer Länge von 150 bis 180 Meilen mit einer von Westen nach Osten zunehmenden Breite von 20 bis 50 Meilen erfüllt dieses Gebirgssystem den ansehnlichen Raum von ungefähr 5000 ☐ Meilen. Schon aus weiter Entfernung erblickt man die Erhebung des Alpengebirges. Aus Deutschland von Norden herkommend sieht man die Alpen zuerst auf den Höhen der rauhen Alp in Würtemberg. Von Frankreich her erblickt man schon auf dem Plateau von Langres den hohen Gipfel des Montblanc; im Nordosten hat man im baiersch-östreichischen Donauthale entlang die Hochgipfel der Alpen vor Augen, und von Süden her bieten sich von den hohen Domthürmen zu Mailand und Venedig die prächtigsten Panoramen dieses Gebirges dar [1]).

---

1) J. G. Ebel, über den Bau der Erde im Alpengebirge. Zürich 1808. II. 8.

Der schon im Alterthume nach dem Vorgange der Römer für dieses ganze Gebirgssystem übliche Name der Alpen (Alpes im Unterschiede von Alpis, mit welchem Ausdrucke man eine einzelne Gipfelerhebung daselbst in Verbindung mit der ihr gewöhnlich benachbarten Passage bezeichnete) ist auch heute noch bei den verschiedenartigen Bewohnern desselben im Gebrauch. Unstreitig rührte derselbe, da er sich schon im römischen Zeitalter im äußersten Osten und Westen dieses Gebirges als einheimisch zeigt, von seinen ältesten Bewohnern den gallischen Völkern her, wenn gleich die Erklärung dieses Namens auch nicht ganz sicher sein mag. Nach der uns schon aus dem Alterthum aufbewahrten Deutung würde der Ausdruck Alp oder Alb in der Sprache der gallischen Völker hohe Berge oder erhabene Gebirge bezeichnen, so wie auch noch jetzt die Galen in dem schottischen Hochlande ihr steiles Gebirgsland mit dem Worte Alba oder Albain benennen, und damit soll sich zugleich die Bedeutung weiß verbinden, insofern man bei jenem Namen an hohe mit Schnee bedeckte Berge gedacht haben mochte [1]. Uebrigens werden bekanntlich von den meisten Bewohnern des Alpenlandes ihre höhern Weiden ausschließlich mit dem Namen Alpen bezeichnet. Aber auch im Innern von Deutschland wiederholt sich noch einmal derselbe Name in der sogenannten rauhen Alp oder dem schwäbischen Theile der Jura-Gebirgsketten, und auch hier finden wir schon im Alterthum die Namen Alba und Alpii montes erwähnt [2].

Zu dem Alpensysteme in seiner ganzen Ausdehnung gehört eine große Anzahl von Landschaften des mittlern West-Europa. Es umfaßt die Gebiete von der Provence und Nizza, das Delphinat, Savoyen und Piemont, ferner die Schweiz mit ihren zahlreichen Gebirgskantonen bis nach

---

1) Améd. Thierry, histoire des Gaulois. Paris 1828. 8. Tom. I. p. 2.
2) Zeuß, die Deutschen. S. 2 bis 7.

Graubünden und zum Bodensee, weiter ostwärts das ganze Land Tirol und die östreichischen Alpenländer Salzburg, Steiermark, Oestreich, Kärnthen, Krain, Friaul und Istrien. Die drei Ströme die Rhone im Westen (oder im weitern Sinne genommen das Saone=Rhone=Thal), der Po im Süden und die Donau im Norden und Osten bezeichnen als die sogenannten begleitenden Ströme die tief liegen= den Thäler an den äußersten Grenzen des Alpengebirgslan= des, welches nur an zwei Stellen im äußersten Westen und im äußersten Osten, dort in dem ligurischen Littorale, hier in dem Küstengebiete von Friaul und Istrien mit dem Meere in unmittelbare Berührung tritt. Die äußersten Vorge= birge des Alpensystems liegen an der Südwest= und Nordost= Ecke. Im Südwesten ist es der hohe M. Ventoux in der Provence, welcher in der Nähe der Städte Carpentras und Avignon im Norden der untern Durance an 6030 F. emporsteigt und sich somit an 5700 F. über die ihm ange= lagerte flache Thalebene der untern Rhone erhebt, deren Lauf sich von seiner Höhe aus von Lyon bis zum Meere abwärts verfolgen läßt. An der Nordost=Ecke des Alpenge= birges liegt als Vorgebirge der von der Donau umströmte und sich an 1060 F. über den Spiegel des Flusses erhe= bende Kahlenberg bei Wien, und dann der hohe Söm= mering, über welchen die große Straße von Wien nach Steiermark führt, und der hier den Haupteingang in das Alpenland beherrscht, an 4100 F. über dem Spiegel des Meeres. Die beiden Flüsse Leitha und Raab entquillen schon dem äußersten Nordostende des Alpengebirges, und senken sich dann durch Ober=Ungarn in der Oedenburger=Ebene zur Donau hinab. Wien selbst liegt schon am Fuße des Kahlenberges in einem Tieflande an 470 F. über dem Spie= gel des Meeres und an 50 F. über dem Spiegel der dort vorüberfließenden Donau. Die ostwärts angelagerte Ebene von Preßburg und Oedenburg hat nur eine Meereshöhe von ungefähr 400 F., und weiter abwärts an der Donau bei

Pesth und Ofen breitet sich das große ungarische Niederland aus, welches sich ungefähr an 300 F. über das Niveau des Meeres erhebt.

Eigenthümlich ist dem Alpengebirge der verschiedenartige Abfall seiner Bergmassen nach der Südseite und Nordseite, indem derselbe hier minder bedeutend und plötzlich als dort ist, eine Erscheinung, mit welcher zugleich der gesammte Bau aller Alpenpassagen zusammenhängt. Denn während dem Alpenlande auf der Nordseite die weiten Tafelflächen des baierschen und schwäbischen Hochlandes in einer durchschnittlichen Erhebung von 1500 bis 1800 F. über den Meeresspiegel vorgelagert sind, von welchen aus das Emporsteigen in das Innere des Gebirges ganz allmählig statt findet, fällt das Alpenland nach Süden sehr schroff und steil zu der lombardischen Ebene hinab, welche sich nur einige hundert Fuß über das Meer erhebt, und bewirkt somit auch ein steileres Absteigen seiner Ausgänge nach dem Tieflande am Po. Die obere lombardische Ebene von Piemont um Turin steigt in ihren Flächen nur an 750 F. empor, und senkt sich bald zu den weiten Sumpfniederungen von Venetien am untern Po und dem Adria=Meere hinab.

Auf dem Grenzsaume des Alpenlandes gegen diese im Norden und Süden angelagerten Ebenen liegt die merkwürdige Zone der Alpenseen in einer doppelten Reihe schöner und zahlreicher Wasserbecken, welche einen eigenthümlichen Schmuck der Alpenlandschaften ausmachen. Es sind dies Wasserbecken der verschiedensten Größe von ein bis achtzehn Stunden Länge, aber meistens von geringer Breite. So besonders an dem Nordsaume der Alpen die berühmten helvetischen Seen der Genfer=See, der Waldstätter=See, der Zürcher=See und Walenstädter=See, der Boden=See, weiter ostwärts in Baiern und Oestreich der Kochel=See, der Chiemsee, der Attersee und Traunsee, und im Süden die lombardischen Alpenseen der Lago maggiore, der See von Como und der Garda=See. Sie dienen zur Abklärung der wilden Gebirgswasser und hemmen den Sturz derselben; denn alle Gebirgsströme oberhalb dieser von ihnen durchflossenen Seebecken sind wild und zerstörend, aber unterhalb dieser Seezone wirken sie in ihrem gebändigten Laufe segensreich für die anliegenden Gebiete, und werden von da an zum Theil schiffbar. Fast alle diese Seen liegen an dem Uebergange der beiden großen Naturkontraste der wild erhabenen Alpenregion auf der einen Seite und der mildern Berglandschaft und der Thalebene auf der andern Seite; sie bilden die Eingänge und Ausgänge zu beiden, und daher haben sie in ihren Umgebungen auch den größten Reichthum der Naturverhältnisse und der Naturschönheiten aufzuweisen. Ihre Ufer sind meistens die ältesten Kultursitze in der ganzen Alpenregion.

Die größte Massenerhebung des Alpengebirges liegt so ziemlich in der Mitte seines Umfanges in der Gruppe des St. Gotthard und in dem Lande Graubünden, welche man als den Centralknoten der Alpen bezeichnen kann. Aber von dieser Massenerhebung ist zu unterscheiden die Gipfelerhebung, welche außerhalb derselben liegt und vornehmlich auf folgende vier Punkte vertheilt ist. 1) Der Gebirgsstock des Montblanc in einer Erhebung von 14,700 F. und des Monte Rosa in einer Höhe von 14,400 F. 2) Der Gebirgsstock des Berner-Oberlandes, wo sich im Quellgebiet der Aar eine ganze Reihe jenen genannten Höhen nur wenig nachstehender Felshörner erhebt wie das Schreckhorn von 12,560 F., die Jungfrau von 12,872 F. und das Finsteraarhorn von 13,300 F. Höhe. 3) Der Gebirgsstock des Ortles an 13,000 F. hoch und 4) die Bergmasse des Groß-Glockner, welcher als der Koloß der Ost-Alpen sich auch noch an 12,000 F. erhebt. In der Nähe dieser größten Gipfelerhebungen liegen auch immer die steilsten und tiefsten Einsenkungen im Alpengebirge, die größten Spalten auf der Erdoberfläche. Dahin gehören die berühmten Thäler von Chamouny und der

Dora baltea mit der Allée blanche am Montblanc, die Thäler der obern Rhone in Wallis, die der Reuß und Aar, die obern Rhein-Thäler in Graubünden, die Thäler des Inn und der Etsch in Tirol und viele andere.

Die innern Hochgebirgsketten der Alpen erstrecken sich im Allgemeinen in der Richtung von Südwest nach Nordost, und dies ist daher auch die Richtung aller Längenthäler des Alpengebirges. Diese letztern liegen oft mehrere neben einander, durch parallele Gebirgsketten von einander geschieden, und sind theils durch Querthäler mit einander verbunden, welche die Gebirgsketten durchbrochen haben und enge, tiefe Felsschluchten bilden, theils durch Hochpässe, welche in erhabenen Einsenkungen über die Hochgebirgsketten hinwegführen. Die Hauptmasse der Hochgebirgsketten wird aber zu beiden Seiten von einer Reihe von Nebenketten und Voralpenketten begleitet, und faßt man alle diese zusammen, so ergiebt sich daraus ein dreifaches mannigfach verzweigtes Gebirgssystem, dessen Breite zwar von Westen nach Osten immer mehr zunimmt, dessen Höhe aber im umgekehrten Verhältniß immer mehr abnimmt. Denn im Westen in dem schmalern Theile der Alpen finden sich neben den höchsten Gipfeln auch die erhabensten Ketten und Rücken, während die Massen im Osten, in dem breitern Theile der Alpen bedeutend niedriger werden.

Diese Erscheinung hängt mit der eigenthümlichen geognostischen Beschaffenheit des Alpengebirges zusammen, und man unterscheidet in dieser Beziehung eine dreifache Gliederung oder eine dreifache Region des Alpensystems, welche verschiedenen Gebiete für die Charakteristik seiner einzelnen Theile von eben solcher Bedeutung sind wie für ihre Pflanzen- und Thierwelt. Den mittlern Kern des Alpenlandes pflegt man mit dem Namen der Uralpen zu bezeichnen, indem man darunter das Urgestein der Erde wie Granit, Gneus, Thonschiefer, Urkalk oder überhaupt diejenigen Massen versteht, welche in der größten Tiefe unter allen

andern Gebirgsmassen zu liegen pflegen, sich aber auch in
den höchsten Gipfeln über jene Massen erheben. Sie sind
der Träger aller andern alpinischen Gebirgsmassen. Diese
Masse der Uralpen bildet die Längenachse des ganzen Al=
pensystems; sie ist aber nicht auf eine einzelne Kette be=
schränkt, vielmehr zeigen sich diese Uralpen überall vorherr=
schend in dem weiten Gebiete vom Montblanc bis zum
Groß=Glockner. Darum findet sich auch hier in den Län=
dern Schweiz und Tirol der grandiose Naturcharakter der
Alpen vornehmlich ausgebildet. Auf beiden Seiten dieses
mittlern Zuges, welcher die primitive Gebirgsbildung der Al=
pen zeigt, lagern sich zwei andere Gebirgszonen, deren Mas=
sen aus Kalkstein und jüngern Schieferarten bestehen. Dies
sind die secundären Gebirgsformen, welche wenn gleich im
Allgemeinen niedriger als die erste Gebirgsart auch oft zu
den erhabensten Gipfeln emporsteigen und so der Höhe der
Uralpen gleich kommen. Wegen des Vorherrschens des Kal=
kes in ihnen nennt man sie die nördlichen und südlichen
Kalkalpen. Sie begleiten die Uralpen auf der Nord=
und Südseite in ihrem ganzen Zuge, und decken sie an der
Seite oft ganz zu. Diese Kalksteinmassen sind voll von
Resten einer untergegangenen Thierwelt, denn auf ihren
höchsten Rücken und Gipfeln in einer Meereshöhe von 8 bis
10,000 F. findet man die mächtigsten Muschellager und
versteinerte Seethiere in großen Bänken. Diese beiden Kalk=
steingebirgsreihen unterscheiden sich jedoch darin von einan=
der, daß die nördliche schon im äußersten Westen des Alpen=
landes mit den Thälern der Rhone und Isere ihren Anfang
nimmt, und daß sie im Osten erst in der Ebene von Oeden=
burg in Ober=Ungarn endet. Die südlichen Kalkalpen be=
ginnen erst mehr ostwärts an der obern Sesia in der Nähe
des Simplon=Passes. Bei den lombardischen Seen wird
ihre Breite schon ziemlich ansehnlich, und von da an füllen
sie alle südlichen östreichischen Alpenlandschaften an der Sau
und Drau und ziehen sich durch die illyrischen Gebirgsketten

bis nach Griechenland hinein. Zu beiden Seiten dieser Kalk=
alpen lehnt sich im Norden und Süden eine dritte Masse
an, welche man mit dem Namen der Flötzgebirge be=
zeichnet. Während die Uralpen sich durch ihre scharfen Rük=
ken, die sich nur selten zu breitern Massen erweitern, und
durch ihre erhabenen, spitzen Gipfel auszeichnen, die Kalkal=
pen aber sich mehr durch ihre langgestreckten und breiten
Massen gleich hohen Mauerwänden charakterisiren, sind die
Flötzgebirgsmassen in den mannigfaltigsten und pittoreskesten
Formen aufgethürmt, und tragen sämmtlich die Spuren ge=
waltiger Zerrüttungen der Erdoberfläche an sich. Aber
nur am Nordsaume der Kalkalpen sind diese aus den jüng=
sten Gebirgsarten der Erde bestehenden Bergmassen zu sehr
hohen Bergen aufgehäuft, und diese Trümmerberge haben
dort zur Bildung der zahlreichen Seen besonders in Helve=
tien viel beigetragen. Denn alle diese Seen, durch ihre
große Tiefe ausgezeichnet, sind nicht sowohl flache Wasser=
bassins als vielmehr trichterförmige Einstürze zwischen den
umgebenden Gebirgsmassen. Zu jenen helvetischen Trüm=
merbergen gehört vornehmlich der Rigi zwischen dem Vier=
waldstätter= und Zuger=See, welcher sich auf der Grenz=
mark der drei Kantone Luzern, Schwyz und Zug zu einer
Höhe von 5500 F. erhebt. Er liegt ganz isolirt zwischen
jenen beiden Seen als ein äußerstes Vorgebirge der Alpen
und gewährt darum auch einen so prachtvollen Ueberblick
über das Alpengebirge [1]).

Wenn auf solche Weise die geognostische Beschaffenheit
des Alpenlandes die Erhebung und die Formen der Gebirgs=
ketten und ihrer Gipfel, die eigenthümliche Bildung der
Felsspitzen und Felsmauern, das Streichen der Gebirgs=
schichten und die ganze Mannigfaltigkeit der Landschaft be=
dingt, so zeigen sich nicht minder merkwürdige Erscheinun=

---

1) Ebel, über den Bau der Erde im Alpengebirge. Th. I.
S. 25 bis 408. Th. II. S. 1 bis 89.

gen bei der Betrachtung der Höhenverhältnisse der Alpen im Allgemeinen. Denn die absolute Erhebung der Alpenmassen über den Meeresspiegel ist außerordentlich verschieden. Berücksichtigt man zunächst die nördlichen Vorebenen der Alpen, so steigt das schwäbisch-baiersche Tafelland schon in seinen Flächen zu den ansehnlichen Höhen von durchschnittlich 1500 F., ja in einzelnen Theilen selbst bis gegen 2000 F. empor. Die Städte Ulm, Siegmaringen, Augsburg und München liegen zum Theil schon höher als die norddeutschen Bergstädte auf dem Harz und dem Fichtel-Gebirge, und doch liegen sie in einer weiten Ebene, wo die Erscheinungen einer Gebirgslandschaft wie bei jenen nicht wahrzunehmen sind. Dann aber betritt man bei dem ersten Emporsteigen in dem alpinischen Berglande das Gebiet der sogenannten Voralpen, welche sich von 2000 bis zu 5000 F. erheben. Diese Voralpen übersteigen in ihrer Höhe schon alle mitteldeutschen Gebirgsmassen; sie reichen von dem Punkte, wo die Alpennatur ihren Anfang nimmt, bis zu derjenigen Vegetationsgrenze, wo der Baumwuchs unter der geographischen Breite des Alpenlandes aufhört. Es ist diese Region demnach ein Raum von 3000 F. senkrechter Erhebung, und sie wird charakterisirt durch den Waldreichthum und die alpinischen Frühlingsweiden. Hier finden sich noch eine Menge von Ortschaften in Dörfern, Flecken und Städten, und überhaupt reich bevölkerte Thäler.

Auf die Voralpen folgt sodann die zweite Region der Mittelalpen, welche von 5000 F. bis zu 8000 F. emporsteigen und von der Grenzlinie des Baumwuchses bis zu der des ewigen Schnees unter dieser geographischen Breite reichen. Diese Region bildet gleichfalls eine Zone von 3000 F. senkrechter Erhebung. Sie umläuft wie ein Kranz das gesammte Alpengebirge und ist die eigentliche Heimath der alpinischen Flora und Fauna. Hier liegen die berühmten Alpentriften mit den eigenthümlichen Kräutern und Blumen, welche sich zugleich nur noch in Lappland und

Grönland, in der Polarzone, wiederfinden. Hier hausen die Gemse, der Steinbock, das Murmelthier, das Schneehuhn und viele andere dem Alpenlande eigenthümlichen Thiere. In diese Region des Gebirgslandes fällt das Leben der zahlreichen Hirtenvölker der Alpen, hier ist die Sennen= wirthschaft in der Frühlings= und Sommerzeit einheimisch. Auf die Mittelalpen folgt zuletzt die dritte Region der Hoch= alpen, welche im Allgemeinen von 8000 F. bis zu 10,000 F. emporsteigen und sich theilweise noch höher erheben. Hier zeigen sich weite Schneefelder und Eismassen, als Krusten oder als Gletscher, oder auch nackte Felswände, die wegen ihrer Steilheit nicht fähig sind dauernden Schnee zu tragen. Wo hin und wieder auf diesen Höhen noch Schutz ist, da überziehen sich die Felswände mit zwergartigen Ge= wächsen, mit Moosen und Lichenen; doch reichen diese nicht höher als bis zu 10,500 F. hinauf, und bis zu 11,000 F. scheint sich hier im Alpenlande kein Leben zu versteigen. Ueber diese Vegetationsgrenze hinaus erheben sich nur noch einzelne Riesengipfel, deren Gesichtskreis wie von dem Mont= blanc und dem Groß=Glockner an 40, 50 und 60 Stunden weit über die Erde reicht.

Das Vorkommen der Schnee= und Eismassen, welche den Hauptrücken des Alpengebirges überlagern, gewährt einen Ueberblick über die Gesammterhebung dieser Gebirgsmassen. Unter dem 44 bis 48 Parallel zieht die Schneegrenze im Alpengebirge in einer Höhe von 7800 F. bis 8700 F. hin. Alles was darüber liegt, ist demnach mit ewigen Schneefeldern und Eismassen bedeckt. Aber wo sich zusam= menhängende Schneefelder vorfinden, da breitet sich die Herr= schaft der kalten Zone schon bei 7800 und 8000 F. aus, und das ist überall auf der Nordseite oder der Schatten= seite der Berge der Fall, wo sich die Schneefelder tiefer als auf den Südgehängen derselben hinabsenken. Die Hö= hen, welche einige tausend Fuß niedriger sind, werden auf einige Monate, vornehmlich vom Juny bis zum August,

von der Schneedecke des Winters entblößt, und dann wach=
sen die eigenthümlichen Alpenpflanzen, zum Theil durch die
Schneehülle hindurch, sogleich empor, und schmücken die
höchsten Sommerweiden der alpinischen Hirtenvölker. Die
Rücken der Alpenzüge sind nur mit Schneefeldern überzo=
gen, denn die Gletscher und größern Eismassen füllen blos
die tiefen kalten Thäler und die Felsschluchten, in welche
sie sich, aus den geschmolzenen und gleich wieder gefrornen
Schneemassen gebildet, stromartig hinabdrängen und als
mächtige Eisharnische die Abhänge der Berge bekleiden. Mit
solchen Gletschern sind die größten Einsenkungen des Alpen=
zuges erfüllt, während die erhabensten Rücken mit Schnee=
feldern bedeckt sind. Beide Gebilde der polarischen Zone
haben demnach eine ganz verschiedene Region ihres Vor=
kommens. Denn die Gletscher liegen überall nur an den
tiefsten Enden der Schneefelder. Ueber 10,800 F. finden
sich keine Gletscher in Europa mehr, und hier im Alpenge=
birge ist ihr Gebiet beschränkt auf den Raum von ungefähr
10,000 F. bis zu 3000 F., d. h. sie können nur eine senk=
rechte Höhe von 7000 F. haben, wie ausgedehnt sie auch
sonst in ihrer geneigten Richtung sein mögen. Auf dem
Rücken der Schneefelder wird nur durch die Wärme des
mittäglichen Sonnenstrahles die äußere Seite mit einer
dünnen Eiskruste überzogen, und die Reflexion der Son=
nenstrahlen bewirkt dann auf solche Weise das eigenthüm=
liche Glühen der Schneefelder.

 Die Gletscher bilden eine ganz besondere Pracht und
einen vornehmlich nur dem europäischen Alpengebirge eigen=
thümlichen Schmuck. Sie sind nicht ohne eine gewisse geo=
logische Lebensthätigkeit, und haben darum in ihren Verbrei=
tungsgesetzen, in ihrem Wachsen und Abnehmen wohl mit
Recht mit Polypen verglichen werden können [1]). Diese

---

[1]) **Hirzel-Escher**, Wanderungen in weniger besuchten Alpen=
gegenden der Schweiz. Zürch 1829. 8.

Gletschermassen haben selten einen geringern Umfang als den von einer Stunde, oft füllen sie Thalschluchten von 6, 8 bis 10 Stunden Länge. Solche Eismassen haben dann eine mächtige Dicke von 6 bis 800 Fuß, und die Gletscherarme senken sich zuweilen von den bedeutendsten Höhen in verschiedene Zweige gespalten in die niedern Kulturthäler des Alpenlandes hinab, in deren Geschichte sie eine zum Theil nicht unwichtige Rolle spielen [1]). So zeigen sich die Gletscherarme im Chamouny=Thale und in dem Grindelwald des Berner=Oberlandes. Von der Gebirgsgruppe des Montblanc hängen an drei und zwanzig mächtige Gletscherarme an der Nordseite hinab, und an seiner Ostseite befindet sich die berühmte Allée blanche in dem Thale der Dora baltea. Aus den Berner=Oberalpen ziehen sich an siebzehn mächtige Gletscher hinab. Eins der bedeutendsten Gebiete der Polarzone in Helvetien ist die Region des Finsteraarhorn mit den furchtbaren Aar=Gletschern, sie umfaßt einen Theil des Berner=Oberlandes so wie der Landschaften Ober=Wallis, Tessin und Uri, eine Horizontalfläche von 20 ☐ M. oder von 70 ☐ M. Oberfläche, wovon mehr als 10 ☐ M. auf die Gletscher kommen. Dort liegen auch die Hauptquellen der drei großen Alpenströme Rhein, Rhone und Po. Die Schneemassen im Alpengebirge finden sich in zwanzig Hauptgruppen vertheilt von dem Monte Viso an den Quellen des Po im Westen bis zum Groß=Glockner und den Quellen der Drau im Osten, und dazu giebt es an 5 bis 600 solcher Gletschermassen, welche ein großes Eismeer in der Aetherregion über der Vegetationsgrenze der Erde bilden. Mit den Schneefeldern nehmen sie zusammen einen Raum von mehr als hundert Quadratmeilen ein. Dieser

---

[1]) L. Agassiz, Untersuchungen über die Gletscher. Solothurn 1841. 8. nebst einem Atlas. Hugi, über das Wesen der Gletscher und Winterreise in das Eismeer. Stuttgart 1842. 8. Hugi, die Gletscher und die erratischen Blöcke. Solothurn 1843. 8.

Raum ist nun für Pflanzen, Thiere und Menschen ganz unbewohnbar und oft ganz unnahbar; er ist von den kulturfähigen Theilen des Alpenlandes abzuziehen. Aber in diesen Schnee- und Eismassen sind in dem kleinsten Raume die größten Wasserschätze des mittlern West-Europa zusammengedrängt, sie bilden die nie versiegende Quelle der schiffbaren Ströme dieses Theiles von Europa, welcher aus ihnen seinen Seegen und seine Befruchtung bezieht.

Den Erhebungen der alpinischen Gebirgsmassen entsprechen auch die Einsenkungen oder **Thäler**, und die Thalbildung ist für die Kenntniß des Alpenlandes eben so wichtig als die eigentliche Bergbildung. Eine merkwürdige und für das Alpengebirge wichtige Erscheinung ist, daß die längsten und bedeutendsten Thäler in der Richtung des Hauptzuges gehen von Südwest nach Nordost. Dies sind die großen **Längenthäler** der Alpen, wie die Thäler der obern Rhone, des Rhein, Inn, Salza, Ens u. a., und von ihnen hängt die Bildung aller übrigen Thäler ab. Diese Thäler bilden die Kanäle zur Abführung der Wasserschätze des Innern des Alpenlandes, und sie führen zu den großen **umkreisenden Thalsenkungen** dieses Gebirgssystems. Denn außerhalb desselben sind es vier große Ströme, welche jene Thalsenkungen durchziehend alle Gewässer der Alpen in sich aufnehmen. Dies sind die Thäler des **Rhein** und **Po**, der **Rhone** und **Donau**. Nur Theile von ihnen liegen innerhalb des Alpenlandes, entweder ihr oberer Lauf oder doch ihre Hauptzuströme. Zum Rhone-Thale öffnen sich vier große Alpenthäler, zum Rhein-Thale fünf Alpenthäler, zum Po-Thale acht Alpenthäler und zum Donau-Thale zwölf Alpenthäler, und dazu kommen noch sieben große Alpenthäler, welche sich in dem **ligurischen** und **friaulischen** Littorale unmittelbar zum Meere öffnen. Rechnet man alle diese Stromthäler innerhalb des Alpenlandes zusammen, so ergiebt sich daraus eine Summe von vierzig großen Alpenthälern, durch welche das ganze Gebirgssystem in seine bestimmten Gaue geschieden wird, und wovon jedes nach seinem Bau, nach seinen Produkten und Bewohnern von dem andern verschieden ist. Dazu muß man aber auch noch die zahlreichen Seitenthäler rechnen, wodurch die Anzahl jener Hauptthäler bis um das Zehnfache vermehrt wird. Und so wie schon im Alterthume die verschiedenartigsten Völkerstämme zu den Bewohnern dieser Alpengaue gehörten, so beherbergen die Alpen schon seit den Zeiten des Mittelalters bis auf diese Stunde zahlreiche Zweige der drei vornehmsten europäischen Völkerstämme von romanischer, germanischer und slavischer Abstammung. Durch eben diese ethnographische Mannigfaltigkeit erhält dieses Gebirgssystem auch einen außerordentlich reichen historischen Charakter.

Mit jenen Alpenthälern stehen die Alpenstraßen und Alpenpässe in genauer Verbindung. Sie dienen zur Verknüpfung der Völker mitten durch dies Hochgebirge hindurch, sie sind die für die Völkergeschichte wichtigsten Lokalitäten daselbst, und gehören zum Theil zu den berühmtesten Punkten der europäischen Geschichte. Nach diesen Passagen pflegten schon die Alten das Gebirge einzutheilen und die einzelnen Züge desselben zu benennen. Durch die Römer wurden die meisten Pfade durch das Alpenland mit seinen Hochpässen eröffnet und diese sind auch sämmtlich durch das Mittelalter im Gebrauch geblieben, da sie im Allgemeinen mit den von der Natur durch dies Gebirge gebahnten Wegen zusammenfielen. Die Anzahl der Alpenstraßen hat sich jetzt zwar verdoppelt, indem man einige dreißig derselben zählt, doch auch bei den in den jüngsten Zeiten eröffneten Pfaden, welche zum Theil zu den großartigsten und wunderbarsten Werken in der Wegebaukunst gehören, hat man stets den durch die Thalsenkungen der alpinischen Flüsse von der Natur vorgezeichneten Straßen folgen müssen.

Durch seine Erhebung und Ausbreitung wie durch seinen Bau in geognostischer Beziehung sondert sich das Alpengebirge in drei Haupttheile, deren Unterschiede sich eben so bestimmt in ihren ethnographischen und historischen Verhältnissen zu erkennen geben. Fast alle drei sind für die deutsche Geschichte im weitern Sinne genommen von gleicher Wichtigkeit. 1) Die Central-Alpen. Sie erstrecken sich vom Montblanc im Westen bis zum Groß-Glockner im Osten und bilden demnach auf eine Ausdehnung von 60 Meilen den Hauptstamm des Alpenlandes. Sie enthalten den eigentlichen Kern des Hochgebirgslandes in den Landschaften Schweiz und Tirol. In ihnen zeigt sich die charakteristische Alpennatur hauptsächlich vorherrschend und überall in dem größten Maaßstabe. Diese Centralalpen sind als die germanischen Alpen zu bezeichnen wegen ihrer überwiegend deutschen Bevölkerung, welche, jedoch mit Einschluß des hier gleichfalls einheimischen romanischen Volksstammes der Rhätier, bis zu den Südgehängen des Gebirges hinüberreicht. 2) Die West-Alpen. Sie dehnen sich bei einer weit geringern Breite als die Centralalpen in der Richtung von Norden nach Süden vom Montblanc bis zum ligurischen Meere zwischen den Golfen von Lyon und Genua nur an 40 Meilen weit aus und sind auch noch durch einen kolossalen Charakter ausgezeichnet, wenn gleich sie nicht so massenhaft wie die vorigen Alpen auftreten. Sie sind die romanischen Alpen zu nennen wegen ihrer durchaus romanischen Bevölkerung sowohl auf ihrer lombardischen als ihrer burgundisch-provenzalischen Seite. 3) Die Ost-Alpen. Sie erstrecken sich in der Richtung von Westen nach Osten vom Groß-Glockner bis zu den Ebenen von Ober-Ungarn. Von den beiden vorigen Gruppen unterscheiden sie sich dadurch, daß der großartige Alpencharakter in ihnen bald verschwindet, indem sie an Breite zwar immer mehr zunehmend, welche den ganzen Länderraum von der Donau bis zum Adria-Meere erfüllt, an der Höhe ihrer Massen schnell verlieren. Eigenthümlich ist dabei dieser Gruppe, daß sie sich in zwei große Flügel zerspaltet, von welchen der eine in einer Länge von 40 Meilen sich nordostwärts bis zur

Donau erstreckt, und dort mit dem Kahlenberge endet, der andere sich in gleicher Ausdehnung südostwärts bis nach Istrien an den Gestaden des adriatischen Meeres hinzieht. Diese Gruppe ist nach der schon seit den ersten Zeiten des Mittelalters in ihr herrschenden Bevölkerung als die der slavischen Alpen zu bezeichnen.

Vergleicht man jene drei Hauptgruppen des Alpenlandes mit einander, so zeigt sich, daß die mittlere Kammhöhe in den West-Alpen von Süden nach Norden allmählig von 5000 bis zu 8000 F. emporsteigt, daß sie in den Central-Alpen sich gewöhnlich nicht unter 8000 F. hält und häufig bis zu 10,000 F. emporsteigt, daß sie aber in den Ost-Alpen wieder allmählig von 8000 F. bis zu 3000 F. hinabsinkt. Dagegen steigt die Gipfelhöhe in den West-Alpen von 7000 bis 13,000 F. empor, hält sich in den Central-Alpen in einer ostwärts allmählig abnehmenden Erhebung von 14,000 F. bis 8000 F., und sinkt in den Ost-Alpen in derselben Richtung von 11,000 F. bis zu 5000 F. hinab. Auf ähnliche Weise zeigt sich die mittlere Erhebung der Paßhöhen in diesen verschiedenen Alpengebieten, indem dieselben in den West-Alpen sich zwischen 3000 bis 7000 F., in den Central-Alpen zwischen 6000 bis 10,000 F. und in den Ost-Alpen nur zwischen 3000 bis 5000 F. halten, so daß sich daraus für die letztern eine größere Uebereinstimmung dieser drei genannten Verhältnisse ergiebt, während dieselben in den westlichen Alpen schon mehr von einander abweichen und in den centralen Alpen die größten Contraste darbieten.

Uebrigens zerfällt jede der drei Hauptgruppen des Alpenlandes wieder in mehrere untergeordnete Glieder, und schon nach dem Vorgange der Alten werden vornehmlich an neun Haupttheile unterschieden, deren ältere Namen, nachmals in einem mehr oder minder gleichen Umfange gebraucht, sich wenigstens für die Zeiten des Mittelalters als in historischer Beziehung von Bedeutung erweisen.

1) Die West=Alpen.

Diese Gruppe besteht aus drei Hauptgliedern, welche sich unter den Namen der Meer=Alpen, der cottischen und grajischen Alpen durch die burgundisch=provenzalischen Gebiete der Provence, des Delphinat und von Savoyen erstrecken. Die Meer=Alpen (Alpes maritimae), von der Nachbarschaft des Mittelmeeres so benannt und nur zum geringen Theile den eigentlichen Hochalpen angehörig, beginnen mit dem Gipfel des Col di Tenda, an 5547 F. hoch, da wo an der ligurischen Meeresküste im Nordosten von Nizza der von dem Alpengebirge wesentlich verschiedene Gebirgszug des Apennin mit dem erstern auf gewisse Weise in Verbindung tritt, und sie erstrecken sich von dort bis zu dem an 11,800 F. emporsteigenden Hochgipfel des M. Viso, wo der sogenannte Quellstrom des Po gelegen ist. Nur jener Hochgipfel nebst dem benachbarten Col Roburent ist allein mit ewigem Schnee bedeckt, aber die Verzweigungen dieser Alpen breiten sich in ihren Mittel= und Voralpen weit durch die Gebiete der Provence nach Westen an der mittlern Durance aus, während sie in geringerer Ausdehnung nach Osten hin sehr steil und schnell zu der Ebene am obern Po um Turin abfallen.

An die Meeralpen reihen sich weiter nordwärts die cottischen Alpen (Alpes Cottiae) an, welche nach dem kleinen Alpenfürsten Cottius, einem Freunde und Schützling des Kaisers Augustus, ihren Namen tragen. Sie reichen vom M. Viso bis zum hohen M. Iseran, welcher an den Quellen der Isere an 12,456 F. emporragt. Sie steigen schon weit höher empor, indem nicht blos die Wasserscheidekette, sondern auch die Hochmassen, welche sich westwärts an der obern Durance durch die Landschaft Delphinat verbreiten, mit ewigem Schnee bedeckt sind. Dort erheben sich die Hochgipfel des M. Pelvoux (12,612 F.), M. Olan (12,312 F.) und des M. Genevre (11,058 F.). Nach

Osten fallen sie gleichfalls schroff und steil zur Ebene von Turin ab, während ihre Voralpen sich westwärts noch in einer Höhe von 3 bis 5000 F. bis gegen die Rhone hin verbreiten. Weiter nordwärts schließen sich die grajischen Alpen (Alpes Grajae) an, deren Name von unbekannter oder doch unsicherer Bedeutung, von den Alten aber auf den mythischen Zug des Hercules über dies Gebirge bezogen, unstreitig aus dem gallischen Sprachstamme zu erklären ist. Von dem M. Iseran bis zum Gebirgsstock des Montblanc reichend füllen ihre erhabenen und breiten Massen die Gebiete des südlichen Savoyen um die obere und mittlere Isere bis zur Rhone an ihrem Austritt aus dem Alpenlande. Ihre niedern Voralpen steigen in dem Berglande von Carouge im Norden der kleinen Seespiegel von Bourget und Annecy bis gegen das untere Ende des Genfer-Sees noch an 3000 F. auf.

Diese Alpenreihe endet sodann in dem erhabenen Gebirgsstocke des Montblanc, welcher aus einer Gruppe von Riesengipfeln bestehend, die sich in der Richtung von Südwest nach Nordost vom Col de Bonhomme und Col de la Seigne bis zum Col de Balme an fünf Meilen weit ausbreitet, den Ruhm hat die mächtigste Gipfelerhebung dieses Gebirgssystems und Europas überhaupt zu bilden, indem sie an 14,892 F. aufsteigen soll. An dem Nordwestfuße dieser Alpenmasse liegt das berühmte von der obern Arve durchströmte Chamouny-Thal, an ihrem Südostfuße das tiefe Thal der zum Po gehenden Dora baltea, und in beide erstrecken sich von diesen Riesenhöhen die gewaltigsten Gletschermassen hinab, dort das sogenannte Eismeer (mer de glace) am Montanvert nebst dem Eisgewölbe des Arveiron, hier die furchtbare Allée blanche neben dem M. Cramont und beim Hinabsteigen vom kleinen St. Bernhard nach Aosta hin. Die nördlichen Voralpen der Gruppe des Montblanc erstrecken sich durch das nördliche Savoyen bis in die Landschaft Chablais am Südufer des

Genfer=Sees. So wie der Gebirgsstock des Montblanc heut zu Tage auf der Grenzmark der drei Landschaften Savoyen, Wallis und Piemont gelegen ist, so bildet er auch den großen Grenzstein der drei Länder Deutschland, Frankreich und Italien. Aber die Grenzmark der deutschen, französischen und italienischen Sprache liegt erst weiter im Osten am Monte Rosa innerhalb der penninischen Alpen.

2) Die Central=Alpen.

Unter den drei aus dem Alterthum überlieferten Namen der penninischen, lepontischen und rhätischen Alpen zieht sich das mächtige Revier der Central=Alpen durch die heutigen Gebiete der Schweiz und von Tirol, und breitet sich vom Bodensee und Kochelsee im Norden bis zu den lombardischen Seen im Süden durchschnittlich an dreißig Meilen weit aus. Die sich ostwärts an die Gruppe des Montblanc anschließenden penninischen Alpen (Alpes Penninae), welche nach der auf der Höhe des großen St. Bernhard, des Mons Jovis oder Mont Jour im Mittelalter, verehrten keltischen Gottheit Pen ihren Namen führen, reichen in einer erhabenen immer an 10,000 F. hohen Masse nach Osten bis zu der tiefen Einsenkung der Simplon=Straße an der Nordostseite der Monte Rosa=Gruppe. Sie umschließen im weitern Sinne das Hochthal der obern Rhone und das Quellgebiet der zum Rhein gehenden Aar. Denn zwei Hauptmassen sind hier zu unterscheiden, im Süden die Walliser= oder Piemonteser=Alpen, im Norden die Berner=Alpen in dem Berner=Oberlande, und aus beiden ragen die gewaltigsten Hochgipfel der Alpen empor. So liegen in der südlichen Hauptkette der große St. Bernhard an 10,390 F. hoch, der M. Combin an 13,300 F. hoch, die Masse des M. Cervin oder Matterhorns in einer Höhe von 13,858 F. und der berühmte Alpenstock des Monte Rosa mit einer

Erhebung von 14,220 oder 14,580 F. über den Meeres=
spiegel. Die schon genannten Riesenhöhen des Berner=Al=
penlandes erstrecken sich von den Aar=Gletschern an den
Quellen der Aar südwestwärts bis zu den an 9642 F. hohen
Diablerets und dem an 8950 F. hohen Dent de Morcles,
welcher mit dem westwärts ihm gegenüberliegenden an 9800 F.
hohen Dent de Midi im savoyischen Lande die enge Thal=
schlucht bildet, durch welche die obere Rhone aus dem Lande
Wallis hervorbricht, um sich in den lemanischen See zu er=
gießen.

Weiter ostwärts folgt zunächst die erhabene Massenbil=
dung des **St. Gotthard** (Adula M. bei den Alten ge=
nannt) im Quellgebiet des Rhein mit den sich um sie aus=
breitenden und bis zur Einsenkung des Splügen reichenden
lepontischen Alpen (Alpes Lepontiae), welche nach dem
alten rhätischen Volksstamm der Lepontier, die schon Cäsar
als die Bewohner des Quellgebietes des Rhein angiebt, ih=
ren Namen tragen, der sich selbst noch bis jetzt in der schö=
nen valle Leventina an den Südgehängen des St. Gott=
hard erhalten hat. Die breite plateauartige Masse des St.
Gotthard hat noch eine Gesammterhebung von 8000 F.,
wird aber von den erhabensten Alpenstöcken umragt, welche
ihre mächtigen Arme und Ketten vornehmlich nordwärts ge=
gen das helvetische Tafelland zwischen seinen Alpenseen aus=
strecken, während sich nach Süden ein milderer Abfall dieser
Massen gegen die beiden lombardischen Seen, den Lago
maggiore und bi Como, zeigt, zu welchen sich die reizenden
Thäler des Landes Tessino hinabziehen. Denn gleich wie
sich an der Gabelung der penninischen Alpen, an der Furka
mit den Rhone=Gletschern eigentlich die Eispyramiden des
Berner=Oberlandes im Finsteraarhorn und der Jungfrau an
die Masse des St. Gotthard westwärts anreihen, so gehen
von ihm nordwärts die Waldstätter=Alpen aus, in wel=
chen sich nicht weit von den Quellen der Reuß der an
11,328 F. hohe Galenstock erhebt, dem dann weiter nord=

wärts der an 10,700 F. hohe Titlis auf der Grenzmark der Länder Uri, Bern und Unterwalden folgt. Gegen Nordost schließen sich an jene Centralmasse die mächtigen Glarner- und Schwyzer-Alpen, aus welchen der hohe Gletscherberg Döbi an 11,100 F. auf der Grenzmark der drei Länder Schwyz, Glarus und Graubünden emporsteigt, und die sich ostwärts bis zum Rhein erstrecken, und viele andere bedeutende Schneegipfel enthalten. Auch gehört zu dieser Masse der lepontischen Alpen die gegen Norden etwas isolirt liegende Gruppe der Appenzeller- oder Thurgauer-Alpen, in welchen der Alpenstock des Säntis mit seinem höchsten Gipfel von 7760 F. an den Quellen der Thur sich noch in die ewige Schneeregion erhebt. Ostwärts reihet sich an jene Centralmasse das Alpenland von Graubünden, auch im engern Sinne die lepontischen Alpen genannt, um die obern Rhein-Thäler, wo an den Quellen des Hinter-Rhein der Vogelsberg oder das Moschelhorn an 10,290 F. über das Meer aufsteigt.

Die große Gebirgsmasse der rhätischen Alpen (Alpes Rhaeticae), welche in dem Lande Tirol sich durch alle Zeiten ihren Namen von ihren Urbewohnern, dem rhätischen Volksstamme, in ihrer weiten Verbreitung vom St. Gotthard im Westen bis zu den Alpenthälern von Noricum an der Drau im Osten erhalten hat, umfaßt den ganzen östlichen Theil der Central-Alpen bis zu ihrer Vereinigung mit den Ost-Alpen. Die rhätischen Alpen breiten sich um die Thäler des Inn, der Salza, Adda und Etsch aus, und charakterisiren sich dadurch gegen die Westhälfte der Central-Alpen, daß sie das gewaltigste Längenthal der Alpen in dem Engadin des Inn und zugleich das mächtigste Querthal derselben in der tiefen Thalspalte der Etsch enthalten. Durch diese Thalbildung theilt sich ihre ganze Masse in drei Hauptketten oder Glieder, welche im Allgemeinen die Normal-Direktion behalten und als die mittlere, nördliche und südliche Kette der rhätischen Alpen bezeichnet werden müssen.

Die mittlere Hauptkette derselben, auf welcher sich auch die Wasserscheidelinie zwischen dem Donau- und Po-Gebiet entlang zieht, erstreckt sich unburchbrochen von der Einsenkung des Splügen im Quellgebiet des Rhein nordostwärts bis in das Quellgebiet der Salza und Drau; und sie gliedert sich wieder in drei große Alpenstöcke. Sie beginnt mit der Masse des Septimer und den ihr benachbarten und berühmten Berghöhen des Julier, Maloja und Bernina, welche zwischen dem Engadin und Veltelin mit ihren Hochrücken und Gipfeln sich in einer Höhe von 6000 und 10,000 F. halten und ihre Glieder nordwestlich bis zum obern Rhein-Thal von Chur ausdehnen, wo sie das hohe Alpenland um die Albula füllen. Daran reiht sich der furchtbare Alpenstock der Oezthaler-Ferner, welcher mit seinen zahlreichen Schneefeldern und Eisbergen das Gabelthal zwischen der obern Etsch im Vintschgau und der Eisach einnimmt, sich in seinen Gipfeln bis zu 11,500 F. erhebt und überhaupt einen der rauhesten und höchsten Theile des Alpenlandes Tirol bildet. Diese mittlere Hauptkette schließt dann im Osten mit der wilden und hohen Alpenmasse des an 12,000 F. aufsteigenden Groß-Glockner, welchem westwärts die erhabene Masse des Dreiherrnspitz vorgelagert ist. Ihre zahlreichen Gletscherwasser ergießen sich schon in das Thal der obern Salza im Pinzgau. Hier scheiden sich die Länder Tirol, Salzburg und Kärnthen.

Die südliche Kette der rhätischen Alpen beginnt mit den Gebirgsmassen am Lago di Como und im Süden der obern Adda. Sie sondert sich aber durch das tiefe Querthal der Etsch sogleich in zwei Hauptgruppen. Denn im Westen breitet sich der mächtige Alpenstock der Orteler-Alpen aus, der mit seinen von Gletschern starrenden Felspyramiden sich an 10 bis 11,000 F. erhebt, und in seinem höchsten Gipfel, dem Orteles, eine Höhe von 13,000 F. erreicht. Seine Voralpen reichen südwärts bis zu dem Lago d'Iseo und di Garda, wo sie steil zur lombardischen Ebene abfallen. Im Osten der Etsch breitet sich die Masse der **trientinischen Alpen** aus, welche im Norden mit dem hohen M. Pellegrino im Quellgebiet der Drau beginnt, in einer Erhebung von ungefähr 8000 F., wobei aber Gipfel wie die Vedretta di Marmolade über 10,000 F. emporsteigen, das Land ostwärts bis zum Hochthale der Piave füllt und mit seinen Voralpen südwärts bis in die Nähe der Städte Verona und Vicenza reicht. In diesen noch an 3000 F. hohen Voralpen liegen die zahlreichen Ortschaften der deutschen Kolonie der Sette Communi innerhalb des Gebietes der romanischen Zunge.

Weniger durchbrochen erstreckt sich sodann die dritte nördliche Kette der rhätischen Alpen im Norden des langgestreckten Inn=Thales auf der baiersch=tirolischen Grenzmark von dem untern Rhein=Thale oberhalb des Bodensees ostwärts bis zu den Durchbrüchen, welche der Inn und die Salza gegen Norden bei ihrem Austritt aus dem Alpenlande bilden. Sie beginnt im Westen mit den noch an 8000 F. aufsteigenden **Arlberger=Alpen** in dem Lande Vorarlberg und führt weiter im Osten den allgemeinen Namen der **Allgauer=Alpen** nach dem ihr nordwärts angelagerten und im Mittelalter so genannten Gebiete von Ober=Schwaben. Wenn auch an Erhebung mit den übrigen Theilen der rhätischen Alpen nicht zu vergleichen, steigen doch auch hier noch ansehnliche Gipfel empor wie im Westen der Hochvogel im Quellgebiet des Lech und der Iller und im Osten der Watzmann, welcher in dem von der obern Salza gebildeten Knie gelegen seine nördlichen Vorhöhen zwischen dem Inn und der Salza bis gegen den Chiemsee verbreitet. Beide Bergkegel steigen noch gegen 9000 F. empor.

3) Die Ost-Alpen.

Unter den drei Hauptnamen der norischen, karnischen und julischen Alpen breitet sich die Masse der Ost-Alpen in zwei größern Gruppen als zwei aus mehrfachen Ketten bestehenden Flügeln um die obern Längenthäler der Flüsse Ens und Mur und um die langgestreckten Thalsenkungen der Drau und Sau aus. Nur in ihren westlichen Theilen noch Schneehöhen enthaltend senken sie sich allmählig zu den pannonischen Ebenen hinab, zu welchen sich die weiten Thäler der Drau und Sau vor ihrer Verbindung mit der Donau aufschließen.

Die norischen Alpen (Alpes Noricae) bezeichnen den gesammten Nordostflügel dieses slavischen Alpenlandes, welcher sich in drei Hauptketten von dem Gebirgsstock des Groß-Glockner bis zum Donau-Thale erstreckt. Die mittlere Kette, welche zugleich als die ausgedehnteste und erhabenste die Wasserscheide zwischen der Donau und Drau bezeichnet, und für welche von jenem Gebirgsstock an der alte einheimische Name der Tauern eintritt, umfaßt zunächst als eine fast unburchbrochene und mit zahlreichen Schneefeldern und Gletschermassen bedeckte Mauerwand die Salzburger-Alpen oder die hohe Tauern-Kette, an welche sich sodann die schon niedrigern und durch ihren Eisen-Reichthum berühmten steierschen Alpen zwischen den obern Thälern der Ens und Mur anschließen, und sie endigt im Nordosten mit den östreichischen Alpen, welche in dem sogenannten Wiener-Walde bis zum Kahlenberge auslaufen. Doch erheben sich in den steierschen Alpen noch ansehnliche Gipfel von mehr als 10,000 F., und als die erhabensten Punkte im äußersten Osten sind zu bezeichnen der Hochschwab von 8300 F. und der bekannte Schneeberg in Oestreich von 6600 F. Meereshöhe. Die nördliche Kette der norischen Alpen, welche sich an die Gebirgsmasse zwischen dem Inn und der Salza anschließt und im Norden der obern Ens entlang zieht, bildet dort im Quellgebiet der Traun noch ein wildes, aber höchst romantisches Alpenrevier, das mit zahlreichen kleinen Seen geschmückt in dem hohen Dachstein noch an 9200 F. emporsteigt. Erst jenseit der Ens nehmen ihre Höhen in dem Anschluß an den nur an 2 bis 3000 F. hohen Wiener-Wald ab. Die südliche von den hohen Tauern ausgehende Kette begleitet in geringerer Erhebung als die nördliche die obere Mur, von welcher sie weiter im Osten eben so in einem Querthale wie die nördliche von der Ens, aber nach entgegengesetzter Richtung hin durchbrochen wird. Die Gruppe des Sömmering im Süden des Schneeberges bildet eine Art von Vereinigungspunkt für diese verschiedenen Ketten der norischen Alpen.

Der südöstliche Flügel der Ost-Alpen, welcher gleichfalls aus mehreren aber weniger scharf von einander gesonderten Ketten besteht, gliedert sich in seiner Erstreckung bis zum Nordgestade des Adria-Meeres in die beiden Hauptmassen der karnischen und julischen Alpen. Am M. Pellegrino oder im Quellgebiet der Drau und Piave beginnend ziehen sich die nach dem alten karnischen Volke benannten karnischen Alpen (Alpes Carnicae) noch in einer mittlern Erhebung von 8000 F. auf der Grenzmark von Kärnthen gegen den flachen Küstengrund von Friaul in einer mehr östlichen Richtung fort bis zu dem erhabenen und von tiefen Einsenkungen umgebenen Gebirgsstock des Terglou, welcher an 9000 F. hoch mit seinen hier zum letztenmale auftretenden Gletschern die Quellen der Sau und des Lisonzo ernährt. Sein östliches Vorgebirge bildet die zwischen der Drau und obern Sau ausgebreitete Berggruppe des Loibl, welche durch die über sie hinwegführende Heerstraße von Kärnthen nach Krain bekannt ist. Von dem erhabenen Terglou aus erstreckt sich sodann in südöstlicher Richtung das letzte Glied des Alpenlandes in den angeblich nach Julius Cäsar benannten julischen Alpen (Alpes Juliae), die jedoch schon im Alterthum unter dem Namen der **venetischen Alpen** vorkommen und durch ihre Stellung als Grenzmauer Italiens gegen die östlichen Länder berühmt waren. Der eigentlichen Alpennatur fast schon ganz entbehrend ziehen sich die dürren und wenig erhabenen Kalkmassen der julischen Alpen, die sich westwärts in der niedern Bergfläche des **Karst** ausbreiten und von da an das bergige Halbinselland von Istrien erfüllen, im Süden der Sau fort bis zum Golf von Fiume, wo sich bei dem noch an 6000 F. emporsteigenden Bergfelsen **Klek** die illyrischen Gebirgsreihen am adriatischen Meere ohne Unterbrechung an sie anschließen.

Die Gebirgsgruppe des St. Gotthard und das Quellgebiet des Rhein.

Die centrale Plateaumasse des St. Gotthard im Alpengebirge bildet wie in hydrographischer Beziehung, so auch in politischer und kirchlicher Beziehung, womit die ethnographischen Verhältnisse im Allgemeinen übereinstimmen, einen der wichtigsten Mittelpunkte in ganz West-Europa für die Zeit des Mittelalters. Der Ursprung ihres modernen Namens ist freilich so unbekannt wie der uns hier im Alterthum genannte Name des **Abula**-Gebirges, obgleich man nicht bezweifeln kann, daß er einen der göttlichen Verehrung geweiheten Berg bezeichnet, wie dergleichen Erscheinungen sich öfter im Alpengebirge wiederholen [1]. Erhebt sich auch die ganze Masse dieses Centralplateaus von der tiefen Ein-

---

[1] **Müller**, Geschichte der schweiz. Eidgenossenschaft. I. S. 38. Was übrigens von neuern Schriftstellern über den Sonnenkultus auf dieser Berghöhe bei den alten Urbewohnern angegeben wird, ist bis jetzt zu wenig begründet, vergl. F. L. v. **Haller**, historische und topographische Darstellung von Helvetien unter der römischen Herrschaft. Bern 1817. 8. Th. II. S. 485.

senkung des Simplon im Westen bis zu der des Splügen im Osten, abgesehen von den rings umher emporstarrenden Hochgipfeln, im Allgemeinen bis an die Grenzmark des ewigen Schnees oder bis zu 8000 F., so hat doch das im engern Sinne sogenannte Gotthard-Plateau zwischen den Quellen der sich nach allen Himmelsrichtungen von hier hinab ergießenden Flüsse, wo es von der großen Heer- und Handelsstraße aus der Schweiz nach Lombardien überschritten wird, nur eine Erhebung von 6500 F., und das an seiner Nordseite gelegene Urseren-Thal steigt selbst nur an 4500 F. empor.

Die Plateaumasse des St. Gotthard schied im Mittelalter vier ganz verschiedene Ländergebiete von einander. Hier sonderten sich im Norden und Süden die Länder Alemannien und Lombardien und im Osten und Westen die Länder Hohenrhätien und Burgund. Darum war diese Gebirgsmasse auch der Grenzstein von sieben verschiedenen Hochstiften, welche mit ihren Gebieten den Quellen der sich von hier ergießenden Flüsse folgend auf ihrem Rücken sich berührten, nämlich von Osten das rhätische Bisthum Chur, von Norden das schwäbische Bisthum Constanz, von Westen die beiden burgundischen Bisthümer Lausanne und Sitten, und von Süden die drei lombardischen Bisthümer Novara, Como und Mailand [1]). Die Thalsenkungen jener Quellströme dienten natürlich zugleich zur Verbindung dieser verschiedenen Gebiete über den Rücken jener Bergmasse hinüber. Denn so erstrecken sich von hier nach Osten und Westen die obern Rhein-Thäler und das tiefe Thal der Rhone, welche zu beiden Seiten dieser Bergmasse in einer und derselben Längenerstreckung ein nur von ihr unterbrochenes großes Längenthal der Alpen in der allgemeinen Normaldirektion derselben von Südwest nach Nordost hin bezeich-

---

1) Hottinger, helvetische Kirchengeschichte. Zürch 1708. 4. Th. 1. S. 163.

nen. Gegen Norden und Nordwesten ziehen sich in furcht=
baren Felsspalten die Thäler der Reuß und Aar hinab und
gegen Süden wieder das tiefe Thal des Tessino. Auch
findet sich auf dem Rücken des St. Gotthard eine große
Kreuzpassage in der Richtung von Norden nach Süden
und von Osten nach Westen, deren Bedeutung für die Ge=
schichte des Mittelalters in diesen Grenzgebieten von Deutsch=
land und Italien bestimmt genug hervortritt.

Die jetzt im engern Sinne sogenannte St. Gotthard=
Passage, von Norden nach Süden, ist zwar wegen ihres
erst in den letzten Jahren zu Stande gekommenen pracht=
vollen Ausbaues eine der berühmtesten und auch in frühern
Zeiten vielfach benutzte, aber keineswegs eine der ältesten
Alpenstraßen. Da sie das Herz des europäischen Alpenlan=
des durchschneidet, so bildete sie schon im Mittelalter eine
große von den Rheinländern durch die Schweiz auf dem
nächsten Wege nach Italien führende Straße. Die Wich=
tigkeit dieser großen Straße seit länger als einem halben
Jahrtausend als Karavanenstraße des Handelsverkehrs
erhellt aus den an ihren äußersten Ausgangspunkten liegen=
den reichen Handelsstädten, als welche man die Städte Ba=
sel am Rhein und Mailand in Lombardien bezeichnen
muß. Im Alterthum war diese Passage über den St. Gott=
hard gar nicht bekannt, und wie es scheint gab es damals
keine einzige Straße, welche auf der weiten Strecke von
dem großen St. Bernhard (Alpis Pennina) in Westen bis
zum Splügen (Alpis Lepontia) im Osten, wo sich jetzt die
drei prachtvollen Kunststraßen des Simplon, St. Gotthard
und Bernhardin befinden, das Alpenland durchschnitt. Ueber=
haupt muß die Umgegend des Vierwaldstätter=Sees, wie
der Mangel an allen Denkmalen aus dem Alterthum da=
selbst zeigt, den Römern wenig bekannt gewesen sein [1]). Die

---

[1]) Haller, histor. topogr. Darstellung von Helvetien unter
der römischen Herrschaft. II. S. 440. 482.

Eröffnung dieser St. Gotthard-Passage gehört erst dem Mittelalter an, obgleich die Paßhöhe schon im Alterthum in entgegengesetzter Richtung von Osten nach Westen durchsetzt worden ist. Genauere Angaben über ihre Eröffnung fehlen, doch ist es wahrscheinlich, daß diese Straße eher von Süden als von Norden her aufgeschlossen worden ist. Denn, wie schon früher bemerkt, versuchten die Longobarden schon bald nach ihrer Ansiedlung in Italien sich der Alpenpässe bei ihren Kriegszügen nach Burgund gegen die Franken zu bemächtigen, und nicht mit Unrecht werden die vielen alten Befestigungswerke, welche man auf den höchsten Alpenrücken und in den sich zu ihnen hinaufziehenden Hochthälern wie am Simplon und St. Gotthard noch jetzt antrifft, von ihnen abgeleitet [1]). Ja man will ihre Thätigkeit sogar in dem Ursern-Thale wahrnehmen. Darum mag diese Alpenstraße auch schon im karolingischen Zeitalter bekannt gewesen sein, wenn gleich sie damals sicher noch nicht viel benutzt wurde. Ihre wirkliche Eröffnung hängt unstreitig mit dem Emporkommen des Völkchens der Schweizer in der sogenannten Waldstätte am Nordabhange der Plateaumasse des St. Gotthard zusammen und zwar bereits im Zeitalter der Hohenstaufen, als diese alten Schweizer jenen Kaisern in ihren lombardischen Kriegen Hülfe brachten. Der aufblühende Handelsverkehr in jener Zeit von Venetien und Lombardien nach dem Rheinlande mußte die Bedeutung dieser Straße vermehren. Dann aber wurde der St. Gotthard die große Heerstraße für die Schweizer bei ihren Zügen nach Italien im Laufe des funfzehnten Jahrhunderts, da diese Pforte selbst die einzige ihnen offene Passage bildete, welche aus ihrem Gebiete nach jenem Lande hinführte.

Die Länge dieser erst jetzt ganz fahrbar gemachten und prachtvoll ausgeführten Kunststraße vom Vierwaldstätter-See

---

[1]) Rud. Schinz, Beiträge zur nähern Kenntniß des Schweizerlandes. Zürch 1783. 8. Th. I. S. 171. 172.

im Norden bis zum Lago maggiore im Süden beträgt an 33 Stunden Wegs und wird von Saumrossen in vier Tagen zurückgelegt. Sie durchsetzt blos die beiden schweizerischen Kantone Uri und Tessino zu beiden Seiten des Alpenrückens des St. Gotthard, und führt von Altorf mit seinem Hafenorte Flüelen in Uri nach Bellinzona in Tessino. In dem tiefen Alpenspalte von Uri an der Reuß südwärts emporsteigend gelangt man oberhalb Geschinen durch den Schöllenen-Schlund und durch das sogenannte Urner-Loch zu dem Hochthale von Urseren bei dem Flecken Andermatt, wo sich sogleich eine weite Thalebene in einer Mereshöhe von ungefähr 4500 F. ausbreitet. Man hat hier den Rücken des St. Gotthard erreicht, dessen Fläche aber noch mit isolirten Gipfelerhebungen besetzt ist, zwischen welchen die Passagen nach den vier Himmelsrichtungen hindurchgehen. Das von dem Quellstrom der Reuß (Ursa) durchströmte Ursern-Thal, im Mittelalter vallis Ursaria oder auch Ursella genannt, dehnt sich bei einer Breite von einer halben Stunde an vier bis fünf Stunden weit aus, und enthält noch an vier kleine Ortschaften, welche in dieser bedeutenden Höhe von den Jahreszeiten nur einen kurzen Sommer mit einem lange dauernden Winter kennen [1]). Von diesem Thale aus steigt man hinter dem Flecken Hospital zu der eigentlichen Paßhöhe empor, wo in einer Erhebung von 6500 F. einige kleine zwischen hohen Bergen eingeklemmte Bassins wie besonders der Lago di Lozendro mit ihren Eiswassern die Quellen der nach entgegengesetzten Richtungen ablaufenden Flüsse Reuß und Tessino ernähren und sich die Länder Deutschland und Italien scheiden. Nach Süden zu durch das wilde Val Tremola hinabsteigend erreicht man bald an der steilen Südseite des St. Gotthard

---

[1]) Schinz, Beiträge I. S. 3 bis 47. Kasthofer, Bemerkungen auf einer Alpenreise über den St. Gotthard, Bernardin, Ober-Alp und Furka. Aarau 1822. 8. S. 37 bis 60.

den Flecken Airolo in dem Val Bedretto am obern Tessino nur noch in einer Meereshöhe von 3531 F., von wo aus sodann das lange und reizende Leventiner-Thal nach Bellenz hinabführt [1]).

Aber das Ursern-Thal bildet in seiner von Nordost nach Südwest gehenden Erstreckung, welche ganz von der Richtung des eigentlichen Reuß-Thales in Uri abweicht, wesentlich ein vermittelndes Thal zwischen den Längenthälern des obern Rhein und der obern Rhone und hat darum seit alten Zeiten zur Verbindung zwischen ihnen gedient, indem sich bei dieser Ueberschreitung des Rückens des St. Gotthard zugleich weit weniger natürliche Hemmungen als in der Richtung von Süden nach Norden darboten. Ueberhaupt ist das Hochthal Ursern ein ganz eigenes Gebiet für sich, welches bis auf die neuesten Zeiten nur unter dem Schutze des Kantons Uri gestanden hat, und dessen Bewohner von ursprünglich rhätischem Stamme, den Lepontiern angehörig, jetzt zwar völlig deutsch sind, aber sich noch wesentlich von den Urnern im untern Reuß-Thale unterscheiden, so daß man nicht ohne Grund eine Germanisirung dieses Hochthales von dem Hasli aus im Quellgebiet der Aar über das obere Wallis durch die Furka angenommen hat. Auch gehörte dies Alpenthal im Alterthum und durch das ganze Mittelalter zu Rhätien und nicht zu dem schwäbischen Helvetien, und selbst noch jetzt stehen die Bewohner in geistlichen Dingen unter dem Bischofe von Chur in Hohenrhätien, während die Bewohner von Uri unter dem Bischofe von Constanz in Schwaben stehen [2]). Schon die Römer hatten hier eine Passage von Rhätien aus nach Wallis hin zur Verbindung der beiden Alpenpassagen über den

---

1) Kälin, zwölf Ansichten der neuen St. Gotthard-Straße mit einer Beschreibung von Lusser nebst Ch. Zürch 1830.
2) Schinz, Beiträge zur nähern Kenntniß des Schweizerlandes. I. S. 11 bis 16. 47.

Splügen im Osten und über den großen St. Bernhard im Westen, wie daraus erhellt, daß beide Gebiete nicht selten zugleich einen und denselben Verwalter hatten. Auch erklärt sich daraus die durch das ganze Mittelalter sichtbare Verbindung zwischen den Rhätiern und Wallisern ¹). Nur ist jetzt diese von Osten her führende Passage schwieriger als die von Norden her kommende, welcher man durch Kunst so bedeutend nachgeholfen hat. Jene Passage führte aber von der Abtei Dissentis aus in Rhätien durch das Tavetsch-Thal am Vorder-Rhein aufwärts über den Berg Oberalp gegen Südwest nach Andermatt in Ursern und in derselben Richtung weiter über die beiden westlichen Orte des Thales, zum Dorf und Realp genannt und an einem von der Furka kommenden Quellstrom der Reuß gelegen, zu der berüchtigten Furka, welche mit den sogenannten Rhone-Gletschern an den Südwestgehängen des hohen Galenstock die Pforte zu dem obern Rhone-Thale und dem Lande Wallis bildet. Auch jetzt noch wird diese Furka von Reisenden viel überschritten, wenn sie an der Reuß heraufkommend nicht nach der italischen Seite des St. Gotthard hinabsteigen wollen, indem dieser Paß gegen Nordwesten wieder mit der Grimsel zusammenhängt, über welche man zur obern Aar in das Hasli-Thal und so nach dem Berner-Oberlande gelangt ²). Doch sind alle diese drei Passagen im Osten und Westen des Ursern-Thales nur Saumwege. Uebrigens standen die Bewohner von Ursern ehemals in Abhängigkeit von dem Abte von Dissentis, traten dann später, im Jahre 1410, in Verbindung mit dem Lande Uri und stellten sich in dessen Schutz, und dies war für die Urner um so wichti-

---

1) Müller, Geschichte der schweiz Eidgenossenschaft. I. S. 64 Anmerk. 80 und S. 98 Anmerk. 83.

2) Kasthofer, Alpenreise über den St. Gotthard, Bernardin, Ober-Alp, Furka und Grimsel. S. 180 bis 207.

ger, als sie erst dadurch eine freie Passage nach Italien erhielten ¹).

Ostwärts von der Plateaumasse des St. Gotthard breitet sich jetzt das wild romantische Gebirgsland von Graubünden aus, das Grenzland der Schweiz gegen Tirol. Dieses Alpenland Graubünden wird von mehr als anderthalb hundert Thälern durchschnitten, welche von unzähligen Bergwassern durchströmt werden, und die alle durch zahlreiche Pässe mit einander in Verbindung stehen. Graubünden ist ein Land von schauerlichen und zum Theil unnahbaren Felsschluchten, und diese sind das Wiegenland des majestätischen, goldschwemmenden Rhein, der Hauptpulsader des deutschen Landes. Ganz Graubünden besteht aus einer zusammenhängenden, aber vielfach verzweigten Gebirgsmasse, die sich durchschnittlich an 10,000 Fuß erhebt, und es finden sich daselbst gegen drittehalb hundert zum Theil mehrere Stunden lange und sich zu Eismeeren ausdehnende Gletscher. Zu dem Bette des Rhein ergießen sich die von anderthalb hundert bündnerischen Gletschern herabfließenden Gewässer, während sich die von einigen sechszig andern durch den Inn zum Donau-Thale ergießen. Es giebt kein anderes Land im Alpengebirge, welches in einer Höhe von 2 bis 5000 F. mit so vielen Ortschaften prangte, und keines, welches ein so bevölkertes Thal wie das achtzehn Stunden lange Engadin in einer Meereshöhe von 3000 bis 3500 F. in sich einschlösse. Mit Ausnahme weniger Theile von Graubünden liegen alle bewohnten Thäler dieses Landes über 2000 F. hoch; in den am höchsten bewohnten Thälern herrscht hier ein neun monatlicher Winter und der Graubündner wohnt hier in einem Klima gleich dem von Lappland. Aber dafür ist das Land auch überaus reich an

---

1) Guler von Weineck, rhätisches Chronikon. Zürch 1616. Fol. 206. Vergl. Schinz, Beiträge I. S. 42. 43.

den seltensten Alpenpflanzen und an eigenthümlichen Alpenthieren [1]).

Dies Land Graubünden ist nun hervorgegangen aus dem mittelaltrigen Lande Hohenrhätien, welches in etwas weiterer Ausdehnung gegen Norden das ganze obere Rhein-Thal bis gegen den Bodensee hin umfaßte. Der Rhein entfließt dem Herzen des Alpenlandes aus drei Hauptquellströmen, dem Vorder-, Mittel- und Hinter-Rhein, aber man könnte einige zwanzig Rhein-Flüsse als seine Quellströme angeben, da der Name Rhein, dessen Ursprung sowohl dem rhätischen als deutschen Sprachstamm angehören kann [2]), in jenem Lande zur Bezeichnung von Gebirgswassern allgemein üblich ist [3]). Unter jenen drei genannten Flüssen ist der Hinter-Rhein der größte und wasserreichste Quellstrom, er steht zugleich mehr isolirt, während die beiden andern, der Vorder- und Mittel-Rhein, einander nahe benachbart, den Ostgehängen des eigentlichen St. Gotthard entquillen. Der westlichste Rhein-Arm oder der Vorder-Rhein, Rhein de Toma, entspringt an dem hohen Crispalt oder an dem benachbarten Cima del Baduz und durchströmt das hohe Tavetsch-Thal. Ostwärts davon entspringt der Mittel-Rhein, der Rhein de Medels, an dem Berge Lukmanier und durchströmt das Hochthal Medels. Beide Rhein-Arme vereinigen sich darauf bei der alten schon am Anfange des siebenten Jahrhunderts von dem Siegbert, einem Schüler des heil. Columban, in dieser Wildniß begründeten

---

1) Röder und v. Tscharner, historisch-geographisch-statistische Schilderung des Kantons Graubünden. St. Gallen und Bern 1838. 8. Th. I. S. 1 bis 6. 128 bis 150.

2) Zeuß, die Deutschen. S. 13.

3) So bemerkt es schon Scheuchzer, der eigentliche Begründer der Geographie der Schweiz am Anfange des achtzehnten Jahrhunderts, in seinen naturhistorischen Alpenreisen. Vergl. J. G. Altmann, Versuch einer historischen und physischen Beschreibung der helvetischen Eisberge. Zürch 1751. 8. S. 101 bis 103.

Benediktiner-Abtei Diſſentis (Desertina), und von da durchſtrömt der vereinigte Fluß bei den Orten Trons und Ilanz vorübergehend das große Längenthal Ob dem Walde (die Surſelva der rhätiſchen Romanen), zu welchem ſich nur von Süden her größere Querthäler, wie beſonders die von Somwir, Lugnez und Saffien, aufſchließen [1]). Der öſtlichſte Rhein-Arm oder der Hinter-Rhein entſpringt an dem hohen Vogelsberge aus den ungeheuern Rheinwald-Gletſchern, und auch er ſtrömt anfangs in einem Längenthale, bei dem Orte Splügen vorübergehend, durch das Hochthal Rheinwald, bis er plötzlich nach Norden umbiegt, um in einem wilden Querſpalt durch das Gebirgsland von Graubünden hindurchzubrechen. Hier bildet er zunächſt das Schamſer-Thal, und erreicht den Flecken Thuſis, welchem gegenüber auf der Oſtſeite des Rhein die Ruinen der alten Burg Realt (Rhaetia alta) gelegen ſind, welche man von je an für den Mittelpunkt des rhätiſchen Volkes und für den älteſten Hauptſitz ſeiner Fürſten gehalten hat. Eben dort nimmt dieſer hintere Rhein ſeinen erſten größern Zuſtrom in der Albula in ſich auf, welche mit ihrem weit verzweigten Syſtem von Quellſtrömen aus den Thälern von Davos, Bergün und Oberhalbſtein in der Nähe des Engadin grade die Mitte des heutigen Graubündner-Landes erfüllt und ſich weſtwärts zum Rhein-Thale ergießt. Unterhalb Thuſis durchſtrömt der hintere Rhein bei dem berühmten Heinzenberge vorübergehend die ſchöne und fruchtbare Thalebene von Domleſchg (die Tomiliasca der Romanen), beſpült die Ruinen des Schloſſes Räzüns (Rhaetia ima) und vereinigt ſich gleich unterhalb bei dem Städtchen Reichenau mit dem aus der Surſelva kommenden weſtlichen Rhein-Arm. Noch ſetzt der vereinigte Rhein-Strom ſeine nordöſtliche Richtung als Erweiterung der Surſelva auf eine Strecke

---

1) Füßlin, Staats- und Erdbeſchreibung der ſchweiz. Eidgenoſſenſchaft. Schafhauſen 1770. 8. Th. 1. S. 12.

fort, bis er die Stadt Chur, die alte Hauptstadt des Landes Graubünden, erreicht. Denn von Chur an biegt der durch die Vereinigung sämmtlicher Quellwasser schon ansehnlich angewachsene junge Rhein-Strom plötzlich unter rechtem Winkel nach Norden um, und von hier an beginnt der Durchbruch des Stromes durch das Alpenland auf eine Strecke von ungefähr zehn Meilen in einem mächtigen Querthale von Süden nach Norden bis zum Bodensee hin ¹).

Die Stadt Chur, die alte römische Kolonie Curia Rhaetorum, bei den Rhätiern und Italiänern Coira, wie bei den Franzosen Coire genannt, liegt ungefähr in der Mitte des gesammten obern Rheinthales, welches nach ihr, wie aus einer Schenkungsurkunde des Kaisers Lothar an den Bischof Verendar von Chur vom Jahre 842 hervorgeht, auch wohl vallis Curvalensis genannt ward ²). Sie liegt in einem tiefen Alpenspalte in einer unfreundlichen Gegend, doch nicht unmittelbar am Rhein, sondern an dem wilden Gebirgswasser Plessur, welches von Osten herkommend und das Thal Schalfick oder Schanfick durchströmend sich eine halbe Stunde unterhalb Chur in das Stromknie des Rhein ergießt. Im Osten der Stadt erhebt sich der hohe Berg Bazockel, im Süden der Malixer-Berg und im Westen der an 8400 F. emporsteigende hohe Galanda im Winkel des Stromknies. Doch steigt noch bis oberhalb Chur, bis nach Thusis im Domleschg, der Weinbau im Rheinthale aufwärts ³).

Von Chur an ist der Rhein schon schiffbar für Kähne. Er nimmt hier in seinem nordwärts gewandten Laufe durch

---

1) Röder und v. Tscharner, Schilderung des Kantons Graubünden. I. S. 220 bis 224.

2) Ambr. Eichhorn, episcopatus Curiensis in Rhaetia. S. Blas. 1797. 4. Cod. probat. p. 17.

3) Füßlin, Staats- und Erdbeschreibung der schweiz. Eidgenossenschaft. III. S. 172.

das Alpengebirge auf der rechten Seite zwei wasserreiche Nebenflüsse in sich auf, während er auf der linken Seite bis zum Bodensee hin nur eine Reihe kleiner unbedeutender Zuflüsse erhält. Denn nicht weit unterhalb Chur ergießt sich in seine rechte Uferseite die Lanquart (Langarus), welche das tiefe rhätische Alpenthal des Prättigau (jetzt der nördlichste Theil des Landes Graubünden) in der Richtung von Südost nach Nordwest durchströmt und sich bei dem alten Orte Maienfeld (Magia) mit dem Rhein verbindet. Eben dort empfängt der Rhein von Südwesten her seinen ansehnlichsten linken Zustrom in der Tamina, welche das wilde Calfeuser-Thal am Nordfuße des hohen Galanda durchströmt, worin die schon seit dem Anfange des achten Jahrhunderts gegründete und durch ihre warmen Bäder berühmte Benediktiner-Abtei Pfäffers (Favaria) gelegen ist [1]).

Bei dem Orte Maienfeld am rechten Ufer und den Orten Ragatz und Sargans am linken Ufer beginnt die merkwürdige Gabelung des Rheinthales oder die Spaltung desselben gegen Nordwest und gegen Norden. Denn von Ragatz aus führt eine große Thalsenkung gegen Nordwesten nach dem Walenstädter-See, und der Rhein-Strom, welcher in der Urzeit einst diese Bahn genommen und sich quer durch das helvetische Tafelland zur Aar ergoßen haben muß, womit man den Durchbruch des Läger-Berges bei Baden durch die Limmat in Verbindung bringt [2]), wird jetzt nur durch Deichbauten daran verhindert sich nach dieser Richtung zu ergießen. Dagegen wendet er sich nach Norden, wo ihm die mächtige Alpenkette des Rhätikon, welche zwischen den Thälern der Lanquart und Ill sich westwärts herandrängend in dem Brandner-Ferner noch an 9200 F.

---

1) Eichhorn, episcop. Curiensis. p. 266.
2) Ebel, über den Bau der Erde im Alpengebirge. II. S. 56, 102 bis 104.

emporsteigen soll, jeden Ausweg aus dem rhätischen Alpenlande zu versperren droht. Aber durch den Engpaß am Fuße der schwarzen Marmorwände des Schollberges in der Nähe des St. Luzien-Steiges sich einen Weg bahnend, verläßt der Rhein nun das Land Graubünden und bespült fortan, bei dem Städtchen Vaduz (vallis dulcis) vorübergehend, die Gebiete des Landes Vorarlberg, die erst in jüngern Zeiten nach dem hohen Arlberge ihren Namen empfangen haben, und das im engern Sinne sogenannte Rheinthal oberhalb seines Einflusses in den Bodensee. Hier wo sich das alpinische Rheinthal zu einer an Obst und Korn reichen Ebene zu erweitern beginnt, empfängt der Rhein seinen zweiten noch bedeutendern östlichen Zustrom in der Ill, dem Hauptfluß der östreichischen Landschaft Vorarlberg. Im Parallelismus mit der Lanquart durchströmt die Ill in der Richtung von Südost nach Nordwest das schöne Alpenthal Wallgau (die vallis Drusiana), bei den Städten Bludenz und Feldkirch (campus S. Petri) vorübergehend, und ergießt sich nicht weit unterhalb der letztern in den Rhein. Auch wird dies Thal mit dem rhätischen Namen Montafun genannt, wenn gleich er im engern Sinne nur für den obern Theil desselben von Bludenz aufwärts jetzt noch üblich ist. Bei dem Flecken Altstetten, der alten Burg Hohenems gegenüber, umspült der Rhein die letzten Vorhöhen des Appenzeller-Alpenlandes, und ergießt sich sodann bei dem Städtchen Rheineck am Fuße des Buchberges, westwärts von der alten rhätischen Stadt Bregenz, in den südwestlichsten Winkel des Bodensees, der sich schon im Innern des schwäbischen Landes ausbreitet.

So wie aber heut zu Tage das Land Graubünden südwärts von den Hochthälern des Rhein an einigen Stellen über die Wasserscheide der Alpen hinübergreift und ostwärts einen großen Theil des obern Inn-Thales umfaßt, so auch das Land Hohenrhätien im Mittelalter. Ja das obere Inn-Thal, das sogenannte Engadin (in capite Oeni oder en code Ino bei den Romanen) ¹), erweiset sich noch jetzt durch seine Bevölkerung als einen wesentlichen Theil des alten rhätischen Landes. Das Hochthal des obern Inn in den beiden Landschaften von Ober- und Unter-Engadin erstreckt sich als ein Längenthal der Alpen in grader Linie von Südwest nach Nordost gleich einer schmalen aber lang gestreckten Alpengasse, ohne sich nach beiden Seiten hin zu weitern Thälern zu öffnen, so viele wasserreiche Quellbäche sich auch von den dort emporstarrenden Gletschermassen zu ihr hinabergießen. An dem Gebirgsstocke des Septimer entspringend bildet der Inn, dieser alpinische Quellstrom der Donau, sogleich eine Reihe kleiner Alpenseen, unter welchen der oberste, nach dem Flecken Sils benannt, der bei weitem ansehnlichste ist, und von dort durchströmt der Inn noch an zehn Meilen weit die nach ihm benannten Alpengaue, bis er bei dem Orte Finstermünz aus dem Lande Graubünden in das von Tirol übertritt, eben dort wo sich schon im Mittelalter die Länder Hohenrhätien und Baiern von einander schieden ²).

Das Land Hohenrhätien.

Der im Alterthum über einen großen Theil der Central-Alpen von dem St. Gotthard ostwärts bis zum Groß-Glockner und dem Quellgebiet der Drau verbreitete und vielfach verzweigte rhätische Volksstamm hatte in Folge der Wanderungen der deutschen Völker durch dies Alpenland und ihrer Ansiedlungen daselbst viel von seiner ehemaligen Ausdehnung verloren. Vornehmlich war in den östlichen Theilen jenes

---

1) Aegid. Tschudi, Rhaetiae Alpinae descriptio. Basil. 1538. 4. p. 76.
2) Röder und v. Tscharner, Schilderung des Kantons Graubünden, I. S. 218, 225.

Gebietes das rhätische Volkselement vor den dort herrschend gewordenen Baiern und Longobarden zurückgetreten oder allmählig in sie aufgegangen. Doch spricht noch, wie schon früher bemerkt, Paulus Diaconus von den **beiden** in dem **Alpenlande liegenden rhätischen** Provinzen (im Unterschiede von dem durch die Römer über das nördliche Flachland der vindelicischen Völker verbreiteten Provinzial=Namen Rhätien), in welchen die eigentlichen Rhätier wohnten, deren Gebiet daselbst durch den Umfang der drei alten Diöcesen Trient, Seeben und Chur bezeichnet wird. Aber eine Hauptmasse dieser unter der römischen Herrschaft romanisirten Rhätier erhielt sich gleich einer Völkerinsel in der Mitte zwischen den sich rings umher ansiedelnden deutschen Völkerschaften der Alemannen, Baiern, Longobarden und Burgunder in ihrer Volksthümlichkeit und mit ihrer durch die Römer umgestalteten Sprache mehr westwärts in den erhabensten Theilen des Alpenlandes in dem Quellgebiet des **Rhein** und des **Inn**, wo diese sogenannten Romanen sich als Bewohner der alpinischen Grenzmark Deutschlands noch bis jetzt in ansehnlichen Ueberresten vorfinden.

Dieses westliche im engern Sinne genannte Rhätien oder auch Hohenrhätien wegen seiner alpinischen Lage, der pagus Retia oder pagus Rhaetiae des Mittelalters, fällt zwar im Allgemeinen mit dem Kirchensprengel des Bisthums Chur zusammen, doch decken sich beide eben so wenig vollständig, wie das Land der drei Bünde von Hohenrhätien des spätern Mittelalters oder das heutige Land Graubünden dem ältern Hohenrhätien in der karolingischen Zeit und in den zunächst folgenden Jahrhunderten entspricht. Indessen das Andenken an die ehemalige Ausdehnung des Namens Rhätien unter der römischen Herrschaft über den größten Theil des nach dem römischen Zeitalter unter dem Namen Noricum erscheinenden baierschen Tafellandes hat sich bei den Bewohnern von Ober=Deutschland noch lange erhalten. Denn so ist ohne Zweifel nicht nur der Name des schwäbi=

schen Rieß (Raetia, pagus Retiensis im Norden der obern Donau in dem alten rhätischen Dekumaten=Lande von dem Namen der benachbarten römischen Provinz abzuleiten ¹), sondern auch für diese selbst erscheint noch, wenn gleich mehr im antiquarischen als im politisch=ethnographischen Sinne, der rhätische Name im neunten Jahrhundert bei dem Abte Walafried Strabo von Reichenau, wenn er sagt, daß der zwischen den penninischen Alpen und der Donau sich ausbreitende Theil von Alemannien oder Suevien Rhätien genannt werde ²).

Ja die Namen Alemannien und Rhätien werden von dem Mönche Erchambert in seinen Annalen des Klosters Reichenau aus derselben Zeit als ganz gleichbedeutend gebraucht ³). Doch unterscheidet derselbe Autor auch wieder beide Namen zur Bezeichnung verschiedener Gebiete, und deutet sogar den Unterschied zwischen der schwäbischen Landschaft Rieß und dem rhätischen Lande in den Alpen an, indem er dasselbe als das eigentliche oder große Rhätien (Chur=Rhätien) bezeichnet. Aber selbst noch am Schlusse des zehnten Jahrhunderts wird von dem Fortsetzer von Reginos Chronik die schwäbische Stadt Augsburg als in dem Lande Rhätien gelegen genannt ⁴), und noch als einen spä-

---

1) B. v. Pallhausen, Nachtrag zur Urgeschichte der Baiern. München 1815. 8. S. 112.

2) Walafried Strabo, prologus vitae S. Galli ap. Goldast., script. rer. Alemann. I. p. 147. Juxta scriptores authenticos pars Alamanniae vel Sueviae inter Alpes Penninas et meridianum littus Danubii sita Raetia dicitur.

3) Erchamberti breviar. ap. Pertz, mon. II. p. 329. Ludovicus rex suscepit (a. 840) totam Germaniam id est totam orientalem Franciam, Alamanniam sive Rhaetiam, Noricum, Saxoniam et barbaras nationes quam plurimas. — Ludovicus, Germaniae rex, regnum suum ita dividere curavit, ut — Carolum Alemanniae, Rhaetiae majori et etiam Curiensi rectorem dirigeret.

4) Contin. Regino a. 952 ap. Pertz, mon. I. p. 621. Conventus publicus apud Augustanam urbem Rhetiae provinciae agitur.

ten Anklang an den rhätischen Namen in den innern Gebieten von Schwaben muß man die Bezeichnung Alpes Retianae betrachten, welche ein deutscher Schriftsteller des zwölften Jahrhunderts der schwäbischen Alp beilegt [1]).

Das Land Hohenrhätien umfaßte in der Zeit des neunten und zehnten Jahrhunderts den von den romanischen Rhätiern bewohnten Theil des Alpenlandes, soweit derselbe mit dem Schwabenlande in engerer Verbindung stand, und für dieses rhätische Gebiet hat sich der Name Rhätien oder Hohenrhätien im engern Sinne fixirt. Uebrigens erscheint derselbe bei den karolingischen Autoren, wie vornehmlich bei den Annalisten von St. Gallen [2]), in den verschiedensten Schreibweisen als Raetia, Retia oder Recia, woraus denn auch die Form Ricia hervorging. Dagegen spricht Theganus in der Geschichte der Theilungen des karolingischen Reiches unter Kaiser Ludwig dem Frommen nur von der terra Redica als dem Nachbarlande von Burgund und Alemannien [3]).

Da die Stadt Chur seit Alters als der vornehmste Punkt in diesem Theile des rhätischen Landes erscheint, so kann es nicht befremden letzteres auch nach ihr benannt zu sehen. Denn die Annalen von Santen bezeichnen mit dem Namen regnum Coriae eben dasselbe Gebiet, welches die Annalen des Klosters Weißenburg im Elsaß als die Ricia und Theganus als die terra Redica angeben. Daraus erklärt sich auch der in jener Zeit bei den Annalisten von St. Gallen vielfach vorkommende Ausdruck von Rhetia Curien-

---

1) **Stälin**, wirtembergische Geschichte. I. S. 87.

2) **Ekkehard**, casus S. Galli ap. Pertz, mon. II. p. 212. Conradus de Fabar., cas. S. Gall. ap. Pertz l. c. II. p. 170. Annal. Alemann. ap. Pertz l. c. I. p. 51. Annal. Weissemburg. ap. Pertz l. c. I. p. 111.

3) **Theganus**, vita Ludov. P. c. 35 ap. Pertz, mon. II. p. 597. Ludovicus Imperator tradidit Karolo filio suo terram Alamannicam et Redicam et partem aliquam Burgundiae.

sis (in der deutschen Sprache das sogenannte Churer-
Rieß im Unterschiede von dem schwäbischen Rieß jenseit
der Donau) oder auch pagus Curiensis oder bloß Curiensis, obschon diese letztern Ausdrücke auch wiederum im engern
Sinne von einem Theile dieses rhätischen Landes gebraucht
werden konnten und gebraucht wurden [1]).

Aber der Name der Stadt Chur erscheint zugleich noch
in einem andern und vornehmlich in der deutschen Sprache
üblichen Ausdrucke, welcher durch das ganze Mittelalter für
eben dieses rhätische Gebiet vielfach in Gebrauch gewesen
ist und als solcher in den Urkunden häufig vorkommt. Nämlich die Deutschen bezeichneten die Römer und dann auch
alle romanisirten Völker mit dem Namen der Walen oder
Walchen [2]), woraus der neuere Ausdruck Wälsch oder Welsch
als gleichbedeutend mit Romanisch entstanden ist, wie man
noch jetzt die welsche oder romanische Schweiz von der deutschen Schweiz unterscheidet. So wie nun die Sprache der
romanischen Rhätier von den Deutschen als das Churwäl-
sche bezeichnet wird, so heißen die Rhätier selbst im Mittelalter die Churwalchen d. h. die Romanen in dem Lande
von Chur oder die Churwälschen [3]). Das rhätische Land
ward demnach auch genannt der pagus Churwalaha (Curowalahon, Corwalchen) oder der Churwalgau, und schon
eine Urkunde aus der zweiten Hälfte des neunten Jahrhunderts bemerkt, daß der rhätische Gau derselbe sei, welchen
man mit einem andern Namen Churwalchen (Churewala)

---

[1] Annal. Xantens. a. 829 ap. Pertz, mon. II. p. 225. Tra-
didit Imperator filio suo regnum Alisacense et Coriae et partem
Burgundiae. Cf. Ratperti cas. S. Gall. ap. Pertz l. c. II. p. 62.
Conradus de Fabar., cas. S. Gall. ap. Pertz l. c. II. p. 183.
Erchamberti breviar. ap. Pertz l. c. II. p. 329.

[2] Ebel, Schilderung der Gebirgsvölker der Schweiz. Leipzig
1798. 8. Th. II. S. 138.

[3] Tschudi, Rhaetiae Alpinae descriptio. p. 8. 12. 17.

nenne ¹). Noch ist dabei der merkwürdigen Bezeichnung für dieses Land zu erwähnen, welche sich unstreitig aus den brittischen Gebieten entlehnt in der Fortsetzung der Chronik des Ado von Vienne findet, indem es dort heißt, daß König Karl der Dicke bei der Theilung des osfränkischen Reiches von dem väterlichen Erbe die Länder Alemannien und Curwalen d. h. Corngallien empfangen habe ²).

Die Ausdehnung dieses Landes Hohenrhätien scheint aber nach Osten hin bei der weitern Verbreitung des rhätischen Volkselementes daselbst in den verschiedenen Zeiten der deutschen Geschichte etwas geschwankt zu haben. Wenigstens wird in einer Urkunde vom Jahre 967 das Alpenthal Vintschgau, welches schon in der agilolfingischen Zeit und auch in dem spätern Mittelalter immer als ein Theil des Landes Baiern erscheint, wenn gleich es zur Diöcese von Chur gehörte, dem comitatus Rhaetiae zugezählt, unter welchem man nur jenes schwäbische Hohenrhätien verstehen kann. Indessen noch auffallender ist es, wenn das rhätische Gebiet nach Westen hin in das echt schwäbische Land der alten Waldstätte überzugreifen scheint, indem in einer Urkunde vom Jahre 979 das Kloster Einsiedeln (Meginradescella) ausdrücklich zum ducatus Rhaetiae gerechnet wird ³). Dies kann jedoch nur vorübergehend gewesen sein, und die historisch bekannte Ausdehnung des rhätischen Volksstammes am Nordabfalle des Alpenlandes gegen das schwäbische und helvetische Tafelland bezeichnet dort auch für die ältern Zeiten des Mittelalters die Grenzen Hohenrhätiens

---

1) **Pallhausen**, Nachtrag zur Urgeschichte der Baiern. S. 58. Villa Ruitines (Rütis bei Feldkirch) in pago Retia, quod alio nomine Churewala appellatur.

2) Chron. Adon. contin. ap. Pertz, mon. II. p. 325. Ludovicus rex Karolo Alemanniam et Curwalam id est comitatum Cornu-Galliae dereliquit.

3) **Spruner**, Baierns Gaue nach den drei Volksstämmen. S. 21.

gegen das Schwabenland. Denn gegen Norden führt das Thal der Ill seit Alters bei den deutschen Nachbarn den Namen Wallgau d. h. Walchengau wegen seiner ursprünglich romanischen Bevölkerung, die dort erst am Ende des Mittelalters erloschen ist, und gegen Nordwest erinnert gleichfalls an dieselbe der Name des Walenstädter=Sees auf der Grenzmark der heutigen Länder Glarus und St. Gallen, wo der Ort Walenstadt oder Walchenstadt sich als den Sitz einer den Deutschen fremden Bevölkerung kund giebt. Bei den Rhätiern selbst führt die Stadt den Namen Riva sowie der See den Namen des Lac Rivaun, und noch in den Urkunden des neunten und zehnten Jahrhunderts wird der letztere unter dem Namen des lacus Rivanus erwähnt [1]). Eben dort schieden sich schon im Alterthum die Grenzen der Länder Rhätien und Helvetien, wie aus dem Namen der Landschaft Gastern (castra Rhaetica) an jenem See erhellt, und noch jetzt beweisen die in ihr vorkommenden Ortsnamen von den alten römischen Kastellen wie Prümsch, Siguns, Terzen, Quarten, Quinten u. a. an den Ufern jenes Sees entlang, daß sich das romanische Element hier bis auf die jüngern Zeiten erhalten hat, während in der sogenannten March jenseit der Limmat und am untern Ende jenes Sees auf dem ältern helvetischen und später schwäbischem Boden durchaus keine romanischen Ortsnamen vorkommen und darum diese Landschaft als die schwäbische Mark bezeichnet werden konnte [2]). Auch durch das ganze Rheinthal abwärts von der Paßhöhe des Splügen bis zum Bodensee hin zeigen sich allein rhätisch=romanische Namen für die Berge, Flüsse und Orte verbreitet, und nur am untersten Theile des Rhein wechseln sie mit deutschen Namen ab, woraus sich das frühzeitige Vordringen der schwäbisch=deutschen Bevölkerung in dieses Alpenthal entnehmen

---

1) Eichhorn, episc. Curiens. cod. probat. p. 19. 26.
2) Tschudi, Rhaetiae Alpinae descr. p. 17. 18. 65.

läßt¹). Darum haben sich auch eben hier die rhätisch-schwäbischen Grenzen im Laufe der Zeit verändert, wie dies mit der verschiedenen Begrenzung der Bisthümer Chur und Constanz zusammenhängt.

Die ältere Berührungslinie des Landes Hohenrhätien mit dem Schwabenlande erstreckte sich in einem nordwärts gekrümmten Bogen von dem Quellgebiet des Lech im Osten auf der Grenzmark von Baiern über die Mündung des Rhein hinüber an dem südöstlichen Ufer des Bodensees entlang gegen Südwesten über das Alpenland von Appenzell bis zum Quellgebiet der Reuß im Ursern-Thale am St. Gotthard. Die alte rhätische Stadt Bregenz am südöstlichsten Winkel des Bodensees an der Einmündung der von dem Bregenzer-Walde herabkommenden Bregenzer-Ach in jenen See gehörte ursprünglich dem Lande Hohenrhätien an. Sie beherrschte dort den Engpaß, welcher von jenem waldigen Bergrücken als einem Vorgebirge der Arlberger-Alpen an dem Bodensee gebildet wird, und durch welchen schon im Alterthum die große Heerstraße von dem rhätischen Alpenlande nach dem rhätischen Flachlande oder von Chur nach Augsburg zwischen dem See und dem Gebirge hindurchführte. Später seit der Bildung des schwäbischen Rheingaues, welcher auch die Stadt Bregenz mit dem gleichnamigen Comitate umfaßte, und über welchen der Bischof von Constanz die geistliche Oberhoheit in Anspruch nahm, mußte sich dies ändern und mußten sich die rhätischen Grenzen in dem untern Rheinthale nach Süden zurückziehen, obgleich man nichts destoweniger diesen Rheingau noch lange als einen Theil des Landes Hohenrhätien betrachtete und sich erst allmählig gewöhnte ihn zum Schwabenlande zu rechnen, welchem er nach seiner Bevölkerung und nach seinen kirchlichen Verhältnissen seit den karolingischen Zeiten mit mehr Recht angehörte. Der schwäbische

---

1) Tschudi, Rhaet. Alpinae descr. p. 15. 29.

Rheingau (pagus Rhingowe) bildete somit auf geraume Zeit das schwankende Grenzgebiet zwischen den Ländern Hohenrhätien und Schwaben.

Der Name dieses Rheingaues erscheint übrigens erst am Ende des neunten Jahrhunderts zur Zeit des Königs Arnulf in der merkwürdigen Vertragsurkunde vom Jahre 890, welche zugleich das erste Licht über die Geographie dieser Gegend verbreitet. Denn der Graf Ulrich vom Linzgau, dessen Comitat die nordöstlichen Uferlandschaften des Bodensees in Verbindung mit diesem Rheingau im Rheinthale umfaßte, lebte wegen einiger Besitzungen in eben diesem Gaue in Streit mit dem mächtigen Bischof Salomon von Constanz, damals zugleich Abt von St. Gallen im schwäbischen Thurgau auf der Südwestseite jenes Sees [1]). Dieser Streit wurde in jenem Jahre auf einer Zusammenkunft jener beiden Männer an einem Orte (vermuthlich der heutige Flecken Staad zwischen Rheineck und Rorschach) an der Einmündung des Rhein in den Bodensee, wozu sich auch verschiedene angesehene Leute aus den benachbarten Comitaten Thurgau, Linzgau und Chur-Rhätien eingefunden hatten, in Gegenwart des Bischofs Dietolf von Chur nicht blos geschlichtet, sondern auch die Grenzen zwischen dem rhätischen Rheingau und dem schwäbischen Thurgau genauer bestimmt, womit dann ohne Zweifel auch die Grenzbestimmung der von der politischen Eintheilung des Landes abweichenden kirchlichen zwischen den beiden Diöcesen von Chur und Constanz zusammenhängt [2]). Nach dieser Ent-

---

[1]) J. v. Arx, Geschichte von St. Gallen. St. Gallen 1810. 8. Th. 1. S. 85 bis 88.

[2]) Guler v. Weineck; rhätisches Chronikon. Chur 1616. fol. 99. Dipl. a. 890. Venerabilis Salomon episcopus Constantiensis et abbas monasterii S. Galli, habito prudenti consilio, omnes principes de tribus comitatibus id est de Durgowe, de Linzgowe et de Rhaetia Curiensi cum reliqua populorum multitudine in unum fecit convenire, praesente Thiotolfo Curiensi episcopo et

scheibung gingen aber die Grenzen zwischen jenen beiden
Gauen und Ländern von dem Orte Schwarzeneck (im Ap=
penzeller Alpenlande) auf der dortigen Wasserscheide bei
(dem vielfach erklärten und eben so verschieden gesuchten)
Manen vorüber bis zum Rhein und seiner Ausmündung
in den See.

Die Abtei St. Gallen behielt danach das Gebiet zwi=
schen dem Rhein, dem Bodensee und dem Math=Bache,
welcher sich am Fuße des Buchberges, wo sich früher das
alte Mondeszeichen des Königs Dagobert befand, unterhalb
des Fleckens Rheineck in den Rheinstrom ergießt. Die
Grenzmark zwischen dem Thurgau und dem Lande Rhä=
tien ging also von der Mündung des Math=Baches gegen
Südwest in den Appenzeller=Alpen zu den Quellen der
Sitter aufwärts, stieg dann zu dem Gipfel des hohen
Säntis (Alpis Sambatine) an den Quellen der Thur
empor, stieg dann wieder gegen Südwest zum untern Ende
des Walenstädter Sees zwischen Gastern und der March
hinab, wo aber das alte Frauenstift Schännis in der Nähe
von Wesen noch zum rhätischen Lande gehörte [1]), folgte
südwärts dem Laufe der Linth durch das Alpenthal von
Glarus bis zum hohen Döbi aufwärts und erreichte von
da zwischen der Surselva und dem Thalspalt der Reuß die
das Ursern=Thal umgebenden Berghöhen. Mit Unrecht hat
man übrigens wohl in dem Ausdrucke der Urkunde usque

---

praedicto comite Udalrico, in loco ubi Rhenus lacum influit
Podamicum, de universis usibus praescriptis in pago praenotato
Ringowe, quid potestative legaliterque quidque sub conductione
ad monasterium deberet habere regia auctoritate conquisiturus.
— Eodem quippe juramento et comitatus diviserunt terminum
inter Durgewe et Ringewe, asserentes de Swartzunecka, ubi aquae
adhuc ad nos vergunt, usque ad Manen, in medium gurgitem
Rheni et inde usque ad lacum Podamicum.

1) Arx, Geschichte von St. Gallen. I. S. 2. Dipl. a. 975.
Monast. Schana in pago et comit. Retiae.

nd Manen die Bezeichnung einer Lokalität verkannt und darin die Angabe der Himmelsrichtung „nach Morgen" gewandt, erkennen wollen [1]), wie verschieden auch sonst die genauere Bestimmung dieses Ortes ausfallen mochte, indem man darunter bald den Flecken Mainingen im Rheinthal, bald die Berghöhe des Altmann neben dem hohen Kamor im Quellgebiet der Sitter verstehen zu müssen glaubte [2]). Ohne Zweifel geht aber jener Ausdruck nur auf das vielbesprochene Mondeszeichen, welches nach Angabe einer spätern Urkunde, die Kaiser Friedrich Barbarossa im Jahre 1155 zur Bestimmung der Grenzen des Bisthumes Constanz erließ, schon der alte fränkische König Dagobert I. gegen die Mitte des siebenten Jahrhunderts in einem Felsen am untern Rhein in der Nähe des Bodensees zur Bestimmung der Grenzmarken der Länder Burgund und Chur-Rhätien aushauen ließ, und welches sich bisher vor seiner jüngern Zerstörung an dem Buchberge oberhalb des (vermuthlich nach ihm benannten) Dorfes Monstein oder Mondstein befand [3]). Diese Grenzbestimmung aus der Zeit des siebenten Jahrhunderts schien jedoch bei dem Dunkel der historischen Verhältnisse dieser Gebiete zu jener Zeit manche Schwierigkeiten darzubieten (vergl. Th. III. S. 364), und veranlaßte wohl die irrige Auffassung, daß jenes Zeichen die Grenzmark von Burgund (nebst Hohenrhätien) gegen das Land Alemannien bezeichnet haben sollte [4]), bis man zu ermitteln wußte, daß der schwäbische Thurgau damals geraume Zeit mit dem burgundischen Lande vereinigt gewesen war und somit an jener Lokalität die burgundisch-

---

[1] Zellweger, in dem schweizerischen Geschichtsforscher. Bern. Th. V. 1825. S. 153.

[2] Pupikofer, Geschichte des Thurgaues. Zürch 1828. 8. Th. I. S. 46. Anmerk. 18.

[3] Arx, Geschichte von St. Gallen. 1. S. 11. 87.

[4] Wersebe, über die Völkerbündnisse des alten Deutschland. S. 279. Anmerk. 397.

rhätischen Grenzen mit denen vom Thurgau und Chur-Rhätien zusammenfielen ¹).

Ostwärts grenzte das Land Hohenrhätien an den innerhalb des Alpengebirges liegenden Theil des Landes Baiern, und zwar zogen sich hier die Grenzen zwischen ihnen von dem Quellgebiet des Lech südwärts über die nördliche Kette der rhätischen Alpen nach dem Inn-Thale, wo die Martins-Brücke bei dem Orte Finstermünz die alte Scheide zwischen dem rhätischen Engadin und dem baierschen Poapinsthal bezeichnet. Weiter südwärts überschritten sie die Centralkette der rhätischen Alpen bis gegen den Gebirgsstock des Orteles hin, wo in dem Quellgebiet der nach entgegengesetzten Seiten abfließenden Ströme Adda und Etsch die Grenzmarken zwischen Hohenrhätien, Baiern und Lombardien gelegen waren, doch so daß das Münsterthal, wo sich die westlichsten Quellen der Etsch im Norden des Wormser-Joches befinden, wie noch jetzt so auch früher zu dem Engadin gehört zu haben scheint ²). Nach Süden hin muß man im Allgemeinen die Wasserscheide der lepontisch-rhätischen Alpen oberhalb der verschiedenen Rhein-Thäler und des Engadin auf eine Strecke von zwanzig Meilen weit vom St. Gotthard bis in die Nähe der Gruppe des Orteles als die Grenzmark Hohenrhätiens gegen die lombardischen Gebiete an den Südgehängen der Alpen betrachten, wie dies schon aus der großen Reichstheilung vom Jahre 843 hervorgeht.

Aber so wie das neuere Graubünden oder die Republik der drei Bünde von Hohenrhätien des spätern Mittelalters, auch abgesehen von dem Besitze des tiefen Alpenthales von Veltelin (Val Tellina) an der obern Adda, durch die

---

1) Zellweger, in dem schweizer. Geschichtsforscher. Th. V. S. 135 bis 154.
2) G. Th. Rudhart, älteste Geschichte Baierns. Hamburg 1841. 8. S. 431. 537. 539.

drei kleinern gegen Süden sich öffnenden Alpenthäler von Misox, Bergell und Puschlav über die Wasserscheide hinüber in das lombardische Gebiet bis in die Nähe der dortigen großen Alpenseen eingriff, weil damit zugleich die Beherrschung der dahin führenden Alpenpässe gegeben war, so griff auch, wie aus den Urkunden jener Zeiten erhellt, das alte Hohenrhätien an denselben Stellen in die südlichen Hochthäler der Alpen über, wo überdies die Bevölkerung dem rhätischen Volksstamme näher verwandt sein mußte als den neu romanisirten Lombarden, zu welchen sie jetzt wegen ihrer durchaus italienischen Sprache zu rechnen ist. Jene drei Thäler waren aber von Westen nach Osten das Val di Muesa oder Misocco, das sich von dem Bernhardin bis nach Bellinzona, wo es mit der vom St. Gotthard herabkommenden Valle Leventina zusammenfällt, an dem Nordende des Lago maggiore hinabzieht, dann das Val di Bregaglia, im weitern Sinne das Gabelthal der Maira mit der Lira, das sich von dem Splügen und Septimer nach Chiavenna und zum obern Ende des Lago di Como hinabzieht, und zuletzt das Val di Poschiavo, welches sich von der Höhe des Bernina oder von dem Engadin aus nach dem Veltelin in der Nähe von Tirano öffnet.

So bestimmt auf solche Weise Hohenrhätien sich von dem Schwabenlande absonderte, so erscheint es auf der andern Seite bei allen Gelegenheiten, namentlich bei den karolingischen Theilungen, immer als ein im weitern Sinne dazu gehöriges Gebiet, und diese Verbindung zwischen beiden mußte um so enger werden, als bei der Theilung des ostfränkischen Reiches unter die Söhne Königs Ludwig des Deutschen Karl der Dicke nur Alemannien nebst Rhätien als seinen Landesantheil erhielt. Als Verwalter finden wir in diesem Lande, wie aus den Namen derselben erhellt, stets nur schwäbische Grafen sowohl in der karolingischen als in der spätern Zeit, und mit Recht hat man in neuern Zeiten dies Chur-Rhätien oder auch das im engern Sinne wieder davon unterschiedene Churwalaha als einen pagus ducatus Alemanniae d. h. als eine Landschaft des Schwabenlandes bezeichnet ¹). Schon die schwäbische Grafenfamilie der Burkharde, denen später die Erneuerung des Volksherzogthums in Alemannien gelang, stand wegen der Verwaltung eines oder mehrerer Comitate in diesem rhätischen Lande in großem Ansehn daselbst. Sie bekleideten zu gleicher Zeit die Grafenwürde in schwäbischen und rhätischen Comitaten. Dasselbe zeigt sich bei der in der ersten Hälfte des neunten Jahrhunderts mit großem Ansehn in Rhätien waltenden Familie des Grafen Hunfried von Chur, der ohne Zweifel auch schwäbischen Stammes war, und mit welchem die Familie der Burkharde in verwandtschaftlichem Zusammenhange stand, wenn sie nicht selbst von ihm abstammt ²). Denn sein Sohn Adalbert war zugleich Graf in Rhätien und im schwäbischen Thurgau, und, wie oben erwähnt, verwaltete der schwäbische Graf Ulrich im Linzgau zugleich den rhätischen Rheingau. Das Land Hohenrhätien mußte aber den neuen Volksherzogen in Alemannien wegen seiner Alpenpässe von besonderer Wichtigkeit sein, und da sie überhaupt außer ihrem Ducate noch mehrere Comitate besonders zu verwalten pflegten, so kann es nicht befremden, daß sie die rhätischen Gaue dabei vornehmlich berücksichtigt haben werden. So wird der Gau Churwalchen in Rhätien ausdrücklich als eine Grafschaft des Herzogs Hermann von Schwaben zur Zeit des Kaisers Otto des Großen genannt ³).

Der große pagus Rhaetiae, als Landschaft genommen und darum in den Urkunden auch provincia Rhaetiao

---

1) Chron. Gottwic. II. p. 569. N. 98.

2) Müller, Geschichte der schweizerischen Eidgenossenschaft. I. S. 188. 209.

3) Stälin, wirtemberg. Geschichte. I. S. 443.

Curiensis genannt¹), umfaßte aber, wie es der karolingischen Reichs-Organisation angemessen war, mehrere Comitate. Doch scheinen die beiden kleinern rhätischen und noch jetzt mit dem Gaunamen bezeichneten Landschaften des Prättigau (Bretachgowe) oder das Alpenthal der Lanquart²), sowie weiter abwärts des Wallgau (Walgowe) oder das Alpenthal der Ill³) keine besondern Comitate gebildet zu haben, vielmehr gehörten sie wohl zu dem vornehmsten und größten Comitate dieses Landes, welches in Chur seinen Mittelpunkt hatte. Dieser com. Curiensis oder auch wohl im weitern Sinne com. Rhaetiae genannt, wenn gleich nur den mittlern Haupttheil des Landes begreifend, scheint doch nicht selten wieder das ganze rhätische Land umfaßt zu haben und demnach mit dem ducatus Curiensis gleich bedeutend gewesen zu sein, unter welcher Bezeichnung das rhätische Land in dem Testamente Karls des Großen vom Jahre 805 erwähnt wird⁴). Jener mächtige Graf Hunfried wird aber bald dux, bald comes genannt. Uebrigens mögen die rhätischen Gaue wegen ihrer Lage an den Grenzen Deutschlands gegen Lombardien und Burgund zuweilen der Obhut eines einzelnen Fürsten anvertraut gewesen sein und eine Mark gebildet haben. Denn der ältere Graf Burkhard, ein Sohn des Grafen Adalbert im Thurgau, am Ende des neunten und am Anfange des zehnten Jahrhunderts wird in den Urkunden jener Zeit unter dem Namen eines Markgrafen (marchio) in Rhätien erwähnt⁵). Da derselbe zu-

---

1) Eichhorn, episc. Curiensis. Cod. probat. p. 29.
2) Chron. Gottwic. II. p. 563. N. 79.
3) Chron. Gottwic. II. p. 842. N. 500.
4) Walter, corpus juris Germ. antiq. Berol. 1824. 8. Tom. I. p. 215. Charta divis. regni Franc. Karoli Imp. a. 806. c. 2. Pippino filio nostro consignavimus Italiam — et de Alemannia partem una cum ducatu Curiensi et pago Durgowe.
5) Ussermann, observat. in annal. Alamann. ap. Pertz, mon. I. p. 57. 58. Müller, schweiz. Geschichte. I. S. 273. Anm. 214.

gleich auch das Comitat in der großen Landschaft Baar im Innern von Schwaben verwaltete, so findet man ihn selbst mit dem Titel dux bezeichnet, obgleich bekanntlich erst sein gleichnamiger Sohn der erste Volksherzog in dem Schwabenlande geworden ist.

Das Hauptcomitat des zu Schwaben gehörigen Landes Hohenrhätien bildete der pagus Churwalaha, welcher den bei weitem größten Theil des Landes vornehmlich von Osten nach Westen hin umfaßte und somit zugleich die Hauptstadt Chur enthielt [1]). Auf der Ostseite des mittlern Rhein (in diesem seinem obern Laufe) erstreckte sich dies Comitat über alle Thäler des Albula=Gebietes und der Lanquart nordwärts bis in das Wallgau hinein bis zum untern Ill, wo der Ort Feldkirch (locus Feldkircha oder ecclesia St. Petri in campo) seine Grenzmark bezeichnen mag, indem der kleine Ort Nitzüders (Nuzedere in pago Curowalahon) bei Bludenz im Wallgau noch zum Gau von Chur gerechnet wird [2]) Eben so umfaßte er das ganze Engadin (vallis Engadina) nebst dem Bergell, da der Ort Ramis (locus Riamnis in Ritia Curiensi) am Inn in den Urkunden von Lorsch und Fulda diesem Gebiete zugetheilt wird [3]). Auf der Westseite des Rhein erstreckte sich das Comitat von Chur über die ganze Surselva bis zum St. Gotthard und über das Land Gastern zu beiden Seiten des Walenstädter=Sees bis zur Linth, wo der kleine pagus Glarona im heutigen Glarus schon dem schwäbischen Zürichgau angehörte [4]). Dort in der obern Surselva lag die alte Benediktiner=Abtei Dissentis (monasterium oder

---

1) Füßlin, schweiz. Erdbeschreibung. III. S. 145. Urk. Konrad's II. vom J. 1032. In pago Curiensi in comitatu Marquardi. Urk. Heinrich's III. vom J. 1045. In pago Churwalaha in comitatu Eberhardi comitis.
2) Eichhorn, episc. Curiens. Cod. probat. p. 34. 39.
3) Pallhausen, Nachtrag zur Urgeschichte der Baiern. S. 58.
4) Spruner, Baierns Gaue. S. 20.

ecclesia Desertina), häufig in den das rhätische Land betreffenden Urkunden genannt, obschon ohne nähere Bezeichnung des Gebietes, zu welchem sie gehörte, außer daß sie noch in der Diöcese von Chur gelegen war [1]). Aber jenseit des untern Endes des Walenstädter=Sees in der Nähe der heutigen Stadt Wesen lag das von jenem Grafen Hunfried gestiftete Kloster Schännis, welches noch in einer von dem Kaiser Heinrich III. im Jahre 1045 erlassenen Urkunde als in dem Gau Churwalchen befindlich (mon. Skennines in pago Churwalaha) genannt wird, und dessen Schirmhoheit von den Nachkommen jenes Hunfried an ihre Erben, die mächtigen Grafen von Lenzburg im Aargau, übergegangen war [2]). In dem Rheinthale selbst nennt eine Urkunde vom Jahre 972 als zum rhätischen Comitate gehörig die Orte Grabs (Quadravedes), Meils (Meilis), Gämbs (Campessia) und andere; eine Urkunde vom Jahre 956 die kaiserliche Villa Zizers (Zizuris), nicht weit unterhalb Chur am Rhein gelegen, als demselben Gebiete angehörend [3]). Am häufigsten wird aber in den das rhätische Land betreffenden Urkunden die alte Abtei Pfäffers (Favaria s. monasterium Fabariense) wegen der vielen Schenkungen erwähnt, die ihr von den Kaisern ertheilt wurden, und es wurde immer sehr sorgfältig dabei bemerkt, daß sie in dioecesi et pago Curiensi oder in pago et in comitatu Rhetiae Churowalhen (Corvalchen) oder in pago Retia Curiensi gelegen sei [4]).

Von diesem rhätischen Comitate im engern Sinne unterschied man aber die beiden Gebiete an den Quellen des

---

1) Eichhorn, episc. Curiensis. Cod. prob. p. 29. 32. 47. 51.
2) Guler v. Weineck, rhätisches Chronikon. Fol. 91.
3) Neugart, codex diplomat. Alemanniae et Burgundiae transjur. S. Blas. 1791. 4. Tom. I. N. 762. Eichhorn, episc. Curiensis. Cod. probat. p. 26.
4) Eichhorn, episc. Curiensis. Cod. probat. p. 31. 36. 44. 48.

Rhein oder das Hochthal des Hinterrhein und an der Einmündung des Stroms in den Bodensee; sie erscheinen als zwei besondere Comitate und werden darum auch von Bessel in seiner Chronik von Gottweih als zwei pagi ducatus Alemanniae, aber in Rhaetia Curiensi gelegen, genannt [1]). Sie führten beide den Namen Rheingau (Rhingowe), wurden aber wegen ihrer verschiedenen kirchlichen Verhältnisse als der pagus Rhingovia Curiensis und Rhingovia Constantiensis, oder als der pagus Rhingowe superior und inferior unterschieden. Dennoch scheint der Name Rheingau für das Comitat in dem Thale des Hinterrhein weniger üblich gewesen oder doch bald mit dem Namen Rheinwald vertauscht worden zu sein, welcher noch jetzt dort zur Bezeichnung des obersten Längenthales des Hinterrhein von dem Knie des Stromes bis zum Vogelsberge und Bernhardin aufwärts allgemein im Gebrauch ist. Dieses oberrheinische Comitat umfaßte das ganze Gebiet des Hinterrhein in dem sogenannten Rheinwald=Thale, wo der Ort Splügen (Speluca) genannt wird, das Schamser=Thal, wo Schams (Sexamnis) genannt wird, und das berühmte Domleschg (vallis domestica), die Tomiliasca der Romanen, mit dem alten Orte Thusis an der Einmündung der Albula. Damit beherrschte der hier waltende Graf auch die wichtigsten nach Italien führenden Alpenpässe [2]).

Das niederrheinische Comitat von Hohenrhätien hat sich dagegen den Namen Rheingau länger bewahrt, obgleich auch er theilweise durch den Namen Rheinthal, im besondern Sinne genommen, verdrängt worden ist. Im Unterschiede von den beiden fränkischen und berühmtesten Gauen gleiches Namens ist er am besten mit Rücksicht auf die spä=

---

1) Chron. Gottwic. II. p. 743. N. 371. 372.
2) Pallhausen, Nachtrag zur Urgeschichte der Baiern. S. 60. Spruner, Baierns Gaue. S. 20.

tere Zeit der schwäbische Rheingau zu nennen. Zu beiden Seiten des untern Rheins ausgebreitet zog er sich südwärts bis gegen Feldkirch oder die Mündung der Ill hinauf, in deren Nähe der alte Ort Rankwyl als die Malstätte dieses Gaues erscheint. In ihm lagen der Ort Ems (Amisum) mit dem Schloß Hohenems auf der rechten Seite des Stromes und gegenüber der Flecken Altstetten, weiter abwärts aber die kaiserliche Villa Lustenau (Lustinava) und an den Ufern des Bodensees das alte Bregenz, später der Hauptort der Grafschaft Bregenz, welche nebst der von Hohenems aus diesem Rheingau hervorgegangen ist [1]).

An dem Südabhange des rhätischen Alpenlandes nach den lombardischen Gebieten hin finden wir noch drei zu Hohenrhätien gerechnete Comitate erwähnt, von welchen die beiden ersten sich zum Lago maggiore, das letzte zum Comer-See hinaberstreckte. Denn am Fuße des Bernhardin in dem obern Misor (val di Muesa) lag das Comitat Misocco (com. Mesauci), nach dem dortigen Orte Misocco benannt, und weiter unterhalb an der Vereinigung des Misorer- und Liviner-Thales das Comitat Bellenz (com. Bilitonae), nach dem alten longobardischen castrum Bilitionis (Bellinzona) benannt. An der Südseite des Splügen und Septimer, wo sich das Gabelthal der Maira und Lira bei dem alten Orte Cleven (Chiavenna) südwärts aufschließt, der dort die große lombardische Heerstraße nach Mailand beherrscht, lag das dritte rhätische Grenzcomitat, das Comitat von Cleven (com. Clavennae), dessen Graf eben in dieser Pfortenstadt seinen Sitz hatte, und dessen Amtskreis sich bis zur Nordspitze des Comer-Sees, wo der Hafenort Riva noch zu seinem Gebiete gehörte, hinabzog [2]).

---

1) Lang, Baierns Gaue. S. 60. Hallhausen, Nachtrag zur Urgeschichte der Baiern. S. 61.
2) Spruner, Baierns Gaue. S. 20.

IV. 6

Schon seit Alters erscheint das Land Hohenrhätien als sehr stark bevölkert, so viel dasselbe auch durch den Unterjochungskampf von Seiten der Römer und bei den spätern Heereszügen der Barbaren von den Donau-Ländern nach Italien zu leiden hatte. Um so wohlthätiger mußten die für dies Land ruhigern Zeiten unter der fränkischen Herrschaft sein, und gleich in den ersten Zeiten des Mittelalters bemerken wir dieselbe starke Bevölkerung. Dies erhellt vornehmlich daraus, daß es in diesem wilden Alpenlande eine sehr große Anzahl von edlen Familien und Dynasten gab, deren Namen in der folgenden Geschichte oft genug hervortreten, und deren Sprößlinge sich zum Theil noch bis jetzt erhalten haben. Auch waren die rhätischen Alpenthäler mit einer sehr großen Menge von Burgen als eben so vielen Stammsitzen jener Edlen und Fürsten des rhätischen Volkes besetzt, deren zahlreiche Trümmer nicht wenig zur Schönheit dieses romantischen Alpenlandes beitragen [1]). Durch die genauere Verbindung Hohenrhätiens mit dem Schwabenlande kam es auch, daß sich diese rhätischen Geschlechter frühzeitig aus dem Innern' nach den angrenzenden schwäbischen Gebieten verbreiteten und dort mit ihrer allmähligen Germanisirung Ehren und Landbesitz erwarben. So ist in dieser Beziehung vornehmlich das seit dem eilften Jahrhundert mit größerer Sicherheit bekannte und merkwürdige Doppelgeschlecht der Grafen von Montfort und Werdenberg in seinen romanischen und deutschen Linien zu nennen, welche sich seit jener Zeit in dem untern Rheinthale und in den Uferlandschaften des Bodensees ausbreiteten, wo die letzten Zweige dieses Geschlechtes erst in den jüngsten Zeiten erloschen sind [2]).

Dagegen bemerken wir eben so frühzeitig das Vordringen des deutschen Volkselementes durch das untere Rhein-

---

1) Tschudi, Rhaetiae Alpinae descriptio. p. 6 — 8.
2) G. Schwab, der Bodensee nebst dem Rheinthale von St. Luzienstieg bis Rheinegg. Stuttgart 1840. 6. Th 1. S. 134. 143.

thal in das Innere von Hohenrhätien, und zwar gehört dasselbe, wie es in der Natur der Sache liegt und auch noch jetzt durch die Sprache bestätigt wird, dem schwäbischen Volksstamme an. Die allmählige Germanisirung des Rheinthales am Bodensee hatte unstreitig nicht nur Einfluß darauf, dies Gebiet mit dem besondern Namen des untern Rheingaues zu bezeichnen und dasselbe als besonderes Comitat mit den schwäbischen Gauen am Bodensee in Verbindung zu bringen, wie es zur Zeit des mächtigen Grafen Ulrich im Linzgau ums Jahr 890 erscheint, sondern diesen Gau zugleich von dem Kirchensprengel von Chur zu trennen und ihn zu dem von Constanz im Schwabenlande zu schlagen. Ein sicheres Zeugniß über die schwäbische Bevölkerung in jenem Theile von Hohenrhätien giebt die alte Nachricht von dem offenen und freien Gerichte, welches der Herzog Burkhard von Alemannien und der Bischof Walbo von Chur im Jahre 920 vor den Romanen und Alemannen aus Churwalchen nach römischem Rechte (secundum legem Romanam testibus omnibus Romanis et Alemannis de Curewalaha) abhielten [1]). Indessen eine größere Verbreitung schwäbischer und zum Theil auch burgundischer Bevölkerung über den St. Gotthard durch das rhätische Alpenland und damit zugleich, wenn nicht eine Verdrängung, doch eine Umgestaltung der rhätischen Volksthümlichkeit scheint erst der Zeit der fränkischen und vornehmlich der schwäbischen Kaiser oder der Hohenstaufen anzugehören, so daß die rhätische Sprache auch weiter aufwärts im Rheinthale so wie selbst in der Hauptstadt Chur erst gegen das Ende des Mittelalters der deutschen Sprache mehr und mehr zu weichen anfing [2]).

Heut zu Tage ist nun der gesammte alpinische Querspalt des Rheins vom Bodensee bis zum Splügen auf der

---

1) Hormayr, Herzog Luitpold. S. 39.
2) Tschudi, Rhaetiae Alpinae descriptio. p. 9.

italischen Grenzmark mitten durch das rhätische Land hindurch dem deutschen Sprach- und Volksstamme angehörig, und das romanische Element hat sich, in zwei Hauptmassen im Osten und Westen des Rheinthals zersprengt, nur noch in den entlegenern Theilen dieses Gebietes erhalten. Die bei den Deutschen genannten Churwälschen geben sich aber selbst den Namen Romanen (Romani) oder bezeichnen sich auch mit dem Namen der Grauen (Grisones, Griggioni), welcher wohl etwas jüngern Ursprunges am natürlichsten davon abzuleiten ist, daß sie sich in ihren Hochthälern am obern Rhein im Gegensatz gegen die frühere Ausdehnung des rhätischen Namens als die echten alten Rhätier anerkannt wissen wollten. Aus dem Worte Grisch d. h. alt und grau in der romanischen Sprache sind die Namen der Grisons und Grisoni bei den Franzosen und Italienern für die Bewohner des Landes hervorgegangen, welches bei den jetzigen Deutschen auf ähnliche Weise als das Land Graubünden, wenn gleich nicht in demselben Umfange mit dem mittelaltrigen Hohenrhätien, bezeichnet wird ¹). Von der Bevölkerung des schweizerischen Kantons Graubünden gehört noch jetzt die volle Hälfte oder an 36,700 Köpfe dem alten Volksstamme der Rhätier mit der eigenthümlichen rhätischen Sprache an, und diese Romanen von Graubünden sind jetzt nebst einigen kleinen stammverwandten Gemeinden in Tirol die letzten und einzigen Ueberreste des in dem Mittelalter noch so weit verbreiteten rhätischen Volksstammes ²).

Die alte rhätische Sprache, bis jetzt die vornehmste Eigenthümlichkeit dieses Volksstammes, bildet eine der sieben Schwestern in dem großen romanischen Sprachstamme des

---

1) Füßlin, Staats- und Erdbeschreibung der schweiz. Eidgenossenschaft. III. S. 140 bis 142.
2) Röder und v. Tscharner, Schilderung des Kantons Graubünden. I. S. 302. 315.

neuern Europa. Man nennt sie die antiquissim lunguig da l'aulta Rhaetia. Mit der übrigen Welt wenig in Berührung gekommen, hat sie sich in jenen Alpenthälern ziemlich selbstständig seit beinahe zwei Jahrtausenden erhalten, obgleich der Einfluß des Italiänischen und Deutschen auf sie nicht zu verkennen ist¹). Wenn auch wenig ausgebildet, soll sie doch durch Kürze und Wohlklang ausgezeichnet sein. Sie theilt sich übrigens in zwei Hauptdialekte, in das **Roman**, welches in den Hochthälern des Rhein gesprochen wird, und in das **Ladin**, welches im Osten im Engadin nebst einem kleinen Theile von Tirol gesprochen wird, und beide zerspalten sich wieder nach Maaßgabe der Naturverhältnisse in einige untergeordnete Dialekte, unter welchen man den in der **Surselva**, zugleich dem eigentlichen Roman angehörend, als den reinsten und ältesten betrachtet²).

Den eigentlichen Mittelpunkt des rhätischen Alpenlandes bildet, auch abgesehen von dem fabelhaften tuscischen Fürsten Rhätus und seinen Sitzen in den alten Burgen Realt und Räzüns seit Alters das Domleschg und das sich am Zusammenflusse der verschiedenen Quellströme des Rhein ausbreitende Alpenthal, wo sich schon seit der Zeit des Kaisers Constantius, als derselbe auf seinem Kriegszuge gegen die Alemannen am Bodensee eben hier sein Feldlager gehabt haben soll, die Stadt **Chur** (Curia Rhaetorum) erhoben zu haben scheint, welche dann auch bald der Sitz eines **Bischofs** für die christlichen Gemeinden im westlichen Rhätien ward. In dem Namen der bei dieser Gelegenheit vom Ammianus hier genannten campi Canini (angeblich die grauen Felder) hat man zuweilen die erste Spur von dem

---

1) Jos. Planta, Gesch. der romanischen Sprache. Chur 1776. 8.
2) Ueber diese romanischen Dialekte vergl. J. v. Hormayr, Geschichte der Graffschaft Tirol. Th. I. Abth. 1. S. 124 bis 127, besonders aber Haller, in der historischen Zeitschrift für Tirol und Vorarlberg. Inspruck 1832. 8. Th. VII. S. 93 bis 165.

jüngern Namen des rhätischen Volkes zu finden geglaubt, obschon die Ableitung jenes Namens eben so zweifelhaft genannt werden muß ¹) wie die Lage dieser Felder, da man letztere nach einigen Andeutungen beim Gregor von Tours vielmehr am Südfuße der Alpen in der Gegend von Bellinzona oder an den Ufern des Lago maggiore zu suchen haben würde ²). Ist es auch nicht sicher, daß, wie die Tradition sagt, jener kaiserliche Hof sich auf der Stelle von zwei alten rhätischen Schlössern, Spinoil und Marsoil genannt, erhoben habe, so beurkunden doch die alte Bedeutung dieser Gegend die in der Nähe von Chur liegenden Hügel, welche unter dem Namen der tumba di cavalli in einer Höhe von 30 bis 50 Fuß aufsteigend an die alte römische und fränkische Zeit erinnern, so wie auch noch jetzt zahlreiche Kaisermünzen daselbst ausgegraben werden ³).

Seit dem römischen Zeitalter blieb die Stadt Chur fortwährend ein bischöflicher Sitz, wenn gleich die Stadt selbst sich im Laufe der Zeit, wie es überall seit dem zehnten und eilften Jahrhundert in Deutschland geschah, von ihren geistlichen Oberherren in bürgerlicher Beziehung zu emancipiren wußte. Auch sind die Bischöfe von Chur bei aller ihrer weltlichen Macht, welche ursprünglich auf der reichen Erbschaft des Bischofs Tello, des letzten Mitgliedes aus dem alten einheimischen Fürstenstamme in Rhätien, beruhete und nachmals durch die Schenkungen der deutschen Könige ansehnlich vermehrt wurde ⁴), niemals von politischer Bedeutung in der deutschen Geschichte gewesen. Nach

---

1) **Füßlin**, Staats- und Erdbeschreibung der schweiz. Eidgenossenschaft. III. S. 141.

2) **Walckenaer**, géographie ancienne, historique et comparée des Gaules. II. p. 62.

3) **Tschudi**, Rhaetiae antiq. descriptio. p. 27. 45 — 50. **Röder und v. Tscharner**, Schilderung des Kantons Graubünden. I. S. 95 bis 97.

4) **Hottinger**, helvetische Kirchengeschichte. I. S. 377.

jenem Constantius, welcher am Schlusse des achten Jahrhunderts durch die Vergünstigung des Kaisers Karl des Großen neben der geistlichen Herrschaft zu Chur auch die weltliche Verwaltung des rhätischen Landes geführt haben soll, bis auch hier die Comitats-Verfassung bestimmter eingerichtet wurde, erscheinen bis auf die Zeit der Ottonen hin als die wichtigsten Vorsteher der Kirche zu Chur jenes Constantius Nachfolger Remigius oder Remedius vom Jahre 800 bis 820, dann Victor II. bis 833 und Berenbar bis 844. Ferner die Bischöfe Esso von 849 bis 879, Rothar bis 887, der schon oben genannte Bischof Dietolf in der Zeit der beiden letzten Karolingen Arnulf und Ludwig bis zum Jahre 914, und der Bischof Waldo bis zum Jahre 949, welchem sodann die Bischöfe Hartbert und Hildebold während der zweiten Hälfte des zehnten Jahrhunderts folgten¹). Bekannt sind uns diese Bischöfe vornehmlich nur durch die zahlreichen Vergabungen an das Hochstift Chur, mit welchen die karolingischen Fürsten Ludwig der Fromme und Kaiser Lothar den Anfang machten, deren Beispiel dann auch der König Konrad folgte. Diese Schenkungen mehrten sich aber besonders im Laufe des zehnten Jahrhunderts unter den Ottonen angeblich wegen der durch die Ungarn über die rhätischen Alpenthäler verbreiteten Verheerungen und wegen der dadurch dem Hochstifte zugefügten Leiden und Beschädigungen. Denn jene Fürsten verliehen dem Hochstifte mancherlei Güter und Rechte um die Stadt Chur, in den Thälern Druschauna, Montafun, Wallgau, Engadin und jenseit der Alpen im Maira-Thale um Chiavenna, wo dasselbe den durch den dortigen Waarenzug so wichtigen Brückenzoll (telonium in ponte Clavenasco) erhielt²).

Die bischöfliche Kirche zu Chur, ursprünglich in der Verbindung mit der lombardischen Metropolitan-Kirche von

---

1) Eichhorn, episcop. Curiensis. p. 26 — 56.
2) Müller, Gesch. der schweiz. Eidgenossensch. I. S. 292. 293.

Mailand, wurde höchst wahrscheinlich erst seit dem Vertrage zu Verdun mit den übrigen deutschen Kirchen genauer vereinigt und unter die geistliche Oberhoheit des Metropoliten von Mainz gestellt [1]). Die Diöcese von Chur bildete somit das äußerste Glied des großen mainzischen Metropolitansprengels, welcher sich von den Hochalpen an der lombardischen Grenze nordwärts bis zur untern Elbe ausdehnte. Im Allgemeinen dem Umfange des pagus Rhaetiae Curiensis entsprechend griff doch die Diöcese von Chur ostwärts in dem Alpenlande in das baiersche Gebiet ein, während ihr gegen Norden schon in dieser Zeit das Gebiet des schwäbischen Rheingaues verloren ging. Die Grenzen des Bisthums Chur begannen auf dem Berührungspunkte mit den Ländern Schwaben und Baiern im Quellgebiet des Lech, wo sich an dem hohen Arlberge (Arula M.) die vier Diöcesen von Chur, Constanz, Augsburg und Brixen von einander schieden [2]), zogen sich dann durch das heutige Vorarlberg auf dem Rücken des Bregenzer-Waldes zwischen der Bregenz und Ill westwärts nach dem Rhein hinab, den sie oberhalb Hohenems überschritten, um bei dem Flecken Montiglen (Monticulus) zu dem Alpenlande von Appenzell und dem hohen Säntis emporzusteigen [3]). Von dort den politischen Grenzen zwischen Chur-Rhätien und dem schwäbischen Thurgau folgend stiegen sie zum obern Thale der Thur und dem untern Ende des Walenstädter-Sees in

---

1) Binterim, Geschichte der deutschen National- und Provincial-Concilien. I. S. 25. Zweifelhaft ist die Annahme der ältern Geschichtschreiber, daß dies bereits im Jahre 751 bei der neuen Einrichtung des Erzstiftes Mainz für den Bonifacius geschehen sei. So Neugart, episcopatus Constantiensis. S. Blas. 1803. 4. Tom. I. p. 78, und Ecoard, comment. de rebus Franciae orient. I. p. 493.

2) Guler v. Weineck, rhätisches Chronikon. Fol. 220.

3) Neugart, codex dipl. Alemann. II. N. 866. p. 87. Per Alpes ad fines Rhaetiae Curiensis ad villam Montigels.

der Landschaft Gastern hinab, folgten in dem Lande Glarus dem Thale der Linth aufwärts bis zum hohen Döbi und dem Alpenthale von Ursern am St. Gotthard, welches letztere zur Diöcese von Chur gehörte, während alle jenseit jener Linie liegenden Gebiete vom St. Gotthard bis zum Arlberge der Diöcese von Constanz untergeben waren. Dort am St. Gotthard berührte der Sprengel von Chur zugleich die beiden burgundischen Diöcesen von Lausanne und Sitten in den Stromgebieten der Aar und Rhone [1]).

Nach Süden gegen die lombardische Seite der Alpen hin bildete im Allgemeinen die Wasserscheide derselben vom St. Gotthard ostwärts bis zum Alpenstock des Ortles die Grenzlinie der Diöcese von Chur gegen die Bisthümer zu Como und Mailand in Lombardien [2]). Wenn aber hier die Abweichung von jener Linie sich zeigt, daß der politischen Begrenzung gemäß das Misoxer-Thal (vallis Mesaucina) bis nach Bellenz hinab zum Kirchensprengel von Chur gehörte, so darf man doch keineswegs, nach dem Vorgange der ältern rhätischen Chronisten [3]), die Alpenthäler von Gampolschin (Campo dolcino) und Bergell an der Lira und Maira bis nach Cleven abwärts und das gesammte Veltelin an der obern Adda dazu rechnen, obwohl hier die Bischöfe von Chur manche weltlichen Hoheitsrechte ausübten und in diesen Gebieten die Hohenrhätier nebst dem Bischofe von Chur in etwas spätern Zeiten eben so viele Streitigkeiten in weltlichen Angelegenheiten mit der Stadt Mailand als in kirchlichen Dingen mit dem Bischofe von Como hatten.

Gegen Osten und Südosten grenzte das Bisthum Chur auf der von den Quellen des Lech bis zu den Orteler-Al-

---

1) Tschudi, Rhaetiae Alpinae descriptio. p. 38.
2) Schinz, Beiträge zur nähern Kenntniß des Schweizerlandes. I. S. 98. Füßlin, schweiz. Erdbeschreibung. I. S. 291.
3) Guler v. Weineck, rhätisches Chroniken. Fol. 56.

pen südwärts aber in einem großen nach Osten gekrümmten Bogen gehenden Linie an die beiden (früher ost-rhätischen) Bisthümer Seeben oder Brixen und Trient, von welchen das erstere zu jener Zeit dem Lande Baiern, das letztere aber dem lombardischen Lande angehörte. Denn hier umfaßte der Sprengel von Chur noch den ausgedehnten Vintsch=gau (vallis Venustica), welcher das ganze obere Quellge=biet der Etsch nebst dem Münsterthale begriff und sich zum Theil auch über das Engabin erstreckte, wo zu jener Zeit noch überall die rhätische Sprache als Zeichen der Abstam=mung der Bewohner dieser Gebiete herrschend war. Die Schlösser Churberg und Fürstenberg in dem rhätischen Vintsch=gau gehörten noch zum Sprengel des Bischofs von Chur [1]). Demnach zogen sich die Grenzen seiner Diöcese von dem hohen Arlberge und dem Quellgebiet des Lech südwärts nach dem Engabin bei Finstermünz hinein, wandten sich dann ostwärts das Vintschgau umschließend zu dem Alpen=stock der Dezthaler=Ferner, folgten auf der Südseite derselben dem Laufe des Flusses Passer in dem Passeir=Thale (val-lis Passyria) bis zu seiner Einmündung in die obere Etsch bei dem alten Meran, einige Meilen oberhalb Botzen, zwi=schen welchen beiden Orten sich die drei Bisthümer Chur, Seeben und Trient einander berührten, und zogen sich von dort wieder westwärts nach den Alpenhöhen des Ortles an den Quellen der Adda hinauf, wo das Gebiet des Bischofs von Como begann [2]).

Die alte Diöcese von Chur zerfiel nach ihrer geistlichen Verwaltung in acht Land=Kapitel, nämlich 1) Das Ka=pitel Chur ober über der Lanquart (cap. Curiense s. supra Langarum). 2) Das Kapitel unter der Lanquart (cap. infra Langarum). 3) Das Kap. Druschaun (cap. Drusianum). 4) Das Kap. des Berglandes in der Sur-

---

1) Tschudi, Rhaetiae Alpinae descriptio. p. 75. 76.
2) Eichhorn, episcopatus Curiensis. p. XXIII — XXV.

selva (cap. in Montanis in tractu Desertinensi). 5) Das Kap. jenseit Churwalden (cap. ultra Curwaldiam s. in Impedinis) nach dem erst im Laufe des zwölften Jahrhunderts gegründeten gleichnamigen Kloster benannt, in dem Thale der Albula. 6) Das Kap. Misox (cap. Mesaucinum) an der Südseite der Alpen und das Misoxer- und Calanca-Thal umfassend. 7) Das Kap. Engadin (cap. Engadinae) und 8) Das Kap. Vintschgau (cap. vallis Venustae) in dem baierschen Rhätien [1]).

Die Lage der alten rhätischen Hauptstadt Chur an der Vereinigung der sämmtlichen Quellströme des Rhein ist hier darum noch als von besonderer Wichtigkeit zu bezeichnen, weil von ihr aus die verschiedenen Passagen sich abzweigen, welche unter dem Namen der rhätischen Heerstraßen durch alle Zeiten der Geschichte berühmt gewesen sind. Schon seit dem römischen Zeitalter dienten diese rhätischen Alpenstraßen durch die lepontischen Alpen im Quellgebiet des Rhein und des Inn so wie noch jetzt zur Verbindung von Ober-Schwaben und überhaupt der Rheinlande mit Lombardien, da die große ost-rhätische Alpenstraße durch das heutige Tirol von Italien aus zunächst nur nach den obern Donau-Ländern hinführte. Auf die beiden rhätischen Straßenzüge im Osten und Westen bezieht sich daher die Angabe in dem Testamente Karls des Großen über die Reichstheilung für seine Söhne, indem er dem italischen Könige Pipin die Verbindung mit dem Frankenlande im Norden der Alpen sowohl nach der Donau als dem Rhein hin sichern wollte [2]). Die west-rhätische oder die rheinisch-rhätische Alpenstraße von Como aus in Lombardien nach Chur mag zuerst von Drusus auf seinem Feldzuge gegen die

---

1) Eichhorn, episcopatus Curiensis. p. XXV. XXVI.
2) Walter, corpus juris Germ. antiq. II. p. 215, Cap. Carol. M. a. 806. Ut Pipinus habeat exitum et ingressum per Alpes Noricas atque Curiam.

Rhätier eröffnet worden sein. In der römischen Kaiserzeit war sie eine vielbesuchte Straße, wie dies die zahlreichen zwischen jenen beiden Städten genannten Ortschaften beweisen, welche zum Theil noch jetzt bestehen. Diese Straße bildete den nächsten Weg von Italien aus nach dem Bodensee und den Hauptsitzen der Alemannen in jener Zeit, von wo aus sie sich durch ihre Einbrüche in Helvetien und Italien den spätern Kaisern so furchtbar machten. Sie führte von Chur aus in dem Rheinthale abwärts über die alten Stationen Magia (jetzt Maienfeld) und Clunia (vermuthlich an der Mündung der Ill) nach Brigantium (Bregenz) am Bodensee, von wo sich eine große Straßenlinie nach der Hauptstadt des rhätischen Flachlandes Augusta Vindelicorum (Augsburg) hinzog. Mit Bestimmtheit tritt diese Passage zuerst ums Jahr 354 bei dem Feldzuge des Kaisers Constantius gegen die Alemannen am Bodensee hervor, wo sein Feldherr Arbetio gegen die Lenzer-Alemannen in der Nähe der Einmündung des Rhein in jenen See kämpfte [1]).

An drei Paßhöhen sind hier aber zu unterscheiden, welche unter den Namen des Bernhardin, Splügen und Septimer von Westen nach Osten die Wasserscheide der centralen Alpenkette überschreiten und nach ihrer Stellung wie nach ihrer Naturbeschaffenheit eine verschiedene historische und merkantilische Bedeutung haben. Im Allgemeinen ursprünglich mehr oder minder nur als Saumwege zu bezeichnen, ist mit ihnen wie mit der St. Gotthard-Straße in der

---

[1]) Ammian. Marcell., hist. XV, 4. Paulo post et Lentiensibus Alamannicis pagis indictum est bellum, collimitia saepe Romana latius irrumpentibus; ad quem procinctum imperator egressus, in Rhaetias camposque venit Caninos, et digestis diu consiliis, id visum est honestum et utile, ut eo cum militis parte Arbetio magister equitum, cum validiore exercitus manu relegans margines lacus Brigantiae pergeret, protinus barbaris congressurus.

jüngsten Zeit eine große Verdnderung vorgegangen, welche auf ihre fernere historische Wichtigkeit nicht ohne Einfluß bleiben kann. Mag auch in den ältern Zeiten die östlichste dieser drei Straßen, die über den Septimer, die bequemste und besuchteste gewesen sein, so verlor sie doch allmählig diesen Vorzug vor den beiden andern westlichen Straßen, welche in mehr grader Richtung die Hochgebirgsketten überschreiten. Schon seit den letzten Zeiten des Mittelalters ist eigentlich der alte Ruhm der Septimer-Straße an den sogenannten julischen Alpen erloschen und die Bedeutung und der Ruhm der beiden andern rhätischen Alpenpassagen ist durch ihre Umgestaltung zu prachtvollen Kunststraßen seit den beiden letzten Decennien jetzt für immer begründet. Die beiden bündnerischen Alpenstraßen über den Splügen und Bernhardin gehören jetzt zu den bequemsten Handelswegen, welche das südliche Deutschland durch das Land Graubünden mit dem lombardischen und sardinischen Italien verbinden und sich mehr als alle ähnlichen Alpenstraßen durch eine große Menge von Naturmerkwürdigkeiten auszeichnen¹).

Von Chur aus in einer Meereshöhe von 1830 F. folgt man dem Rheinstrom gegen Westen aufwärts über das Dorf Ems nach dem Flecken Reichenau an der Vereinigung des Vorder- und Hinter-Rhein. Gegen Süden wendet sich sodann die große italische Heerstraße in das Thal des Hinter-Rhein, während gegen Südwesten eine Seitenstraße als Saumweg durch die Surselva an dem Vorder-Rhein aufwärts führt, auf welcher man über die Orte Ilanz und Trons nach der Abtei Dissentis in einer Meereshöhe von 3550 F. gelangt, um so durch das gefährliche Tavetsch-Thal über die Oberalp nach dem Ursern-Thale am St.

---

1) J. J. Meyer, die neuen Straßen durch den Kanton Graubünden in 30 Bl. dargestellt mit einer Einleitung und Erklärung von J. G. Ebel nebst einer Wegecharte von Keller. Zürch 1825. 5 Hefte in Fol.

Gotthard hinaufzusteigen[1]). An der italischen Heerstraße beginnt mit dem alten Schlosse Räzüns das fruchtbare und trefflich angebaute und sich an zwei Stunden weit ausdehnende Thal Domleschg, in welchem man an dem Fuße des prachtvollen Heinzenberges an dem Westufer des Rhein bis zu dem Flecken Thusis hinaufsteigt, welcher schon in einer Meereshöhe von 2300 oder 2530 F. sich der letzten Weinkultur im Rheinthale erfreut. Hier an der Einmündung der Albula in den Rhein bei dem alten Schlosse Realt zweigt sich die östlichste der drei rhätischen Alpenstraßen über den Septimer ab. Noch mit einander vereinigt wenden sich die beiden westlichen Straßen mit ihrem Kunstbau südwärts hinauf durch das verlorne Loch zu der berüchtigten via mala, einem anderthalb Stunden langen und ehemals sehr gefährlichen und schauerlichen Engpaß, welcher gegen das Ende des Mittelalters bei Gelegenheit der Heereszüge der Graubündner nach Lombardien mancherlei Erweiterungen erhalten haben mag, obschon derselbe unzweifelhaft im Alterthum und in dem karolingischen Zeitalter gangbar gewesen sein muß. Von ihm aus gelangt man in das wieder an zwei Stunden lange Schamser-Thal nach dem Badeorte Andeer, in dessen Nähe sich das Rheinthal plötzlich nach Südwesten umwendet. Dort kommt der Rhein furchtbar tobend aus dem dunkeln und tiefen Felsschlunde Roffla hervor, auch die innere via mala genannt, und dieser Schlund verbindet das Schamser-Thal mit dem an fünf Stunden langen Rheinwald-Thale, in welchem man das Alpendorf Splügen in einer Meereshöhe von 4420 F. erreicht. Dieser Hauptort des Rheinwald-Thales bildet jetzt einen wichtigen Stapelplatz für die beiden bündnerischen Alpenstraßen, welche sich hier in diesem Hochthale der Alpen an der deutsch-italischen Grenzmark von einander sondern.

---

[1] Kasthofer, Alpenreise über den St. Gotthard, Bernardin u. s. w. S. 180 bis 195.

Hier trennt sich die westliche oder die Bellenzer-Straße von der östlichen oder der Clevner-Straße (der mittlern dieser drei rhätischen Paſſagen), um von der Waſſerſcheide des Gebirges aus durch verſchiedene Thalſenkungen nach Lombardien hinabzuführen ¹).

Während die letztere sich grade südwärts wendet, folgt die erstere dem Rhein nach dem an zwei Stunden aufwärts gelegenen Dorfe Hinterrhein, welches in einer Meereshöhe von 4800 F. nahe an der Oeffnung des schauerlichen Felſenthales liegt, wo der Rhein aus den ungeheuern Rheinwald-Gletſchern ſeinen Urſprung nimmt. Gleich ſüdwärts von dem Dorfe ſteigt die Paſſage des Bernhardin, nach dem an ſeinem ſüdlichen Fuße gelegenen und an 5080 F. erhabenen Dorfe S. Bernardino benannt, zu einer Meereshöhe von 6584 F. empor, und von jenem Dorfe an folgt man dem Laufe der Mueſa durch das an neun Stunden lange Miſoxer-Thal hinab über den Flecken Miſocco, wo ſich in einer Meereshöhe von 2350 F. dem aus der PolarRegion Graubündens kommenden Wanderer zuerſt die Natur des italiſchen Südens darbietet. Sich weiter unterhalb nach Weſten zu umwendend, wo ſich zugleich das CalancaThal von Norden her zum Thale der Mueſa aufſchließt, vereinigt ſich das Miſoxer-Thal mit dem vom Teſſino gebildeten Liviner-Thal am Nordende des Lago maggiore bei der alten lombardiſchen Stadt Bellinzona, welche ſomit hier von Süden aus die Heerſtraßen über den St. Gotthard und Bernhardin beherrſcht ²). Daß dieſe letztere Alpenſtraße ſchon in dem römiſchen Zeitalter bekannt und eröffnet geweſen, iſt nicht wahrſcheinlich. Sicher iſt ſie erſt in den Zeiten der Kämpfe der Franken mit den Longobarden aufge

---

1) (v. Tſcharner), Wanderungen durch die rhätiſchen Alpen. Zürch 1829. II. 8.
2) Kaſthofer, Alpenreiſe über den St. Gotthard, Bernardin u. ſ. w. S. 89 bis 109.

schlossen worden und mag ihre erste Entdeckung den Longobarden verdanken. Denn in dem karolingischen Zeitalter muß sie, wie die Errichtung der beiden fränkischen Comitate an den heutigen Orten Misocco und Bellenz lehrt, bereits eine besuchte und wichtige rhätische Heerstraße gewesen sein, die ihre Bedeutung seitdem auch immer behauptet hat.

Nur anderthalb Stunden im Süden des Dorfes Splügen erhebt sich die gleichnamige Paßhöhe dieser mittlern rhätischen Straße zu einer Höhe von 6170 oder 6450 F., wo sich gleich an ihrem Südabhange ein Hospitium noch in einer Höhe von 5850 F. befindet. Grade südwärts führt dann die Passage abwärts in dem Thale der Lira durch den Schlund der Cardinellen, hinter welchem man in diesem Val di S. Giacomo das erste Dorf Isola erreicht, das von seiner eigenthümlichen Lage den Namen trägt, da es in einer Meereshöhe von ungefähr 4000 F. eine paradiesische Insel mitten in einer Gebirgswildniß bildet. Weiter abwärts gelangt man zu der schönen Thalebene des Gampolschin, nach dem Alpendorfe Campo dolcino benannt, welches noch in einer Höhe von 3000 F. den Wanderer wiederum aus der polarischen Region in die Natur des Südens versetzt. Doch hat man noch eine schauerliche Trümmerwildniß zu durchsetzen, ehe man an der Lira abwärts ihre Vereinigung mit der Maira und das paradiesische Gebirgsthal von Chiavenna erreicht, wo die Straße über den Septimer mit dieser Splügen-Straße zusammenfällt [1]).

Die östlichste dieser drei rhätischen Alpenstraßen, sich bei Thusis von der heutigen großen italischen Heerstraße abzweigend, wendet sich ostwärts in das Thal der Albula, und führt dann durch das von Südosten her sich öffnende und an acht Stunden lange Thal von Oberhalbstein

---

[1]) Kasthofer, Bemerkungen auf einer Alpenreise über den Brünig, Bragel, Flüla, Maloja und Splügen. Bern 1825. 8. Seite 229 bis 248.

nach dem Alpendorfe Bivio, wo am Fuße des Gebirgsstockes des Septimer sich eine doppelte Straße aufschließt. Die sich hier zwischen den südöstlichen Quellthälern der Albula und dem Inn aufthürmende Gebirgsmasse, jetzt unter den Namen des Septimer und Julier bekannt, erscheint im Mittelalter gewöhnlich unter dem Namen der Alpes Juliae nebst dem mons Septimus, woran sich bald noch ein anderer Name anschloß, der gleich dem erstern nur durch Verwechselung sich hier localisirt haben mag [1]). Bis zum Julier aufwärts erstreckten sich in dieses Alpenland die reichen Besitzungen des Hauses der Welfen von ihren Stammgütern am Bodensee. Zu Filisur an der Vereinigung der Albula=Thäler Davos und Bergün und am Julier lagen alte Bergwerke, welche für die Welfen zu Altorf bearbeitet wurden [2]). Von dem Dorfe Bivio aus führt die Straße zur Linken gegen Südosten über den Julier in das Quellgebiet des Inn nach dem obern Engadin, die Straße zur Rechten gegen Süden über den Septimer in einer Meereshöhe von ungefähr 7000 F. in das von der Maira bewässerte Bergell oder Val di Bregaglia. Hier erreicht man an den Quellen der Maira das Dorf Casaccia, welches in einer Meereshöhe von 4600 F. unmittelbar am Fuße der beiden Berge Septimer und Maloja gelegen ist, und über den letztern führt wiederum von dem Maira=Thale aus gegen Nordosten eine Saumstraße nach dem Engadin, so daß hier an diesen rhätischen Alpes Juliae eine dreifache für die Geschichte der Völkerverbindung nicht unwichtige Passage über den Septimer, Julier und Maloja zu unterscheiden ist.

Diese Septimer=Passage wird sehr oft in der deutschen Geschichte des Mittelalters erwähnt. Der Mönch Ekkehard von St. Gallen aus dem zehnten Jahrhundert

---

1) Tschudi, Rhaetiae Alpinae descriptio. p. 78.
2) Müller, Gesch. der schweiz. Eidgenossenschaft. I. S. 292.

spricht an verschiedenen Stellen in der Geschichte seines Klosters von der Passage über den mons Septimus als der vornehmsten Heerstraße von dem Schwabenlande aus nach Italien, und diesen Weg scheint auch der Erzbischof Hatto von Mainz über die Alpen genommen zu haben, als derselbe nach Ekkehards Angabe noch kurz vor seinem Tode in Auftrag des Königs Konrad von Constanz aus über Chur und Como nach Italien ging, ohne daß des Alpenpasses dabei genauer gedacht würde [1]). Merkwürdiger Weise erscheint aber in der spätern Zeit des Mittelalters die ganze Gebirgs= gegend der frühern julischen Alpen zwischen der Albula und dem Inn unter dem Namen der Pyrenäischen Gebirge, indem Otto von Freisingen von dem Könige Konrad (als Gegenkönig des Kaisers Lothar) bemerkt, daß er im Jahre 1128 über den Pyrenäischen Gebirgsrücken am Septimer seinen Zug nach Italien unternommen habe, sei es nun daß der hohenstaufische Geschichtschreiber dabei an den berühmten Alpenpaß des Brenner auf der großen tirolischen Kaiser= straße gedacht und beide mit einander verwechselt, oder daß sich hier der Name des hohen Alpenpasses Bernina (der vom Engadin zum Veltelin hinabführt) geographisch ange= schlossen habe [2]). Diese Alpenstraße, welche von Chur aus in einem östlichen Bogen durch das Bergell nach Chiavenna hinabführt, nahm auch häufig der Kaiser Friedrich Barbarossa auf seinen lombardischen Heereszügen, obwohl er auch ein= mal seine Feinde in dem Passe von Bellenz, am Bernhardin, überraschte [3]). Uebrigens lehren die alten Itinerarien, daß beide Passagen über den Splügen und Septimer gleich=

---

1) Ekkehard, casus St. Gall. ap. Pertz, mon. II. p. 82. 88. 89. 102.

2) Otto Frisingensis, chron. VII c. 17. Pyreneum per jugum Septimi montis, qua Rhenus et Aenus fluvii oriuntur, transcendit in Italiam.

3) Müller, Gesch. der schweiz. Eidgenossenschaft. I. S. 376.

mäßig von den Römern benutzt worden sind. Denn von dem alten Clavenna führte die eine Straße in dem St. Jakobs-Thale an der Lira aufwärts nach der Station Tarvesede, welche man für das heutige Madesen (Madesimo) in der Nähe von Isola hält, dann nach Cunus aureus, wohl in der Gegend des Dorfes Splügen und über Lapidaria, worin man die via mala erkennen will, nach der Curia Rhaetorum. Die Septimer-Straße führte in dem Thale der Maira aufwärts nach dem Bergell, wo die alte Station Murus in der Gegend des zerstörten Schlosses Castelmur gesucht wird, zog dann über die Paßhöhe nach Tinnetione, noch jetzt in dem Dorfe Tinzen in dem Thale Oberhalbstein erkennbar, und so durch das Albula-Thal nach Chur [1]).

Die Stadt Cleven an der Spitze des von der Maira und Lira gebildeten Gabelthales, nur in einer Meereshöhe von ungefähr 750 F., hat eine in militärischer und merkantilischer Beziehung gleich wichtige Lage, woraus sich die Errichtung eines alten fränkischen Comitates in diesem lombardischen Gebiete genügend erklärt. Da sie an der Vereinigung der Gebirgspässe über den Splügen, Septimer und Maloja gelegen ist, so bildete sie seit Alters den Mittelpunkt der von Italien und Deutschland hier hindurchgehenden Handelsstraßen, und mit Recht führte sie schon bei den Römern den Namen der Schlüsselstadt zum rhätischen Alpenlande. Aus dem reizenden Gebirgsthale von Cleven führt die italische Heerstraße an der Maira noch an zwei Stunden abwärts zu dem Clevener-See, welcher nur als der Anfang des großen Comer-Sees zu betrachten ist. Kam das Clevener-Gebiet auch später nach der wechselnden Politik der deutschen Könige und Kaiser wieder in genauere Verbindung mit dem Lande Lombardien, so blieb es doch der streitige

---

1) Walckenaer, géographie ancienne, historique et comparée des Gaules. III. p. 77 — 79. N. 153 — 155.

Zankapfel zwischen den Bischöfen von Chur und Como und wurde eben so oft wieder mit dem deutschen Reiche vereinigt, und ward namentlich später ein Besitzthum des hohenrhätischen Freistaates, dem es erst in den jüngsten Zeiten verloren gegangen ist [1]).

Der Bodensee und das Rheinthal von Constanz bis Basel.

Von den Hochpässen der Alpen kehren wir wieder zurück zu der Oeffnung des obern, alpinischen Rheinthales, wo sich in dem an dem Fuße des Alpenlandes ausgebreiteten Tafellande das schöne Wasserbecken des Bodensees ausdehnt, welches uns schon in die Mitte des alten Schwabenlandes hineinführt. Dieses im Mittelalter auch wohl genannte schwäbische Meer, in so fern der Bodensee das größte Wasserbecken im Innern Deutschlands bildet, erstreckt sich in seiner Längenausdehnung von Südost nach Nordwest an neun Meilen weit quer durch die Zone jener Hochflächen, welche die zweite Region des deutschen Landes bilden und dadurch in ihre beiden obschon an Größe sehr verschiedene Hälften geschieden werden. Nach den beiden alten stattlichen Orten an seinen Ufern Bregenz und Constanz führt der Bodensee im Mittelalter gewöhnlich die Namen des Bregenzer-Sees (lacus Brigantinus bei Plinius) oder des Constanzer-Sees (lac de Constance noch jetzt bei den Franzosen), doch bezeichnen diese Namen vornehmlich immer nur den südöstlichen, größern Haupttheil desselben oder den sogenannten obern See, welcher sich in einer Breite von fünf bis sechs Stunden noch in einer Länge von sechs Meilen weit ausdehnt. Von ihm aus erstreckt sich gegen Nordwe-

---

1) H. L. Lehmann, die Graffschaften Chlavenna und Bormio. Leipzig 1798. 8.

sten ein an zwei bis drei Meilen langer Busen, der sogenannte Ueberlinger=See, welcher nach dem alten schon in der ältern fränkischen Zeit vorkommenden und an seinem Nordufer gelegenen Flecken Ueberlingen (villa Iburninga) den Namen trägt. Nur durch einen engen Kanal bei der Stadt Constanz hängt der große obere See mit dem untern See zusammen, welcher sich nur in einer Länge von zwei starken Meilen bis zu dem Flecken Radolfszell erstreckt und darum auch gewöhnlich der Zeller=See genannt wird, in dessen Mitte sich zugleich die berühmte Insel Reichenau ausbreitet. Dieser Insel gegenüber entströmt durch einen sich gegen Südwest vertiefenden Golf dem gesammten Wasserbecken des obern und untern Sees endlich wieder der Rhein=Strom, um seinen Lauf als selbstständiges Gewässer durch die deutschen Gaue fortzusetzen.

Der heut zu Tage allgemein übliche Name des gesammten Seebeckens erscheint zuerst in Urkunden am Schlusse des neunten und am Anfange des zehnten Jahrhunderts, in welchen der Bodensee als der lacus Podamicus oder Potamicus bezeichnet wird. Diesen Namen giebt ihm auch schon der Abt Walafried Strabo von Reichenau um die Mitte des neunten Jahrhunderts, obschon seine Erklärung, daß der Brigantiner=See mit einem andern Namen nach griechischer Etymologie potamicus heiße, wenig haltbar ist. Gewöhnlich leitet man nun diesen Namen von der alten karolingischen Villa Bodman (Bodama, Potama, Potamum) ab, welche am innersten Winkel des Ueberlinger=Sees gelegen war; doch möchte es wahrscheinlicher sein, daß dieses Schloß erst von dem See den Namen erhalten habe. Denn die Ausdrücke Boden und Bodem, entsprechend dem Engl. bottom und dem Skandinav. Bottn, bezeichnen ursprünglich eine Vertiefung oder Niederung, wie diese Namen auf solche Weise noch jetzt in den baltischen Gewässern gebraucht werden, und ohne Zweifel ward zuerst jener Ueberinger=See als der Boden d. h. Seegrund oder Bucht bezeichnet, welcher Name dann eben so auf jenes Schloß wie auf das ganze Seebecken überging ¹).

Die Uferlandschaften des Bodensees, welche schon seit den letzten Zeiten des Mittelalters durch ihr mildes Klima und ihre reiche Vegetation, vornehmlich durch ihren Reichthum an Obst und Wein, so berühmt geworden sind, bildeten im römischen Zeitalter noch eine grauenvolle mit Morästen und Waldungen erfüllte und mit dicken Nebeln bedeckte Wildniß ²). Mit dem Aufblühen der geistlichen Stiftungen an seinen Gestaden wie von Constanz, St. Gallen und Reichenau beginnt auch die erste Kultur dieser Gebiete des Schwabenlandes, und im karolingischen Zeitalter mußte die Anwesenheit und der häufige Aufenthalt der Fürsten dieses Hauses von Karl dem Großen an bis auf die letzten Karolingen in Deutschland in den hier gelegenen königlichen Villen und Pfalzen das Aufblühen dieser Gegend um so mehr befördern und befestigen, so daß sich die von den Römern gefürchtete Wildniß im Laufe der Zeit in eins der Paradiese des deutschen Landes hat verwandeln können. Da der Spiegel des Bodensees nur ungefähr eine Meereshöhe von 1200 F. hat, so bildet er mit seinen im Allgemeinen niedern Uferlandschaften eine muldenförmige Einsenkung in den sonst ziemlich erhabenen Hochflächen des schwäbisch-baierschen Tafellandes. Darum ist seine Umgebung um so empfänglicher für die Einwirkung der Sonnenstrahlen und das Klima daselbst weit milder als in den benachbarten Gebieten von Schwaben und Baiern. Trotz der Annäherung

---

1) **Schwab**, der Bodensee und das Rheinthal. II. S. 61 bis 66.
2) Ammian. Marcell., hist. XV, 4. Rhenus fluvius alta divortia riparum adradens, lacum invadit rotundum et vastum, quem Brigantiam accola Rhaetus appellat, perque quadringenta et sexaginta stadia longum, parique pene spatio late diffusum, horrore silvarum squalentium inaccessum (nisi qua vetus illa Romana virtus et sobria iter composuit latum) barbaris et natura locorum et caeli inclementia refragante.

des Appenzeller-Alpenlandes an seine südwestliche Ecke zeigt sich hier selten bedeutende Kälte. Nur selten gefriert der See, und noch seltner ist die Kälte so groß gewesen, um den ganzen See mit einer Eisdecke zu überziehen. Vom eilften bis zum siebzehnten Jahrhundert ist der Bodensee nur zwölfmal so zugefroren, daß das Eis Wagen und Reiter trug; zum letztenmale war es im Jahre 1695 gewesen ¹).

In diesem Wasserbecken des Bodensees, in welches der **Rhein** mit reißendem Laufe eintritt, so daß er sich noch lange als eigener Strom erkennbar macht, klären sich die wilden Alpenwasser dieses Stromes ab, und beruhigen ihren tobenden Lauf, so daß der Rhein als ansehnlicher und **schiffbarer** Strom wieder aus ihm hervortreten kann. Aber außer dem Rhein ergießen sich von allen Seiten zahlreiche kleinere Bergwasser in diesen See, welche ihn oft zu solcher Höhe anschwellen, daß er übertritt und besonders bei seinem Ausflusse großen Schaden verursacht. Hat dieser See auch nicht die außerordentliche **Tiefe**, welche man früher in ihm voraussetzte, so beträgt dieselbe in seiner Mitte zwischen den Orten Friedrichshafen und Arbon noch immer an 964 F., bei Mörsburg an 573 F. und im Winkel von Bregenz an 225 Fuß. Somit bildet er doch einen mächtigen Schlund und Abgrund unmittelbar am Nordfuße der Alpen, in welchen sich der Rhein hineinstürzt ²), und noch immer ist er mit den Alpenseen zu vergleichen, welche sämmtlich durch Erdstürze entstanden zu sein scheinen.

Die Gestade des Bodensees werden von einem schönen Kranze stattlicher Orte umgeben, deren Ursprung zum Theil

---

1) **Hartmann**, Versuch einer Beschreibung des Bodensees. St. Gallen 1808. 8. **Sölti**, der Bodensee mit seinen Umgebungen. Nürnberg 1828. 8.

2) **Memminger**, würtembergische Jahrbücher. Stuttgart. Jahrg. 1826. S. 107 bis 118.

schon ins Alterthum oder doch in die ältern Zeiten des Mittelalters zurückgeht. An das alte Bregenz an seiner Südostecke schließt sich zunächst die Inselstadt Lindau, die zwar erst im karolingischen Zeitalter erscheint, aber der Monumente des Alterthums nicht entbehrt. An der nördlichen Uferseite folgt weiter der alte Grafensitz Buchhorn, jetzt unter dem Namen Friedrichshafen bekannt, sodann Mörsburg, der Sitz der Bischöfe von Constanz, der alte Flecken Ueberlingen und an den beiden äußersten Enden des Sees gegen Nordwesten die alten Orte Bodmann und Radolfszell. Sodann im untern See das berühmte Reichenau und an der Verbindungsstraße des obern und untern Sees das alte schwäbische Hochstift Constanz, dessen Ursprung dem Kaiserhause der Constantier zu gebühren scheint. An dem Südufer folgt ferner das alte Arbon (Arbor felix), von wo die helvetisch-rhätische Heerstraße der Römer, die von Gallien her über Windisch (Vindonissa) kam, über die Einmündung des Rhein in den See bei dem heutigen Flecken Rheineck nach Bregenz führte [1]).

Zwei großen und berühmten schwäbischen Gauen gehörten die im Nordosten und im Südwesten des Sees sich ausbreitenden Uferlandschaften im Mittelalter an. Hier auf der helvetischen Seite ist es der Thurgau in seiner ursprünglichen und weitern Ausdehnung als nachmals; ihm gegenüber der ursprünglich eben so weit ausgedehnte Linzgau, welcher in seinem Namen noch lange das Andenken an die Sitze des alemannischen Volkes der Lenzen erhalten hat. Beide berührten sich am obern Ende des Sees in dem untern Rheinthale, seitdem dort der schwäbische Rheingau von Rhätien getrennt und mit dem Linzgau in nähere Verbindung kam. Diesem Rheingau gegenüber lag aber wieder am untern Ende des Sees und zwar im Norden des Rheinstromes der wegen seiner Basaltgebilde so berühmte schwäbi-

---

[1]) Schwab, der Bodensee und das Rheinthal. II. S. 67 bis 192.

sche Hegau, der sich schon bis in die Nähe der Donau=
Quellen hinaufzog. Die weiten Gebiete des Linzgaues wurden aber von den beiden sich zum Bodensee ergießenden
Flüßchen Schussen und Argen durchströmt, an welchen
sich die beiden nach ihnen benannten und dem Linzgaue angehörigen Landschaften des Schussengaues und Argengaues
ausbreiteten, und eben hier haben wir den Mittelpunkt der
Stammländer des alten Geschlechtes der Welfen zu suchen,
dessen Besitzungen sich von dort aus weit durch Schwaben
und Baiern und bis in das Hochgebirge der Alpen hinein
ausdehnten.

Aus dem südwestlichen Golfe des Zeller=Sees tritt der
Rheinstrom bei dem Städtchen Stein als ein großer und
schiffbarer Fluß wieder hervor, um nun seinen mittlern
Stromlauf zu beginnen. Ehe jedoch der Rhein in sein eigent-
liches Stufenland eintreten kann, hat er sogleich einen großen Gebirgsriegel zu durchbrechen, mit welchem nicht
weit unterhalb des Bodensees schon die dritte Region Deutschlands an den Ufern des Rheinstromes anfängt. Denn die
von den Grenzen Frankreichs und der Schweiz sich nordostwärts in das Innere von Deutschland hineinziehenden Gebirgsketten des Jura umsäumen hier in nicht großer Entfernung von dem Alpengebirge das helvetisch=schwäbische
Tafelland, und bewirken zugleich die schon in der Richtung
des Bodensees angedeutete Umbiegung der Normaldirektion des Stromsystemes des Rhein von jenem See an bis
nach Basel hin. Von dem Orte Stein (oder eigentlich schon
von Constanz an) bis nach Basel fließt der Rhein auf eine
Strecke von funfzehn Meilen grade von Osten nach Westen,
und diese abweichende Richtung seines Laufes im Allgemeinen zwischen den beiden alten bischöflichen Städten Constanz und Basel bildet den merkwürdigen Durchbruch des
Rhein durch die Jura=Ketten in einer Reihe von vier Katarakten, welche aber zum Theil nur als Stromschnellen
zu bezeichnen sind. Aber grade auf der Nordseite des Stro-

mes schließt sich an den Jura ein anderes Gebirgssystem an, der Schwarzwald, welcher sich schon in der Mitte der dritten Region Deutschlands ausbreitet und den mittlern wieder nach Norden gewandten Lauf des Rheinstromes begleitet. Durch dieses Zusammenstoßen des Jura mit dem Schwarzwalde erhält der Rhein bei seinem Durchbruche durch jenen Gebirgsriegel vornehmlich auf der Nordseite vom Bodensee an bis nach Basel hin seine schönen gebirgigen Uferlandschaften in den alten schwäbischen Gauen Hegau, Klettgau, Albgau und Breisgau.

Bei dem Orte Stein hat der Spiegel des Rhein noch eine Meereshöhe von 1140 F., aber bei Basel am Austritt aus den Jura-Ketten nur noch eine Höhe von ungefähr 800 F., und daraus ergiebt sich die furchtbar reißende Strömung, mit welcher der Strom seine ansehnliche Fluthenmasse auf dieser kurzen Strecke zwischen den beiden Städten durch den engen Felsspalt des Jura hindurchtreibt, und welche in Verbindung mit jenen Katarakten die Fahrbarkeit desselben hier unmöglich macht. Denn den Hegau und Thurgau von einander scheidend fließt der Rhein anfangs grade nach Westen zwischen hohen Ufern hin, bis er nur an fünf bis sechs Stunden unterhalb des Sees bei der Stadt Schafhausen die erste Einengung seines Thales erreicht. Hier bei Schafhausen hat der Spiegel des Stromes noch eine Meereshöhe von 1073 F., aber gleich unterhalb der Stadt wendet er sich plötzlich nach Süden und stürzt sich über eine an 60 F. hohe Felswand, welche die Schifffahrt auf ihm fortan unterbricht. Bei dem Dorfe Laufen unterhalb des Falles hat der Stromspiegel nur noch eine Höhe von 1015 F. über dem Meere. Dies ist der erste und berühmteste Fall des Rhein, welcher also nicht sowohl durch seine Höhe als vielmehr durch die Breite und Wasserfülle des Stromes ausgezeichnet ist [1]).

---

1) **Füßlin**, Staats- u. Erdb. der schweiz. Eidgen. II. S. 163. 164.

Auf einige Stunden Weges behält noch der Rhein seine südwärts gewandte Richtung, bis er sich bei dem Städtchen Eglisau wieder nach Westen umwendet, um die Nordgrenze der beiden alten Landschaften Zürichgau und Aargau zu bespülen, und macht etwas weiter unterhalb seinen zweiten Fall bei dem aargauischen Städtchen Zurzach, der aber von geringer Bedeutung ist. Nur unbedeutende Bergwasser ergießen sich von Norden her von den Höhen des Schwarzwaldes zum Rhein hinab wie die Flüßchen Wuttach, Alb und Wiesen. Dagegen empfängt der Rhein von Süden her aus dem helvetischen Tafellande außer einer Reihe kleinerer Zuflüsse die beiden ansehnlichen Gewässer der Thur, die sich gleich oberhalb seiner Westwendung in ihn einmündet, und vornehmlich der Aar, welche ihm den Wasserreichthum der ganzen innern Schweiz bei der alten östreichischen Waldstadt Waldshut gleich unterhalb Zurzach zuführt und seine Wassermasse dadurch verdoppelt. Weit geringer aber in historischer Beziehung nicht unwichtig sind die beiden kleinen zwischen der Thur und Aar liegenden Zuflüsse Töß und Glatt, die sich bei Eglisau in den Rhein einmünden.

Westwärts treibt sodann der Rhein seine schon ansehnlichen Fluthen unterhalb Waldshut bei der aargauischen Stadt Lauffenburg vorüber, und hier zeigt sich die dritte Stromschnelle. Nicht weit abwärts von dort folgt die vierte und letzte Stromhemmung bei dem alten auf dem rechten Ufer des Rhein gelegenen Orte Seckingen, der Stiftung des heiligen Fridolin. Nachdem der Rhein diese Hemmungen der Jura-Ketten überwunden hat, setzt er seinen Lauf noch weiter westlich fort durch das dem Jura angelagerte Hügelland, strömt dort bei dem Orte Rheinfelden, der untersten der östreichischen Waldstädte auf seiner Südseite, vorüber und nimmt gleich darauf die von Südosten her aus dem alten Sißgau kommende kleine Ergoß in sich auf, an deren Mündung bei dem Dorfe Augst sich noch jetzt die Trümmer der alten römischen Prachtstadt Augusta der Rauracher ausbreiten. Noch ehe aber der Rhein das benachbarte Basel erreicht, nimmt er den ansehnlichern Zustrom Birs in sich auf, welcher aus dem Münsterthale zwischen den Jura=Ketten sich von Südwesten her zu ihm ergießt und das fürstbischöfliche Gebiet von Basel durchströmt. Bei der alten bischöflichen Stadt Basel, dem dritten Hochstifte an den Ufern des Rhein, liegt der Spiegel dieses Stromes schon fast um das Doppelte tiefer als der Spiegel des Bodensees und um das Zehnfache tiefer als seine Quellen im rhätischen Alpenlande. Aus diesem furchtbaren Sturze erklärt sich die gewaltige Schnelligkeit, mit welcher die krystallhellen und grünlich gefärbten Fluthen in dem Felsbett von Basel hinschießen und selbst in der weiter unterhalb sich gegen Norden wendenden Thalebene alle Bergfahrt auf dem Strome unmöglich machen. Denn bei Basel biegt der Rhein plötzlich unter rechtem Winkel nach Norden um, und nimmt seine große Normal=Direktion wieder an, die er auch bis zu seiner Ausmündung ins Meer behält. Hier beginnt nun der mittlere Stromlauf des Rhein, welcher in der langen Thalebene von Basel bis nach Mainz mit seinen Uferlandschaften im Osten und Westen noch größentheils dem alten Schwabenlande angehört, während der Rhein in dem untern Theile dieses Gebietes schon in das Frankenland eintritt, so wie das große Stromknie bei Basel die alte Grenzmark zwischen den Ländern Schwaben und Burgund bezeichnet.

Alemannien oder das Schwabenland.

Die sich unterhalb des Landes Hohenrhätien um den Bodensee, um den obern Rhein und die obere Donau von den Gebirgsketten der Vogesen im Westen bis zum Flusse Lech im Osten ausbreitenden Landschaften, welche in dem spätern Mittelalter unter dem Namen des Schwaben=

landes vorkommen, führten ursprünglich und auch noch im karolingischen Zeitalter den vorherrschenden Namen des Alemannen-Landes (Alemannia, Alamannia), und sie weisen schon durch diese doppelte Bezeichnung auf die beiden Hauptelemente hin, aus welchen der mächtige deutsche Volksstamm in den südwestlichsten Gebieten des deutschen Landes hervorgegangen ist, der in politischer und intellektueller Beziehung auf geraume Zeit die erste Stelle unter den deutschen Stämmen im Mittelalter einzunehmen bestimmt war. Nur als eine gelehrte Verirrung muß man es bezeichnen, wenn der Name Alemanniens bei den Autoren des neunten Jahrhunderts und vornehmlich bei den Annalisten von St. Gallen sich ohne Rücksicht auf seinen eigentlichen Ursprung in einen andern ähnlichen umwandelte, wie er sich aus der hohen Lage jenes Landes am Fuße des Alpenlandes ergab und als solcher auch in die Urkunden zu jener Zeit überging. Denn so bemerkt schon der Abt Walafried Strabo von Reichenau, daß das von den Alemannen oder Suevern bevölkerte Land wegen seiner Lage Altimannia (Hochland) genannt werde [1]).

Bereits im karolingischen Zeitalter waren die beiden Landschaftsnamen Alemannien und Suevien oder Suavien mit einander verschmolzen, wenn man auch noch lange Zeit dieselben als besondere Bezeichnungen für die beiden Hauptgebiete des schwäbischen Landes im weitern Sinne neben jenen allgemeinern Namen gebrauchen mochte, da diese beiden Hauptmassen des schwäbischen Volksstammes in den ersten Jahrhunderten des Mittelalters bis auf die Zeit der Ottonen hin sich eben so oft als ein gemeinsames Volk als auch als zwei noch immer etwas von einander geschiedene Glieder desselben Volkes kund geben. Paulus Diaconus und der Geograph von Ravenna bezeichnen die Sueven und Alemannen als ein und dasselbe Volk, und ersterer

---

1) Stälin, wirtembergische Geschichte. I. S. 223.

gebraucht den Namen Suevien schon im weitern Sinne, wenn er sagt, daß es das Vaterland der Alemannen sei [1]), da man sonst wohl Alemannien für das Vaterland der Sueven oder Suaven auszugeben pflegte, in sofern man die Alemannen als den eigentlichen Haupttheil dieses Volksstammes betrachten muß, wie es der longobardische Geschichtschreiber auch selbst an einer andern Stelle andeutet. Wenn in Fredegars Chronik aus demselben Zeitalter bei dem Bericht über die Feldzüge des Karl Martell nach dem Innern von Deutschland die beiden Völker der Alamannen und Suaven mit Rücksicht auf jene Zeit am Anfange des achten Jahrhunderts noch bestimmt von einander unterschieden werden [2]), so erhellt aus einer spätern Stelle derselben Chronik, daß zur Zeit Karls des Großen wegen der genauern Verbindung beider Völker mit einander der Name Alemannien auch das Land Suavien begriff. Indessen auch Eginhard unterscheidet noch bei der Angabe von den Gemahlinnen Karls des Großen diese beiden Völkerschaften, indem er bemerkt, daß die Fürstinn Hildegarde, die Mutter der Könige Karl, Pipin und Ludwig, aus dem Stamme der Suaven (Hildegarde de gente Suavorum), dagegen die spätere Gemahlinn Luitgarde eine Alemanninn (Liudgarde Alamanna) gewesen sei [3]).

Im Laufe des neunten Jahrhunderts verwuchsen aber beide Völker immer mehr mit einander, so daß der Abt Walafried Strabo etwas später sagen konnte, daß jene beiden

---

1) Paulus Diac., hist. Longobard. II, 15. Suavia hoc est Alamannorum patria. III, 18. Suavorum hoc est Alamannorum gens. Anonym. Ravenn., geogr. IV, 26. Suavorum, quae et Alamannorum patria.

2) Fredegar. Schol. contin. ap. Bouquet, scriptores rer. Franc. II. p. 454. Carlus Princeps, coadunata agminum multitudine, Rhenum fluvium transiit, Alamannosque et Suavos lustrat, usque Danubium peraccessit. II. p. 458. Suavia, quae nunc Alamannia dicitur.

3) Einhardi vita Carol. M. c. 18.

Stämme nur ein gemeinsames in sich nicht unterschie=
denes Volk bildeten, wenn gleich man ihr Land mit Rück=
sicht auf die ursprünglich verschiedene Bevölkerung sowohl
Alemannien als auch Suevien zu nennen pflege ¹). Doch
werde der erstere Name vornehmlich von den umherwohnen=
den romanischen Völkern gebraucht, und bekannt genug
ist es, daß derselbe bei den romanisirten Franken so sehr in
Gebrauch war, daß er bei den Franzosen sogar dazu hat
dienen müssen eine Bezeichnung für ganz Deutschland zu
werden. Fortan wurden nun die Namen Alemannien und
Suevien sowohl in den Urkunden als bei den Geschichtschrei=
bern als ganz gleichbedeutend und abwechselnd mit ein=
ander gebraucht. Der Herzog Burkhard wird bald dux
Alamannorum, bald dux Suevorum genannt, und der
Mönch Ekkehard von St. Gallen drückt sich sogar so aus,
daß Burkhard mit Beistimmung des Fürsten von Suevien
zum ersten Herzoge über die Alemannen erhoben worden
sei ²). Auf gleiche Weise wird sein Nachfolger der Herzog
Hermann in den Urkunden eben sowohl dux Suevorum als
dux Alamannorum genannt, und dieser Gebrauch beider
Namen zieht sich dann fort bis in das Zeitalter der Hohen=
staufen, wo der der Alemannen mehr in Abnahme gekommen
zu sein scheint. Ohne Zweifel trug damals das Aufblühen
der deutschen Sprache und Litteratur dazu bei dem schwä=

---

1) **Walafried Strabo** in prologo vitae S. Galli ap. Goldast., script. rer. Alemann. I. p. 147. Igitur quia mixti Alamannis Suevi partem Germaniae ultra Danubium, partem Raetiae inter Alpes et Histrum, partemque Galliae circa Ararim obsederunt, antiquorum vocabulorum veritate servata, ab incolis nomen patriae derivemus et Alamanniam vel Sueviam nominemus. Nam cum duo sint vocabula, priori nomine nos appellant circumpositae gentes, quae Latinum habent sermonem.

2) **Ekkehardi IV.** casus S. Galli ap. Pertz, mon. II. p. 87. Sueviae principum assensu statuitur Alemannis dux primus Purchardus.

bischen Namen das Uebergewicht zu verschaffen, und seit den letzten Jahrhunderten des Mittelalters hat sich in dem Munde des Volkes der Name Schwabenland für immer befestigt.

Wegen der Mannigfaltigkeit seiner Oberflächenbildung gehört das schwäbische Land zu den schönsten und reizendsten Theilen des deutschen Landes und kann sogar, weil es an den verschiedensten Naturformen desselben Antheil hat, das deutsche Land im Kleinen genannt werden. Ueberdies von der Natur mit allen ihren Gaben aufs reichste ausgestattet, mußte das schwäbische Land nothwendig auf die Entwickelung der geistigen Anlagen seiner Bewohner wohlthätig einwirken, und daraus erklärt es sich, daß der schwäbische Volksstamm bald eine so hohe Stufe der Ausbildung unter seinen deutschen Stammgenossen gewann. War auch die geistige Entwickelung des schwäbischen Volkes nach Maaßgabe der verschiedenartigen Natur des Landes an dem Alpengebirge, auf dem Tafellande am Bodensee, auf den Höhen des Schwarzwaldes, in dem tiefen Rheinthale und auf den Hochebenen an der obern Donau sehr verschieden, so erscheint doch dieser Volksstamm bald nach dem karolingischen Zeitalter als der eigentliche Träger der deutschen Bildung. Als den Mittelpunkt des schwäbischen Landes muß man aber wiederum die Umgegend des Bodensees betrachten, wo das intellektuelle Leben in den kirchlichen Stiftungen vornehmlich in St. Gallen und dann auch zu Constanz und Reichenau seinen eigentlichen Sitz in Deutschland hatte. Hier entwickelte sich zuerst die deutsche Sprache in dem oberdeutschen Dialekte, und hier war die Heimath der zahlreichen Minnesänger, welche das Zeitalter der Hohenstaufen verherrlichten [1]). Ueberhaupt ist das ganze Schwabenland als das Vaterland der deutschen Lyrik im Mittelalter zu bezeichnen, und derselbe Stand, dem diese

---

1) Schwab, der Bodensee und das Rheinthal. I. S. 145 bis 168.

Sänger angehörten, war zugleich der Stand des Schwerdtes zu jener Zeit. Schwaben ist das Land des Gesanges und der Ritterlichkeit. Die hohe geistige Entwickelung des schwäbischen Volkes im Mittelalter bedingte wieder nothwendig die große politische Bedeutung und Macht, welche dieser deutsche Stamm gewann, um sich auf geraume Zeit an die Spitze der Entwickelung des gesammten deutschen Volkes zu stellen. Der zahlreiche schwäbische Ritterstand ist als der eigentliche Repräsentant des deutschen Volkslebens in der ältern Kaiserzeit Deutschlands zu betrachten, und noch jetzt tragen die zahlreichen Ruinen der alten Ritterschlösser des Schwabenlandes, die sich auf allen das Land durchziehenden Berghöhen erheben und meist immer auf den Grundmauern alter römischer Befestigungen ruhen, wesentlich zur romantischen Schönheit desselben bei. Die Hohenstaufen bilden das glorreichste dieser alten schwäbischen Rittergeschlechter, unter deren Walten im Reiche das mit besonderer Sorgfalt von ihnen gepflegte Schwabenland sich zum höchsten Gipfel der Macht und des Ruhmes emporschwang, um dann nach dem Falle dieses Heldengeschlechtes unter ganz andern Verhältnissen eine neue Laufbahn der Entwickelung zu betreten.

Bis zum Schlusse des achten Jahrhunderts war der größte Theil des innern Schwabenlandes noch ein rauhes und wildes Gebiet, mit welchem erst durch die Befestigung der karolingischen Herrschaft bei den deutschen Völkern eine große Umwandlung vor sich gehen sollte. Hat sich Karl der Große bei seiner vielfachen kriegerischen Thätigkeit auch nie in dem Schwabenlande aufhalten können, indem er im Innern von Deutschland immer nur auf kürzere Zeit in den königlichen Pfalzen zu Regensburg, Frankfurt oder Selz an der Saale verweilte, so mußte seine Herrschaft doch wesentlich dazu beitragen die Landeskultur von Schwaben, das sich im Innern einer ungestörten Ruhe erfreute, zu heben und zu befördern. Die zahlreichen Besitzungen, welche dem karolingischen Fürstenhause in Schwaben gehörten und von dem Kaiser Karl in landwirthschaftlicher Beziehung bekanntlich sehr gepflegt wurden, der aufblühende Zustand des gesammten Rheinlandes mit Einschluß des schwäbischen Theiles bis nach Straßburg hinauf, und dann die vielen geistlichen Stiftungen rings um das Schwabenland herum mit ihren weit zerstreuten Gütern durch das Innere des Landes mußten alle von Einfluß darauf sein, einen andern Zustand des Landes in der Lichtung der dasselbe bisher bedeckenden dichten Waldungen und in der Bebauung des Bodens mit der Gründung neuer zahlreicher Ansiedlungen hervorzurufen. Auch ergiebt sich aus den Kirchenbüchern von St. Gallen, Reichenau, Lorsch und Würzburg nicht nur eine ziemlich bedeutende Bevölkerung des Landes für die Zeit des neunten Jahrhunderts, sondern wir werden auch mit einer sehr großen Menge von Ortschaften bekannt gemacht, die später zum Theil wieder verschwunden sind, während ein großer Theil derselben mit größerer oder geringerer Bedeutung sich bis auf die Gegenwart erhalten hat. Als einen Hauptbeweis für die grade seit Karls des Großen Zeit sich mehrende und aufblühende Kultur des innern Schwabenlandes muß man die damalige Ausbreitung des Weinbaues in den Gegenden am Bodensee, an den Westgehängen des Schwarzwaldes im Breisgau und in dem milden Neckar-Thale betrachten, und wie ausgedehnt die Weinpflanzung daselbst schon am Ende des neunten Jahrhunderts war, erhellt aus den vielen Reblanden und Weinzinsen, welche das Stift St. Gallen besaß [1]).

Gleich seinem Vater Karl hatte auch Ludwig der Fromme nur wenig Gelegenheit das Land Alemannien zu besuchen. Doch feierte er auf seinem letzten Feldzüge gegen

---

[1]) Stälin, wirtembergische Geschichte. 1. S. 273. 344. 398. — J. v. Müller, Geschichte der schweizerischen Eidgenossenschaft. 1. S. 201 bis 204.

seinen Sohn Ludwig, den König von Baiern, das Osterfest des Jahres 839 auf der königlichen Villa Bodman, wo er eine Aussöhnung mit demselben versuchte [1]). Anders aber gestaltete sich die Sache seit der Bildung des ostfränkischen Reiches, indem die deutschen Karolingen trotz aller Vorliebe für Baiern und das rheinische Frankenland auch das schwäbische Land, welches nach harten Kämpfen ihnen endlich dauernd anheim gefallen war, häufig besuchten und damit dem Aufblühen des Landes nicht wenig förderlich waren. König Ludwig der Deutsche weilte häufig auf den Villen und in den Pfalzen Alemanniens namentlich am Bodensee im Jahre 816 und 859, wahrscheinlich in der Pfalz Bodman, die beim Jahre 857 ausdrücklich genannt wird, zu Ulm in den Jahren 854, 856, 858 und 863, zu Heilbronn im Jahre 874 und zu Augsburg in demselben Jahre. Nach Alemannien führte diesen König, wie seinen Vater und Großvater, auch die Wahl seiner ersten Gattinn, einer Welfinn und Schwester der Kaiserinn Judith, und vielleicht auch die seiner zweiten Gemahlinn Hemma, der Mutter seiner Nachfolger in der Herrschaft und der Töchter Hildegarde und Bertha, so wie vermuthlich auch der Irmengarde [2]).

Des Königs Ludwig Zuneigung zu dem Schwabenlande ergiebt sich auch daraus, daß er seinen genannten drei Töchtern daselbst Abteien anwies, wie der Irmengard, die auch als Aebtissin von Chiemsee vorkommt, das Kloster Buchau an der obern Donau, und den beiden andern Töchtern Hildegarde und Bertha nach einander das neu errichtete Frauenstift St. Felix und St. Regula zu Zürch, welches der Vater mit der königlichen Villa daselbst so wie mit reichen Besitzungen bis in das Alpenthal von Uri (pagellus

---

1) Annal. Bertin. a. 839 ap. Pertz, mon. I. p. 433. Villa regia, quae Bodoma dicitur.

2) Stälin, wirtembergische Geschichte. I. S. 259.

Uranine) am St. Gotthard hinauf ausstattete [1]). Auch waren unter Ludwigs hohen Staatsbeamten die beiden schwäbischen Prälaten, der Abt Grimwald von St. Gallen als Erzkaplan und der Bischof Witgar von Augsburg als Erzkanzler, von besonderen Ansehn, das der letztere auch noch unter seinem Sohne Karl dem Dicken behauptete. Denn unter diesem jüngsten Sohne Ludwigs des Deutschen wurde nun das Schwabenland in Verbindung mit Hohenrhätien ein eigenes karolingisches Königreich, und so wie auch König Karl sich wiederum mit einer schwäbischen Fürstinn Richarde aus dem Stamme der Erchanger vermählte, so verweilte er, selbst nach der Erlangung der kaiserlichen Herrschaft in dem gesammten fränkischen Reiche, vornehmlich auf den schwäbischen Villen und Pfalzen wie zu Ulm im Jahre 883, zu Waiblingen im Remsthale und zu Bodman im Jahre 885, zu Lustenau im Rheingau im Jahre 887, eben so inzwischen in den Klöstern St. Gallen und Reichenau in den Jahren 883 und 884 und auf den minder bekannten Villen Mindersdorf und Sasbach, und in dem letzten Jahre seiner Herrschaft auf den Villen zu Rotweil, Bodman und Waiblingen, bis er nach seiner Absetzung auf der Villa Neidingen in der Baar durch den Tod von seinem Unglück erlöst ward [2]).

Hatte das Land Alemannien damit auch seine politische Bedeutung verloren, indem es unter den beiden letzten Karolingen wieder ein Glied des ostfränkischen Reiches wurde, so blieb das Land doch von diesen Fürsten nicht unbesucht. Mancherlei Umstände führten den König Arnulf mehrmals nach dem Schwabenlande, wo er noch eine ihm feindliche Parthei zu bekämpfen hatte, und wo der neue burgundische König Rudolf dem deutschen Reiche Gefahr drohete. So begab er sich im Jahre 889 nach Reichenau und Constanz,

---

1) Müller, Geschichte der schweiz. Eidgenossenschaft. I. S. 206.
2) Stälin, wirtembergische Geschichte. I. S. 260 bis 262.

und feierte im Jahre 891 zu Ulm, wie im Jahre 893 zu Waiblingen das Weihnachtsfest. Sein Sohn, der unmündige König Ludwig, ward von seinen Erziehern und Vormündern, den beiden schwäbischen Prälaten, dem Erzbischofe Hatto von Mainz und Abt von Reichenau und dem Bischofe Adalbero von Augsburg, häufig auf den alemannischen Reichspfalzen Bodman, Rotweil und Waiblingen herumgeführt. Aber auch König Konrad hatte, so wenig seine Herrschaft auch im schwäbischen Lande galt, durch seine Gemahlinn Kunigunde, mehrfache Beziehungen zu demselben, und die alemannischen Pfalzen zu Constanz, Ulm und Bodman erscheinen am Anfange seiner Herrschaft oft als der Schauplatz seiner Thätigkeit [1]).

Die Ausbreitung des alemannischen und suevischen Volkes oder die Grenzmarken des Landes Alemannien oder Schwaben lassen sich im karolingischen Zeitalter auf der Ost= und Westseite, so wie im Norden und im Südosten ohne Schwierigkeit nachweisen und waren unstreitig dieselben schon seit der ältern fränkischen Zeit. Im Westen bildete der Gebirgswall der Vogesen in seiner nördlichen Erstreckung die Grenzmark zwischen Alemannien und dem Lande Lotharingien, wie noch heut zu Tage zwischen den deutsch und romanisch redenden Völkern, und zwar von dem steilen Aufsteigen der Gebirgshöhen der Vogesen aus der Thalebene im Westen des Stromknies des Rhein bei Basel, im Quellgebiet der Mosel, nordwärts bis zu den Quellen des kleinen Flusses Sur, welcher sich nach Osten zwischen den Städten Weißenburg und Hagenau zum Rhein ergießt, den er bei der alten Villa Selz, dem heutigen Orte Rastadt gegenüber, erreicht. Zwar hat man wohl das kleine Bergwasser Queich, welches mehr nordwärts bei Landau vorübergehend sich oberhalb Speier bei dem Flecken Germersheim in den Rhein ergießt, hier als die älteste Grenzscheide feststellen wollen, doch

---

1) Stälin a. a. O. I. S. 263 bis 266.

muß man im karolingischen Zeitalter die Sur als die Grenzmark des alemannischen Elsaß gegen das Frankenland wie der Diöcese von Straßburg gegen die von Speier betrachten¹). Auf der Ostseite schied, wie die karolingischen Annalisten und auch Eginhard ausdrücklich bemerken, der Thallauf des Alpenflusses Lech die Alemannen von den Bajoaren, so daß die Stadt Augsburg noch dem schwäbischen Lande angehörte, von seinem Quellgebiete am Arlberge bis zu seiner Einmündung in die Donau ²).

Gegen Norden stieß das schwäbische Land wie im Westen des Rhein so auch im Osten dieses Stromes in seiner ganzen Ausdehnung an das Frankenland, und die Grenzmark zwischen ihnen bildete hier eine von Südwest nach Nordost gehende, aber südwärts etwas einspringende Linie, welche das obere Neckar-Thal überschreitend zugleich die Grenzen des Bisthums Constanz nebst denen von Straßburg und Augsburg im Westen und Osten gegen die beiden fränkischen Bisthümer Speier und Würzburg bezeichnete. Denn das heutige Canstadt am Neckar, unmittelbar neben Stuttgart gelegen, war, wie aus dem Heereszuge des Fürsten Karlmann gegen die Alemannen im Jahre 746 erhellt, ein fränkisch-alemannischer Grenzort und schon die nächste alemannische Malstätte ³). Demnach erstreckte sich das Schwabenland im eigentlichen Sinne keineswegs so weit

---

1) G. F. v. Blum, kritische Untersuchung über die mitternächtliche Grenze des Elsaß. Frankenthal 1791. 8.

2) Annal. Nazar. ap. Pertz, mon. I. p. 43. In fines Alamannorum et Beiweriorum ad flumen, quod appellatur Lech. Annal. Einhard. a. 787 ap. Pertz, mon. I. p. 173. Carolus cum exercitu, quem secum duxerat, super Lechum fluvium, qui Alamannos et Bajoarios dirimit, in Augustae civitatis suburbano consedit.

3) Annal. Mettens. a. 746 ap. Pertz, mon. I. p. 329. Karlomannus, cum vidisset Alamannorum infidelitatem, cum exercitu fines eorum irrupit et placitum instituit in loco, qui dicitur Condistat.

Grenzen des Schwabenlandes. 119

nach Norden und in dem Thale des Neckar abwärts, als es wohl später bei der politischen Auflösung des Frankenlandes im Munde des Volkes ausgedehnt zu werden pflegte, obschon auch noch jetzt die Volkssprache die alten Grenzen zwischen dem fränkischen und schwäbischen Volksstamm in der Gegend von Stuttgart bestimmt genug erkennen läßt.

Auf der Ostseite des Rhein begann die schwäbische Grenzmark dem Flecken Selz gegenüber an der Einmündung der von dem Schwarzwalde herabkommenden Murg (grade im Westen von Canstadt am Neckar), ging an ihr bis zu dem Orte Rastadt hinauf, folgte dann aber ihrem linken Zustrom, der kleinen Dos oder dem Oelsbache, bei dem alten berühmten Badeorte Baden mit dem gleichnamigen Fürstenschlosse, und wandte sich auf solche Weise in dem Rheinthale, den großen schwäbischen Gau Ortenau im Süden von dem kleinen fränkischen Ufgau im Norden, so wie die Diöcesen von Straßburg und Speier von einander trennend, ostwärts über das obere Thal der Murg zu den Höhen des Schwarzwaldes hinauf, wo sich an der andern Seite die Quellbäche der zum Neckar abfließenden Gewässer Enz und Nagold vorfinden. Weiter im Osten lag nach der bestimmten Angabe einer Urkunde vom Jahre 1075 das Kloster Hirschau unterhalb der Stadt Calw an der Nagold schon auf fränkischem Boden und im Gebiet des Kirchensprengels von Speier in dem fränkischen Würmgau, der nach einem östlichen Zustrom der Nagold seinen Namen trägt [1]). An eben dieser Würm liegt nur wenige Meilen im Westen von Stuttgart der Flecken Heimsheim, welcher von den alten Geschichtschreibern ausdrücklich als auf der Grenz-

---

1) Zeuß, die Deutschen. S. 325. Monasterium Hirsaugia situm est in provincia scilicet, quae dicitur Theutonica Francia in episcopatu Nemetensi.

mark der Länder Franken und Alemannien gelegen angegeben wird ¹).

Den Grenzen des Kirchensprengels von Constanz gegen die von Speier und Würzburg folgend wendet sich die Grenzmark des Landes Schwaben nach dem Neckar-Thale bei Canstadt hinab, steigt dann im Osten desselben zu dem Höhenzuge hinauf, welcher die beiden östlichen Zuflüsse zum Neckar die Murr und die Rems von einander sondert, und folgt den Quellen der erstern und der Wisloch, welche der Stadt Schorndorf gegenüber sich südwärts in die Rems ergießt ²). Dort auf der kleinen Wasserscheidehöhe zwischen dem Neckar, der berühmten Rems und der Kocher berührten sich die drei Kirchensprengel von Constanz, Würzburg und Augsburg; eben dorthin soll schon König Dagobert I. von Austrasien bei der Abmarkung der Diöcese von Constanz nach der bekannten Urkunde des Kaisers Friedrich vom Jahre 1155 die Grenzmark der Länder Alemannien und Franken (marca Alamannorum et Francorum) bestimmt haben, und bestätigt wurde dies durch eine Urkunde Kaiser Konrads II. vom Jahre 1027, nach welcher die Grenzen zwischen den Ländern Schwaben und Franken sich von der Kocher westwärts zu den Quellen des Steigerbaches und von dort zu den Quellen der Wisloch oder Wislauf (oder auf der Höhe zwischen dem Murrthale und dem sich zur Kocher wendenden Leinethale) hinzogen ³).

Weiter gegen Nordosten liefen die schwäbisch-fränki-

---

1) Chron. Regino contin. a. 965 ap. Pertz, mon. I. p. 627. Heimbodesheim in confinio Franciae et Alamanniae.

2) Delius bei Ersch und Gruber, allgem. Encyklopädie. Art. Alemannien. Abth. I. Th. 3. S. 9.

3) Stälin, wirtembergische Geschichte. I. S. 222. Zeuß, die Deutschen. Seite 325. Usque ad Cochinaham, ac sursum secus Staigerbachum et sic per limites Franconiae ac Sueviae ad supradictum fontem Wislaufam.

schen Grenzen, mit denen der Diöcesen von Augsburg und Würzburg zusammenfallend, durch den großen schwäbischen Virnegrund über den obern Lauf der sich nordwärts zum Neckar hinabergießenden Flüsse Kocher und Jaxt, um sich sodann fast nordwärts zum Quellgebiet der Wernitz hinzuziehen, die sich in entgegengesetzter Richtung gegen Süden oder Südost zur Donau ergießt. Denn von der Landschaft Virnegrund gehörte der eine Theil im Mulachgau und Kochengau nach einer Urkunde von Kaiser Heinrich II. im Jahre 1024 und nach der Bestätigung derselben vom Kaiser Friedrich I. im Jahre 1152 zu dem Lande Ost=Franken, der andere aber zu Alemannien. Demnach zog die Grenze von der Wisloch ab ostwärts über die obere Kocher bei Gaildorf oberhalb Hall, dann weiter nordostwärts über die Jaxt unterhalb Elwangen, das noch zu Schwaben gehörte, und weiter gegen Norden und Osten bis zu den Quellen der Wernitz, wo die schwäbische Diöcese von Augsburg oberhalb des Ortes Feuchtwangen mit dem Kirchensprengel von Eichstädt zusammenstieß. Dort endet die Nordgrenze des Schwabenlandes und zugleich auch das Frankenland, indem das erstere von dort an an seiner Nordostseite bis zur Donau und der baierschen Grenzmark abwärts mit einem besondern Grenzlande zwischen diesen drei großen Gebieten von Deutschland zusammengrenzte. Denn nun folgte die schwäbische Grenze dem Laufe des kleinen Flusses Sulz, eines linken Zustromes der Wernitz, gegen Süden abwärts bis in die Gegend von Wassertrüdingen, von wo sodann der Lauf der Wernitz in der großen Landschaft des Rieß die beiden Gaue das Rieß im engern Sinne und das Sualafeld, so wie das schwäbische Land und die Diöcese von Augsburg von dem politisch=kirchlichen Gebiete von Eichstädt im Nordgau bis zu ihrer Einmündung in die Donau bei dem Städtchen Donauwerth etwas oberhalb der Einmündung des Lech (wieder in gleicher geographischen Breite mit Canstadt am Neckar) von einander schied und somit die gesammte Nord=

grenze des schwäbischen Landes von den Vogesen bis zum Lech vollendete ¹).

Den obigen Angaben über die Grenze von Schwaben gegen das Frankenland entspricht auch die merkwürdige Bestimmung in einer von Kaiser Heinrich III. im Jahre 1053 erlassenen Urkunde, wo es heißt, daß man nach der Villa Ursingen (Irsingen in der baierschen Herrschaft Mönchsroth) gelange, von dort zu einer Quelle, welche nach dem heil. Wunebald (jetzt Karlsbrunnen) benannt werde, von dort wiederum zu dem Flusse Wernitz (Werinza) nach der Furth Rintgazza (Rindgasse, ehemalige Furth von Wassertrüdingen nach Irsingen) und von dort zu einer Quelle (am Bilsbronn oder Röckinger-Bach), wo sich die beiden Provinzen Suevien und Frankonien von einander scheiden ²). Auch stimmen damit noch einige andere Angaben aus der karolingischen Zeit wie die über die Transportation der Gebeine des heil. Venantius durch den Priester Abbo im Jahre 836, indem derselbe von dem baierschen Orte Suolenhus (Solenhofen an der Altmühl) nach Holzkirchen an der Wernitz kam, von welchem Orte es bemerkt wird, daß er schon in Alemannien gelegen sei (in locum, qui vocatur Holzkircha, situm in Alamannia), von wo ihn die Alemannen über den Ort Truhtimintiga (Wasser-Trüdingen) bis nach dem Orte Hasariod (Herrieden) begleiteten. Eben so werden in einer Angabe vom Jahre 817 die Orte Elwangen (monast. Elehenwanc), Feuchtwangen (mon. Fiuhtiwanc) und Herrieden (mon. Hasaruda) in diesen fränkisch-alemannischen Grenzgegenden

---

1) Delius bei Ersch und Gruber, allgemeine Encyklopädie. 1, 3. Seite 9.

2) Schultes, historische Schriften. Hildburghausen 1798. 4. Th. II. S. 346. Hinc ad villam Ursingen, hinc ad fontem, quem dicunt S. Wunebaldi, hinc iterum ad flumen Werinza in vadum Rintgazza, hinc ad fontem, ubi duae provinciae dividuntur, Suevia quidem et Franconia.

noch als alemannische Klöster aufgeführt ¹), wenn gleich man dagegen bemerkt hat, daß diese letztere Angabe nicht ganz genau sein könne, indem aus dem Berichte des Mönches Rudolf von Fulda über jene Reise des Priesters Abbo wie aus der noch jetzt dort herrschenden fränkischen Mundart hervorgehe, daß jene Gegend im Osten der Jart und im Quellgebiete der nach entgegengesetzten Richtungen ablaufenden Flüsse Wernitz und Tauber schon damals eine fränkische Bevölkerung gehabt haben müsse ²).

Das helvetische Tafelland und die alemannisch-burgundischen Grenzmarken.

Am schwierigsten ist aber die Grenzbestimmung des alemannischen Landes gegen Südwesten, wo die Grenzmark sich auf eine Strecke von einigen zwanzig Meilen vom St. Gotthard bis zum Südfuße der Vogesen über das Hochland der Aar und die Bergketten des Jura hinwegzieht und die Länder Alemannien und Burgund von einander schied. Geht dort heut zu Tage auch auf ähnliche Weise die Grenzlinie zwischen der deutschen und romanischen Sprache in der Schweiz entlang, so fallen beide doch um so weniger zusammen, als die alemannisch-burgundischen Grenzmarken oftmals wechselten und im Laufe der Jahrhunderte sich vielfach veränderten. Das Hochland der Aar, am Fuße der westlichen Central-Alpen gelegen, bildet ein von der Natur rings ummauertes eigenthümliches Gebiet, indem es gleich einem weiten Thalkessel auf zwei Seiten von den hohen Alpen und den Bergketten des Jura umsäumt, auf der dritten Seite aber von dem tiefen Thalspalte des Rhein nebst dem Wasserbecken des Bodensees von den übrigen Hochflächen

---

1) Constit. de serv. monast. a. 817 ap. Pertz, mon. III. p. 234.
2) Zeuß, die Deutschen. S. 325.

am Nordrande des Alpenlandes abgeschnitten wird. Und das ist als die erste Ursache zu betrachten, daß sich hier in Verbindung mit manchen andern Umständen wie besonders der Lage an der südwestlichsten Ecke des deutschen Landes zwischen den romanischen Völkern im Westen und Süden im Mittelalter bald ein ganz eigenthümliches Leben entwickelte, und daß die sich hier ausbildende helvetische Eidgenossenschaft sich bald ganz von Deutschland trennte. Schon im Alterthum die besondere Heimath des ansehnlichen gallischen Volkes der Helvetier dehnt sich dieses Hochland bei einer nur geringen Breite von fünf bis acht Meilen in der Richtung von Südost nach Nordwest doch über dreißig Meilen weit in der Richtung von Südwest nach Nordost oder vom Genfer=See bis zum Bodensee aus und wird in seinen Flächen, die durchschnittlich eine Meereshöhe von 1500 F. behaupten, nur noch von mäßigen Berg= und Hügelketten durchzogen, welche die dieses Gebiet vielfach durchschneidenden Gewässer von einander scheiden, ohne jedoch bestimmtere Naturgrenzen zu bilden, an welche sich die ethnographischen und politischen Grenzen im Innern desselben anschließen konnten.

Zwei Hauptgewässer sind es, welche sich aus den Alpen ergießend das helvetische Tafelland durchziehen, die Thur und die Aar, nach welchen in den frühern Zeiten des Mittelalters die beiden Haupttheile dieses Gebietes im Osten und Westen in dem Thurgau und Aargau bezeichnet wurden, obschon diese alten Namen in den spätern Zeiten des Mittelalters viel von ihrem frühern Ruhm verloren. Denn allmählig mehr und mehr beschränkt dienten sie seit dem Entstehen und dem Emporkommen der schweizerischen Eidgenossenschaft nur zur Bezeichnung kleinerer und zwar abhängiger Gebiete, obschon sie sich immer in politischer Beziehung erhalten haben, um so in der jüngsten Zeit nach langer Erniedrigung in der Einrichtung zwei neuer gleichnamiger Kantone der Schweiz wieder zu Ehren zu kommen, während die sie früher beschränkenden und zum Theil verdrängenden Namen längst ihren Untergang gefunden haben oder höchstens nur noch im Munde des Volkes fortleben.

Die Thur, das östliche und kleinere dieser beiden Gewässer, bei den Römern wenig bekannt oder doch nicht genannt, aber schon in der ältern fränkischen Zeit unter den Namen Taurus und Duregus [1]) vorkommend (welcher Name an die vielen ähnlichen gallischen Flußnamen wie Durias und Druentia zu beiden Seiten der West-Alpen erinnert), und in den Annalen von St. Gallen stets Dura fluvius genannt [2]), entspringt auf der rhätisch-alemannischen Grenzmark an der Südseite des hohen Säntis, an dessen Abhängen sich die nördlichsten Gletscherarme des heutigen Schweizerlandes vorfinden. Von dort durchströmt die Thur in einem großen gegen Nordwest und Norden gewandten Bogen das alte Toggenburger-Land um die heutigen Thurgauer-Alpen herum, an deren Nordrande bei dem Städtchen Bischofszell sie die aus dem Alpenlande von Appenzell und von den Nordgehängen des Säntis herabkommende Sitter (Sintria, Sydrona) in sich aufnimmt, und sich nun in mehr nordwestlicher Richtung, mit dem Bassin des Bodensees parallel laufend, dem Rheinstrom nähert. Hier in ihrem untern Laufe durchströmt die Thur das fruchtbare und milde Hügelland und die Thalebene des heutigen Landes Thurgau, bei dessen Hauptstadt Frauenfeld sie vorübergeht, den Rheinstrom sodann auf die Strecke von Stein bis Schafhausen in der Richtung von Osten nach Westen begleitet und sich unterhalb der Katarakten von Schafhausen in den Rhein ergießt.

---

1) Haller, hister. topogr. Darstellung von Helvetien unter der römischen Herrschaft. II. S. 18.

2) Casus S. Galli ap. Pertz, mon. II. p. 158. Monachi Sangall. gest. Carol. ap. Pertz l. c. II. p. 757.

Die Aar bildet mit ihrem weitverzweigten System von Wasseradern und Bassins, zu welchen auch die gesammte Neuenburger-Seegruppe gehört, den Hauptstrom des helvetischen Tafellandes, dessen Gewässer sie fast sämmtlich durch einen engen und schmalen Kanal bei Waldshut zum Rheinstrom führt. Den Quellen des Rhein und der Rhone benachbart entspringend kommt sie aus dem Herzen des Alpengebirges, welches sie in der obern Hälfte ihres Laufes in einem mächtigen Querthale in der Richtung von Südost nach Nordwest durchbricht, während sie in der untern Hälfte ihres Laufes in der helvetischen Hochebene ein begleitendes Längenthal jenes Gebirges unmittelbar am Fuße der Bergketten des Jura in der Richtung von Südwest nach Nordosten bildet. Daß der Name der Aar dem gallischen Sprachstamme angehöre, lehrt das öftere Vorkommen dieses Namens für Flüsse auf dem Gebiete der gallischen Völker, so daß darum diese helvetische Aar auch bei den frühern Autoren zuweilen mit der französischen Aar oder der Saône (Arar) verwechselt worden ist. Schon im Alterthum scheint sie unter dem Namen Arula erwähnt zu werden, kommt dann aber sogleich in den ersten Zeiten des Mittelalters unter den beiden Namen Arula und Araris vor, wie im zehnten Jahrhundert bei dem Abt Regino von Prum, und demnach pflegte man auch das an ihr liegende Gebiet den Aargau als den pagus Araris zu bezeichnen [1]).

Die Quellen der Aar liegen im innersten östlichen Winkel des Berner-Oberlandes an der Westseite des St. Gotthard. Dort breitet sich einer der mächtigsten Alpenstöcke in der Gestalt einer dreiseitigen Pyramide aus unmittelbar über dem obern Rhone-Thal bei Münster. An seiner Südostecke erhebt sich der gewaltige Riese des Finsteraarhorn in einer Höhe von 13,428 F., an der Südwestecke die

---

[1]) Haller, Darstellung von Helvetien unter den Römern. II. Seite 16. 17.

Das helvetische Tafelland.

Jungfrau in einer Höhe von 12,872 F. und an seiner nördlichen Ecke die Wetterhörner in einer Höhe von 11,150 F., während zwischen ihnen verschiedene andere Riesengipfel wie der Eiger, das Schreckhorn u. s. w. emporragen [1]). Dort an der südöstlichen Ecke dieser von gewaltigen Eismeeren und Eisströmen überdeckten Pyramide treten die Quellbäche der Aar aus den Gletscherarmen dieser Polarregion hervor, die dann vereinigt gegen Nordosten und Norden am Fuße des Grimsel=Passes, wo ein Saumweg von 6370 F. Höhe nach dem Quellgebiet der Rhone und so wieder zur Furka am St. Gotthard geleitet, in mehrern prachtvollen Katarakten vorüber stürzen. In einem nordwestwärts gekrümmten Bogen umströmt die Aar in einem tiefen Thalspalt jenen kolossalen Alpenstock, aus dessen Gletschern ihr von allen Seiten zahlreiche Quellbäche zufließen, und bewässert hier bei dem Flecken Meyringen vorübergehend das berühmte Hasli=Thal in dem Berner=Oberlande. Ehe aber die Aar noch in das helvetische Tafelland oder in das bernerische Niederland eintreten kann, hat sie zwei merkwürdige Alpenseen zu durchsetzen, von welchen der obere und kleinere eine Länge von viertehalb Stunden und eine Meereshöhe von 1790 F. hat. Dieser Brienzer=See bildet bei seiner Erstreckung von Nordost nach Südwest ein Längenthal der Alpen auf der Nordwestseite jenes hohen Alpenstockes, der ihm noch zahlreiche Gewässer aus seinen Gletschern wie vornehmlich in den berühmten Thälern von Grindelwald und Lauterbrunnen zusendet. Durch einen flachen Wiesengrund geht die Aar sodann bei dem Städtchen Unterseen vorüber zu dem nur wenig weiter abwärts liegenden untern und etwas größern See, welcher bei einer Meereshöhe von 1760 F. durch seine Erstreckung von Südost nach Nordwest

---

1) Vergl. besonders Desor, die Besteigung des Jungfrauhorns durch Agassiz und seine Gefährten aus dem Franz. von Vogt. Solothurn 1842. 8. mit einer Charte der Gletscher des Berner=Oberlandes.

wieder ein Querthal der Alpen bezeichnet, durch welches sich zugleich das Aar=Thal zur Tafelebene von Bern aufschließt. Dieser Thuner=See, bei den Alten nicht weiter erwähnt, im Mittelalter aber ohne Zweifel unter dem Namen des lacus Dunensis vorkommend [1]), nimmt wiederum die zahl= reichen Gewässer der Westhälfte des Berner=Alpenlandes in sich auf, indem sie sich in zwei größere Rinnsale, die Kan= der und Simmen im Osten und Westen, sammeln und dann durch einen gemeinsamen Kanal in der Nähe des Sees sich dort in ihn ergießen, wo die Ruinen der alten burgun= dischen Burg Strätlingen (angeblich das Stammschloß der burgundischen Rudolfingen) gelegen sind [2]).

Bei der Stadt Thun, in einem paradiesischen Alpen= thale gelegen, tritt nun die Aar in nordwestlicher Richtung in das Berner=Niederland ein, und geht nur wenige Meilen unterhalb bei dem berühmten Bern, der Hauptstadt der westlichen Schweiz vorüber, worauf sie bald von Süden her ihren ersten bedeutenden Zufluß in der Saane erhält, durch die ihr Lauf nach Norden abgelenkt wird. Diese Saane kommt von dem westlichsten Ende des Berner=Alpenlandes herab, wo der mächtige Alpenstock des Oldenhorn mit den Diablerets noch in einer Höhe von 9600 F. dort den Grenz= stein zwischen den Ländern Bern, Wallis und Waadt bildet. In ihrem obern Laufe durchströmt die Saane das wildro= mantische Alpenland von Greyerz (Gruyère) auf der Grenzmark des deutschen und romanischen Sprach= und Volksstammes. In ihrem untern grade gegen Norden ge= richteten Laufe bewässert sie die fruchtbare Thalebene des Landes Freiburg, bei dessen gleichnamiger Hauptstadt mit dem Beinamen im Uechtlande sie vorübergeht und sich un= terhalb des Ortes Laupen in die Aar ergießt. Nur auf eine kurze Strecke behält die Aar ihre Richtung gegen Norden,

---

1) Haller, Helvetien unter den Römern. II. S. 31. 32.
2) Wyß, Reise in das Berner=Oberland. Bern 1816. II. 8.

indem sie bald durch den Einfluß der Zihl, die ihr von Westen her den gesammten Reichthum der Gewässer der Neuenburger-Seegruppe zuführt, gegen Nordosten hin abgelenkt wird.

Das Gebiet der Neuenburger-Seegruppe ist der westlichste Theil des Schweizerlandes unmittelbar am Ostfuße des Jura gelegen und aus drei Bassins bestehend, welche sich im Parallelismus mit den Jura-Ketten von Südwest nach Nordost hin erstrecken. Hier ist die eigentlich welsche Schweiz zu suchen, die einen Theil der romanischen Länder bildet, da hier die französische Sprache die allgemein herrschende ist. Der See von Neufchatel ist der größte aller innerhalb des Schweizerlandes gelegenen Seen, da der Bodensee und Genfer-See, wie es auch bei dem alten helvetischen Lande der Fall war, nur an seinen äußersten Grenzen liegen. Bei der noch ansehnlichen Meereshöhe von 1320 F. hat er eine Breite von zwei und eine Länge von acht Stunden. Steil steigen die Felswände des Jura an seiner Westseite empor, während sich an seiner Ostseite eine Moorniederung erstreckt, die sich rings um jene drei Seen ausbreitet und beweist, daß sie ehemals ein gemeinsames Seebecken gebildet haben. Nur ein Isthmus von vier Meilen Breite zwischen den Städten Yverdun und Lausanne trennt den Neuenburger-See von dem Genfer-See in dem ganz ebenen und flachen Lande der Waadt, wo die nach entgegengesetzten Seiten sich hinziehenden Gewässer wie besonders die zum Neuenburger-See gehende Orbe bei der alten gleichnamigen Stadt schon seit älterer Zeit den Gedanken zu einer Wasserverbindung zwischen jenen beiden Seen und somit zwischen den Stromsystemen des Rhein und der Rhone am Fuße des Alpengebirges erregt haben. Noch ehe der Neuenburger-See sich gegen Nordosten zum Bieler-See entladet, nimmt er von Osten her an seinem untern Ende durch die Broye das Gewässer des kleinen Murten-Sees in sich auf. Das Flüßchen Broye, im

Mittelalter la Broja genannt¹), kommt von den Höhen des Berglandes Greyerz herab, strömt in nördlicher Richtung bei den alten Orten Moudon und Peterlingen vorüber, und ergießt sich in das südliche Ende des Murten=Sees in der Nähe des Städtchens Wiflisburg oder Avenche, welches durch seinen romanischen Namen noch jetzt auf den Mittelpunkt des alten helvetischen Landes hinweiset. Denn der neuere Ort hat sich auf den Trümmern des alten Aventicum, der Hauptstadt der Helvetier erhoben, und da dieser Ort zugleich eine römische Kolonie war, so erklärt sich daraus die genauere Bekanntschaft der Römer mit dem benachbarten Seebecken oder doch die öftere Erwähnung desselben. Der größere Neuenburger=See wird bei den Alten kaum genannt, da er nur in der letzten Kaiserzeit unter dem Namen des lacus Ebredunensis vorkommt, indem dieses Ebrebunum, das zur Landschaft Sabaudia gehören sollte, nur das schweizerische Yverdun an seinem obern Ende sein kann²). Auch mag er in den frühern Zeiten des Mittelalters diesen Namen geführt haben, bis er in späterer Zeit nach dem an seinem Westufer emporkommenden jüngern Orte Neufchatel der lacus Neocomensis oder Neocastrensis genannt zu werden anfing³). Zwar sollte man meinen, daß er als das Hauptbassin der gesammten Seegruppe in dem burgundisch= helvetischen Uechtlande vorzugsweise mit dem Namen des Sees von Nugerol nach der großen umher ausgebreiteten Landschaft dieses Namens hätte bezeichnet werden müssen, doch wird eben dadurch die allgemein angenommene Ableitung jenes Namens von dem Ausdrucke nigra vallis um so zweifelhafter, da man sieht, daß nur das untere Bassin dieser Gruppe, der Bieler=See, welcher im Alterthum sonst weiter nicht genannt wird, im Mittelalter als der lacus

---

1) Haller, Helvetien unter den Römern. II. S. 19.
2) Haller a. a. O. II. S. 30.
3) Füßlin, schweiz. Erdbeschreibung. III. S. 394.

Nugerolis vorkommt. Ein kleiner Ort Nugerol an diesem Bieler=See erscheint aber nicht nur bereits in den römischen Berichten aus der Zeit des fünften Jahrhunderts, sondern wird auch in den ältern Urkunden des Mittelalters daselbst genannt [1]). Dagegen ist das kleine Bassin des Murten=Sees bei den Alten berühmt unter dem Namen der benachbarten Hauptstadt als der lacus Aventicensis, und seine Umgegend wird sogar mit dem Lande Galiläa verglichen, in welchem sich zwei ähnliche durch einen gemeinsamen Kanal und Ausläufer verbundene Seen, von Merom und Genezareth, befanden. Uebrigens erscheint der Aventiner=See im Mittelalter nach dem bekannten an ihm liegenden Flecken Murten unter dem Namen des lacus Moratensis und hat sich denselben bis jetzt bewahrt, wenn gleich auch zuweilen in jener Zeit der Name des Wiflisburger=Sees vorkommt nach dem Orte, der damals der ganzen umliegenden Landschaft den Namen des Wiflisburger=Gaues (pagus Vulliacensis), bei den ältern fränkischen Autoren der Aventiner=Gau (pagus Aventicensis), mitgetheilt hat [2]).

Durch die schon schiffbare Zihl oder Thile ergießt sich die vereinigte Wasserfülle der beiden benachbarten Seebecken nur wenig unterhalb derselben in den jetzt nach der anliegenden Stadt Biel benannten See, welcher bei einer Meereshöhe von 1300 F. sich an drei Stunden weit in nordöstlicher Richtung ausbreitet und gleich dem obern großen See auf seinem westlichen Ufer von den steilen Felsketten des Jura, an seinem östlichen Ufer aber von einer Moorniederung umsäumt wird. Die Zihl bildet zugleich den gemeinschaftlichen Abzugskanal aller dieser Gewässer, die sie nicht weit unterhalb des Bieler=Sees zur Aar führt und diesem Strom dadurch seine neue Richtung nach Nordosten anweiset, welche

---

1) Haller, Helvetien unter den Römern. II. S. 332.
2) Haller a. a. O. II. S. 27 bis 31.

er bei den Städten Solothurn und Aarau vorüberfließend bis zur Aufnahme seiner beiden bedeutendsten Zuflüsse, der Reuß und Limmat, behält. Auf der linken Seite von den fast unduchbrochenen Felswänden der Ketten des Jura ummauert, die in einigen Vorhöhen selbst auf die rechte Seite des Flusses übersetzen, empfängt die Aar nur auf dieser Seite noch verschiedene kleinere Zuströme, unter welchen die das Berner-Niederland durchströmende und bei dem Orte Burgdorf vorübergehende Emmen vornehmlich hervortritt. Das Uebertreten der Kalksteinwände des Jura auf das östliche Ufer des Flusses zeigt sich besonders bei dem Orte Bruck, wo die Aar dieselben zugleich zu durchbrechen sucht, um sich nordwärts einen Ausgang zum Rhein zu verschaffen, den sie erst etwas unterhalb Bruck nach der Aufnahme jener beiden größern Zuströme gewinnen kann. Zu diesen vorspringenden Kalksteinketten gehört auch der weiter ostwärts liegende Läger-Berg, der bei dem Orte Baden von der Limmat durchbrochen wird. Mit dem Auftreten dieses Felsbettes zu beiden Seiten der Aar beginnt hier die Verengerung ihres Strombettes, welches unterhalb Bruck bei der Aufnahme jener Zuströme nur eine Breite von 65 F. hat, und durch welches der Fluß mit reißender Schnelligkeit hinstürzt. Der Ort Bruck hat übrigens ohne Zweifel seinen Namen von der Brücke über die Aar, da hier schon im Alterthum eine wichtige Passage über den Fluß war zur Verbindung der römischen Kolonie Augusta der Rauracher am Rhein mit der zweiten helvetischen Hauptstadt Vindonissa an der Reuß bei ihrer Einmündung in die Aar.

Die Reuß, wenn gleich den Römern wohl bekannt, wird doch im Alterthum nirgends genannt und erscheint erst im Mittelalter, namentlich in einem Vergabungsbriefe des Kaisers Lothar vom Jahre 840 unter dem Namen Ursa, der offenbar mit dem heutigen ein und derselbe ist [1]). Auf dem

---

[1]) Haller, Helvetien unter den Römern. II. S. 17.

alpinischen Centralplateau des St. Gotthard entspringend, wo ihr Quellgebiet in dem Ursern-Thale das verbindende Glied zwischen den obern Thälern der Rhone und des Rhein bildet, bricht die Reuß von dort unterhalb der Schlucht von Schöllinen und dem Urner-Loch in grader Richtung nordwärts durch das Alpengebirge hindurch und macht so eine der tiefsten und fürchterlichsten Spalten oder ein Querthal des Alpenlandes, woraus die heutige Landschaft Uri besteht. Mächtige Alpenhörner steigen zu beiden Seiten dieses kurzen aber steilen Hochthales in den sogenannten Waldstätter-Alpen bis in die Polarregion empor, so auf der Ostseite der hohe Döbi, der Grenzstein der Alpengaue von Uri, Glarus und Graubünden, an 11,110 F. hoch und auf der Westseite der Titlis, der Grenzstein der Alpengaue von Uri, Unterwalden und dem Berner-Oberlande, an 10,120 F. hoch. Bei dem Orte Altorf ergießt sich die Reuß in den Vierwaldstätter-See, der noch eine Meereshöhe von 1342 F. hat und bei der nur geringen Breite von einer Stunde sich mit seinen vielfachen Buchten und Golfen noch an neun Stunden weit in nordwestlicher Richtung erstreckt. Er liegt halb innerhalb, halb außerhalb des Alpenlandes und sein oberer Theil bildet nur eine Erweiterung des Reuß-Thales von Uri. Von den Alten nur wenig oder gar nicht gekannt, mit Ausnahme seines untern Endes am Ausflusse der Reuß, führte er im Mittelalter den Namen des großen Sees (lacus magnus), weil er das bedeutendste Wasserbecken im Innern von Helvetien war [1]), und trägt seinen neuern Namen nach den sich rings um ihn ausbreitenden vier Waldstätten oder Alpengauen, von welchen die drei obern Uri, Schwyz und Unterwalden, die drei Urkantone der Schweiz, bekanntlich das Wiegenland der schweizerischen Eidgenossenschaft geworden sind, welcher Verbindung sich dann auch bald Luzern

---

[1]) Leu, allgem. helvetisches oder schweizerisches Lexikon. Zürch 1764. 4. Th. XIX. S. 87. 88.

anschloß. Von den Bewohnern des einen jener drei kleinen Alpengaue, von Schwyz, ist in der jüngern Zeit der Name der ganzen Eidgenossenschaft und überhaupt des Landes Schweiz ausgegangen. Aber die Bewohner aller drei Alpengaue sind von einem gemeinsamen Stamm, von allen ihren Nachbarn im Osten, Westen und Süden unterschieden und gehören mit zu den merkwürdigsten Insassen des europäischen Alpengebirges.

In westlicher Richtung tritt die Reuß bei dem Orte Luzern aus jenem Alpensee heraus, nimmt aber sogleich wieder ihre alte nördliche Richtung an, und durchströmt in solcher noch auf eine Strecke von ungefähr acht Meilen das helvetische Tafelland, in dessen Mitte ihr Thaleinschnitt eine vielfach in geographischer, ethnographischer und historischer Beziehung wichtige Grenzmarke seit den mittelaltrigen Zeiten gewesen ist. Noch zwei nicht unwichtige Gewässer nimmt die Reuß in diesem untern Theile ihres Laufes in sich auf, nämlich auf der linken Seite von Südwesten her den aus dem sogenannten Entlibuch kommenden Fluß Emmen, der sich unterhalb Luzern in sie einmündet, und weiter abwärts auf der rechten Seite von Südosten her die Lorze, den Abzugskanal des kleinen im Norden des Waldstätter=Sees gelegenen Zuger=Sees, zwischen welchen beiden sich der berühmte Rigi als ein Vorposten des Alpenlandes erhebt. Bei dem Dorfe Windisch, das sich auf den Trümmern der alten Römer=Stadt Vindonissa erhoben hat, ergießt sich die Reuß in die Aar, aber in eben dieser Gegend der Vereinigung dieser beiden Alpenflüsse, von wo einst die Römer die Herrschaft über das helvetische Land übten, steigt unmittelbar im Westen jener Ruinen der Vulpelsberg empor, gleichfalls geziert mit den Ruinen einer Burg, wenn schon nur aus den Zeiten des Mittelalters, auf welchem das berühmteste helvetische Rittergeschlecht hausete, das in diesen Gebieten auf geraume Zeit eine ähnliche Herrschaft wie die Römer im Alterthume führte. Es sind die Ruinen von dem Stammschlosse des alten schwäbischen Fürstenhauses Habsburg, welches erst lange nach seiner Erhebung in Oestreich aus seinen alten Erblanden verdrängt durch eben diese den ersten Grund zum Emporkommen und zur Ausbreitung der schweizerischen Eidgenossenschaft legen mußte.

Die Stromrinne der Limmat, die schon in den letzten Zeiten des Alterthums unter dem Namen Limagus, im Mittelalter aber als der Lindimacus erwähnt wird [1]), bildet ein großes Querthal in dem Alpengebirge in der Richtung von Südost nach Nordwest, welches erst bei dem Zürcher-See aufhört und gegen Südost zu der merkwürdigen Gabelung des Rhein-Thales bei Sargans und Ragatz zurückführt. Denn dort liegt ihr äußerster südöstlicher Quellstrom, die Seez, welche gemeinsam mit der rhätischen Tamina auf der sogenannten hohen Scheibe entspringt, die sich noch zu einer Höhe von 9380 F. erhebend daselbst den Grenzstein der Landschaften St. Gallen, Graubünden und Glarus bildet. Anfangs in nordöstlicher Richtung abfließend, wendet sie sich bald unter rechtem Winkel gegen Nordwesten zu dem Walenstädter-See, den sie gleich unterhalb Walenstadt erreicht. Dieser von den Rhätiern sogenannte Lac Rivaun (lacus Rivanus) in der Landschaft Gastern dehnt sich bei einer nur geringen Breite, und im Norden und Süden von hohen und steilen Felsen eingeklemmt, noch an vier Stunden weit aus und ist vor allen andern helvetischen Alpenseen durch seine eigenthümlichen Windbewegungen auf ihm ausgezeichnet. Er liegt noch in einer Meereshöhe von 1336 Fuß. Aber ehe derselbe westwärts durch die Maag sich zu dem untern Seebecken der Limmat-Stromrinne ergießen kann, nimmt er an seinem Westende von Süden her die Linth in sich auf, welche das Alpenthal von Glarus durchströmt. Dieses merkwürdige große Alpenthal öffnet sich grade von Süden nach Norden und wird auf drei Seiten von den mächtigsten Alpenhörnern

---

1) Haller, Helvetien unter den Römern. II. S. 15.

umsäumt, im Südosten von der hohen Scheibe auf der Grenze von Graubünden, im Westen vom Glärnisch, dem Grenzstein gegen Schwyz, und im Südwesten erhebt sich der kolossale von mächtigen Gletschermassen überpanzerte Dödi als Grenzstein zwischen den Ländern Graubünden, Glarus und Uri [1]). Aus seinen Gletscherwassern entquillt auch die Linth. Das Alpenthal Glarus gehört mit zu den wildesten Theilen des helvetischen Gebirgslandes und theilt die Natur von Hohenrhätien, Uri und dem obern Wallis. Der obere Theil dieses Alpengaues besteht aber aus einem großen Gabelthal oder aus den Thälern der Linth im Westen und der Sernft im Osten, welche durch die wegen ihres Reichthums an alpinischem Wild, wie vornehmlich Gemsen, berühmten Freiberger-Alpen geschieden werden und sich oberhalb des Ortes Glarus vereinigen.

Den Walenstädter-See erreicht die Linth jetzt jedoch nur erst in Folge der in den neuern Zeiten daselbst vorgenommenen Kanalbauten, da sie ehemals sich mit der Maag vereinigend durch Absetzung zahlreicher Geschiebe aus dem obern Gebirge gefährliche Anschwellungen der Gewässer und auch Versumpfungen der anliegenden Thalebenen verursachte, bis sie durch die merkwürdigen Kanalbauten Eschers in den Jahren 1807 bis 1819 in den Walenstädter-See geleitet und der Abfluß desselben durch eine bis zum Zürcher-See hin sich erstreckende und schiffbare Kanallinie geregelt wurde, so daß dadurch ein großer Theil der versumpften Landschaften der Kultur wieder zurückgegeben werden konnte [2]). Der nur ziemlich schmale aber an zehn Stunden weit sich

---

1) Hegetschweiler, Reisen in den Gebirgsstock zwischen Glarus und Graubünden in den J. 1819, 1820 und 1822. Zürch 1825. 8. Noch ist der hohe Dödi bis jetzt unerstiegen, da die mehrmaligen Versuche des Verf. in den genannten Jahren stets mißlangen.

2) Ebel, Schilderung der Gebirgsvölker der Schweiz. II. S. 153 bis 158. Meyer v. Knonau, Abriß der Erdbeschreibung und Staatskunde der Schweiz. Zürch 1824. 8. S. 172. 173.

etwas sichelförmig erstreckende Zürcher-See, das untere Bassin des Limmat-Thales, noch in einer Meereshöhe von 1280 F. gelegen, gehört mit zu den größten und schönsten Seen des Schweizerlandes und ist durch seine eben so schon im Alterthum wie im Mittelalter trefflich angebauten Uferlandschaften ausgezeichnet zu nennen. Wie jetzt nach Zürch ward er bei den Alten der lacus Turicensis nach der an eben jener Stelle gelegenen römischen Station Turicum benannt [1]), und führte denselben Namen auch in den frühern Zeiten des Mittelalters [2]). An seinen Ufern öffnet sich das Limmat-Thal zur helvetischen Tafelebene, dem sein unterer Theil schon angehört, während seine obere Hälfte noch innerhalb des Alpenlandes gelegen ist.

Der schiffbare Ausfluß des Zürcher-Sees ist die Limmat, an deren Ufern sich hier das berühmte Zürch, die Hauptstadt der östlichen Schweiz erhebt. Sie nimmt hier zugleich ihren bedeutendsten Nebenfluß, die Sihl, in sich auf, welche in einer eigenthümlichen Thallinie den See an seiner Südwestseite begleitet hat. Aber das Quellgebiet der Sihl führt noch weiter gegen Südosten zurück in das Alpenland von Schwyz bis zum hohen Glärnisch, wo am Fuße der waldigen Berggruppe Etzel die berühmte Benediktiner-Abtei Einsiedeln (cella Meginradi) gelegen ist. Von Zürch an durchströmt die Limmat noch auf einige Meilen das fruchtbare helvetische Tafelland, hat aber, ehe sie sich

---

1) Haller, Helvetien unter den Römern. II. S. 31.
2) Vita S. Gall. ap. Pertz, mon. II. p. 6. Venerunt ad fluvium Lindimacum, quem sequendo adierunt castellum Turegum vocatum. Inde etenim adierunt villam vulgo vocatam Tucconia, quae in capite ipsius laci Tureginensis sita est. Ratperti casus S. Gall. ap. Pertz l. c. II. p. 61. Tuconiam advenerunt, quae est ad caput laci Turicini. Aber schon in einer Urkunde vom J. 745 heißt es, cella Luzilunavia (auf der Insel Lützelau) in laco Zurichsee, quod est juxta Ubinavia, bei Arg, Geschichte von St. Gallen. 1. S. 24. N. d.

mit der Aar vereinigen kann, einen Gebirgsriegel in einer der vorspringenden Vorketten des Jura zu durchbrechen. Dies ist der Läger-Berg bei dem alten schon den Römern bekannten Badeorte Baden (aquae Helveticae), über welchem auf einer Anhöhe sich das alte Schloß, der Stein zu Baden, die einstmalige Residenz der östreichischen Herzoge in ihren schwäbischen Besitzungen, erhebt. Die durch die Aufnahme der Gewässer der Reuß und Limmat ansehnlich bereicherte Aar bricht nun sogleich nordwärts durch die Bergketten hindurch, bespült dort die Vorhöhen des bekannten Bötzberges (mons Vocetius) auf ihrer Westseite und erreicht bald bei dem Dorfe Coblenz (aus der römischen Station Confluentia hervorgegangen) der Stadt Waldshut gegenüber den Rhein, in welchen sie nach einem Laufe von 40 Meilen ihre Fluthen ergießt.

Nur im Alterthum bildete dies von festen Naturgrenzen umschlossene helvetische Tafelland durch den in ihm wohnenden gallischen Stamm der Helvetier eine ethnographische Einheit, welche dasselbe seit dem Falle der römischen Herrschaft und seit der Einwanderung germanischer Stämme nie wieder erhalten hat, wenn auch noch öfter eine politische Einheit in ihm wieder hergestellt wurde. Wird dasselbe doch noch jetzt durch eine der wichtigsten Grenzlinien Europas, durch die deutsch-romanische Sprachengrenze, mitten durchschnitten und dadurch die von je an so vielfach zerstückelte Schweiz noch überdies in eine deutsche und welsche geschieden. Im Laufe des fünften Jahrhunderts waren es die beiden germanisch-deutschen Völker der Alemannen und Burgunden, welche die römische Herrschaft hier vernichtend das Land dauernd in Besitz nahmen, indem die erstern von Norden her über den Rhein und den Bodensee, die letztern von Westen her über den Jura und den Genfer-See in dasselbe eindrangen. Aber wo ihre kriegerischen Schaaren zusammentrafen und das eingenommene Gebiet gegen einander abgrenzten, ist für jene Zeiten nach der Natur der historisch=politischen Verhältnisse dieser Eroberer schwer zu bestimmen. Und wenig genügt demnach die allgemeine Angabe, daß der Lauf der Reuß und untern Aar die Grenzmark beider Volksstämme hier gebildet habe [1]). Doch war dies früher die allgemeine Annahme der schweizerischen Geschichtschreiber, welche wie Stumpf an der dies Gebiet in seiner Mitte durchschneidenden Stromrinne der Reuß festhaltend diese als die Scheide zwischen dem burgundischen Helvetien (die Burgundia minor des Mittelalters) und dem alemannischen Helvetien feststellten, so daß zugleich die beiden Namen des Aargau und Thurgau im weitern Sinne genommen die beiden großen Landschaften von Helvetien nach ihren politischen und ethnographischen Unterschieden bezeichnen sollten. Ja man ging auch noch weiter, indem man wie Stumpf und Tschudi die beiden Gebiete des helvetischen Alemannien und Klein=Burgund durch ihre später hervortretenden Unterabtheilungen der Gaue Lyurgau, Zürchgau, Aargau und Wiflisburger=Gau (letzterer das Uechtland und die Waadt umfassend) mit den alten helvetischen von Cäsar erwähnten Gauen in geographische Uebereinstimmung zu bringen suchte [2]), wenn gleich man die letztern selbst nicht einmal mit Sicherheit kennt und ein solches Zusammenfallen der politischen Abtheilungen des Alterthums mit denen des Mittelalters nur da möglich ist, wo die ethnographischen Verhältnisse durch die kirchlichen Einrichtungen befestigt von den neuen heidnischen Eroberern nicht gänzlich zertrümmert wurden.

Natürlich versteht es sich von selbst, daß bei dem mehrfachen Wechsel der politischen Grenzen in dem helvetischen Tafellande, wie überall so auch hier, die alten volks=

---

1) Müller, Geschichte der schweizerischen Eidgenossenschaft. I. Seite 93.
2) Stumpf, schweizerische Chronik. Zürch 1548. F. Th. I. Fol. 282 bis 287, 329 bis 331.

thümlichen Grenzen mehr oder weniger verwischt und verschoben wurden, weshalb man sich hüten muß an die Ausdehnung des burgundischen Namens in diesem Gebiete auch den Gedanken von einer entsprechenden Erweiterung des burgundischen Volksstammes zu knüpfen [1]), indem derselbe mehrmals sich weit nach Nordosten hin erstreckte, wo der letztere erweislich nicht zu Hause, sondern das alemannische Volksthum noch jetzt deutlich zu erkennen ist. Nicht ohne Bedeutung scheint in dieser Beziehung die verschiedenartige Ausbreitung jener beiden Völkerstämme über dieses helvetische Gebiet zu sein. Gewaltsam verbreiteten sich die Alemannen, mit Zerstörung und Verwüstung gegen alles Romanische auftretend, so daß das alemannische Helvetien durchaus germanisirt wurde und sich nur wenige Ueberreste von den Romanen in den alten römischen Kultursitzen erhielten, die im Laufe der Zeit auch in sie aufgehen mußten. Friedlich erfolgte dagegen die Ansiedlung der schon christlichen Burgunden in Helvetien; sie schlossen Verträge mit den Romanen ab, welche in ihren Sitzen verblieben, und da die letztern anfangs die Mehrzahl bildeten, so gewann die romanische Sprache und Bildung auch bald einen großen Einfluß auf die neuen Herren des Landes, wenn gleich das ganze burgundische Helvetien noch lange seinen echt germanischen Charakter behielt und diesen zum Theil selbst jetzt nicht verloren hat. Daher kann die Verbreitung der deutschen Sprache heut zu Tage in der westlichen Schweiz keinen Beweis für die ursprüngliche Eroberung der Alemannen in jenem Gebiete und die heutige deutsch-romanische Sprachgrenze daselbst keinen Beweis für die Bestimmung der alemannisch-burgundischen Grenzmarken in Helvetien für die Zeit des fünften Jahrhunderts und überhaupt

---

1) So ist dies selbst von den ausgezeichneten Geschichtsforschern Mascou und Schöpflin geschehen. Vergl. dagegen Delius bei Ersch und Gruber, allgem. Encyklopädie. 1, 1. S. 10.

des vor-karolingischen Zeitalters abgeben. Doch bemerkt schon Gregor von Tours, daß die Grenzen beider Völker durch die damalige Wüste von Nugerol im heutigen Uechtlande an der Neuenburger-Seegruppe gegangen wären [1]), und damit stimmt auch die Angabe des Walafried Strabo, daß die Alemannen den Theil des gallischen Landes besetzt hätten, welcher sich um die Aar ausbreite, worunter man, wenn seine Bemerkung einen Sinn haben soll, nur den Theil von Helvetien verstehen kann, der sich in dem Berner-Niederlande um die Stadt Bern ausbreitet [2]). Auch wird diese Auffassung durchaus nicht dadurch widerlegt, daß wir vernehmen, der Bischof von Vindonissa, also in einem ohne Zweifel alemannischen Gebiete, habe an der von dem burgundischen Könige Siegmund im Jahre 517 nach Epaona ausgeschriebenen Synode der burgundischen Geistlichkeit Antheil genommen, da die heidnischen Alemannen sich damals um diese Angelegenheiten wohl wenig bekümmerten und der helvetische Bischof ohne Rücksicht auf seine neuen Landesherren an den Verhandlungen der benachbarten Geistlichkeit unter seinem alten Metropoliten zu Vesontio (Besançon) Antheil nahm [3]).

Mit dieser Ausdehnung des alemannischen Volksstammes in Helvetien gegen Westen bis in die Gegend von Freiburg im Uechtlande stimmt nun aber, was für eben diese Gebiete an der mittlern Aar nicht unbeachtet gelassen werden darf, die heutige Sprachengrenze in der Schweiz

---

1) **Gregor. Turon.**, vita S. Romani bei **Stälin**, Geschichte von Wirtemberg. I. S. 222. Anmerk. 5. Illa Jurensis deserti secreta, quae inter Burgundiam Alemanniamque sita Aventicae adjacent civitati.

2) **Walafried Strabo**, prolog. vitae S. Galli bei **Stälin** a. a. O. I. S. 223. Anmerk. 2. Alemanni partem Galliae circa Ararim (Arolam) obsederunt.

3) **Delius** bei **Ersch** und **Gruber**, allg. Encyclop. I, 1. S. 10.

zwischen dem deutschen und welschen Lande ziemlich überein, und bei der Bestimmung dieser alterthümlichen Verhältnisse ist jene Grenzlinie eben so zu berücksichtigen wie die gegenseitige Begrenzung der alten **helvetischen Bisthümer** im weitern Sinne genommen. Denn da die vier noch jetzt das innere Helvetien begreifenden Bisthümer zu **Vindonissa** (Constanz) und **Augusta der Raurachen** (Basel), so wie zu **Aventicum** (Lausanne) und **Octodurum** (Martinach, später Sitten) sich aus der Römer-Zeit bis in die auf die Besetzung des Landes durch die Germanen folgende Zeit erhielten und sodann im Laufe des sechsten Jahrhunderts eine neue Einrichtung und Befestigung bekamen, womit ihre Verlegung nach den benachbarten bequemern Lokalitäten zusammenhängt, so ergiebt sich schon von selbst die wahrscheinliche Vermuthung, daß man dabei auf die neuen volksthümlichen Grenzen werde Rücksicht genommen haben. Und in der That stimmen die Grenzmarken der beiden Diöcesen von **Basel** und **Constanz**, welche man als durchaus **alemannisch** zu betrachten hat, wie auch immer das Schicksal derselben in politischer Beziehung in den gleich darauf folgenden Zeiten gewesen sein mag, gegen die beiden anerkannt burgundischen Diöcesen von **Lausanne** und und **Sitten**, im Allgemeinen vollkommen mit der Grenzlinie überein, welche man als die ursprüngliche Grenzmark in ethnographischer Beziehung in dem helvetischen Tafellande betrachten muß.

Die heutige Abweichung der **Sprachengrenze** im westlichen Helvetien von der alten volksthümlichen oder burgundisch-alemannischen läßt sich übrigens, wie weiter unten aus einander zu setzen sein wird, auf historischem Wege genügend erklären, und lehrt uns das interessante Faktum kennen, daß nicht der gesammte burgundische Volksstamm in das romanische Wesen aufgegangen ist, sondern daß ein nicht unbeträchtlicher Theil der alten Burgunden in den Alpengauen des westlichen Helvetiens gleich den übrigen

Stammvölkern des deutschen Reiches, welche wie die beiden großen oberdeutschen Stämme ja auch auf dem Boden des alten römischen Germaniens eine neue Heimath fanden, seine alte Sprache und Sitte sich bis jetzt bewahrt hat. Die romanisch-deutsche Sprachengrenze beginnt in der heutigen Schweiz nicht am Montblanc, sondern vielmehr weiter östlich bei seinem gleich hohen Nachbar dem Monte Rosa, nebst dem M. Cervin, durchschneidet von dort nordwärts das Land Wallis zwischen Leuk und Siders, zieht sich zu dem Westende der Alpen des Berner-Oberlandes hin in den Alpengauen von Greyerz, steigt dann zu der helvetischen Thalebene hinab zu dem Lande Freiburg, dessen Hauptstadt von ihr mitten durchschnitten wird, und wendet sich nordwärts um den Murten-See herum zu den Ufern des Bieler-Sees. Von dort geht jene Linie wieder auf die Höhen des Jura im Westen von Solothurn hinauf, so daß der gesammte Thallauf der Aar dem Gebiet der deutschen Bevölkerung in der Schweiz verbleibt, steigt gegen Nordwesten hinab zu der langen Thalrinne der Birs, die bei Basel in den Rhein geht, überschreitet ihren untern Lauf ungefähr zwischen den Orten Delsberg und Laufen, und wendet sich von dort gegen Westen und Nordwesten zu den Südgehängen der Vogesen, so daß das romanische Sprachelement sich dort in der Thalebene zwischen dem Jura und den Vogesen gegen Basel hin am meisten dem Rheinstrom genähert findet. Auf gleiche Weise begann eben dort die Diöcesangrenze von Basel, welche der angegebenen Linie gegen Südosten nach den Höhen des Jura folgte und in das Aar-Thal zwischen den Städten Solothurn und Olten hinabstieg, wo die Diöcesangrenze von Constanz ihren Anfang nahm, und von wo an dieses Bisthum durch die Stromrinne der gesammten mittlern und obern Aar bis ins Haßli hinauf von den burgundischen Diöcesen von Lausanne und Sitten geschieden wurde, während der untere Lauf der Aar von Olten bis zur Einmündung derselben in den Rhein die beiden alemannischen Diöcesen von einander sonderte [1]).

Mit ziemlicher Sicherheit läßt sich aus diesen kirchlichen Begrenzungen in dem südwestlichen Helvetien entnehmen, daß das alemannische Volksthum sich nicht weiter gegen Süden über die obere Aar hin ausgebreitet habe. Auch sprechen noch jetzt die eigenthümlichen Unterschiede der verschiedenen Mundarten der zahlreichen deutschen Bevölkerung in Wallis, dem Berner-Oberlande und dem Uechtlande von der alemannischen Sprache, so wie die eigenthümlichen Abweichungen in der Körpergestalt ihrer Bewohner, in den Trachten, den Sitten und Gebräuchen vornehmlich in der Bauart ihrer Wohnungen von dem alemannischen Volke, daß hier ein ganz anderer deutscher Stamm seit den Zeiten der Völkerwanderung ansässig gewesen sei, der nur dem an den ganzen West-Alpen entlang herrschenden Volke der Burgunden angehören kann. Daß sich in ihrer gegenseitigen Berührung vornehmlich in dem offenen Gebiete des Uechtlandes im Laufe der Zeit manche kleine Veränderungen und Umgestaltungen eingefunden haben, darf um so weniger befremden, als die durchaus unnatürliche Sprachengrenze, wie sie heut zu Tage daselbst besteht, dies mit einer gewissen Nothwendigkeit erfordert. Aber eben so wenig läßt sich eine großartigere Wechselwirkung der beiden Volksthümlichkeiten der Burgunden und Alemannen auf einander in dem helvetischen Tafellande der heutigen Gebiete von Bern und Luzern läugnen, wenn man bemerkt, daß die Stromlinie der Reuß heut zu Tage eine wichtige Grenzmark in dem gesammten Charakter der deutschen Bevölkerung der Schweiz bildet, so daß es daraus allein zu erklären ist, wenn die frühern schweizerischen Geschichtschreiber in diesem Flusse die alte volksthümliche Grenze zwischen den neuen deutschen

---

[1]) Alb. Schott, die Deutschen am Monte Rosa mit ihren Stammgenossen in Wallis und Uechtland. Zürch 1840. 4. S. 23 bis 37.

Bewohnern Helvetiens anzunehmen geneigt waren. Diese Wechselwirkung, welche beide aufeinander ausgeübt haben, ist aber nur aus den historischen Schicksalen dieses Gebietes von der ältern germanischen Zeit an bis auf die des dreizehnten Jahrhunderts oder des Aufhörens der Herrschaft der Zähringer am Vorabende der Begründung der helvetischen Eidgenossenschaft zu erklären.

Schon am Ende des fünften Jahrhunderts, als der fränkische König Chlodwig durch seinen siegreichen Kampf gegen die überrheinischen Alemannen den ganzen alemannischen Volksstamm erschreckte, so daß die am Schwarzwalde und der obern Donau wohnenden Stämme sich unter den Schutz der mächtigen Ostgothen in Italien begaben, scheinen sich, wie die folgenden Ereignisse klar dafür sprechen, auch die südlichen Stämme dieses Volkes im helvetischen Thurgau und Aargau an die benachbarten Burgunden angeschlossen zu haben, womit man nicht ohne Grund die stärkere Ansiedlung der Alemannen in dem Thurgauer-Alpenlande (dem heutigen Appenzell) bis zur rhätischen Grenzmark hin am hohen Säntis in Verbindung bringt [1]). Da aber nicht lange darauf in der ersten Hälfte des sechsten Jahrhunderts das gesammte burgundische Reich den Franken unterworfen und zugleich die Oberhoheit über die alemannischen Stämme im Innern des Landes, auf welche die Gothen ihren Ansprüchen zu entsagen sich genöthigt sahen, erlangt wurde, so mögen nun auch die helvetischen Alemannen wieder mit ihren Brüdern vereinigt worden sein. Denn noch am Schlusse des sechsten Jahrhunderts wird ihre abermalige Verbindung mit dem fränkisch-burgundischen Reiche erwähnt. Uebrigens hatte sich während dessen bereits ein besonderer Name für dies helvetische Burgundien herausgebildet, indem der König Guntram das von ihm beherrschte

---

[1]) Zellweger, Geschichte des appenzellischen Volkes. Trogen 1830. 8. Th. 1. S. 16 bis 18.

burgundische Reich ums Jahr 570 in drei Theile zerlegte, welche seitdem unter den Namen Hoch=Burgund (das Land an der Saone und am Doubs), die burgundischen Alpen (in dem heutigen Savoyen, Wallis und Delphinat) und das trans jura nische Burgund (Burgundia transjurana) erscheinen [1]).

Wie schon früher (Th. II. S. 233) bemerkt, hatte der fränkische König Childebert II., der gemeinsame Beherrscher von Austrasien und Burgund nach seines Oheims Guntram Tode, seine Länder an seine beiden Söhne Dietbert II. und Dietrich II. hinterlassen und vertheilt, aber bei dieser Gelegenheit die alemannischen Gebiete des Elsasses und des Thurgaues nebst einigen andern Landschaften von dem austrasischen Reiche getrennt und zu Burgund geschlagen, was bald die Ursache der heftigsten Zwietracht unter den Brüdern wurde und einen Bürgerkrieg hervorrief. Da nun bei dieser Gelegenheit Fredegar eines Heereszuges der Ale= mannen ums Jahr 610 nach dem Lande Burgund in den transjuranischen Gau von Aventicum (pagus Aventicensis) erwähnt [2]), wo die Burgunden an der Aar eine Niederlage von ihnen erlitten, so beweiset auch dieser Bericht wieder den Zug der alten volksthümlichen Grenzlinie in eben jener Gegend, wenn die burgundische Herrschaft sich nun auch schon zweimal über das gesammte helvetische Ta= felland bis zum Bodensee hin ausgedehnt hatte, wovon das Andenken sogar noch im zwölften Jahrhundert nicht er= loschen war, indem die Tradition sich an das noch damals

---

1) Müller, Gesch. der schweiz. Eidgenossenschaft. I. S. 136.
2) Fredegar. Schol., chron. c. 37 ap. Bouquet, script. rer. Franc. II. p. 427. His diebus et Alemanni in pago Aventicense Ultra-Jurano hostiliter ingressi sunt ipsumque pagum praedantes etc. Alamanni Transjuranos superant, plurimos eorum gladio trucidant et maximam partem territorii Aventicensis incendio concremant.

vorhandene Denkmal des Königs Dagobert an dem Buchberge über dem Rheinthal anschloß ¹).

Zwar hat man wohl gemeint, daß die Heereszüge der ersten Karolingen wie eines Pipin von Heristall und Karl Martell gegen die Alemannen auf den Thurgau keinen Bezug gehabt haben können, in so fern dies Gebiet damals noch mit Burgund vereinigt war, aber grade hier wurzelte die Macht des alemannischen Fürsten Gottfried zu Pfungen an der Töß, dessen Nachkommen wenigstens, Herzoge der Alemannen bei den fränkischen Annalisten genannt, als die heftigsten Widersacher der karolingischen Fürsten erscheinen, so daß bei diesen Kämpfen auch der Thurgau von den Kriegsunruhen nicht verschont geblieben sein kann und nach der Ueberwältigung jener alemannischen Herzoge unstreitig wieder mit dem übrigen Alemannien verbunden worden ist, wenn dies nicht schon früher der Fall war ²). Das helvetische Tafelland blieb seit der Befestigung der Herrschaft der Karolingen im achten Jahrhundert unter ihnen vereinigt. Auch blieb die durch Karls des Großen Testament im Jahre 806 angeordnete Theilung desselben für seine beiden Söhne Karl und Pipin, wonach die Grenzlinie ihrer Reiche sich mitten durch das alemannische Gebiet, nämlich von den Quellen der Donau südwärts zwischen dem Hegau und Klettgau über den Rhein (etwa bei Eglisau) und von da ungefähr der Thallinie der Reuß nach, bis zum St. Gotthard hinaufzog, bekanntlich unausgeführt.

---

1) Pupikofer, Geschichte des Thurgaues. Zürch 1828. 8. Th. I. S. 38 bis 40. Mit Recht bemerkt übrigens der Verf. in den Anmerkungen S. 12. N. 15, daß alles darauf ankomme unter den Turenses des Fredegar den helvetischen Thurgau, und nicht, wie man zuweilen anzunehmen geneigt war, den elsassischen pag. Turensis zu verstehen, indem sonst alle darauf gebauten Schlüsse von der burgundischen Herrschaft über ganz Helvetien bis zum Bodensee in jenen Zeiten zusammenfallen würden.

2) Pupikofer, a. a. O. 1. S. 48 bis 50.

Dagegen äußerten die Zerrüttungen und Kämpfe unter Ludwig dem Frommen auch ihren Einfluß auf Helvetien, und brachten hier einen schwankenden Zustand hervor, wenn gleich die verschiedenen Theilungen bei Ludwigs Leben das Land nicht spalteten, indem es bald ganz dem Lothar, bald ganz dem Karl zugewiesen wurde. Entscheidend jedoch war der Kampf unter seinen Söhnen nach seinem Tode, indem die Theilung zu Verdun hier nach den Völkergrenzen spaltete. Denn Ludwig der Deutsche erhielt das ganze östliche Tafelland am Fuße von Hohenrhätien vom Rhein und Bodensee an westlich bis zur Aar also den Thurgau (nebst Zürchgau) und den Aargau. Dagegen fiel das westlich und südlich von der Aar liegende Land an Lothar und eben so der alemannische Elsaß, welcher sich damals noch bis in die heutige Schweiz hineinerstreckte, indem das Kloster Münster in Granfelden in demselben erwähnt wird [1]). Damals kam auch Basel an das lotharische Reich und machte mit seiner Diöcese einen Theil des ostjuranischen Burgund aus. Die Stadt Solothurn (Salodurum) an der Aar wird aber schon zu Karls des Großen Zeit von Eginhard als eine burgundische Stadt bezeichnet [2]).

Seit jener Zeit des Vertrages zu Verdun erfolgte eigentlich eine zweihundertjährige Spaltung des helvetischen Tafellandes bis zum Jahre 1032, indem die bald nach jenem Vertrage noch eintretenden Vereinigungen nur vorübergehend waren. In dieser Zeit bildete sich nun aus und

---

1) Escher bei Ersch und Gruber, allgem. Encyclopädie. Abtheil. I. Th. 32. S. 68. Gewöhnlich wird der Aargau ohne Beweis noch zu Lothars Antheil gerechnet, die Beweise aber, daß er zu Ludwigs Antheil gehörte, und daß die Aar die Grenze zwischen ihren Gebieten bildete, s. Escher's Abhandlung über die Theilungen der Karolingen in Beziehung auf die Schweiz, in dem Schweiz. Museum. Jahrg. 1838. S. 48.
2) Einhardi transl. S. S. Marcell. et Petr. bei Stälin, Geschichte von Wirtemberg. I. S. 222. Anmerk. 8.

befestigte sich immer mehr der Gegensatz zwischen dem deutschen und romanischen Leben in Sprache und Sitte, wie dies aus der Zeit der Erwerbung des burgundischen Reiches durch die fränkischen Kaiser erhellt.

Bei der Theilung des lotharischen Reiches zu Orbe in der Waadt (Th. III. S. 164) im Jahre 856 kamen diese helvetischen Besitzungen an des Kaisers zweiten Sohn Lothar den Jüngern, welcher aber, wie bekannt (Th. III. S. 167), schon im Jahre 859 an seinen ältern Bruder, den Kaiser Ludwig II., die drei burgundischen Diöcesen von Genf, Lausanne und Sitten mit Ausnahme der Pipinischen Grafschaft und des Hospitiums auf dem großen St. Bernhard, also den Alpenpaß über die penninischen Alpen, abtrat und dann durch seinen kinderlosen Tod die Theilung seines Reiches zu Mersen (Th. III. S. 187) im Jahre 870 veranlaßte, wodurch außer dem schon früher abgetretenen Elsaß auch alle übrigen Besitzungen Lothars in der Schweiz, mit Ausnahme der Gebiete an der Rhone und am Genfer-See, an das deutsche Reich fielen. In diesem Traktate werden ausdrücklich als zu dem Antheile Ludwigs des Deutschen gehörig genannt die Orte und Gebiete von Basel, Münster in Granfelden, das St. Ursus-Stift zu Solothurn und das Land Waraschken am Jura [1]). Doch bleibt es zweifelhaft, wie weit Ludwigs Herrschaft in den Gebieten des Jura sich erstreckte, da man über die Ausdehnung des Landes Waraschken nichts genaueres weiß, und da dieser Gewinn hier überhaupt nur vorübergehend war, indem ein Theil dieser Erwerbung schon im Jahre 872 durch den Vertrag zu Trient an den Kaiser Ludwig gekommen zu sein scheint und bei dessen nicht lange darauf erfolgten Tode sowohl seine Kaiserkrone als das Land am Jura und am Genfer-See von dem westfränkischen Könige Karl an sich gerissen wurde. Denn durch eben diese Gegend über

---

1) Annal. Bertin. a. 870 ap. Pertz, mon. Germ. I. p. 488. 489.

St. Moritz in Wallis und über den Bernhards-Berg zog jener Karl nach Italien und kehrte im Jahre 876 nach seiner Kaiserkrönung auf demselben Wege wieder zurück. Auf gleiche Weise zog er im folgenden Jahre 877 über Orbe in der Waadt nach Italien, und daher läßt sich nicht bezweifeln, daß eben diese Gegenden von Helvetien seit dem Jahre 875 zu seinem Reiche gehörten. Dagegen gehörte nun das ganze östliche Helvetien bis an die Aar zum ostfränkischen Alemannien (im engern Sinne genommen), und der nordwestlichste Theil des helvetischen Landes im weitern Sinne im Salzgau, Buchsgau, Sißgau, Frickgau, Augstgau und Baselgau zum ostfränkischen Elsaß. Beide Gebiete gingen so nebst dem Lande Hohenrhätien an den König Karl den Dicken über [1]). Nicht minder muß aber König Ludwig der Deutsche von jenem Gewinne durch den Vertrag zu Mersen den Theil des burgundischen Landes behalten haben, welcher im Süden der obern Aar zu beiden Seiten des Berner-Oberlandes bis zu den penninischen Alpen und bis zum Monte Rosa hin sich ausdehnt, und für diese Gebiete scheint grade jene Zeit des neunten Jahrhunderts sehr einflußreich und bestimmend gewesen zu sein.

Betrachtet man den Zug der deutsch-romanischen Sprachgrenze in dem helvetischen Uechtlande zwischen dem Jura und den Alpen, so zeigt sich leicht, daß sie größtentheils nicht auf natürlichen Verhältnissen beruht und daher geschichtliche Ursachen zu ihrer Erklärung in Anspruch nimmt. In der Hauptsache läuft sie mit der Grenze gleich, welche das Reich Ludwigs des Deutschen durch jene Verträge von Verdun, Mersen und Trient hier von den Herrschaften seiner karolingischen Verwandten absonderte. Nun ist aber grade jene Zeit der Auflösung des karolingischen Reiches im neunten Jahrhundert, wie die bekannte

---

[1]) Escher bei Ersch und Gruber, allgem. Encyklopädie. Abtheil. 1. Th. 32. S. 70.

Schwurformel der Brüder Ludwig und Karl zu Straßburg beweiset, für die Scheidung der deutschen und romanischen Volkssprache von großer Wichtigkeit; damals begannen diese Verhältnisse zuerst eine gewisse Festigkeit zu gewinnen, und es möchte sich daraus der natürliche Schluß ergeben, daß da, wo noch jetzt die deutsche Sprache herrschend ist, auch Ludwigs und seiner Nachfolger Herrschaft gewesen sei, obschon man dabei auch das verschiedene Verhältniß der neuen germanischen Ansiedler in Helvetien zu der alten romanischen Bevölkerung zu berücksichtigen haben wird [1]). Die Grenze von Alemannien und Burgund wäre demnach zu jener Zeit nicht ganz durch die Aar gezogen gewesen sondern vielmehr durch den Lauf der Saane mehr gegen Südwest, so daß sie hier aus den Diöcesangrenzen der beiden Hochstifte Constanz und Lausanne heraustrat. Wenn aber hier der alemannische Name über das burgundische Gebiet von Lausanne als übergreifend erscheint, indem ja der Lauf der Aar aus der Gegend von oberhalb Olten an, mit Ausnahme des Striches, welcher auf dem rechten Ufer derselben noch heute zu dem Gebiete der alten burgundischen Stadt Solothurn gehört, bis zu ihren Quellen zur Zeit der festen Begründung dieser Diöcesen im sechsten und siebenten Jahrhundert die Grenzmarken der beiden Volksstämme bezeichnete, so muß auf gleiche Weise im Laufe des achten Jahrhunderts, welchem die Eintheilung der Diöcesen in Archidiakonate angehört, Burgund ostwärts über die Aar in das alemannische Gebiet von Constanz übergegriffen haben. Denn das westlichste Archidiakonat dieser Diöcese mit den drei Kapiteln Münsingen, Aarberg-Büren und Wynau im Osten der mittlern Aar heißt das transjuranische Burgund, so daß für jene Zeit um 770 der ganze

---

1) Bertrand, recherches sur les langues anciennes et modernes de la Suisse et principalement du Pays de Vaud. Genève 1758. 8.

östliche Ufersaum der Aar von Wynau bis ins Hasli aufwärts zu dem burgundischen Lande gehörte.

Ohne Zweifel wurde die gesammte burgundische Bevölkerung in dem Berner=Oberlande und an den penninischen Alpen, so weit sie seit jenen Verträgen zum deutschen oder ostfränkischen Reiche gehörte, mit zu dem Gebiete der Alemannen geschlagen. An Nachrichten über sie fehlt es, und sie wurde überdies nicht lange darauf durch die neu entstehende burgundische Herrschaft am lemanischen See dem deutschen Reiche wieder entfremdet, obgleich sie ihre Sprache behauptete. Denn als die neuen hochburgundischen Könige aus dem Geschlechte der Rudolfingen, schon seit dem Ende des neunten Jahrhunderts, ihre Erwerbungen ostwärts in dem Gebiet des helvetischen Tafellandes auszudehnen begannen und dann sogar bis zur Reuß damit vordrangen, hatten sich die Sprachverhältnisse im Großen schon gestaltet. Daher blieb das damals sogenannte **Klein= Burgund**, sowohl alemannisches als burgundisches Gebiet begreifend, großentheils **deutsch**, und als später dann die mächtigen Herzoge von Zähringen als Vasallen des deutschen Reiches hier während des eilften und zwölften Jahrhunderts die Herrschaft führten und die von ihnen gegründeten deutschen Städte **Bern** und **Freiburg** deutsche Sprache und Sitte aufrecht erhielten, so mußte es wohl geschehen, daß die deutsche Sprache sogar wieder westwärts vordrang, indem die Sprachenscheide in etwas den politischen Abgrenzungen zu folgen pflegt, wo keine festen Naturgrenzen gezogen sind. Aus diesem dominirenden Einflusse der **politischen Verhältnisse** ist es wiederum zu erklären, wie die Alemannen in dem alten Aargau oder in dem Lande zwischen der Aar und Reuß nicht nur in ihrer Sitte, Tracht und Bauart der Wohnungen, sondern auch in ihren Mundarten sich ziemlich bestimmt von ihren östlichen Brüdern im alten Thurgau unterscheiden und eine Annäherung an die **deutschen Stämme der Burgunden** zeigen, deren nachbarlicher Einfluß sich auf sie unter der Herrschaft der burgundischen Rudolfingen eben so geltend machte, wie der der Alemannen überhaupt auf die benachbarten Burgunden in der Bewahrung ihrer deutschen Sprache und Sitte. Auf jeden Fall bildet diese Bevölkerung in dem alemannischen Theile des Landes Klein-Burgund zwischen der Aar und der Reuß eine ganz eigenthümliche Gruppe der heutigen Bewohner der Schweiz und ein merkwürdiges Vermittelungsglied zwischen den (deutschen) Burgunden und Alemannen überhaupt[1]). Der Lauf der Reuß ist somit also auf gewisse Weise als Grenzmark zwischen dem burgundischen und alemannischen Helvetien gerechtfertigt.

Uebersehen wir nun noch zum Schluß die fernern Schicksale des helvetischen Tafellandes seit den letzten Zeiten der Karolingen, so weit jene auf die Geschichte des burgundischen Namens in diesem Gebiete eingewirkt haben, so vereinigte zwar der König Karl der Dicke als Kaiser das gesammte fränkische Reich, doch nicht das helvetische Tafelland, da hier der Graf und Herzog Boso (Th. III. S. 209) schon seit dem Jahre 879 das burgundische Reich errichtet hatte. Zwar ist es ungewiß, wie weit sich dasselbe in das helvetische Tafelland hineinerstreckte, doch scheint Lausanne zu demselben gehört zu haben, indem unter den Namen der acht und zwanzig Bischöfe, welche die Wahlakte unterzeichneten, auch der Bischof Hieronymus von Lausanne vorkommt. Da nun aber auch die Freigrafschaft Burgund einen Theil dieses Reiches ausmachte, indem der Erzbischof Dietrich von Besançon in der Reihe der Unterschriften genannt wird, so läßt sich vermuthen, daß ein großer Theil des pagus Valdensis bis zur Neuenburger-Seegruppe hin demselben angehört habe. Indessen mochten bei der allgemeinen Auflösung der Verhältnisse die Grenzen noch ziem-

---

[1]) Schott, die Deutschen am Monte Rosa mit ihren Stammgenossen im Wallis und Uechtland. S. 23 bis 37.

lich unbestimmt sein, wenn sie sich nicht nach dem Einfluß der in den verschiedenen Diöcesen herrschenden Prälaten richteten, und vielleicht mochten schon damals die Bewegungen statt finden, aus welchen im Jahre 888 ein zweites burgundisches Reich hervorging [1]).

Der Graf Konrad, welcher schon seit Lothar des Jüngern Zeit als dux in dem Lande zwischen dem Jura und den Alpen waltete, hinterließ seine Macht seinem Sohne Rudolf. Ungewiß ist es, ob er die Oberhoheit Boso's anerkannte oder nicht. Bald aber trat Rudolf mit Hülfe der ihm befreundeten Geistlichkeit als selbstständiger König in dem Lande zwischen dem Jura und den penninischen Alpen auf (Th. III. S. 233), und behauptete sich hier auch gegen die Angriffe des deutschen Königs Arnulf, vornehmlich im Wallis und der Waadt. Ueber die Aar in den alemannischen Aargau hinein dehnte sich seine Herrschaft nicht aus, doch erscheint das altburgundische Solothurn schon im Jahre 892 als zu seinem Reiche gehörig. Ob sich dies letztere zu Arnulfs Zeit noch weiter nördlich über den ganzen Salzgau und bis in die Grafschaft Pfirt, so wie auch bis Basel ausgedehnt habe, ist ungewiß; wahrscheinlicher ist aber, daß dies erst geschehen sei bei den Verwirrungen im deutschen Reich nach dem Jahre 911, als die Lotharingier vom Reich abfielen und der Elsaß von dem Könige Konrad dem Franken nur mit Mühe beim Reich erhalten werden konnte. Mit dem Gewinn der Stadt Basel war sicher auch der der ganzen Diöcese ihres Bischofes verknüpft und in diesem Falle der burgundische Name schon damals über einen ansehnlichen Theil des alemannischen Gebietes am obern Rhein ausgedehnt. Daß bei eben jener Gelegenheit auch die südwestlichsten Theile Alemanniens oder die deutsch-burgundischen Gebiete im Berner-Oberlande und in Ober-Wallis vom deutschen Reiche abgerissen wurden, um sie mit

---

[1]) Escher bei Ersch u. Gruber, allgem. Encyklop. I, 32. S. 71.

dem neuen burgundischen Reiche zu vereinigen, zu dem sie noch eine nationale Verwandtschaft führte, ist mehr als wahrscheinlich zu nennen. Wenigstens erscheinen in der nächstfolgenden Zeit alle jene Gebiete von den penninischen Alpen an den Quellen der Rhone und Aar bis zum Stromknie bei Basel als eben diesem burgundischen Reiche der Rudolfingen angehörig. Auf gleiche Weise müssen die Zerrüttungen in Alemannien seit dem Anfange des zehnten Jahrhunderts dazu Gelegenheit gegeben haben, daß es dem Könige Rudolf oder seinem Sohne, dem zweiten Rudolf, gelang seine Herrschaft über den Aargau auszubreiten. Zwar mißglückte der Heereszug über die Reuß in den Thurgau durch die bekannte Schlacht bei Winterthur im Jahre 919, aber zwischen Rudolf von Burgund und Burkhard von Alemannen erfolgte bald durch den Bischof Wilhelm von Basel eine Ausgleichung, und durch das Eingreifen des deutschen Königs Heinrich wurde der Friede und die Ruhe zwischen beiden Gegnern wieder hergestellt und befestigt. Höchst wahrscheinlich hatte Rudolf damals (entweder im Jahre 922 oder 926) den alemannischen Aargau erhalten, der ihm auch durch den König Heinrich gegen die Abtretung der heiligen Lanze bestätigt zu sein scheint, so daß seitdem die Reuß die Grenzmark zwischen dem burgundischen und alemannischen Helvetien ward und zum Theil immer geblieben ist [1]).

Somit hatte sich mit der burgundischen Herrschaft der burgundische Name über einen großen Theil von Helvetien ausgedehnt, und über ein Jahrhundert bis zum Erlöschen des Geschlechtes der Rudolfingen blieb das helvetische Tafelland in diese beiden Haupttheile gespalten. Die Herzoge von Ale=

---

[1]) Stälin, wirtemberg. Geschichte. I. S. 430. Escher a. a. O. 1, 32. S. 72. 73. Danach ist das zu berichtigen, was früher (Th. III. Seite 363 und 364) über diese Angelegenheiten gesagt worden ist.

mannien aber hatten durch diese Uebergriffe der burgundischen Herrscher einen nicht unbeträchtlichen Theil des ihnen zukommenden volksthümlichen Gebietes verloren. Mit der Vereinigung des burgundischen Reiches mit dem deutschen Reiche durch den fränkischen Kaiser Konrad II. seit dem Jahre 1032 wurde nun endlich auch das helvetische Tafelland wieder vereinigt und beide Theile um so näher an einander geschlossen, als jener Fürst seinem Sohne Heinrich (dem spätern Kaiser Heinrich III.) auf dem Reichstage zu Solothurn im Jahre 1038 die Verwaltung des Königreiches Burgund übertrug und ihn zugleich mit dem Herzogthum in Alemannien belehnte [1]). Zwar wurden beide Länder bald darauf wieder getrennt, indem sie unter eigene Fürsten gestellt wurden, doch erhielt sich die Vereinigung jenes Gebietes wenigstens unter der deutschen Herrschaft, und nicht lange nachher, ungefähr ums Jahr 1060, erfolgte seine neue Verbindung durch den schwäbischen Grafen Rudolf von Rheinfelden, welchem von der kaiserlichen Regierung neben dem Herzogthum Schwaben auch die Verwaltung wenn nicht des gesammten burgundischen Reiches, doch die von Burgundien diesseit des Jura (Klein-Burgund) übertragen wurde [2]). Von Entscheidung indessen für die Schicksale dieses Gebietes war der langwierige Kampf, welcher zwischen dem Kaiserthum und Papsthum zur Zeit Heinrich's IV. entbrannt auch hier überall die Partheiung aufregte und die beiden mächtigen schwäbischen Geschlechter der Zähringer, die zunächst als die Nachfolger Rudolfs von Schwaben auftraten, und der Hohenstaufen in Kampf mit einander um das Herzogthum in Schwaben brachte. Die Zähringer in den helvetischen Gebieten vorherrschend behaupteten sich auch hier durch den auf dem Reichstag zu Mainz im Jahre 1097 abgeschlossenen Vergleich, durch den

---

1) Müller, schweizerische Geschichte. I. S. 311 bis 313.
2) Müller a. a. O. I. S. 315.

die lange Fehde mit ihren Gegnern beendigt wurde. Den Hohenstaufen verblieb das Herzogthum in Schwaben, die Zähringer dagegen empfingen die Verwaltung des burgundisch-helvetischen Landes und der alemannischen Gaue auf dem linken Ufer des Bodensees und des Rheins mit dem herzoglichen Namen auf erbliche Weise [1]). So geschah es denn, daß, wenn in dem zähringischen Zeitalter von Helvetien auch die Reuß im Allgemeinen als Grenzmark von Burgund betrachtet wurde, nicht minder das Land weiter ostwärts in dem schwäbischen Zürchgau und Thurgau zuweilen mit dem Namen Burgund bezeichnet wurde, weil es, wenn auch nicht burgundische, sondern schwäbische Reichslehen bildend doch unter der Herrschaft der Zähringer stand. Denn so wird nicht nur in einer Urkunde vom Jahre 1114 das Kloster Muri im heutigen Kanton Aargau in die Provinz Burgund verlegt (mon. Mure in prov. Burgundia, in episc. Constantiensi, in pago Argowe etc.), und in einer Urkunde vom Jahre 1125 das Kloster Engelberg im Kanton Unterwalden in dieselbe Provinz [2]), sondern sogar in einer Urkunde vom Jahre 1255, also geraume Zeit nach dem Erlöschen des zähringischen Herzogsstammes, als sich in dem helvetischen Tafellande ganz neue politische Massen zu bilden begannen, werden die beiden benachbarten, nur durch den Rhein getrennten Orte Eglisau in das Schwabenland und Glattfelden (im Zürchgau) in das Land Burgund verlegt [3]). So hatte sich demnach der burgundische Name unter der Herrschaft der Zähringer zum drittenmale über das gesammte helvetische Tafelland er-

---

1) Pupikofer, Geschichte des Thurgaues. I. S. 97. Zellweger, Geschichte des Appenzeller Volkes. I. S. 104. 105. Müller, schweiz. Geschichte. I. S. 330.

2) Guillimanni Helvetia sive de rebus Helvetiorum libri V. Amitern. 1623. 4. p. 12.

3) Stälin, wirtembergische Geschichte. I. S. 224. Anmerk. 3.

weitert und war bis zu den Ufern des obern Rhein und bis zum Bodensee vorgedrungen. Aber die westlichen, helvetischen Gestade des Bodensees sind auch die äußersten Grenzmarken geblieben, bis wie weit sich jemals der burgundische Name gegen Osten hin an den Alpen entlang ausgedehnt hat.

Nach langem Haber zwischen den weltlichen und geistlichen Großen Alemanniens in den trüben Zeiten bei der Auflösung aller frühern Verhältnisse, welche den Untergang des karolingischen Geschlechtes im deutschen Reiche bezeichnet, war dennoch das Volksherzogthum in diesem Lande wieder erstanden und von dem Könige Konrad dem Franken anerkannt worden. Graf Burkhard, der Sohn des gleichnamigen rhätischen Markgrafen, erscheint seit dem Jahre 917 wieder als erster Volksherzog der Alemannen oder Schwaben (Th. III. S. 327). Indessen den Namen eines Herzogthums (ducatus) hatte das alemannische Land doch auch früher seit dem Untergange der ältern Volksherzoge um die Mitte des achten Jahrhunderts nicht entbehrt. Denn es erscheint ein solches nicht nur in einer Urkunde vom Jahre 764, sondern auch während der ganzen Zeit Karls des Großen wird trotz der von ihm durchgeführten Comitats-Verfassung nicht selten in den Urkunden von einem ducatus Alamannorum oder Alamanniae gesprochen, und in der auf ihn folgenden Zeit des neunten Jahrhunderts kommen diese Ausdrücke in allen fränkischen Annalen zur Bezeichnung des Landes der Alemannen vor [1]). Aber seit jenes Burkhard Zeit, der als ein tüchtiger und gewaltiger Fürst auftritt, erhielt jener Ausdruck einen ihm angemessenen Vertreter, und das alemannische oder schwäbische Volksherzogthum bildete bis auf die letzten Zeiten seines Bestehens vornehmlich unter den mächtigen Hohenstaufen eine von den vier großen Säulen, auf welchen das deutsche Reich im Mittelalter

---

1) Stälin, wirtembergische Geschichte. 1. S. 336. Anmerk. 3.

beruhete. Doch wurde daſſelbe, in den beiden erſten Jahr=
hunderten ſeines Beſtehens nur ſelten von Fürſten aus ſchwä=
biſchem Stamme bekleidet, und das alemanniſche Herzog=
thum hat das eigenthümliche Geſchick gehabt, daß es nicht,
wie in andern deutſchen Gebieten, namentlich in Sachſen,
ſchien dahin kommen zu können von einem ſich länger fort=
pflanzenden Geſchlechte verwaltet und beherrſcht zu werden.
Denn außer von einigen ſchwäbiſchen Fürſten wurde das
Schwabenland während des zehnten und eilften Jahrhun=
derts nach der Beſtimmung und Politik der Kaiſer (wie der
Ottonen und Salier) vielfach von Fürſten aus fränki=
ſchem und ſelbſt ſächſiſchem Stamme verwaltet, von
welchen aber kein Fürſt dies Land auf längere Zeit an ſeinen
Stamm feſſeln konnte, bis endlich daſſelbe, nach ſeinem ur=
ſprünglichen Umfange vielfach verkürzt, noch am Schluſſe
des eilften Jahrhunderts als ein erbliches Beſitzthum an
das einheimiſche, ſchwäbiſche Geſchlecht der Hohenſtau=
fen kam, von welchem es bis zu ihrem Untergange in der
zweiten Hälfte des dreizehnten Jahrhunderts beherrſcht wurde,
wo dieſes hohenſtaufiſche Herzogthum Schwaben, in den
Untergang jenes Geſchlechtes hineingezogen, als das letzte
der alten großen Volksherzogthümer des deutſchen Reiches
gänzlich zerfiel und ſich in eine große Anzahl weltlicher
und geiſtlicher Herrſchaften auflöſte, aus deren neuen Verei=
nigung in Verbindung mit manchen andern Beſtandtheilen
die neuern Territorien jenes Theiles von Deutſchland her=
vorgegangen ſind [1]).

Das innerhalb der oben angegebenen Grenzen gelegene
Land bildete als ein in ſich beſtimmt abgeſchloſſenes volks=
thümliches Gebiet während des größten Theiles des Mit=

---

1) Hertenstein, de ducatu Sueviae et Alemanniae ap.
Wegelin, thesaurus rerum Suevicarum. Lindav. 1757. f. Tom. II.
p. 548 — 577. Köler, fata ducatus Alemanniae et Sueviae ap.
Wegelin l. c. II. p. 578 — 590.

telalters, mit Ausschluß der eine Zeit lang zu dem burgundischen Reiche gehörenden Landschaften, auch in politischer Beziehung ein in sich einiges und abgeschlossenes Gebiet, welches in dem neu emporgekommenen Volksherzogthum seinen Mittelpunkt fand. Die neuen Volksherzoge der Alemannen seit Burkhards Zeit unter dem Könige Heinrich dem Sachsen waren die Häupter aller alemannischen Grafen, Edlen und Freien, deren alt hergebrachte Rechte sie dem gemeinsamen deutschen Könige gegenüber zu vertreten hatten. Doch beweiset ihre Erhebung aus der Mitte der übrigen Grafen und Edlen des Landes nicht blos der Namen eines comes, welchen sie auch ferner neben dem eines dux zu führen pflegten, sondern auch der Umstand, daß sie, gewissermaßen die Stelle eines Beamten und Fürsten in ihrer Person vereinigend, selbst noch einige Comitate verwalteten. Denn so war jener Herzog Burkhard zugleich Graf im Thurgau, wie auch nachmals sein Sohn der zweite Herzog Burkhard, und der Herzog Hermann, des ersten Burkhard Nachfolger, so wie dessen Erben, die Herzoge Ludolf und Otto in Alemannien, zugleich Grafen in Chur-Rhätien und im Breisgau [1]).

Indessen das volksthümliche Gebiet der Alemannen hat im Unterschiede von ähnlichen Landschaften in Deutschland das Geschick gehabt schon frühzeitig in sich gespalten und gebrochen zu werden, so daß es trotz allen ethnographischen Zusammenhanges in geographischer und theilweise auch in politischer Beziehung doch nie eine so innige und in sich fest zusammenhängende Masse wie das Sachsenland und vornehmlich das Land der Baiern gebildet hat. Ueberhaupt spielt die Thallinie des Rheinstromes innerhalb des Alemannen-Landes als Grenzmark eine sehr wichtige Rolle, und gleich wie die helvetischen Gebiete Alemanniens im

---

1) Pupikofer, Geschichte des Thurgaues. 1. Seite 76. 78. Stälin, wirtembergische Geschichte. 1. S. 527.

Thurgau und Aargau und das raurachische Helvetien in dem Baseler-Lande auf der Südseite des obern Rhein oftmals von dem gemeinsamen Hauptlande getrennt waren, so zeigt sich dasselbe mit dem gesammten Lande auf der Westseite des obern Rhein. Der Elsaß im weitern Sinne genommen ward frühzeitig als ein eigenes Gebiet geographisch von dem übrigen alemannischen Lande unterschieden, und das beruhete zum Theil auf politischen Verhältnissen. Die Besiegung und Unterwerfung der überrheinischen Alemannen durch Chlodwig am Ende des fünften Jahrhunderts muß die erste Veranlassung zu jener Spaltung des alemannischen Landes gegeben haben, die sich dann durch alle Zeiten der Geschichte hindurchzieht und sich in den neuern Grenzen Deutschlands (als Reich oder Staat genommen) hier eben so gegen Frankreich bemerkbar macht wie dort in dem helvetischen Tafellande gegen die Schweiz. Auch erscheint bereits im siebenten Jahrhundert ein eigenes Dynastengeschlecht in dem alemannischen Elsaß, welches jedoch die Oberhoheit der Franken unter ihren karolingischen Majores Domus ruhig anerkannt haben muß, während die Alemannen im Osten am obern Rhein unter ihren einheimischen Fürsten, wozu besonders das des Herzogs Gottfried am Bodensee gehört, politische Unabhängigkeit von den neuen Beherrschern der Franken in Anspruch nahmen. Doch lernen wir den Namen des Elsasses (Alsatia) erst bei den karolingischen Autoren kennen (Th. II. S. 56), zugleich aber in weiterer Ausdehnung gegen Süden über das gesammte Thal der Birs bis zum Jura hin als es später der Fall war. Auch ist es nicht unwahrscheinlich, daß zu dem Elsaß in jenem Umfange die Landschaft Ortenau auf dem Ostufer des Rhein mit gerechnet wurde, indem sie später gleich dem Elsaß immer von dem übrigen Lande Alemannien geographisch unterschieden ward. Sie war zugleich ein Theil des Bisthums Straßburg, dessen kirchliche Abtheilung sich wohl nach einer politischen richtete und ihre gleichzeitige

Unterwerfung unter Chlodwigs Herrschaft mit der der Diöcese von Straßburg im Elsaß vermuthen läßt ¹).

Wurde auch durch Chlodwigs Söhne bei der Erwerbung des gesammten alemannischen Landes der Elsaß nebst der Ortenau wieder mit dem übrigen Alemannien vereinigt, so erfolgte doch noch am Ende des sechsten Jahrhunderts eine neue Abtrennung desselben durch den austrasischen König Childebert nebst den andern überrheinischen Gebieten Alemanniens namentlich im Thurgau, was bekanntlich den Bürgerkrieg zwischen seinen beiden Söhnen, den Königen von Austrasien und Burgund, hervorrief. Nach der Herstellung der alten Ordnung der Dinge unter dem Könige Chlothar II. scheint sodann der Elsaß während des ganzen siebenten und achten Jahrhunderts mit dem alemannischen Hauptlande in genauer Verbindung geblieben zu sein, bis die Theilungsprojekte Kaiser Ludwigs des Frommen auch hier wie an andern Orten wieder willkührlich die Länder zerschnitten und demgemäß sodann die große Reichstheilung zu Verdun den frühern Vorgängen in dieser Beziehung hier folgte. So kam der Elsaß und zwar ohne die Ortenau, aber mit Einschluß seiner südlichen Erweiterung bis zum Jura, an das Reich des Lothar, wie eine Urkunde dieses Kaisers für das Münster Granfelden im obern Birs=Thale vom Jahre 849 ausdrücklich bezeugt ²). Zwar wurde der Elsaß später in Folge des Vertrages zu Mersen vom Jahre 870 wieder mit dem ostfränkischen Reiche und somit auch mit dem andern Alemannien vereinigt, aber die Spaltung dieses Landes durch die große Thallinie des Rheins schien hier so bestimmt hervorzutreten, daß nicht lange nachher jenes überrheinische Alemannien, so weit es von dem Könige Arnulf beherrscht wurde, wiederum mit dem neuen lotharingischen Reiche seines

---

1) Stälin, wirtemb. Geschichte. I. S. 224. Anmerk. 1.
2) Delius bei Ersch u. Gruber, allg. Encyklopädie. I, 1. S. 10.

Sohnes Zwentibold verbunden wurde, bis dann nach dessen
Auflösung zur Zeit des unmündigen Königs Ludwig und
nach manchen politischen Schwankungen in diesem Gebiete
zur Zeit des Königs Konrad des Franken der Elsaß durch
den König Heinrich den Sachsen in Folge der Erwerbung
von Lotharingien wiederum fest mit dem deutschen Reiche
verbunden ward und mit seinem alten Hauptlande Alemannien bis zum dreizehnten Jahrhundert hin in enger Verbindung geblieben ist [1]).

Stand demnach auch das rhätisch-alemannische
Land zusammen unter dem Volksherzoge der Alemannen,
so pflegte man doch geographisch die Haupttheile seines
Gebietes zu unterscheiden. Wenn daher in der ersten Reichs-
theilung zu Worms vom Jahr 829 Kaiser Ludwig der
Fromme seinem Sohne Karl nach der Angabe des Theganus
die Länder Alemannien und Rhätien übergab, so sagen die
Annalen von Weißenburg im Elsaß, daß der Kaiser seinen
Sohn zum Herzoge über den Elsaß, über Alemannien und
Rhätien gemacht habe [2]). Auf gleiche Weise werden so
in der ein Decennium später fallenden Reichstheilung vom
Jahre 839 in diesem oberrheinischen Lande die drei Haupttheile desselben unter den Namen des ducatus Helisatiae,
ducatus Alamanniae und Curia in den Annalen von St.
Bertin unterschieden [3]). Aber schon im achten Jahrhundert
machte man diesen geographischen Unterschied, wobei man
auch noch die Ortenau namentlich anzugeben pflegte, wie

---

1) Obrecht, dissert. de ducatu Sueviae cum ducatu Alsatiae unito ap. Wegelin, thesaurus rerum Suevic. II. p. 49 — 57.

2) Theganus, vita Ludov. Imp. c. 35 ap. Pertz, mon. II.
p. 597. Venit Wormatiam, ubi Karolo filio suo terram Alaman-
nicum et Redicam et partem aliquam Burgundiae tradidit. Annal. Weissemb. ap. Pertz, mon. I. p. 111. Karolus ordinatus est
dux super Alisatiam, Alamanniam et Riciam.

3) Annal. Bertin. a. 839 ap. Pertz, mon. I. p. 434. 435.

in dem Testamente des Abtes Fulrad vom Jahre 777, wo Alsacinse, Mortenavia und Alamannia neben einander genannt sind, und in dem Testamente des Bischofs Heddo von Straßburg vom Jahre 763, wo es in Alamannia vel in Mordunova heißt [1]). Ja für diesen letztern, im Osten des Rhein gelegenen Bezirk bediente man sich gradezu der Bezeichnung ultra Rhenum mit ausdrücklicher Unterscheidung von Alemannia, wie es in einem Capitulare von Kaiser Ludwig dem Frommen vom Jahre 817 heißt [2]). Demnach kann es auch nicht befremden, wenn diese Unterscheidung des alemannischen Landes diesseit und jenseit des Rhein auch bei den spätern Autoren wie bei Hermann dem Lahmen vorkommt, wenn er von den Raubzügen der Ungarn sprechend sagt, daß die letztern nach der Verheerung von Baiern, Alemannien und Ost=Franken auch den Rhein überschritten hätten, um den Elsaß nebst dem Lande Lotharingien zu verwüsten [3]).

Gleich wie Hohenrhätien oder Chur=Rhätien gehörte der Elsaß unstreitig zum Amtsbezirke oder zu dem von dem Volksherzoge der Alemannen verwalteten und repräsentirten Lande, wenn er auch noch in der ältern Zeit des Mittelalters unter dem Namen eines ducatus neben dem ducatus Alemanniae erscheint. Nur wurde der Elsaß wie der größte Theil des alemannischen Landes unter der Oberhoheit jener Volksherzoge von besondern Grafen verwaltet, bis dann mit der innern Umgestaltung aller politischen Verhältnisse in diesem Lande zur Zeit der Hohenstaufen auch hier wesentliche Veränderungen eintraten. Bei einigen Herzogen von Alemannien wird daher auch ausdrücklich von den Geschicht=

---

1) Stälin, wirtemberg. Geschichte. I. S. 224. Anmerk. 1.
2) Constit. de serv. monast. a. 817 ap. Pertz, mon. III. p. 223.
3) Hermann. Contr. a. 937. Ungarii per Bajoariam Alamanniamque et orientalem Franciam praedis vagantes, transito Wormatiae Rheno, Alsatiam, regnum Lotharii vastantes etc.

schreibern und in den Urkunden jener Zeit angegeben, daß sich ihre Herrschaft über beide Theile des alemannischen Landes erstreckt habe. So wird der Herzog Konrad, aus dem fränkischen Hause der Konradingen gegen das Ende des zehnten Jahrhunderts, in den Urkunden als Alamannorum et Alsaciorum dux gloriosus bezeichnet, und auf gleiche Weise erscheint bei seinem Neffen und Nachfolger in jenem Herzogthum, dem Herzoge Hermann II., der Titel des Elsaß neben dem von Alemannien (dux Alamanniae et Alsatiae) in den Annalen von St. Gallen und bei dem sächsischen Geschichtschreiber Ditmar von Merseburg [1]). Doch kann man es als auffallend betrachten, daß dieser letztere Geschichtschreiber bei Gelegenheit des Kampfes jenes Herzogs Hermann mit dem Kaiser Heinrich II. am Anfange des eilften Jahrhunderts die elsassische Stadt Straßburg als die Hauptstadt des gesammten Herzogthums Alemannien bezeichnet, da doch der eigentliche Sitz des alemannischen Volksherzogthums, wie auch aus der Zeit der Hohenstaufen erhellt, in dem Lande am Schwarzwalde, am Bodensee und an der obern Donau also in dem später sogenannten Ober-Schwaben zu suchen ist, wenn auch die Stadt Straßburg seit alter Zeit den Rang einer Metropole in dem überrheinischen Alemannen-Lande oder dem gesammten Elsaß mit Recht in Anspruch nahm [2]).

Als Herzog Burkhard schon im Jahre 926 seinen Tod in Italien gefunden hatte und, wie es wahrscheinlich ist, nur einen unmündigen gleichnamigen Sohn hinterließ, ernannte der König Heinrich den fränkischen Grafen Hermann, Sohn des Pfalzgrafen Gebhard aus dem Stamme der Konradingen, zum Herzoge in Alemannien (Th. III.

---

1) Stälin, wirtembergische Geschichte. I. S. 466 bis 470.
2) Thietmar Merseb., chron. a. 1002. Rex (Henricus II.) Alemanniam invadere conatur. Dux autem caput ducatus sui Argentinam, quae Strasburg dicitur, milite petit armato.

S. 315), welcher sich zugleich mit des verstorbenen Herzogs Wittwe Regilinde vermählte, um sich die Zuneigung des alemannischen Volkes zu erwerben und sein Haus zu dem nöthigen Reichthum in jenem Lande zu bringen. Dieser Herzog Hermann wird von den ältern deutschen Geschicht=schreibern, namentlich von dem Fortsetzer von Reginos Chro=nik und von Hermann dem Lahmen als ein sehr tüchtiger und weiser Fürst gerühmt, unter dessen Verwaltung das durch die frühern Einfälle der Ungarn verwüstete Schwaben=land wieder aufblühete[1]). Doch mangelte es ihm an männ=lichen Nachkommen. Seine einzige Tochter Ida, die Erbinn reicher Güter, vermählte er an Kaiser Otto des Großen Sohn Ludolf, welchem sein Vater bei Hermanns Tode noch am Schlusse des Jahres 948 im folgenden Frühjahr zu Worms das Herzogthum in Alemannien übertrug. So war die Herrschaft dieses Landes nach dem Tode ihres ersten Begründers schon an einen Franken und einen Sachsen übergegangen, obschon sich beide die Liebe und Zuneigung ihrer neuen Stammgenossen zu erwerben wußten. Leider währte des letztern Herrschaft nur kurze Zeit, da er in den Strudel der politischen Verwirrungen jener Zeit hineingeris=sen sich den Empörern gegen seinen Vater anschloß und da=her des Herzogthums bald entsetzt wurde, welches Otto der Große nun wieder im Jahre 954 an einen einheimischen Großen, den Grafen Burkhard, verlieh, welchen man wohl für einen Sohn des ersten Herzogs dieses Namens halten darf[2]). Dieser Herzog Burkhard II., welcher bis zum Jahre 973 das alemannische Land verwaltete, ist be=sonders bekannt durch seine schöne und reich begabte Gattinn, die Herzoginn Hedwig, eine Tochter des Herzogs Heinrich von Baiern und Nichte Ottos des Großen, und seine Ver=

---

1) Stälin, wirtembergische Geschichte. I. S. 444.
2) Stälin a. a. O. I. S. 445 bis 453.

bindung mit ihr mochte nicht ohne Antheil an seiner Erhebung zum Herzogthum gewesen sein. Mit diesem Burkhard endigt aber auch das Geschlecht der Burkhardingen, welches das ausgezeichnetste und durch seine Macht und Reichthum am meisten hervorragende unter den schwäbischen Fürsten am Ende des neunten und am Anfange des zehnten Jahrhunderts genannt werden muß.

Schon früher (Th. III. S. 309) ist auf die Abstammung, Stellung und Ausbreitung dieses schwäbischen Dynastengeschlechtes, das bei den Kämpfen um die Wiederherstellung des Volksherzogthums in Alemannien eine so wichtige Rolle spielt, hingewiesen worden. Die Namen Adalbert, Burkhard und Udalrich erscheinen als die vorherrschenden in diesem Geschlechte, und den Grafen Adalbert den Erlauchten um die Mitte des neunten Jahrhunderts muß man als den ersten sichern Stammvater desselben betrachten, wenn man nicht bis zu dem rhätischen Grafen Hunfried zu Karls des Großen Zeit hinaufgehen will. In dem gesammten obern Rheinlande und in den Gebieten um den Bodensee von dem St. Gotthard an bis zur Baar am Schwarzwalde begütert und ansehnliche Staatsämter namentlich die Comitate in Chur-Rhätien und im Thurgau vielfach verwaltend konnte es nicht fehlen, daß sie bei dem Sinken der Macht der schwäbischen Kammerboten Berchtold und Erchanger im Kampfe mit der Parthei der geistlichen Fürsten, an deren Spitze der kühne und unternehmende Bischof Salomon von Constanz stand, bald für die Häupter des alemannischen Volkes galten und als solche mit mehr Glück die Erneuerung des Herzogthums erstrebten. Mißlang dies auch noch dem Sohne des Grafen Adalbert, dem sogenannten rhätischen Markgrafen Burkhard, der mit seinem Bruder dem jüngern Adalbert, Grafen im Thurgau bei den Partheikämpfen im Jahre 911 seinen Tod fand, so gelang es doch seinem Sohne, dem jüngern Burkhard, der als erster Volksherzog bei den Alemannen anerkannt ward und in dieser Würde nachmals auch seinen gleichnamigen Sohn zum Nachfolger hatte ¹).

Neben den Burkhardingen tritt unter den alten alemannischen Adelsgeschlechtern das uralte, aber bestimmter seit Ludwigs des Frommen Zeit vorkommende Geschlecht der Welfen hervor, welche sich von ihren Stammbesitzungen in den nördlichen Uferlandschaften des Bodensees weit durch die schwäbischen und baierschen Gebiete und gegen Süden bis in die Alpen hinauf ausbreiteten. Ueber ihre Verzweigung und politische Stellung wird weiter unten bei der Angabe der Gaue, in welchen sie als einheimisch erscheinen, oder über welche sie walteten, die Rede sein. Dann aber sind unter den alemannischen Fürsten dieser Zeit auch noch die Abkömmlinge des durch die Karolingen gestürzten Herzogsgeschlechtes des Gottfried zu nennen, welches letztere in eben den Gegenden, wo die Burkhardingen und Welfen auftreten, zu beiden Seiten des Bodensees heimisch war. Denn auch nach dem Verluste seiner politischen Macht blühete jenes Geschlecht in großen Grundbesitzern, welche oft die Comitate in den dortigen Gegenden verwalteten, noch lange fort, besonders auf dem Schwarzwalde und in Ober-Schwaben, und gelangte durch die Gattinn, welche Karl der Große aus ihm wählte (die Hildegarde), bald aufs neue zu Glanz und Macht. Doch ist dies nur ein durch weibliche Verwandtschaft mit dem Geschlechte Gottfrieds zusammenhängender Zweig dieses ausgebreiteten Stammes, von dem nicht sicher bekannten Gemahl der reichen Erbinn Imma

---

1) Die Genealogie des Geschlechtes der Burkhardingen ist sehr verwickelt und wird von den neuern Schriftstellern wie von Hormayr, Pupikofer, Baber u. a. sehr verschieden angegeben. Die erste gründliche Behandlung dieses Gegenstandes nach den Urkunden ist von Uffermann in dem prodr. Germ. sacrae, observat. in annal. Alamann. und danach bei Pertz, mon. Germ. I. p. 57—60. Vergl. besonders Neugart, episcopatus Constantiensis. S. Blas. 1803. 4. Tom. I. p. 178—187.

entsprossen ¹), der Mutter jener Hilbegarde, deren einer Bruder, der berühmte Gerold, Statthalter von Baiern zu Karls des Großen Zeit war, während der andere, der Graf Ulrich der Stammvater einer großen Reihe meistens eben so benannter Grafen geworden ist, in deren Händen die Verwaltung der Comitate im Argengau und Linzgau am Bodensee fast schon erblich erscheint. Aus eben dieser Familie stammen die ältesten Grafen von Bregenz und Buchhorn. Aber als männliche Nachkommen jenes alten herzoglichen Geschlechtes ist eine ganze Reihe von Grafen zu betrachten, welche wir in der Zeit des achten Jahrhunderts auf dem Schwarzwalde in der Baar und im Breisgau genannt finden, und um so höher würde der Ruhm jenes Geschlechtes des Gottfried steigen, wenn, wie es eben dort wegen der stets sich erneuernden Namen Berchtold und Birthilo nicht unwahrscheinlich ist, das nachmals mit so großem Glanze in derselben Gegend auftretende Geschlecht der Zähringer mit seinen Berchtolden von demselben abzuleiten wäre, indem auf solche Weise dies bis in das siebente Jahrhundert zurückgehende schwäbische Fürstengeschlecht noch jetzt mit erneutem Glanze in der uralten Heimath in den Großherzogen von Baden fortblühen würde ²).

So glorreich auch das Geschlecht der Hohenstaufen in der spätern Zeit des Mittelalters unter dem schwäbischen Adel hervortritt, so wenig ist doch der Ursprung desselben in der frühern Zeit desselben zu erkennen und ist in der Zeit der Ottonen noch durchaus unbekannt. Dagegen führt der

---

1) Als den Gemahl jener Imma betrachtet Neugart nach den ihm zu Gebote stehenden Urkunden aber den Grafen Adelhard, welcher ums J. 763 das Comitat in der Baar und dem Breisgau verwaltete, und welcher gleichfalls ein männlicher Abkömmling des Herzogs Gottfried sein würde, wenn er, wie Neugart annimmt, dem Geschlechte der Birthilonen auf dem Schwarzwalde angehörte. Neugart, episcop. Const. I. p. 66—68.
2) Stälin, wittemberg. Gesch. 1. S. 212. 331. 549 bis 552.

Ursprung desjenigen schwäbischen Adelsgeschlechtes, welches nach dem Untergange jenes schwäbischen Kaiserhauses zur Herrschaft im deutschen Reiche berufen wurde, auch fortan einen hohen Rang unter den edelsten deutschen Fürstengeschlechtern einnahm und die Kaiserkrone des deutschen Reiches zuletzt auf Jahrhunderte seinem Stamme zu bewahren wußte, schon in die Zeit des zehnten Jahrhunderts zurück. Denn der im Aargau einheimische Graf Guntram der Reiche, dessen Stammbesitzungen also wiederum dort an obern Rhein zu suchen sind, wo einst Gottfrieds Geschlecht blühete, und wo sich die Besitzungen der Burkhardingen und Welfen ausbreiteten, erscheint zur Zeit des Kaisers Otto des Großen als der erste sichere Stammvater des berühmten Geschlechtes der Habsburger, welches auch nach der Verpflanzung der Hauptlinie desselben nach dem Lande Oestreich an der Donau in seinen Seitenlinien bis zu ihrem Erlöschen in den helvetischen Gebieten von Schwaben und von Burgund stets einheimisch geblieben ist. Bei dem hohen Glanze, zu welchem sich das Geschlecht der Habsburger gegen das Ende des Mittelalters emporschwang, fehlte es natürlich nicht an mancherlei Versuchen den Ursprung desselben noch weiter in das Alterthum zurückzuverlegen, und da diese Habsburger bekanntlich auch im Elsaß als begütert erscheinen, wo sie die Landgrafschaft im Sundgau bekleideten, so bot sich durch manche Andeutungen in den Urkunden unterstützt leicht der Gedanke dar, sie an das alte Dynastengeschlecht anzuschließen, welches wir dort schon früher (Th. II. S. 274) als einheimisch kennen gelernt haben. Indessen dieses sogenannte etichonische System, wie es vor einem Jahrhundert von dem gelehrten Benediktiner Marq. Herrgott zu St. Blasien aufgestellt worden ist, war doch zu wenig fest in sich begründet, und wurde in der neuern Zeit in seiner Unhaltbarkeit dargethan [1]). Was auch sonst das Schicksal der

---

1) Rich. Röpell, die Grafen von Habsburg. Halle 1832. 8.

Sprößlinge und Nachkommen jenes elsassischen Dynasten Ethico oder Eticho gewesen sein mag, die früher ziemlich allgemein angenommene Hypothese von dem gemeinsamen Ursprunge der fürstlichen Geschlechter Habsburg, Lothringen und Baden (Zähringen) hat jetzt keine Geltung mehr, und die Habsburger haben so wenig mit den Etichonen einen Zusammenhang, wie höchst wahrscheinlich auch die Zähringer mit den Habsburgern.

Bereits oben ist bemerkt worden, daß nicht selten die größern Landschaften Deutschlands und selbst ganze **volksthümliche** Gebiete unter dem Namen eines pagus in den mittelaltrigen Schriften und Urkunden erwähnt werden, weil der mit dem Ausdrucke Gau oder pagus zusammenhängende Begriff ein in vielfacher Beziehung schwankender war. So finden wir nun auch hier für das Schwabenland den Ausdruck Alemannorum s. Alemanniae pagus gebraucht, obschon er nur in dem Schenkungsbuche der Abtei Lorsch vorkommt [1]). Zwar glaubten die ältern Geschichtsforscher wie Bessel und Neugart, daß darunter ein besonderer Theil des Herzogthumes Alemannien oder das alemannische Land im engsten Sinne zu verstehen sei namentlich das Gebiet am Schwarzwalde um die Quellen des Neckar und der Donau, wie die Urkunden in jenem Schenkungsbuche zu beweisen schienen [2]), indessen schon der pfälzische Geschichtschreiber Freher behauptete mit Recht, daß es solch einen Gau (nach dem jetzt üblichen Sinne dieses Wortes) niemals gegeben habe [3]). Da dieser alemannische Gau oder Al-

---

1) Neugart, codex diplom. Alemann. et Burg. I. N. 127. Dipl. a. 797. Ego Liutpertus trado omnes res meas in pago Alamannorum in loco, qui dicitur Tillendorf (das heutige Dillendorf in der Nähe von St. Blasien am obern Rhein) ad monasterium S. Galloni.

2) Chron. Gottwic. II. p. 535. N. 10. Neugart, episc. Constant. Proleg. p. XXI.

3) Freher, orig. Palat. I. c. 5. p. 57.

mangau der Urkunden des achten Jahrhunderts fast das gesammte Ober=Schwaben vom Lech bis zum Rhein um=faßt, so ist sein Name offenbar gleichbedeutend mit der Provinz oder dem Lande Alemannien (mit Ausschluß des Elsaß), so wie auch der Ausdruck pagus Alsatius für die ganze Landschaft des Elsaß vorkommt ohne einen besondern gleichnamigen Gau zu bezeichnen. Auch scheinen zahlreiche in eben diesem alemannischen Gau am Schwarzwalde vor=kommende Ortsnamen, welche mit der Sylbe Al beginnen, darauf hinzuweisen, hier das Hauptland des alemannischen Volksstammes zu suchen [1]). Könnte man demnach auch auf gewisse Weise die Annahme eines besondern pagus Ale=mannorum zulassen, so würde er doch immer nur als eins mit dem Lande Alemannien im engern Sinne zu betrach=ten sein, wie dasselbe aus einer ganzen Reihe von kleinern Gauen bestand, wogegen der ihm von jenen Geschichtsfor=schern zugewiesene Umfang, nach welchem er gleichfalls aus verschiedenen kleinern Gauen bestehen sollte, eben so zu be=schränkt wie ihre Auffassung von den sogenannten Unter=gauen irrig zu nennen ist [2]).

Die schwäbischen (und burgundischen) Gaue am Bodensee und im obern Rheinlande.

In dem karolingischen Zeitalter tritt die Gaueintheilung in dem Schwabenlande zuerst bestimmter hervor. Doch ist die Ausmittelung der Grenzen der verschiedenen Gaue in dem Gebiete des alten Helvetiens mit vielen Schwierigkei=ten verknüpft, weil die Gaue nicht immer denselben Umfang behielten, und weil die Bezeichnung pagus bald im geo=

---

1) Pfister bei Ersch und Gruber, allg. Encyklop. I, 1. S. 7.
2) Delius bei Ersch und Gruber, allgemeine Encyklopädie. I, 1. Seite 11.

graphischen oder landschaftlichen, bald im politischen
Sinne genommen wurde. Dies gilt namentlich von den
vier seit alter Zeit in diesem Lande vorkommenden Bezeich=
nungen des Thurgau, Zürichgau, Aargau und Wiflisburger=
Gau, deren Bedeutung sich daher nur aus einer genauen
Unterscheidung der verschiedenen Zeiten ergeben kann [1]).

Der sich rings um den Fluß Thur ausbreitende Thur=
gau (pagus Thurgoviae) umfaßte in der Zeit des achten
und in der ersten Hälfte des neunten Jahrhunderts die ganze
Osthälfte des helvetischen Tafellandes nebst dem Thur=
gauer=Alpenlande, also nicht blos den heutigen Kanton die=
ses Namens nebst den angrenzenden Gebieten des Kantons
St. Gallen und den Ländern von Appenzell und Toggen=
burg, sondern auch die Landschaften der Kantone Zürch, Zug
und Schwyz und am Zürcher=See aufwärts bis zum Thale
der Linth im Lande Glarus. In diesem Umfange erscheint
das bezeichnete Gebiet bereits in den vornehmlich das Stift
St. Gallen betreffenden Urkunden seit der Mitte des achten
Jahrhunderts unter dem Namen des pagus Durgaugensis,
Durgauginsis, Durogavensis, Turgaugensis und Turgauin-
sis, womit dann auch die Formen pagus Durgania, Dur-
gavia, Durgawi, Durgauge, Turigavi und Turgavia ab=
wechseln [2]). Eben so wird in der Lebensbeschreibung des
heil. Gallus des pagus Durgaugensis gedacht [3]), und bei
den Annalisten von St. Gallen finden wir die Ausdrücke
von einem pagus Durgouwe oder pagus Turgoiensis so
wie Turgaugie, Turgowie und Turgowe theils in dem=

---

1) **Fäßlin**, Staats= und Erdbesch. der schweiz. Eidgen. I. S. 21.

2) **Neugart**, codex diplom. Alemanniae et Burgundiae. I
N. 11. 12. 18. 19. 21. 24. 28. 32. 35. 37. 38. 42. 43. 58. 59. 65. 76.

3) Vita S. Gall. ap. Pertz, mon. II. p. 18. Veniens Otwinus
praeses cum exercitu magno, crudelitate successus, devastavit
aliquam partem pagi Durgaugensis, Constantiam et Arbonam
succendit igne etc. Quo metu ex Arbonensi pago rerum copia
sublevata est etc.

selben, theils in einem beschränktern Umfange gebraucht ¹). Gegen Südosten grenzte der alte Thurgau an das Land Hohenrhätien und zwar in der oben bezeichneten Grenzlinie von der Einmündung des Rhein in den Bodensee über die Höhen des Säntis und Dödi hinweg bis zum St. Gotthard. In der Thalsenkung zwischen dem Walenstädter- und Zürcher-See trennte diese Linie die beiden kleinen dort liegenden Landschaften Gastern, die zu Hohenrhätien gehörte, und die sogenannte March, welche zu Alemannien und zum Thurgau gehörte. Denn auf rhätischem Gebiete lag dort noch das alte Frauenstift Schännis in der Nähe von Wesen, auf schwäbischem Gebiet aber der Ort Wangen nicht weit von Tuggen am obern Ende des Zürcher-Sees, wo der heil. Columbanus zuerst den Alemannen das Christenthum verkündigte ²). Die Landschaft March (terminus Helvetiorum), wovon Lachen (ad lacum) am Zürcher-See den Hauptort bildete, erscheint aber schon in einer Urkunde vom Jahre 880 unter dem Namen der Mark von Tuggen (marca Tuccuniae), da dieser Name seit des Columbanus und Gallus Zeit hier am bekanntesten gewesen sein mag ³).

Gegen Norden erstreckte sich der Thurgau bis zum Bodensee und bis zum Rhein und westwärts an demselben hinab bis zur Einmündung der Aar ⁴). Gegen Westen reichte er bis zur Reuß, die ihn von dem Aargau schied,

---

1) Casus S. Gall. cont. ap. Pertz, mon. II. p. 159. Ratperti cas. S. Gall. ap. Pertz l. c. II. p. 73. Conradi de Fabar. cas. S. Gall. ap. Pertz l. c. II. p. 174. 176. 179.

2) Neugart, codex diplom. Alemanniae. I. N. 306. Dipl. a. 844. In pago Turgauge loco, qui dicitur Wangas prope marca Reciae, basilica constructa, ubi S. Columbanus cum suis habitare volebat.

3) Füßlin, schweiz. Erdbeschreibung. I. S. 326.

4) Casus S. Galli cont. ap. Pertz, mon. II. p. 159. Abbas S. Galli Oudalricus se in hostes ulciscendo circuiens totum pagum Durgouwe usque ad Potamicum lacum nulli pepercit.

und daher mag es kommen, daß noch jetzt eine Gegend am Zusammenfluß der Reuß und Limmat mit dem Namen „im Thurgau" bezeichnet wird, obgleich sich schon frühzeitig das ganze westliche Gebiet unter dem besondern Namen des Zürichgaues absonderte ¹). Gegen Süden in das Gebirge aufwärts muß der alte Thurgau den größten Theil der noch im karolingischen Zeitalter mit dichten Waldungen bedeckten und später sogenannten Waldstätte (Sylvestres oder in Sylva) umfaßt haben, namentlich das Urner-Alpenland nebst Schwyz und einen Theil von dem Kanton Unterwalden. Gegen Südwesten aber reichten seine Grenzen über den Zuger-See hinaus bis zum untern Ende des Waldstätter d. h. des Luzerner-Sees, um außer der Stadt Luzern auch einen Theil dieses Kantons in sich einzuschließen ²).

In diesem Umfange lernen wir den ausgedehnten Thurgau schon um die Mitte des achten Jahrhunderts als Amtskreis kennen, indem uns hier die Grafen Peppo, Ulrich und Berterich wegen einiger Vergabungen an das Kloster St. Gallen in diesem Gau genannt werden. Nach ihnen verwaltete der Graf Warin zur Zeit des Königs Pipin das Comitat im Thurgau und ist vorzüglich durch die Gewaltthaten bekannt geworden, die er in Verbindung mit dem Grafen Rudhard und dem Bischofe Sidonius von Constanz gegen den Abt Othmar von St. Gallen ausübte ³). Dem bezeichneten Umfange entsprechend wird dieser alemannische Gau auch in dem Testamente Karls des Großen vom Jahre 806 genannt, wo es heißt, daß sein Sohn, der italische König Pipin, an der Nordseite der Alpen außer dem Lande Bajoarien auch Hohenrhätien und den Thurgau er=

---

1) Escher bei Ersch u. Gruber, allg. Encyklop. I, 32. S. 69.
2) Bluntschli, Staats- und Rechtsgeschichte der Stadt und Landschaft Zürich. Zürich 1838. 8. Th. I. S. 21. Neugart, episc. Constant. Proleg. p. LXXIX — LXXXVI.
3) Pupikofer, Geschichte des Thurgaues. I. S. 51. 52.

halten sollte ¹). Und eben so wird dieses Gebiet in jenem Umfange durch die Ausdrücke der Vergabungsbriefe bestätigt, welche der König Ludwig der Deutsche der von ihm gestifteten Frauenmünster=Abtei in Zürch ausstellte. In diesen werden der königliche Hof zu Zürch, die Villa Cham am Zuger=See und das Ländchen Uri als im Thurgau gelegen bezeichnet ²).

Aber die zugleich landschaftliche Bedeutung des Namens des Thurgaues ergiebt sich daraus, daß bereits im achten Jahrhundert, wo mehrere Comitate in diesem Gebiete noch nicht gewesen zu sein scheinen, doch innerhalb desselben noch einige andere Gaue genannt werden, welche mit Ausnahme des Zürichgaues auch später nicht von besondern Grafen verwaltet worden sind. Denn so erscheint schon frühzeitig das Gebiet der alten Stadt Arbon, castrum Arbonense in der Lebensbeschreibung des heil. Gallus genannt ³), in demselben Berichte als der Arboner=Gau (pagus Arbonensis s. Arbungowe), welcher das Land an den Südwestgestaden des Bodensees, das heißt das Gebiet von St. Gallen so wie das Appenzeller=Alpenland an der

---

1) Walter, corpus juris Germ. ant. II. p. 215. Capit. Carol. M. a. 806. Pippino Italiam, quae et Longobardia dicitur, et Bajoariam — et de Alamannia partem, quae in australi ripa Danubii fluminis est, — una cum ducatu Curiensi et pago Durgoure assignavimus.

2) Müller, schweiz. Geschichte. I. S. 207. Neugart, codex diplom. Alemann. I. N. 349. Dipl. a. 853. Tradimus curtim nostram Turegum in ducatu Alamannico in pago Durgaugensi cum omnibus adjacentiis vel aspicientiis ejus id est pagellum Uroniae cum ecclesiis — insuper etiam forestum nostrum Albis nomine ad monasterium nostrum, quod situm est in eodem vico Turego, ubi S. Felix et S. Regula martyres Christi corpore quiescunt. Dipl. a. 858. Curtim, quae vocatur Chama, consistens in ducatu Alamannico in pago Turgaugensi etc.

3) Vita S. Gall. ap. Pertz, mon. II. p. 12.

Sitter umfaßte ¹), indem er offenbar mit dem forestum Arbon von dem Bodensee bis zum hohen Säntis aufwärts, wie derselbe in der Bestätigungsurkunde des Kaisers Friedrich Barbarossa für den Umfang des Hochstiftes Constanz vorkommt, zusammenfällt ²). Von der Abtei St. Gallen heißt es daher in den Urkunden des achten und neunten Jahrhunderts, daß sie in Durgawe, in pago Arbonensi et in ducatu Alemannico gelegen sei ³).

Auf gleiche Weise erscheinen die südlichen von den Flüssen Reuß und Linth bewässerten Alpenthäler des Thurgaues als eigene Gauen oder doch als Centen oder Marken des Gaues. Die Landschaft Uri wird zum erstenmale in dem Vergabungsbriefe Ludwigs des Deutschen vom Jahre 853 als der kleine Urner=Gau (pagellus Uraniae, Uroninae) erwähnt ⁴), und das halb rhätische, halb alemannische und der Abtei Seckingen am Rhein gehörige Gebiet von Glarus kommt bereits im sechsten Jahrhundert unter dem Namen des Glarner=Gaues (pagus Glaronensis) vor ⁵).

---

1) Chron. Gottwic. II. p. 547. N. 30. Neugart, episc. Constant. Proleg. p. XXXI.

2) Pupikofer, Geschichte des Thurgaues. I. S. 46. Anm. 18. Arx, Geschichte von St. Gallen. I. S. 15. Praeterea sunt termini foresti Arbon ad flumen Salmasa, inde per decursum ejusdem aquae ad flumen Stainaha, — inde ad flumen Sidronam, inde ad Alpem Sidronam, — inde ad Alpem Sambatinam, inde per firstum usque ad Rhenum, ubi in vertice rupis similitudo Lunae, jussu Dagoberti regis ipso praesente sculpta cernitur ad discernendos terminos Burgundiae et Curiensis Rhaetiae, inde per medium Rhenum usque in lacum. Inde ad Germundas ad praedictum fluvium Salmasa.

3) Neugart, codex diplom. Alemann. I. N. 10—12.

4) Müller, schweizerische Geschichte. I. S. 207. Chron. Gottwic. II. p. 837. N. 493. Neugart, episc. Constant. Proleg. p. LXXXVII.

5) Füßlin, schweizerische Erdbeschreibung II. S. 26. Chron. Gottwic. II. p. 604. N. 176.

Den bedeutendsten Gau in der Landschaft des Thurgaues bildete aber die westliche Gegend derselben. Vor der Trennung Deutschlands von dem gesammten fränkischen Reiche gab es zwar keinen besondern Zürichgau als eigenes Comitat, vielmehr bildete dieser in der karolingischen Zeit nur einen Bezirk des Thurgaues, aber der Name dieses Bezirkes weiset doch auf die später hier bestehende Comitatsverfassung hin, nach welcher es doppelte Grafen im östlichen und westlichen Thurgau gab. Denn schon in den Urkunden aus der Mitte des achten Jahrhunderts heißt es von einigen hier liegenden Orten in pago Durgauginsi sed in sito Zurihgawia, und wohl mochte die Erinnerung an die in dem römischen Zeitalter nicht unwichtige Lokalität von Turicum dazu beigetragen haben diesen Bezirk frühzeitig mit einem eigenen Namen zu bezeichnen [1]). Uebrigens hat man in neuern Zeiten mit Unrecht in den beiden Namen des Thurgaues und Zürichgaues eine gleiche Wurzel finden wollen, und daraus erklärt es sich, daß auch Bessel den schon im Mittelalter [2]) vorkommenden Verwechselungen dieser beiden Gaunamen folgend beide Gaue unter den Namen des pagus Durgaugensis, Durgowe, Turgowe, Turicgowe und Zurichgowe, trotz dem, daß er sie von einander sondert, doch mit einander vermischt und verwechselt [3]). Die Sylben Zur und Tur in den Namen Zürich und Turicum sind von den Sylben Dur und Thur in dem Namen Thurgau durchaus verschieden, und von den Zeitgenossen wurden beide Namen, wie aus den Urkunden von den Jahren 744 und 775 erhellt, immer genau unterschieden [4]).

Erst seit der Mitte des neunten Jahrhunderts zeigt sich ein besonderer Zürichgau, welcher als eigenes Comitat

---

1) Bluntschli, Staats- u. Rechtsgesch. von Zürch. I. S. 21.
2) Füßlin, schweiz. Erdbeschreibung. I. S. 21. 291.
3) Chron. Gottwic. II. p. 581. 821 .N. 128. 465.
4) Neugart, codex diplom. Alemann. I. N. 11. 12. 60.

dem in dem Thurgau entgegengesetzt wird, und möglicher Weise mag die Theilung der Amtsgeschäfte unter die Mitglieder des um diese Zeit hier waltenden Geschlechtes der Burkhardingen darauf von Einfluß gewesen sein [1]). Noch im Jahre 853 wird der Ausdruck Thurgau urkundlich in dem alten umfassenden Sinne gebraucht, und Zürch selbst noch in den Thurgau gesetzt. Vermuthlich hat aber die königliche Stiftung der Frauenmünster-Abtei zu Zürch in jenem Jahre die Veranlassung zu der Bildung des seitdem erscheinenden Zürichgaues (pagus Thuricus, Zurihgowe, Zurihgauge) gegeben [2]), indem nun die Aufmerksamkeit des Königs mehr auf diese Gegend gelenkt wurde und der Ort Zürch durch jene Stiftung an Wichtigkeit und Bedeutung sehr zunahm [3]).

Der südwestliche Theil des alten Thurgaues wurde so zum Zürichgau, der nordöstliche Theil blieb der Thurgau. Der heutige Kanton Zürich ward von dieser Grenzlinie mitten durchschnitten. Die auf der Nordostseite des Zürcher-Sees liegende und unter dem Namen Ullmann bekannte Berggruppe, deren Gipfel in dem Hörnli sich noch an 3600 F. erheben, und welche sich in der Richtung von Südost nach Nordwest neben den beiden kleinen Flüssen Töß und Glatt bis gegen den Rhein hinzieht, scheint die Grenzmark zwischen jenen beiden Gauen gebildet zu haben [4]). Die im Süden und Südwesten dieses Bergrückens liegenden Orte wie Kaltbrunn bei Uznach, Uster und Wangen am obern Ende des Zürcher-Sees gehörten nach den Urkunden aus den Jahren 872, 902 und 972 schon zum Zürichgau, während die Orte Hittnau und Glattburg an der Glatt in den

---

1) Pupikofer, Geschichte des Thurgaues. I. S. 57. Arx, Geschichte von St. Gallen. I. S. 66. 67.
2) Neugart, episc. Constant. Proleg. p. XCII — XCV.
3) Bluntschli, Staats- u. Rechtsgesch. von Zürch. I. S. 22.
4) Wirz bei Ersch u. Gruber, allgem. Encyklop. I, 3. S. 173.

Urkunden aus den Jahren 876 und 906 zum Thurgau gerechnet werden ¹).

Gegen Südwesten erstreckte sich der Zürichgau bis in das heutige Alpenland von Unterwalden, ursprünglich nach seinem Hauptorte das Land von Stanz genannt, indem es in einer Urkunde von dem Kaiser Heinrich V. vom Jahre 1125 für die dortige Abtei Engelberg (Mons angelorum) heißt, daß sie in provincia Burgundiae, in epise. Constantiensi, in pago Zuricowe dicto, in comitatu Zureck gelegen sei. Offenbar hatte aber das ganze Gebiet von Unterwalden, wenn auch zu jener Zeit zum Lande Burgund gerechnet und früher dem Reiche der Rudolfingen angehörig, eine durchaus alemannische Bevölkerung. Indessen die Ausdehnung des Zürichgaues über jenes Land muß frühzeitig in Vergessenheit gerathen sein, indem sich bei den spätern Geschichtschreibern an jene Angabe die irrthümliche Annahme von einer hier befindlichen Landschaft Suringau und einer Grafschaft Surin anschloß ²). Auch konnte diese Meinung bei der falschen Auffassung des Namens Zürich um so eher entstehen, als sich neben jener Abtei Engelberg der Berg Surineck oder die Surenen-Alp erhebt, von welcher ein gleichnamiges Wasser Suren oder Aa genannt sich westwärts in das Thal von Engelberg hinabergießt, und über welche ein Saumpfad aus diesem Thal gegen Osten in das Urner-Land nach Altorf hinüberführt ³). Wenn demnach der von Bessel angenommene und zum Aargau gerechnete pagus Surigowe s. Suricgowe (Sylvania d. h. das Land ober und unter dem Walde, Unterwalden)

---

1) Neugart, codex diplom. Alemann. I. N. 463. 499. 636. 659. 762.

2) Guillimanni Helvetia. p. 12. Chron. Gottwic. II. p. 772. 794. N. 411. 439.

3) Fäßlin, schweiz. Erdbeschreibung. I. S. 346 bis 318. Vergl. Neugart, episc. Constant. Proleg. p. XCIII.

Der Thurgau und Zürichgau.

aus der Reihe der helvetischen Gaue des Mittelalters hinwegfällt, so kann man dagegen mit ihm das Alpenthal von Schwyz, als einen besondern Bezirk oder Gau des Zürichgaues betrachten, indem dasselbe wenigstens gleich in der Zeit nach den Ottonen in einem Diplom von Kaiser Heinrich III. vom J. 1045 unter dem Namen Suites oder pagus Suitensis erwähnt und in demselben das Kloster Einsiedeln und der Ort Tuggen (Tucconia) am obern Ende des Zürcher-Sees genannt wird [1]).

In der Landschaft des Thurgaues nach seinem ursprünglichen Umfange scheint das Dynastengeschlecht der Burkhardingen, welches während der Zeit des neunten und zehnten Jahrhunderts in dem gesammten obern Rheinlande mit so bedeutender Macht hervortritt, vornehmlich einheimisch und reich begütert gewesen zu sein. Wenigstens verwalteten sie meistens die Comitate in Hohenrhätien und im Thurgau. So namentlich im letztern die Grafen Adalbert der Erlauchte und nach ihm sein Sohn der jüngere Adalbert, des rhätischen Markgrafen Burkhard Bruder, und später die beiden alemannischen Herzoge der erste und zweite Burkhard, obgleich auch neben ihnen, vornehmlich seit der Spaltung des Landes in zwei Comitate, manche andere Grafen erscheinen [2]). Einen Beweis für die Macht dieses Geschlechtes liefert die Stiftung und reiche Ausstattung des Frauenstiftes Schännis unterhalb des Walenstädter-Sees durch den rhätischen Grafen Hunfried, mit welchem die Burkhardingen, wenn sie nicht unmittelbar von ihm abstammen, auf jeden Fall verwandt sind. Denn in ihrem Besitz war die Schirmvoigtei

---

1) Chron. Gottwic. II. p. 791. N. 433.
2) Pupikofer, Geschichte des Thurgaues. I. S. 56. 75. 78. Eine vollständige nach den Urkunden angefertigte Reihe der Grafen im Thurgau und Zürichgau von der Mitte des achten bis zum Schlusse des zehnten Jahrhunderts findet sich bei Pipitz, die Grafen von Kyburg. Leipzig 1839. 8. S. 9 bis 11.

jenes ansehnlichen Stiftes, die durch Verwandtschaft wiederum von ihnen an die berühmten Grafen von Lenzburg im Aargau kam.

Unter der Waltung dieser Burkharbingen blühete die Landeskultur im Thurgau eigentlich erst auf. Denn die Fehden zwischen den weltlichen und den geistlichen Fürsten dieses Landes und dann die Raubzüge der Ungarn, welche, wie die Zerstörung von St. Gallen und Basel lehren, diese obern Rheinlande nicht unberührt ließen, waren doch immer nur vorübergehend, und mit dem Siege ihrer Parthei bei der Begründung des Volksherzogthums unter den Alemannen war auch eine neue geregelte Herrschaft in diesen Gebieten gegeben. Die zahlreichen uns aus den Urkunden jener Zeit noch bekannten Schenkungen der Bewohner aller Gebiete um den Bodensee an die geistlichen Stifte zu St. Gallen, Reichenau, Rheinau und Constanz zeigen uns, daß die Landwirthschaft und Bevölkerung im Thurgau und damit auch die Vermehrung und Erweiterung der Ortschaften in der Zeit des neunten Jahrhunderts bedeutend zunahmen [1].

Wohl hätten die Burkharbingen hier am Bodensee den Grund zu einer mächtigen Herrschaft legen können, wenn ihrem Geschlechte eine längere Dauer beschieden gewesen wäre. Aber mit dem Herzoge Burkhard II. erlosch ihr Geschlecht in der zweiten Hälfte des zehnten Jahrhunderts und gab dadurch Raum zum Emporkommen mehrerer anderer Grafengeschlechter, die damals erst emportauchten, aber grade in jener Zeit bei dem allmähligen Erblichwerden der Comitate und bei der beginnenden Auflösung der alten Gauverfassung eine günstige Gelegenheit zur Begründung kleinerer Herrschaften fanden, die doch nicht selten von der größten Bedeutung für die Geschichte dieser Gebiete geworden sind. Ohne Zweifel waren die schon in den Zeiten des jüngern Herzogs Burkhard in dem Thurgau und Zürichgau

---

[1] Pupikofer, Geschichte des Thurgaues. I. S. 58 bis 63.

vorkommenden Grafen in diesen und den benachbarten Gebieten einheimisch, waren zum Theil wohl, wie die reichen Lenzburger im Aargau, den Burkhardingen verwandt, und so mußte es geschehen, daß sie bei dem Erlöschen jenes Geschlechtes durch die ihnen in der Erbschaft zufallenden Besitzungen derselben sich ansehnlich bereicherten, und fortan mit um so größern Ansehn vor ihren Standesgenossen hervorragten. Auch die Vorfahren der Zähringer mögen bei dieser Gelegenheit nicht ohne Erwerbungen in den helvetischen Gebieten geblieben sein. Die mit der Auflösung der Gauverfassung zusammenhängende Sitte bei den gräflichen Geschlechtern sich einen bestimmten von den Besitzungen entlehnten Namen beizulegen, läßt diese neuen Geschlechter deutlicher erkennen. So treten seitdem die Grafen von Nellenburg hervor, deren Stammväter das Comitat im Zürichgau verwalteten, während ihre Nachkommen auf der schwäbischen oder nördlichen Seite des Bodensees eine nicht unbedeutende Herrschaft gründeten. Im Zürichgau selbst erhoben sich bald die Grafen von Kyburg, deren Name durch die Macht, Ausbreitung und den Reichthum dieses Geschlechtes die wichtigsten Momente der helvetischen Geschichte in den etwas spätern Zeiten des Mittelalters bezeichnet [1]). Neben den Kyburgern erhoben sich allmählig, wenn gleich erst seit der Zeit des eilften Jahrhunderts die Grafen von Toggenburg, deren Stammburg am Fuße des Berges Hörnli an der zur Thur gehenden Murg gelegen war, so wie die Grafen von Winterthur und von Wülflingen an den Ufern der Töß, deren Geschlechter entweder mit den Welfen selbst verwandt sein oder doch von welfischen Ministerialen abstammen mögen. Unläugbar ist wenigstens die Verbreitung der Macht des welfischen Hauses von dem Lande jenseit des Bodensees durch die helvetischen Gebiete, wo anerkannt die Herren von Rappers-

---

1) **Pipitz**, die Grafen von Kyburg. Leipzig 1839. 8.

wyl und Uſter eine unechte Seitenlinie jenes Geſchlechtes bildeten ¹).

Von den geiſtlichen Stiftungen namentlich von Conſtanz, St. Gallen, Reichenau und Rheinau ging ganz vornehmlich die Landeskultur in dem öſtlichen Theile des alten Thurgau aus, und dieſe Punkte ſind darum, ſo wie als Träger der neu aufblühenden geiſtigen Bildung, hier noch beſonders zu berückſichtigen. Denn noch um die Mitte des achten Jahrhunderts lag die Abtei St. Gallen, am Flüßchen Steinach in nur geringer Entfernung vom Bodenſee, mitten in einer Wüſte und Wildniß und neben mächtigen kaum noch gelichteten Waldungen, wozu der Arboner-Forſt im Appenzeller Lande gehörte. Das erhellt aus den Urkunden jener Zeit wie aus den Angaben des Walafried Strabo in der Lebensbeſchreibung des heil. Gallus ²). Das Kloſter Rheinau, auf einer Inſel im Rheinſtrom gelegen, wie ſein Name ſagt, im Jahre 778 von einem Grafen Wolf geſtiftet, iſt unter dieſen geiſtlichen Orten am unbedeutendſten ³). Um ſo berühmter iſt dagegen die von dem heil. Pirminius in der erſten Hälfte des achten Jahrhunderts ausgegangene Stiftung auf einer Inſel im Unterſee, welche anfangs Sintlesau genannt bald mit Recht den Namen Reichenau empfangen konnte, und unter den Klöſtern des heil. Benedict einen ſo ausgezeichneten Rang behauptete. An unzähligen Stellen in den Annalen von St. Gallen und in den dieſes Stift betreffenden Urkunden in der karolingiſchen Zeit iſt die Rede von der Augia dives und dem monasterium

---

1) Pupikofer, Geſchichte des Thurgaues. I. S. 78 bis 84.

2) Arg, Geſchichte von St. Gallen. I. S. 40. 41. Solitudinis horror bei Walafr. Strabo, vita S. Gall., und in einer Urkunde vom J. 757 heißt es ecclesia super fluviolum Steinaha in solitudine.

3) Pupikofer, Geſchichte des Thurgaues. I. S. 56. Neugart, episc. Constant. Proleg. p. LXXXIII. Rinawa coenobium in Alamannia, in pago Turgowe, in comitatu Adalhalmi.

Augense, welches letztere den mit der Insel gleichlautenden Namen der Au trug ¹). Auch begleitete diese Stiftung ein ungewöhnlicher Segen. Könige, Fürsten und Ritter beeiferten sich um die Wette sie durch zahlreiche Begabungen auszustatten, und so wurde im Laufe weniger Jahrhunderte das Gotteshaus auf der Au eine der reichsten klösterlichen Anstalten in dem deutschen Reiche ²). Der Gunst des karolingischen Fürstengeschlechtes wie des Kaisers Karl des Großen, Ludwigs des Frommen und dessen Enkel in dem deutschen Reiche hatte sich dies Stift besonders zu erfreuen. Die Anzahl der zu der Abtei gehörenden Mönche und Priester belief sich unter Ludwig dem Frommen schon auf 1600 Köpfe, und die ansehnlichen Besitzungen derselben waren durch ganz Schwabenland verbreitet. Vornehmlich war der Kaiser Karl der Dicke ein Gönner dieses Stiftes, in welchem er auch seine letzte Ruhestätte fand. Ueberhaupt war das neunte Jahrhundert wohl die Glanzperiode der Abtei Reichenau, während welcher Zeit die damals bekannten Wissenschaften und Künste hier eine gedeihliche Pflege fanden. Zu den merkwürdigsten und durch ihre Gelehrsamkeit ausgezeichnetsten Aebten von Reichenau aus jener Zeit gehören Hetto, zugleich Bischof von Basel, ein vertrauter Freund Karls des Großen, und vornehmlich Walafried Strabo, ein Schüler des Hrabanus Maurus zu Fulda und seit 842 Abt auf der Au, welcher uns in seinen Biographien des heil. Gallus und Othmar die wichtigsten Nachrichten der Zeitgeschichte besonders jener Gebiete hinterlassen hat. Viele deutsche Benediktiner-Klöster erhielten den Stamm ihrer Mönche aus dieser Anstalt des heil. Pirminius. Sank auch seit der Zeit des zehnten Jahrhunderts der Wohlstand

---

1) Hottinger, helvetische Kirchengeschichte. I. S. 288. Pertz, monum. Germ. II. Index s. v. Augia.
2) Kolb, historisch-topographisches Lexikon von Baden. Karlsruhe 1813. 8. Th. III. S. 85 bis 93.

und die geistige Blüthe von Reichenau, so blieb dies Stift doch noch lange in hohem Ansehn; es wurde oft von den deutschen Kaisern besucht, ihm große Privilegien so wie den Aebten die fürstliche Würde ertheilt, und für die Jugend des deutschen Adels bestand in der Abtei noch lange ein Erziehungs-Institut, in welchem die dort gesammelten Gesetzbücher des Landes studirt wurden [1]).

Die Abtei St. Gallen ist eine der merkwürdigsten geistlichen Stiftungen des Mittelalters; sie bildet einen der Glanzpunkte Deutschlands in jener Zeit, von wo aus sich die Kultur nicht blos über das umliegende Schwabenland, sondern über ganz Deutschland erstreckte, und deren Einfluß in wissenschaftlicher Beziehung diesem Orte immer eine welthistorische Bedeutung sichern wird. Der Ursprung dieser so mächtigen Abtei, neben welcher erst im Laufe der Zeit die heutige Stadt St. Gallen sich erhob, war bekanntlich die Zelle, welche der irische Glaubensbote Gallus ums Jahr 630 in dieser Wildniß am Bache Steinach erbaute und daselbst mit seinen Jüngern lebte [2]). So wurde diese Wildniß zuerst angebaut, und Gallus wurde der leibliche und geistliche Wohlthäter aller Umwohner. Schon zu seiner Zeit hatten sich um seine Zelle mehrere andere erhoben; sein Freund Magnus folgte ihm bei seinem Tode 640 als Vorsteher aller dieser Einsiedler, aber erst am Schlusse des siebenten Jahrhunderts wurde auf Betrieb eines edlen Alemannen Waltram aus der Vereinigung dieser Zellen das Kloster oder die Abtei gestiftet, welche nun ums Jahr 700 nach ihrem ersten Begründer den Namen empfing [3]).

---

1) Schwab, der Bodensee und das Rheinthal. I. S. 102. II. S. 91 bis 96.
2) Neugart, codex diplom. Alemann. I. N. 118. a. 792. Ecclesia S. Galloni, quae est constructa super fluvium, qui dicitur Petrosa, et in pago Arbonensi.
3) Arx, Geschichte von St. Gallen. I. S. 16 bis 23.

Der fromme Priester Othmar aus dem Hochstifte Chur wurde zum ersten Abt von St. Gallen eingesetzt und er war es, welcher auch die Ordensregel des heil. Benedict für die Mönche dieses Stiftes einführte. Wegen ihrer wohlthätigen Wirksamkeit in diesen Gebieten hatte sich die Abtei der besondern Gunst der karolingischen Familie zu erfreuen, und schon König Pipin soll den Mönchen das Recht übertragen haben sich immer selbst ihren Abt wählen zu dürfen und unmittelbar unter dem Könige zu stehen. So blühete seit dem Anfange des achten Jahrhunderts dieses Stift auf, und wurde bald reich durch mancherlei Schenkungen der benachbarten Herren und Edlen und auch von freien Alemannen, welche, um den Schutz des Klosters zu genießen, ihre Besitzungen demselben zu Lehn übertrugen. Aber dies erregte auch frühzeitig den Neid der Grafen und Bischöfe jener Gegend. Vornehmlich suchten die Bischöfe von Constanz das Stift unter ihre Oberhoheit zu bringen, und schon Othmar hatte zu kämpfen mit dem Grafen Warin im Thurgau und dem Bischofe Sidonius von Constanz, welche das Stift eines großen Theiles seiner Besitzungen beraubten, den Abt selbst gefangen nahmen und ihn nach einer Rheininsel bei Stein brachten, wo er im Jahre 759 in der Gefangenschaft starb [1]). Auf solche Weise gerieth St. Gallen in Abhängigkeit von Constanz, und vergeblich waren die Bemühungen der Mönche unter Karl dem Großen ihre Selbstständigkeit wieder zu gewinnen. Erst Kaiser Ludwig der Fromme bewirkte die Befreiung der Abtei von jenem Hochstifte, wogegen der Abt sich anheischig machte jährlich eine Unze Gold und ein Pferd an den Bischof zu geben. Schwieriger war allerdings die Wiedergewinnung vieler verloren gegangenen Besitzungen, doch erhellt der noch immer beträchtliche Reichthum des Stiftes daraus, daß das Kloster in den letzten Jahren des Kaisers

---

1) Arx, Geschichte von St. Gallen. I. S. 29.

Ludwig unter dem Abte Gozbert ganz neu aufgebaut und prachtvoll ausgeschmückt wurde. Darum ward es fortan nicht mehr St. Gallen=Zelle sondern St. Gallen=Münster genannt. Auch wurde einige Decennien später der lange Streit mit dem Hochstifte Constanz unter dem Bischofe Salomon zur Zeit des Königs Ludwig des Deutschen dahin geschlichtet, daß sich das Stift von jener Steuer durch die Abtretung einiger liegenden Gründe befreite, wofür ihm die freie Abtswahl aufs neue zugesichert ward. Doch mußte St. Gallen für diesen Gewinn ein königliches Kloster zu sein, die an den Hof übliche Abgabe entrichten, welche jährlich in zwei mit Schilden und Speeren ausgerüsteten Pferden bestand ¹).

Kaiser Karl der Dicke war ein großer Gönner dieser Abtei wie von Reichenau und versäumte nie dieselbe bei seinen Reisen, wenn sie ihn in diese Gegenden führten, zu besuchen. Außer vielen Vergabungen an St. Gallen bestätigte er als Kaiser diesem Stifte die weltliche **Gerichtsbarkeit in seinem Gebiete und das freie Wahlrecht ihres Abtes**. Um so weniger darf es befremden, wenn auch der Kaiser Arnulf alle diese Privilegien der Abtei bestätigte und sie mit neuen Schenkungen bereicherte, als zu seiner Zeit der viel vermögende Bischof Salomon III. von Constanz, ein gelehrter und zugleich kriegerischer Mann, der eine Hauptstütze der Herrschaft Arnulfs bildete, zugleich Abt von St. Gallen war, welches während seiner langen Verwaltung natürlich auch an politischem Ansehn gewinnen mußte. Auch König Konrad der Franke besuchte als Freund des Abt=Bischofs häufig das Kloster St. Gallen, und trug bekanntlich durch die vielen Vergabungen an die geistlichen Stifte seines Freundes viel bazu bei den Kampf der weltlichen Großen in dem alemannischen Lande gegen die über=

---

1) Arz a. a. O. I. S. 61 bis 64. 67 bis 71.

mächtige Parthei der geistlichen Fürsten zum Ausbruch zu bringen ¹).

Während der Zeit des achten und neunten Jahrhunderts erwarb die Abtei St. Gallen sehr ansehnliche Besitzungen im Thurgau, Zürchgau, Aargau, Linzgau, Nibelgau, Hegau, Klettgau, Breisgau, in der Baar am Schwarzwalde so wie in Hohenrhätien und an der obern Donau. Durch die in diesen weit zerstreuten Gütern, die von zahlreichen Leibeigenen des Stiftes bevölkert wurden, wohl eingerichtete Landwirthschaft wurde die allgemeine Landeskultur in dem Schwabenlande trefflich gefördert. In dem Kloster selbst lebten über hundert Geistliche, von welchen die eine Hälfte aus Priestern bestand, während die andern alle möglichen Künste und Handwerke betrieben oder das weitläuftige Beamtenpersonal des Stiftes bildeten. Das Kloster besaß zu jener Zeit an eigenen und an Zinsgütern, die nach dem Absterben der zeitigen Besitzer dem Stifte anheim fielen, an 4000 Huben (jede zu vierzig Jugern gerechnet) Landes, und übertraf in diesem Landbesitz die meisten andern geistlichen Stifte Deutschlands. Auf ihnen rechnete man damals, außer den Leibeigenen, allein mehr als eintausend siebenhundert Zinsleute ²).

Schon früh bildete sich in der Abtei eine Schule, in welcher die sieben freien Künste gelehrt wurden. Diese Schule blühete bald auf, und Kunst und Wissenschaft wurden in den ersten Zeiten des Mittelalters nirgends so gepflegt wie in St. Gallen. Der Hauptruhm der Abtei beruht auf der Gelehrsamkeit und dem wissenschaftlichem Eifer ihrer Mönche. Der Erzkanzler Grimwald unter König Ludwig dem Deutschen, selbst ein Gelehrter und ein großer Gönner der Gelehrten, brachte seine letzten Lebensjahre zu St. Gallen zu und starb daselbst im Jahre 872. Er gilt für den

---

1) Arx a. a. O. I. S. 74 bis 81. 109 bis 117.
2) Arx a. a. O. I. S. 55 bis 58. 153 bis 157.

eigentlichen **Gründer** des **Ruhmes** und der **Gelehrsamkeit** jener Abtei, und er stand mit den berühmtesten Gelehrten seiner Zeit wie Hrabanus Maurus, Otfried von Weißenburg und Walafried Strabo von Reichenau in Verkehr ¹). Männer wie Werinbert, Richbert, Iso, Marcell und ihre Schüler Notker, Ratpert, Tutilo, Waltram, Salomon und Hartmann waren diejenigen Geistlichen von St. Gallen, welche sich im Laufe des neunten Jahrhunderts ein Hauptverdienst um die Erhaltung und Verbreitung der alten Litteratur erwarben. Der Abt Hartmund war es, welcher in der zweiten Hälfte des neunten Jahrhunderts den ersten Grund zur **Klosterbibliothek** legte, die durch ihre litterarischen Schätze jeder Art sich bis heute ihren Ruf unter den ähnlichen Anstalten Deutschlands bewahrt hat. Einer der berühmtesten Lehrer dieser Zeit war der Mönch Iso, welcher nach Burgund berufen dort in der Abtei Granval im Jahre 871 starb, aber drei ausgezeichnete Schüler für St. Gallen hinterließ nämlich den Dichter Notker den Stammler, der im hohen Alter im Jahre 912 starb, den gelehrten Geschichtschreiber seines Stiftes Ratpert, der ums Jahr 900 starb, und den Dichter und Musiker Tutilo, der zugleich kunstreicher Arbeiter in Schnitzwerk war. Etwas später blühete der geistreiche Tonsetzer Waltram, und neben ihm Sintram, der berühmteste Kalligraph in Deutschland. Dem Fleiße und der großen Belesenheit aller dieser Männer verdankt man die Herausgabe des encyklopädischen Werkes, welches unter dem Namen von Salomons Wörterbuch (vocabularium Salomonis) bekannt, eine Uebersicht der Künste und Wissenschaften bei den heidnischen und christlichen Autoren in alphabetischer Ordnung giebt ²).

Ueberhaupt wurden in St. Gallen alle damals bekannten Künste und Wissenschaften betrieben. Die Kenntniß der

---

1) Arx a. a. O. 1. S. 72.
2) Arx a. a. O. 1. S. 88 bis 101.

römischen Klassiker kam in diese Abtei zum Theil durch die Angelsachsen und Schotten, welche mit dieser von den brittischen Inseln ausgegangenen Stiftung immer einen freundschaftlichen Verkehr unterhielten, und aus dem Manuscripten=Schatze St. Gallens sind uns viele der alten römischen Autoren allein erhalten worden. Aber auch die griechische Sprache und Litteratur wurde hier gepflegt und gefördert durch die Gefährten der Kaiserinn Theophano, der Gemahlinn Otto's II. im zehnten Jahrhundert. Durch ganz Deutschland, Frankreich und Burgund verbreitete sich von hier aus eine höhere geistige, auf dem Studium der alten Litteratur beruhende Bildung, die den hohen Adel ergriff, der seine Kinder in diese Schule sandte, und selbst bis zu den Frauen drang, wie aus dem Beispiele der Herzoginn Hedwig von Schwaben, Burkhards II. Gemahlinn erhellt, deren Lehrer, der Mönch Ekkehard, lange Zeit der Schule des Klosters als Rector vorstand. Nicht minder als die alten klassischen Sprachen fand die deutsche Sprache hier die erste gedeihliche Pflege und größere schriftliche Ausbildung. Schon um die Mitte des achten Jahrhunderts machte sich der Mönch Kero in dieser Beziehung verdient, Ratpert verfaßte im folgenden Jahrhundert schon ein deutsches Volkslied zu Ehren des heil. Gallus, aber den berühmtesten Namen auf diesem Gebiete trägt der gelehrte Mönch Notker mit dem Beinamen Labeo im zehnten Jahrhundert, welcher wegen seiner vielseitigen Kenntnisse in allen damals bekannten Künsten und Wissenschaften in hohem Ansehn stand, und dessen in deutscher Sprache geschriebenen Werke für die deutsche Litteratur von der größten Bedeutung sind. Er starb im Jahre 1022 im hohen Alter [1]).

Ueberhaupt erhielt sich der Ruhm der Schule von St. Gallen während des ganzen zehnten Jahrhunderts und selbst bis zur Mitte des folgenden noch ungetrübt. Denn in die-

---

1) Arx a. a. O. 1. S. 276. 277.

ser Zeit blüheten an ihr die gelehrten Männer wie die drei ersten, unter sich verwandten Ekkeharde, dann Notker der Arzt (Physicus), Notker, später Bischof von Lüttich, der Breisgauer Kunibert, dann der genannte Notker Labeo im zehnten Jahrhundert und seine Schüler der vierte Ekkehard und Hepidan im eilften Jahrhundert, sämmtlich in den verschiedenen Zweigen der Wissenschaft gleich ausgezeichnet und zum Theil als Verfasser der Hauschronik ihres Stiftes bekannt [1]). Bis in die Mitte des eilften Jahrhunderts oder bis zum Anfange des großen Kampfes zwischen den Kaisern und Päpsten erhielt sich die geistige Blüthe der Abtei St. Gallen als des Hauptsitzes der Kunst und Wissenschaft in Süd-Deutschland. Aber der weltliche Glanz und Reichthum mußten allmählig auf diesen Zustand nachtheilig einwirken, die Aebte erhoben sich immer mehr zu Reichsfürsten, denen das weltliche Interesse mehr am Herzen lag als die Pflege der Wissenschaft. Durch seine weit verbreiteten Besitzungen wurde das Stift wichtig für den gesammten Adel in dem Schwabenlande, zur Abtswürde gelangten fortan nur Freiherrn und Ritter, die als streitbare Kämpfer auftraten, seitdem jener große Kampf am Ende des eilften Jahrhunderts in Deutschland entbrannte, der diese Abtei in vielfacher Beziehung zerrüttete und für den bisherigen Kulturzustand derselben von der größten Entscheidung gewesen ist. St. Gallens geistige Macht ging unter diesen zerrüttenden Fehden zu Grunde, wenn auch seine weltliche Macht und das Ansehn seines später in den Fürstenstand erhobenen Abtes sich noch lange erhielt und zum Theil sich noch vermehrte [2]).

Uebrigens war Norbert, aus dem lothringischen Kloster Stablo, um die Mitte des eilften Jahrhunderts, der erste Abt von St. Gallen, welcher Privatkriege führte und

---

1) Arx a. a. O. I. S. 271 bis 279.
2) Arx a. a. O. I. S. 280 bis 290. 324 bis 328.

zwar mit seinem Bischofe dem Romuald von Constanz. Er ist zugleich merkwürdig durch die im Jahre 1061 in einem urbar gemachten Bergthale im Quellgebiet der Sitter von ihm gegründete Kirche und Pfarre, Abbacella genannt, indem dies Thal das Wiegenland des später so berühmten Alpenvolkes der Appenzeller in den Thurgauer-Alpen wurde. Das war um dieselbe Zeit als von einem thurgauischen Edlen die Feste Toggenburg (Tochinbure) in dem Thale der Thur gegründet ward, deren Gebiet in jenem Alpenthale nachmals eine der Hauptbesitzungen des Abtes von St. Gallen werden sollte [1]).

Das alte römische Constanz an dem flußartigen Kanal, durch welchen sich der Bodensee in den Zeller-See ergießt, war als der Sitz eines der ansehnlichsten deutschen Kirchenfürsten eine der wichtigsten Städte des Schwabenlandes im Mittelalter, und hat sich durch seine mannigfachen Schicksale in jener Zeit trotz seines jetzigen Verfalles wenigstens seinen alten Ruhm unter uns bis jetzt bewahrt. Auch spielen die Bischöfe von Constanz in der deutschen Geschichte nicht selten eine wichtige und rühmliche Rolle. Die Verlegung des bischöflichen Sitzes von Vindonissa nach den Ruinen des alten Constanz ums Jahr 560 zur Zeit des Bischofs Maximus (Th. II. S. 269) mehr nach der Mitte des alemannischen Landes hin [2]) gab den ersten Anstoß zum neuen Emporkommen dieses Ortes, welcher durch seine günstige Lage an jenem von dem Rhein durchströmten Doppelsee des schwäbischen Meeres in einer Landschaft, die durch die spätere Landeskultur paradiesisch aufblühete, bald die Hauptstadt des innern Schwabenlandes in politischer und kirchlicher Beziehung werden mußte. Doch sind die ältern Schicksale dieses neuen alemannischen Hochstiftes bis zur Mitte des achten Jahrhunderts in großes Dunkel gehüllt, und erst

---

1) Arx a. a. O. 1. S. 241 bis 245.
2) Neugart, episcop. Constant. Proleg. p. CXLV.

seitdem, vornehmlich aber seit der Zeit des neunten Jahrhunderts, hob sich Constanz schnell zu großem Ansehn durch seine ausgezeichneten Bischöfe. Uebrigens erscheint der Ort noch um die Mitte des siebenten Jahrhunderts wie zur Zeit des Königs Dagobert des ältern als eine königliche Villa der Merowingen [1]).

Durch die Einwanderung und theilweise Ansiedlung des irischen Glaubensboten Columbanus mit seinen Schülern, namentlich dem Gallus, an den Ufern des Bodensees treten die Orte Constanz, Bregenz und Arbon zuerst am Anfange des siebenten Jahrhunderts bestimmter ans Licht. Gaudentius erscheint damals als Vorsteher der Kirche zu Constanz und nahm sich als solcher der vielfach bedrängten Glaubensboten theilnehmend an, bis es dem Gallus, nach des Columbanus Abgang nach Italien, gelang sich die Gunst des benachbarten alemannischen Fürsten Gunzo zu gewinnen, der ihm sogar bei des Gaudentius Tode im Jahre 615 die Oberleitung der Kirche zu Constanz übertragen wollte, welche jedoch Gallus einem seiner Schüler, dem Johannes aus Rhätien, zuzuwenden wußte [2]). Aber die Kirche zu Constanz war arm und ihr Gebiet zum großen Theile noch von heidnischen Bewohnern bevölkert. König Dagobert, nicht lange nach der Zeit des Gallus, soll daher diese Kirche zuerst durch Besitzungen im Thurgau ausgestattet und zugleich den Umfang dieser Diöcese genauer bestimmt haben, wie dies aus der Erneuerung und Bestätigung der Verordnungen jenes Königs zu Gunsten des Bischofs Marcianus in der Zeit des zwölften Jahrhunderts durch den Kaiser Friedrich Barbarossa hervorzugehen scheint [3]). Aber des Marcianus Walten so wie selbst die Namen seiner Nachfolger in der

---

1) Kolb, historisch-topographisches Lexikon von Baden. Karlsruhe 1813. 8. Th. I. S. 188.

2) Neugart, episcop. Constant. I. p. 29—40.

3) Hottinger, helvetische Kirchengeschichte. I. S. 649.

Verwaltung des Hochstiftes Constanz sind fast ganz unbekannt, und selbst von den Bischöfen Audoin und Rudolf, welche in der ersten Hälfte des achten Jahrhunderts genannt werden, weiß man kaum mit Sicherheit, ob sie diesem Hochstifte angehören¹).

Erst mit den beiden Bischöfen Ehrenfried und Sidonius um die Mitte des achten Jahrhunderts, welche beide zugleich Aebte von Reichenau waren, beginnt die mehr sichere Geschichte des Hochstiftes Constanz und damit auch die größere Bedeutsamkeit dieses Ortes selbst. Sidonius ist bekannt durch das von ihm an dem Abte Othmar von St. Gallen verübte Unrecht, indem er den Versuch machte jene Abtei für immer an sein Hochstift zu knüpfen, ein Plan, der nur durch seinen Tod im Jahre 760 vereitelt ward. Sein Nachfolger der Bischof Johannes II., ursprünglich Mönch zu Reichenau und auch eine Zeitlang Abt zu St. Gallen, nahm an den wichtigsten Staatsangelegenheiten zu jener Zeit unter den Königen Pipin und seinem Sohne Karl Antheil und erfreute sich bis an seinen Tod im Jahre 781 der besondern Gunst des letztern. Der König Karl kam selbst auf seiner Reise nach Italien im Jahre 780 mit seiner Gemahlinn Hildegarde über Reichenau nach Constanz, und gewährte bei dieser Gelegenheit dem hiesigen Domstifte so wie der Abtei von St. Gallen verschiedene Privilegien. Aber des Johannes nächste Nachfolger Egino bis 813 und dessen Neffe Wolfleoz bis 838, beide aus einem vornehmen alemannischen Geschlechte, erscheinen mehr als weltliche denn als geistliche Fürsten, indem sie sich vielfach in die damaligen politischen Händel einmischten und sich in der Wahl der Mittel zur Bereicherung und Erhebung ihres Hochstiftes, wie aus ihrem Verfahren gegen die Abtei von St. Gallen erhellt, nie verlegen zeigten²).

---

1) Neugart, episc. Constant. I. p. 46. 69. 73.
2) Neugart, episc. Constant. I. p. 75—88. 106—111.

Eine neue rühmlichere Zeit für das Hochstift Constanz begann mit der langen Waltung des durch seine Gelehrsamkeit und Frömmigkeit gleich ausgezeichneten Bischofs Salomon I. in den Jahren von 839 bis 871. Erst zu seiner Zeit wurden die alten Irrungen mit St. Gallen auf dem Reichstage zu Ulm im Jahre 854 geschlichtet. Der König Ludwig der Deutsche vertraute ihm die wichtigsten Staatsangelegenheiten an und sandte ihn von der Reichsversammlung zu Worms, wo im Jahre 857 über die Vereinigung der Hochstifte Hamburg und Bremen gehandelt ward, als Bevollmächtigten mit dem Bischofe Ansgar von Bremen nach Rom an den Papst Nicolaus, der diese Sache nach dem Wunsche des Königs entschied. Auf gleiche Weise nahm er an den lotharingischen Angelegenheiten bei den Zwistigkeiten des Königs Lothar mit seiner Gemahlinn und seinem Oheim Karl dem Kahlen einen ehrenhaften Antheil. Sein Namensverwandter, der Bischof Salomon II., welcher nach der kurzen Zwischenverwaltung des Hochstiftes durch die Bischöfe Patego und Gebhard im Jahre 874 die Leitung der Kirche zu Constanz übernahm und zugleich Abt zu Pfäffers war, erscheint bis zu seinem Tode im Jahre 890 bei verschiedenen Veranlassungen in Auftrag des Kaisers Karl des Dicken in den schwäbisch-helvetischen Gebieten in Thätigkeit [1]).

Aber eine noch glanzvollere Zeit erlebte das Hochstift Constanz unter der dreißigjährigen Waltung des in vielfacher Beziehung ausgezeichneten Bischofs Salomon III. in der Zeit von 890 bis 920, welche für die Umgestaltung der politischen Verhältnisse in dem Schwabenlande so wichtig gewesen ist. Aus einer alten edlen Familie im Thurgau stammend genoß Salomo seine wissenschaftliche Bildung in der Klosterschule zu St. Gallen, und kam so auf Empfehlung des gelehrten Abtes und königlichen Erzkanzlers Grimwald

---

1) **Neugart**, episc. Constant. I. p. 111—139.

an den Hof des Königs Ludwig des Deutschen, wo er als
Hofkaplan zugleich Abt von Ellwangen wurde ¹). Auch
stand sein Bruder Waldo als Bischof von Freisingen und
Abt zu Kempten schon in hohen kirchlichen Ehren. Seine
Gewandtheit in Staatssachen machte ihn den Söhnen Lud=
wigs des Deutschen unentbehrlich; er bekleidete bald die an=
sehnlichsten Würden im Reiche und wurde von jenen Köni=
gen namentlich von Karl dem Dicken mit vielen Gunstbe=
zeugungen überhäuft. Daher war Salomon schon vor sei=
ner Erhebung auf den bischöflichen Stuhl zu Constanz Abt
von Ellwangen, Kempten, Pfäffers und St. Gallen. Nach
der Sitte der damaligen Zeit unternahm er zweimal, in den
Jahren 901 und 917, aus Andacht eine Reise nach Rom.
Der Abt Salomon war es, durch dessen Hülfe es dem Für=
sten Arnulf gelang die Herrschaft in dem ostfränkischen Reiche
an sich zu bringen, und als Bischof von Constanz und somit
als geistlicher Fürst in dem größten Theile des Schwaben=
landes blieb er eine Hauptstütze Arnulfs und mit seinem
Freunde, dem mächtigen Erzbischofe Hatto von Mainz, spä=
ter die seines Sohnes des unmündigen Königs Ludwig.
Ihre Dankbarkeit bewiesen diese Fürsten durch viele Verga=
bungen an das Hochstift Constanz, dessen Verwalter der Bi=
schof Salomon zugleich an zwölf Abteien, die zum Theil
zu den bedeutendsten in Deutschland gehörten, mit demselben
verband. Dieselbe Stellung behauptete der mächtige Salo=
mon auch unter dem Könige Konrad, den er nur kurze Zeit
überlebte, und diese Gunst der Oberhäupter des Reiches war
es wieder, welche in der dadurch gefährdeten Macht der
weltlichen Fürsten Alemanniens den Kampf jenes Prälaten
mit den Kammerboten hervorrief, durch deren Untergang
trotz des Sieges der geistlichen Parthei doch die neue Be=
gründung des Volksherzogthumes im Schwabenlande vor=

---

1) Arx, Geschichte von St. Gallen. I. S. 83 bis 85. Vergl.
Kolb, historisch=topograph. Lexicon von Baden. I. S. 204.

bereitet wurde. Uebrigens war Salomon einer der größten Männer seiner Zeit und wie in den Staatsangelegenheiten so auch in den Wissenschaften ausgezeichnet, die von ihm selbst gepflegt und gefördert wurden [1]). Auch hinterließ er poetische Versuche an seine Freunde die Bischöfe Dado von Verdun und Waltram von Straßburg. Der Ort Constanz, bis dahin noch sehr unbedeutend, blühete unter ihm mehr auf, und die Verheerungszüge der Ungarn durch jene Gebiete gaben zugleich Veranlassung dazu, daß zum Schutze der Kathedrale der Ort mit Befestigungen umgeben und verschiedene geistliche Stifte aus der Nachbarschaft dahin verlegt wurden [2]). Das Städtchen Bischofszell an der Einmündung der Sitter in die Thur, welches aus einem von ihm daselbst gegründeten Kloster hervorgegangen ist, in welchem er sich oft aufzuhalten pflegte, hat bis jetzt das Andenken seines Namens bewahrt [3]).

Auch Salomons Nachfolger der Bischof Nothing war ein Zögling der Schule von St. Gallen. Während seiner Verwaltung des Hochstiftes unter dem Könige Heinrich bis zum Jahre 935 nahm er an verschiedenen öffentlichen Verhandlungen zur Ordnung der weltlichen und kirchlichen Angelegenheiten des Reiches Antheil. Mit um so größerm Eifer wandte Nothings Nachfolger der Bischof Konrad aus dem berühmten Hause der Welfen während seiner langen Leitung des Hochstiftes bis zum Jahre 972 als Zeitgenosse des Kaisers Otto des Großen seine ganze Sorgfalt auf die innere Ordnung und kirchliche Verbesserung seines Hochstiftes, welchem er aus seinem Erbe reiche Vermächtnisse zuwandte. Nur selten ließ er sich bei Hofe sehen, stand aber in hohem Ansehn unter den Kirchenfürsten seiner Zeit und wurde von dem Kaiser, der bei seinen italischen Heereszügen

---

1) Arx, Geschichte von St. Gallen. I. S. 125.
2) Neugart, episc. Constant. I. p. 252—269.
3) Hottinger, helvetische Kirchengeschichte. I. S. 477.

mehrmals nach Constanz kam, mit vielen Ehren überhäuft. Das Kirchengut verwandte der Bischof Konrad nur zu wohlthätigen Zwecken vornehmlich in der Erbauung seiner neuen Domkirche und in der Gründung frommer Stiftungen wie des Hospitals zu Constanz für Kranke und Reisende, so daß die Stadt durch ihn ein neues glänzendes Ansehn erhielt, er selbst aber von der dankbaren Nachwelt den Namen des Heiligen empfing.

Nach der kurzen Verwaltung des Hochstiftes durch den Bischof Ganienolf bis zum Jahre 980 erscheint der nächste Bischof Gebhard II., aus der Familie der Grafen von Bregenz, als ein würdiger Nachfolger des heiligen Konrad. Seine kirchliche Thätigkeit war ganz dem leiblichen und geistigen Wohl seiner Gemeinde gewidmet, so daß auch er im Jahre 996 im Rufe der Heiligkeit starb. Unter ihm kam der Kaiser Otto III. im Jahre 988 mit einem glänzenden Gefolge von weltlichen und geistlichen Fürsten vor seinem Römerzuge nach Constanz und kehrte eben dahin nach jenem Zuge im Jahre 996 wie im Triumphe wieder zurück[1]).

Das Hochstift Constanz war eins der reichsten, mächtigsten und ausgedehntesten in ganz Deutschland. Denn seine Diöcese umfaßte das ganze innere Schwabenland, während nur die östlichen und westlichen Grenzgebiete dieses Landes, im Osten zur Diöcese von Augsburg, im Westen aber zu den beiden Diöcesen von Basel und Straßburg gehörten. Auch wird das innere Schwabenland schon in einem alten Tauschvertrage vom Jahre 661 nach jener bischöflichen Stadt mit dem Namen des Constanzer=Gaues (pagus Constantinus), in welchem uns der Ort Wesen (Vausane, Vusinia) am Walenstädter=See genannt wird, bezeichnet[2]). Von Süden nach Norden erstreckte sich der

---

1) Neugart, episc. Constant. I. p. 269—306.
2) Neugart, codex diplom. Alemann. et Burgund. I. N. 2.

Kirchensprengel von Constanz an dreißig Meilen weit vom St. Gotthard bis zum mittlern Neckar oder von der lombardischen bis zur fränkischen Grenze des Landes Alemannien, während er von Osten nach Westen an vier und zwanzig Meilen weit von der Iller über den Schwarzwald hinüber bis zum obern Rhein bei Breisach reichte. Ursprünglich unter dem burgundischen Metropoliten von Besançon stehend, in so fern dies Bisthum Constanz aus dem alten helvetischen Bisthum Vindonissa hervorgegangen war, standen die Bischöfe von Constanz doch nachmals unter dem fränkischen Metropoliten von Mainz, dem das gesammte alemannische Land, mit Ausnahme der Diöcese von Basel, untergeordnet war. Weiß man auch die Zeit dieser kirchlichen Umänderung nicht mit Sicherheit anzugeben, so ist es doch nicht unwahrscheinlich, daß bei der neuen Einrichtung des Metropolitansprengels von Mainz für den heiligen Bonifacius ums Jahr 751 auch die Kirchen des rhätisch-alemannischen Landes oder die von Chur, Constanz, Augsburg und Straßburg jener Erzdiöcese einverleibt worden seien [1]). Nur mit der Kirche von Chur ist dies zweifelhafter, da jene Unterordnung unter Mainz auch erst eine Folge der Absonderung des ostfränkischen Reiches durch den Vertrag zu Verdun gewesen sein mag.

Die Grenzmarken dieser weit ausgedehnten und ziemlich abgerundeten Diöcese von Constanz werden uns ausführlich wenn auch etwas verwirrt in der bekannten für den Bischof Hermann von Constanz auf einem an eben diesem Orte gehaltenen Reichstage vom Jahre 1153 von dem Kaiser Friedrich Barbarossa ausgefertigten Urkunde mitgetheilt, durch welche die angeblich schon im siebenten Jahrhundert von dem Könige Dagobert bestimmte Abgrenzung dieser Diöcese für den Bischof Marcianus bestätigt werden

---

1) Neugart, episc. Constant. I. p. 78.

sollte ¹). Gegen Süden oder vielmehr gegen Südosten grenzte das Hochstift Constanz in den oben (S. 88) bezeichneten Grenzen vom Arlberge oder dem Quellgebiet des Lech und der Iller bis zum St. Gotthard und dem Ursern=Thal durch den Rheingau, Thurgau und Zürichgau mit Einschluß der kleinen Gebiete des Arboner=, Glarner= und Urner=Gaues an das rhätische Hochstift Chur. Gegen Westen grenzte es an die drei Hochstifte Lausanne, Basel und Straßburg in Burgund und dem westlichen Alemannien. Denn vom St. Gotthard folgte die Grenzmark gegen Westen abwärts dem gesammten Laufe der Aar durch das Alpenland und das helvetische Tafelland bis zu ihrer Einmündung in den Rhein und schied hier die Diöcese Constanz von der burgundischen Diöcese Lausanne und der alemannischen Diöcese Basel. Von Waldshut an der Einmündung der Aar in den Rhein folgte die Grenze des Kirchensprengels von Constanz gegen den von Basel dem Stromlaufe des Rhein abwärts gegen Westen und gegen Norden bis zur Einmündung der vom Schwarzwalde herabkommenden Elz in denselben, wo die jenseit des Rhein sich ausbreitende Diöcese von Straßburg diesen Strom überschritt und die auf der Ostseite des Rhein liegende Ortenau in sich begriff ²).

---

1) Gabr. Bucelini Constantia Rhenana. Francof. ad M. 1667. 4. Bulla Friderici Imp. de limitibus dioec. Constantinae. p. 50—51.

2) Bulla Frideric. Imp. Distinguentes terminos parochiae inter Constantiensem episcopatum et caeteros adjacentes, sicut ab antecessore nostro felicis memoriae Dagoberto rege, tempore Marciani Constantiensis episcopi distinctos invenimus, videlicet versus orientem, inter Constantiensem et Augustensem episcopatus, sicut Hilara fluvius cadit in Danubium ac deinde usque Ulmam villam nostram. Versus aquilonem vero, inter episcopatum Wirzburgensem et Spirensem, usque ad marcam Francorum et Alemannorum; ad occidentem vero per silvam Schwarzwald in pago Brisgowe inter Argentinensem episcopatum usque ad flu-

Indem also die Diöcese von Constanz die in dem großen Rhein-Winkel am südlichen und westlichen Abhange des Schwarzwaldes gelegenen Gebiete des Albgaues und Breisgaues in sich schloß, reichte sie am Rhein abwärts nicht bis zur schwäbisch-fränkischen Grenze, sondern zog sich mit ihrer Grenzmark gegen die Diöcese von Straßburg von der untern Elz und deren rechten Zufluß der Bleichach (der Grenzmark zwischen der Ortenau und dem Breisgau) gegen Nordosten über das obere Kinzig-Thal zwischen der Ortenau im Westen und der großen Baar, dem Quellgebiet der Donau und des Neckar, im Osten zu den Höhen des Schwarzwaldes hinauf, wo die waldigen Gipfel des Kniebis im Quellgebiet der gemeinsam zum Neckar gehenden Flüsse Enz und Nagold die politischen und kirchlichen Grenzen zwischen den Ländern Schwaben und Franken und zwischen den Diöcesen von Straßburg, Speier und Constanz bezeichnen.

Am schwierigsten ist die Grenzbestimmung der Diöcese von Constanz gegen Norden, da sie hier zwar im Allgemeinen mit den oben bezeichneten Grenzmarken des Schwabenlandes gegen das Frankenland zusammenfällt, aber im Laufe der Zeit doch verschiedene wenn auch nur kleine Veränderungen in der Vertheilung der Grenzgaue beider Länder an die umherliegenden Diöcesen erlitten zu haben scheint, woraus sich die verschiedenartige Erklärung dieser Grenz-Verhältnisse bei den jüngern Schriftstellern ableiten ließe.

---

vium Bleichacha, qui dirimit Mortenowe et Brisgowe. Inde per decursum ejusdem aquae usque ad Rhenum fluvium; inter Basileensem vero episcopatum, ubi fluvius praedictus Bleichacha cadit in Rhenum, et sic per ripam Rheni inter praememoratam silvam Schwarzwaldensem usque ad fluvium Ara, ac deinde inter Losanensem episcopatum, per ripam Arae usque ad lacum Tunseh, inde ad Alpes et per Alpes ad fines Rhaetiae Curiensis ad villam Montigel.

Die Diöcese von Constanz stieß hier im Norden zu beiden Seiten des Neckar-Stromes, an welchem sich der große Neckargau im landschaftlichen Sinne zwischen dem Schwarzwalde im Westen und dem obern Donau-Lande im Osten durch das schwäbische und fränkische Gebiet entlang ausdehnte, an die beiden fränkischen Diöcesen von Speier und Würzburg, und das tiefe Neckar-Thal bei Canstadt zwischen Stuttgart und Ludwigsburg ist im Allgemeinen als die Grenzmark zwischen den drei Diöcesen von Constanz, Speier und Würzburg zu bezeichnen.

Von den Höhen des Kniebis im Quellgebiet der Murg, Enz und Nagold sich etwas gegen Nordosten wendend und den Volksgrenzen zwischen den Alemannen und Franken folgend zogen sich die Grenzen der Kirche von Constanz über die obere Nagold, den Nagoldgau in sich einschließend, bis zu den Quellen des kleinen Flüßchens Glems, das nordwärts zur Enz abfließt, und so in das benachbarte Thal des Neckar hinab. Grade dort in dem Winkel zwischen den drei Flüssen Glems, Enz und Neckar würde nach den genauesten Bestimmungen die Grenzscheide zwischen jenen drei Bisthümern gelegen sein, indem sich die Diöcese von Würzburg in dem ausgedehnten Murrachgau dort noch gegen Südwesten über die Thallinie des Neckar hinübererstreckte. Im Osten des Neckar folgten die Grenzen der Kirche zu Constanz den früher bezeichneten Volksgrenzen auf dem niedern Höhenzuge im Norden der Rems bis zur Wasserscheide zwischen ihr und der zur Kocher abfließenden Leine, wo sich im Norden des Klosters Lorch, am Fuße der Burg Hohenstaufen, die Grenzscheide zwischen den drei Bisthümern Constanz, Würzburg und Augsburg befand. Die zu dem großen schwäbischen Neckargau gehörenden kleinern Gebiete des Remsgaues und Wilsgaues an den gleichnamigen zum Neckar gehenden Flüßchen bildeten auf dieser Seite das Grenzland der Diöcese von Constanz gegen den würzburgischen Murrachgau.

Gegen Osten grenzte der Kirchensprengel von Constanz in seiner gesammten Ausdehnung von Norden nach Süden an den von Augsburg, welcher letztere das Land zu beiden Seiten der Donau begreifend auf der oben bezeichneten Wasserscheidelinie begann und schon die Stadt Gemünd im Quellgebiet der Rems in sich einschloß. Von den Quellen der Rems an überschritt die Grenzscheide zwischen den beiden Diöcesen von Constanz und Augsburg in fast südlicher oder südöstlicher Richtung die breiten Bergrücken der rauhen Alp in dem großen Alpgau (Alba) bis zur Donau und bis zur Einmündung der Iller in dieselbe bei Ulm, so daß die Kirche von Constanz noch den westlichen Theil jenes Gaues in dem Rural-Capitel Geislingen an der obern Vils nebst der königlichen Villa Ulm umfaßte, während die Osthälfte jenes Gebietes zur Kirche von Augsburg gehörte. Im Süden der Donau folgte sodann die Grenzmark der constanzischen Diöcese dem Laufe der Iller bis zu ihrem Quellgebiet in den Alpen. Die auf der Westseite des Flusses liegenden Gebiete des Ramgaues und Nibelgaues bildeten die Grenzlandschaften der Kirche von Constanz in dem heutigen Ober-Schwaben gegen die von Augsburg. Die Gebirgsgruppe des Arlberges aber an den Quellen der Iller und des Lech schied die drei Länder Rhätien, Schwaben und Baiern wie die vier Bisthümer Chur, Constanz, Augsburg und Brixen [1]).

Das gesammte Gebiet der Diöcese von Constanz war zum Behuf der kirchlichen Verwaltung in zehn Archidiakonate mit neun und sechzig Dekanaten oder Land-Kapiteln getheilt, welche im Allgemeinen den politischen Abtheilungen der Gaue mit ihren Centen oder Marken entsprachen. Ueber die Zeit dieser Einrichtung weiß man nichts Genaueres und vermuthet nur, daß letztere im achten Jahrhundert statt gefunden habe und zwar bei Gelegenheit der

---

[1]) Neugart, episc. Constant. Proleg. p. I—IX.

Anwesenheit des Bischofs Johannes von Constanz zu Rom in Begleitung des Erzbischofs Lullus von Mainz, seines Metropoliten, und des Bischofs Edbo von Straßburg, für welchen letztern damals der Papst Hadrian im Jahre 774 die Eintheilung seiner Diöcese in Archidiakonate bestätigte. Die kleinern kirchlichen Gebiete der Diöcese von Constanz waren demnach 1) das Archidiakonat des **Thurgaues** mit den fünf Landkapiteln zu St. Gallen, Wyl oder Weil in Toggenburg an der Thur, Elgau (jetzt zu Frauenfeld), Winterthur und Steckborn. 2) Das Archib. des **Zürichgaues** mit drei Kapiteln zu Zürch, Regensberg und Wetzikon (am Pfeffikon-See). 3) Das Archib. des **Aargaues** mit acht Kapiteln zu Bremgarten, Mellingen, Hochdorf, Willisau, Luzern, Aarau, Rußweil oder Sursee und Burgdorf. 4) Das Archib. des transjuranischen **Burgund** mit drei Kapiteln zu Wynau, Aarberg oder Büren und Münsingen. 5) Das Archib. des **Breisgaues** mit fünf Kapiteln zu Freiburg, Endingen am Kaiserstuhl, Breisach, Wiesenthal am Flusse Wiesen und Neuenburg am Rhein. 6) Das Archib. des **Klettgaues** mit drei Kapiteln zu Stühlingen, Waldshut und Neukirchen. 7) Das Archib. **vor dem Walde** (ante nemus) d. h. vor dem Schwarzwalde, so viel als das Archidiakonat der Baar nebst dem Neckargau und dem Hegau, mit sechszehn Kapiteln zu Stein, Engen, Villingen, Rottweil, Ebingen, Geisingen, Haigerloch, Dornstetten oder Horb am Neckar, Tübingen, Herrenberg, Böblingen oder Dagersheim, Hechingen, Canstadt oder Schmidheim und Waiblingen im Rems-Thale, Möskirchen, Stockach und Reichenau. 8) Das Archib. der **rauhen Alp** (archidiac. Alpensis) mit vierzehn Kapiteln zu Eßlingen, Trochtelfingen, Reutlingen, Urach, Göppingen, Geislingen, Blaubeuren, Ehingen, Munderkingen, Mengen, Sulgau, Münsingen, Rieblingen und Kirchheim. 9) Das Archib. des **Illergaues** mit vier Kapiteln zu Waldsee, Lauphein, Dietenheim und Biberach. 10) Das Arch. des **Allgaues** mit acht Kapiteln zu Isny,

Bregenz, Lindau, Stiefenhofen, Weiler, Thüringen, Ravensburg und Ueberlingen oder des Linzgaues [1]).

Auf der Grenzmark des Thurgaues und Zürichgaues ergießt sich der kleine Fluß Töß, dessen Name an den lombardischen Alpenfluß Tosa oder Toccia in der Landschaft Novarese erinnernd noch auf einen gallischen Ursprung hinzuweisen scheint. An sich nur unbedeutend zu nennen, hat die Töß doch durch mehrere an ihr liegende Lokalitäten schon seit alten Zeiten einen gewissen Ruhm erlangt. Denn auf ihrer östlichen Userseite und zwar an dem kleinen Zuflusse Eulach erhob sich auf einer Anhöhe im Alterthume die ansehnliche Römer-Stadt Vitodurum auf der großen Heerstraße von Vindonissa nach den Gebieten am Bodensee in einer reichen und fruchtbaren Umgebung. Unter den Mauern dieser alten Stadt war es, daß am Anfange des zehnten Jahrhunderts die alemannischen und burgundischen Schaaren der Fürsten Burkhard und Rudolf im harten Kampfe einander begegneten. Noch jetzt beweisen zahlreiche Denkmale der verschiedensten Art in dem Dorfe Ober-Winterthur, welches sich auf den Ruinen der alten Stadt erhoben hat, die ehemalige Bedeutung dieses Ortes im römischen Zeitalter [2]). Denn die heutige Stadt Winterthur, wenn auch zum Theil aus der Römer-Stadt hervorgegangen, liegt doch in einer Thalebene eine halbe Stunde von derselben entfernt und verdankt ihr Emporkommen erst den hier einheimischen Grafen von Kyburg im eilften und zwölften Jahrhundert [3]).

Aber noch vor der Zeit der Kyburger hatte in eben dieser Gegend an der Töß das alte alemannische Fürstengeschlecht des Herzogs Gottfried schon am Ende des siebenten Jahrhunderts seine Heimath, und noch jetzt befindet sich nur wenig unterhalb Winterthur aber auf dem linken Ufer des

---

1) Neugart, episc. Constant. Proleg. p. XCV—CXXII.
2) Haller, Helvetien unter den Römern. II. S. 121 bis 131.
3) Füßlin, schweiz. Erdbeschreibung. I. S. 101. 161.

Flusses gelegen der kleine Ort Pfungen, welcher als der eigentliche Sitz jenes Herzogs angegeben zu werden pflegt [1]). Auf derselben westlichen Seite der Töß aber etwas oberhalb Winterthur findet man dagegen das alte Stammschloß der Grafen von Kyburg auf einer weit das Land überschauenden Anhöhe. Wenn auch erst den spätern Zeiten des Mittelalters angehörig verliert sich die erste Anlage des ursprünglichen Schlosses auf jener Anhöhe doch in das Dunkel der ältern germanischen Zeit. Denn selbst die Römer müssen hier einen festen Posten oder eine Warte auf der Grenzmark Helvetiens gegen Germanien gehabt haben, da man noch jetzt mancherlei Kaisermünzen daselbst vorfindet, und das älteste Schloß Kyburg ist offenbar eben so auf der Grundlage römischer Mauerwerke aufgeführt worden, wie es bei den benachbarten und berühmten Schlössern Habsburg und Lenzburg zu erkennen ist [2]).

Mit Sicherheit tritt die Burg Kyburg nur erst in der ersten Hälfte des eilften Jahrhunderts zur Zeit des Kaisers Konrad II. in der Geschichte hervor. Zwar werden uns auch nicht lange darauf bei Gelegenheit der großen Partheikämpfe im Reiche zur Zeit des Kaisers Heinrich IV. schon Grafen von Kyburg genannt, aber das Geschlecht, welchem später die Landgrafschaft im Thurgau zu erwerben gelang, und deren reiches Erbe und Name sodann an die Habsburger überging, welche auch nach ihrer Erhöhung im deutschen Reiche den Namen Kyburg zu führen nicht verschmäheten, lernen wir mit Bestimmtheit erst im zwölften Jahrhundert kennen. Als sicher scheint der gemeinsame Ursprung dieser Grafen von Kyburg mit den Grafen von Dillingen an der obern Donau, denen bekanntlich der Bischof Ulrich von Augsburg zur Zeit des Kaisers Otto des Großen angehört, betrachtet werden zu dürfen, wogegen das Verhältniß

---

1) **Füßlin, schweiz. Erdbeschreibung. I. S. 99.**
2) **Haller, Helvetien unter den Römern. II. S. 158. 418. 438.**

dieser Kyburger zu den alten Welfen, deren Ministerialen sie vermuthlich nur waren, eben so wie das zu den benachbarten Grafen von Winterthur und Wülflingen, deren Besitzungen nachmals als Theile der Grafschaft Kyburg erscheinen, trotz der zahlreichen Angaben darüber in ein solches Dunkel gehüllt ist, daß es heut zu Tage kaum noch gelichtet werden dürfte [1]).

In dem Zürichgau erhoben sich in dem Zeitalter der Ottonen die beiden Städte Zürch und Luzern und die Abtei Einsiedeln. Der Ursprung von Zürch, welches schon seit den letzten Zeiten des Mittelalters als die Hauptstadt der östlichen Schweiz gilt, führt bereits in das Alterthum zurück. Die heutige Stadt breitet sich zu beiden Seiten der Limmat aus von dem See abwärts bis zur Einmündung der Sihl, und da lag vor Alters das Römer=Schloß castrum Turicinum oder Turicum zum Schutze der hier hindurchführenden großen Handelsstraße aus Italien durch Rhätien (über den Splügen und Septimer) nach Gallien und Germanien [2]). Gleich manchen andern Orten dieser Gegend überlebte das römische Turicum den Sturm der Völkerwanderung bei den Verheerungen der Alemannen. Denn gleich bei dem ersten Dämmerlichte der Geschichte dieser Gebiete in dem Zeitalter der fränkischen Merowingen sehen wir hier, offenbar wegen der alten Bedeutung dieser Lokalität, eine curtis regia mit einer königlichen Pfalz zur Aufnahme der in ihrem Lande umherreisenden fränkischen Könige, castrum Turicense genannt, neben der Höhe des Lindenhofes auf dem rechten Ufer der Limmat, wo sich eine alte Malstätte für die Bewohner dieses Gaues befand. Gewiß hatten sich noch Ueberreste von der alten römischen Befestigung erhalten, indem auch in der Lebensbeschreibung des

---

1) Heinr. Escher bei Hottinger und Schwab, die Schweiz in ihren Ritterburgen. Chur 1828. 8. Th. II. S. 87 bis 134.
2) Haller, Helvetien unter den Römern. II. S. 179 bis 183.

heil. Gallus von dem castellum Turegum gesprochen wird ¹).

Das weitere Emporkommen dieses Ortes erfolgte durch die Gründung geistlicher Stiftungen. Denn gegen das Ende des siebenten Jahrhunderts lebten, wie es heißt, im alemannischen Helvetien zwei Brüder von vornehmen Stande aus fränkischem Geschlechte, Ruprecht und Wichard genannt, ersterer als Herzog, letzterer als Priester bezeichnet. Ihre Stammgüter lagen auf der Albis-Kette im Westen des Zürcher-Sees. Jeder von ihnen veranlaßte die Erbauung oder Erneuerung einer Stadt, welche nachmals zu den ausgezeichnetsten der Schweiz gehörten ²). Denn auf dem Zürichberge an der Limmat erbauete Ruprecht ein den beiden Heiligen Felix und Regula geweihetes Münster für Chorherren, welche unter einem Dechanten klösterlich zusammenlebten, und stattete diese Stiftung, die Propstei zum Groß-Münster genannt, mit Besitzungen auf dem Albis aus ³). Noch war damals die ganze Gegend wild und wüst und erwartete ihre Kultur erst durch die sich mehrenden und ausbreitenden geistlichen Stiftungen, deren Besitzungen sich bald in ununterbrochener Reihe an den Ufern des Zürcher-Sees erstreckten. Auch finden wir bereits zu Karl des Großen Zeit die Weinkultur in der Umgebung von Zürch verbreitet ⁴).

Mag auch dieser Fürst selbst manches für die Erhebung und Bereicherung jenes ältern Stiftes zu Zürch gethan ha-

---

1) Bluntschli, Staats- und Rechtsgeschichte von Zürch. I. S. 35. Vita S. Galli ap. Pertz, mon. II. p. 6. Venerunt ad fluvium Lindimacum, quem sequendo adierunt castellum Turegum vocatum.

2) Hottinger, helvetische Kirchengeschichte. I. S. 275.

3) Neugart, codex diplom. Alemann. I. N. 5. Ut in castro Thuricino juxta fluvium Lindimaci ecclesiam construeret et servitium Dei ibidem perpetualiter constitueret.

4) Füßlin, schweiz. Erdbeschreibung. I. S. 73.

ben, so war doch von weit größerer Bedeutung, was hier unter seinen Enkeln erfolgte. Denn der König Ludwig der Deutsche gründete hier im Jahre 853 dem Stifte Ruprechts gegenüber, auf dem linken Ufer des Flusses, ein **Frauen=münster** für seine Tochter Hildegarde, welche später auch ihre Schwester Bertha als Nachfolgerin in der Leitung dieses Stiftes hatte [1]). Der König aber schenkte demselben seinen königlichen **Hof Zürch**, den Zoll bei demselben, den königlichen **Forst** auf dem Berge **Albis** (noch jetzt größtentheils Eigenthum der Bürger von Zürch) und den kleinen **Gau Uri** mit seinen Kirchen am Fuße des St. Gotthard, so weit derselbe königliche Domäne war. Dazu kamen später noch manche andere Vergabungen wie im Jahre 858 die Verleihung des königlichen Hofes **Cham** am Zuger=See [2]). Von besonderer Wichtigkeit für die spätere Stadtverfassung von Zürch waren aber die Immunitäts= oder **Herrschafts=rechte**, welche der König seiner Tochter als Aebtissin ertheilte, und welche anfangs zwar nur persönlich verliehen waren, später jedoch mehrmals erneuert wurden namentlich von dem Kaiser Karl dem Dicken in den Jahren 878 und 883 für seine Gemahlinn **Richarde**, welcher er die Klöster Seckingen und Zürch übertragen hatte [3]).

Aus so verschiedenen Elementen nämlich aus der königlichen Burg mit den Fiscalinen, aus den freien Anwohnern des Ortes, die Genossenschaft vom Berge genannt, aus der Abtei Frauenmünster mit den Bewohnern ihrer Höfe und dem Stift zum Groß=Münster mit seinen Hörigen erwuchs allmählig im zehnten Jahrhundert die Stadt Zürch, indem die Entwickelung der innern städtischen Freiheit durch die glückliche Lage des Ortes, die für Handel und Gewerbe sich

---

1) **Hottinger**, helvet. Kirchengeschichte. I. S. 432 bis 443.
2) **Neugart**, codex diplom. Alemann. I. N. 349. 372.
3) **Bluntschli**, Staats= und Rechtsgeschichte von Zürch. I. S. 64 bis 68.

Die Städte Zürch und Luzern.

besonders eignete, außerordentlich gefördert wurde [1]). Schon frühzeitig erscheint Zürch als eine wichtige Zwischenstation für den Handelsverkehr zwischen Italien und Deutschland, der auf dem alten Wege über die Alpenpässe an den Rhein-Quellen und so über Chur und den Walenstädter See seinen Weg nahm. Auch mußte das Aufblühen der lombardischen Städte seit dem zehnten und eilften Jahrhundert eine wohlthätige Rückwirkung auf diesen Ort ausüben, und die Ottonen sollen das Emporkommen von Zürch, schon im zehnten Jahrhundert civitas Turicensis genannt, durch mancherlei Freiheiten gefördert haben. Wegen seiner Lage wurde der Ort Zürch häufig der Versammlungsplatz für die oberdeutschen Landtage und in der zweiten Hälfte des eilften Jahrhunderts einer der Hauptsitze für die mächtigen Herzoge Rudolf und Berthold von Schwaben, der Gegner des Kaisers Heinrich IV. Auch unter dem Schirm der Zähringer gedieh die Blüthe der Stadt, bis Zürch sodann in den letzten Zeiten der Hohenstaufen als eine der mächtigsten Reichsstädte von Ober-Deutschland hervortrat [2]).

Da wo die Reuß den See der Waldstätte verlassend eine milde Thalebene zu durchströmen beginnt, und wo sich der Zürichgau und Aargau von einander schieden, erhob sich gleichzeitig mit dem neuern Emporkommen von Zürch der Ort Luzern vermuthlich schon auf den Trümmern einer alten Ansiedlung [3]), später der Hauptort der Waldstätte. Den Anfang nahm die Stadt durch die Gründung des Münsters des heil. Moritz und Leobegar durch Ruprechts Bruder Wichard, welcher diese Stiftung gleichfalls mit

---

1) Bluntschli, Staats- und Rechtsgeschichte von Zürch. I. S. 123. 124. (Schinz), Versuch einer Geschichte der Handelschaft der Stadt und Landschaft Zürch. Zürch 1763. 8.

2) Meister, Geschichte von Zürch. Zürch 1786. 8.

3) Haller, Helvetien unter den Römern. II. S. 440.

ansehnlichen Besitzungen in jener Gegend ausstattete ¹). Durch mancherlei Vergabungen der umwohnenden edlen Herren mehrte sich bald der Reichthum des Stiftes und beförderte damit auch die Ansiedlung daselbst. Aber das Emporkommen Luzerns hängt genau zusammen mit der Aufnahme der Passage über den St. Gotthard. Noch hatte indessen die Reuß kein sicheres Bett; der See bildete dort an seinem untern Ende große Versumpfungen, und als die Schiffahrt auf dem See mit dem Emporkommen jener Straße aufblühete, mußte man, um eine sichere Hafenanfurth zu gewinnen, durch Aufwerfen von Dämmen die Gewässer der Reuß einschränken und die Sümpfe unter Wasser setzen. Uebrigens kam das St. Leodegars=Stift mit dem unter seinem Schutze heranwachsenden Städtchen frühzeitig an die Abtei Murbach im Elsaß, bei welcher es bis zum Ende des dreizehnten Jahrhunderts geblieben ist ²).

Das Stift Einsiedeln oder St. Meinrads=Zelle in dem finstern Walde genannt liegt in einer rings von hohen Bergen eingeschlossenen wilden Gegend an der obern Sihl und am Fuße der Bergkette Etzel. Daher heißt dieses Stift in alten Urkunden auch monasterium in silva, cella Meginradi, oder auch monast. eremitarum. Ein dicker, finsterer Wald bedeckte vor Alters diese Gegend in dem heutigen Kanton Schwyz, und in demselben siedelte sich der heilige Meginrad (Meinrad), angeblich aus dem alten Grafengeschlecht von Hohenzollern, ums Jahr 810 an. In dem Kloster Reichenau zur Liebe zum einsamen Leben erzogen bauete er sich eine Hütte auf dem Berge Etzel, und von

---

1) Hottinger, helvetische Kirchengeschichte. I. S. 276. Neugart, codex dipl. Alemann. I. N. 5. In quodam loco, qui Lucerna ex antiquitate est dictus, juxta fluvium, qui Rusa vocatur, qui de summitate magni Laci fluit etc.

2) Müller, schweizerische Geschichte. I. S. 166. 213.

ihm ging der erste Anbau jener Gegend aus ¹). Lange Zeit, bis zu seinem gewaltsamen Tode, lebte er hier einsam und unbekannt. Sein Aufenthaltsort wurde wieder eine wilde Einöde, obschon noch einige andere Einsiedler wie Benno und Eberhard gleich nach ihm hier ihren Wohnsitz aufschlugen ²), bis erst nach mehr als achtzig Jahren das Stift unserer lieben Frauen in der Einsiedeln daraus hervorgegangen ist. Der angelsächsische Prinz Gregor, ein Verwandter Otto des Großen, der nach Rom gewallfahrtet war, zog sich damals in jene Alpenwüste zurück, und suchte dort in der Einsamkeit und unter Kasteiungen sein Ende zu erwarten. Darum verwandelte der Kaiser Otto die St. Meinrads-Zelle in ein Kloster zum Troste edler Herren, hospitale nobilium generosorum. Bald wurde diese neue Benediktiner-Abtei in Helvetien ein berühmter Wallfahrtsort, so daß die umliegende Wüste Einsiedeln sich in ein volkreiches und mit Heerden erfülltes Alpenthal verwandelte. Auch mehrten sich schnell die Besitzungen und Reichthümer dieses Stiftes, durch welche es bis auf die neuern Zeiten bekannt geblieben ist ³). Die nicht minder berühmte Abtei Engelberg in Unterwalden nahm erst in etwas späterer Zeit ihren Anfang.

Dem Thurgau gegenüber breitet sich in den nordöstlichen Uferlandschaften des Bodensees der Linzgau aus, welcher ursprünglich offenbar auch in landschaftlicher Bedeutung genommen einen weit größern Umfang an dem ganzen nordöstlichen Gestade des Sees entlang hatte, als ihm nachmals im engern Sinne geblieben ist. Ja nach Angabe einiger Urkunden aus den Jahren 797 und 890 würde sich der Linzgau ursprünglich bis zur Einmündung des Rhein in jenen See also über das Gebiet des nachmals schwäbischen

---

1) Hottinger, helvetische Kirchengeschichte. I. S. 448.
2) Füßlin, schweiz. Erdbeschreibung. I. S. 330.
3) Müller, schweizerische Geschichte. I. S. 211. 286 bis 288.

Rheingaues erstreckt haben, indem der Flecken Höchst am rechten Ufer des Rhein in der Nähe von Rheineck in denselben gesetzt wird ¹), wenn dieser Umstand sich nicht daraus erklären ließe, daß beide einander benachbarten Gebiete des Linzgaues und Rheingaues damals unter der Verwaltung eines und desselben Grafen standen.

  Für die in der ältern Zeit größere Ausdehnung dieses Gaues spricht unstreitig auch die Ableitung seines Namens von dem alten alemannischen Stamme der Lenzen, welcher sich hier in der Zeit der Völkerwanderung den Römern furchtbar machte, und von welchem sicher die Germanisirung eines großen Theiles von Helvetien ausgegangen ist. Demgemäß erstreckte sich der ältere Linzgau (oder der Gau in landschaftlicher Bedeutung) vom Fuße der Allgauer-Alpen oder von dem Flüßchen Lieblach oder Leiblach in der Gegend von Lindau und Bregenz, welches letztere schon dem Rheingau angehört, während ersteres zu diesem Gebiete zu rechnen ist, gegen Nordwesten bis Ueberlingen hinaus, wo an dem obern Ende des nach diesem Flecken benannten Sees der Linzgau mit dem Hegau zusammengrenzte, während er sich nordwärts einige Meilen weit in das Innere von Ober-Schwaben bis zu den kleinen Gebieten ausdehnte, welche zu der das ganze obere Donau-Land umfassenden Landschaft Baar gehörten. Wurde dann später der Name dieses Gaues, ähnlich wie beim Thurgau, in politischer Beziehung beschränkt und auf die westlichen Theile der Landschaft eingeengt, so hat er doch dort, wieder gleich dem des Thurgaues, die alte Gau-Eintheilung Deutschlands überlebt und sich, obgleich aufs neue beschränkt, bis jetzt erhalten ²). Denn das Land-Kapitel von Ueberlingen in der Diöcese von Constanz führt noch den Namen des Linzgaues, wäh-

---

  1) Arx, Geschichte von St. Gallen. I. S. 43. N. h.
  2) Chron. Gottwic. II. p. 662. N. 268. Neugart, episc. Constant. Proleg. p. LXII—LXIV.

rend das den gesammten ältern Linzgau umfassende Archidiakonat den Namen des Allgaues, welcher von der benachbarten Landschaft im Quellgebiet des Lech und der Iller herrührt, im Mittelalter führte. Offenbar steht übrigens der Name des Dorfes Linz bei dem Städtchen Pfullendorf in Verbindung mit dem des Gaues und dem alten alemannischen Volksstamme, wie auch immer ihr gegenseitiges Verhältniß sein mag [1]).

Die Kenntniß des Linzgaues (pagus Linzgoviae) verdanken wir vornehmlich den Schenkungsurkunden von St. Gallen, in welchen er seit der Mitte des achten Jahrhunderts vorkommt, indem jener Abtei aus dieser nahe gelegenen Gegend, gleich wie im Thurgau, besonders viele Güter zuflossen. Er erscheint in jenen Urkunden als der pagus Linzgawia, Linzgauwa, Linzgauge oder Linzigauge, Linzihkowe, Linzgauginsis oder Lincauginsis, und wird gewöhnlich Linzgewe, Linzgowe oder Linzgouwe genannt [2]). Als die bedeutendsten Orte erscheinen in diesem Gau im Mittelalter die heutigen Städtchen Ueberlingen (die alte königliche Villa Jburninga), Meersburg, gewiß uralt, obschon erst am Anfange des dreizehnten Jahrhunderts vorkommend und seit jener Zeit die Residenz der Bischöfe von Constanz, und Buchhorn, jetzt Friedrichshafen, sämmtlich am Ufer des Sees gelegen [3]); sodann etwas abwärts vom

---

1) Kolb, historisch-topog. Lexikon von Baden. II. S. 218. 219.
2) Stälin, wirtembergische Geschichte. I. Seite 298. 299. Neugart, codex diplom. Alemann. 1. N. 56. Dipl. a. 774. Ego Hymno presbyter dono omnes res meas in pago Linzgauia in villa Ailingas et in alio loco, qui dicitur Scuzna ad monasterium S. Galli. N. 85. Dipl. a. 783. Ego Wano — aliquid de rebus meis, quod est in pago vel in sito Linzgauwa in villa quae dicitur Duringas etc. N. 95. Dipl. a. 786. Ego Chnuz trado in pago Linzgauginse in villa, quae dicitur Chnuzersvilare de terra juris mei etc.
3) Schwab, der Bodensee und das Rheinthal. I. S. 104. 140. 166. 167.

See das Städtchen Markdorf und noch mehr gegen Norden Pfullendorf, in der hohenstaufischen Zeit der Sitz einer wichtigen Grafschaft ¹).

In der östlichen Hälfte des alten Linzgaues finden wir dagegen schon frühzeitig zwei andere Gaue genannt, die nach zweien die dortigen Thalebenen bewässernden und sich nahe benachbart in den Bodensee ergießenden Flüßchen benannt sind, der Schussengau und der Argengau. Das Flüßchen Schussen (Schusa, Scuzna oder Scutzina nach den alten Urkunden) entspringt bei der erst im zwölften Jahrhundert gegründeten Prämonstratenser-Abtei Schussenried in der Nähe von Buchau am Federsee, und ergießt sich von dort in fast grader Richtung nach Süden, geht bei dem Städtchen Ravensburg vorüber und erreicht den Bodensee auf der Westseite neben dem Orte Langenargen. Der an seinen Ufern sich ausbreitende Schussengau (pagus Scuzingawe s. Schuzengeu) ²) hat jedoch wegen seiner Kleinheit niemals ein eigenes Comitat gebildet und stand ohne Zweifel immer unter der Waltung der mächtigen Grafen im Linzgau, da in der ältesten von den drei Urkunden, in welchen er nur erwähnt wird, ein in ihm gelegenes Gut ausdrücklich noch dem Linzgau zugetheilt wird ³).

Von größerm Umfange erscheint aber sein östlicher Nachbar der Argengau, welcher sich rings um den Argen von dem untern Schussen bis zu den Allgauer-Alpen erstreckte. Der Fluß Argen (Arguna) wird aus zwei Quellströmen dem Ober- und Unter-Argen gebildet, die den Allgauer-Alpen zwischen der Iller und Bregenz entfließend in einem nordwärts gewandten Bogen das dortige Hügelland von Ober-Schwaben bewässern, sich unterhalb des Ortes Wan-

---

1) Schwab, a. a. O. I. S. 133.
2) Chron. Gottwic. II. p. 765. N. 401. Neugart, episc. Constant. Proleg. p. LXXVI.
3) Stälin, wirtemb. Geschichte. I. S. 309.

gen vereinigen und ostwärts neben Langenargen, welches schon frühzeitig unter dem Namen Argona in den Urkunden vorkommt, gemeinsam den Bodensee erreichen. Der Argengau (pagus Argunensis, Argungowe, Argungaue, Aragungewe oder Arganganuge) [1]) ist uns fast blos durch die Urkunden der Abtei St. Gallen aus der Zeit des achten bis zehnten Jahrhunderts bekannt. Seinen Hauptkern bildet offenbar das alte Rural=Kapitel von Lindau in dem Archidiakonat des Allgäu; doch umfaßte er auch die Gebiete der alten Orte Wangen am Ober=Argen, Tettnang zwischen dem untern Schussen und Argen, nachmals ein Sitz der Grafen von Montfort aus dem Rheinthal, und die an den Ufern des Sees gelegenen Orte Langenargen und Wasserburg [2]). Als der wichtigste Ort in dem Argengau ist die Stadt Lindau zu nennen, welche auf drei Inseln im Bodensee gelegen ihren Ursprung, wie die dortigen alten römischen Mauerwerke beurkunden, schon in die römische Kaiserzeit hinaufrücken muß. Sie erscheint sodann zuerst wieder gegen das Ende des achten Jahrhunderts unter dem Namen Lintauia oder Linthowia, und genoß die Gunst der deutschen Karolingen im neunten Jahrhundert, von welchen sie gleich Zürch mit einer Frauenmünster=Abtei geziert wurde. Unter dem Schirm und der Pflege der Grafen des Linzgaues, die auch hier gewöhnlich walteten, blühete der Ort langsam zur Stadt heran; die Lage desselben begünstigte den Handelsverkehr und die Entwickelung der Ge=

---

1) Chron. Gottwic. II. p. 549. N. 35. Neugart, episc. Constant. Proleg. p. XXXI—XXXIII.

2) Stälin, wirtembergische Geschichte. I. S. 282 bis 284. Neugart, codex diplom. Alemann. I. N. 54. Dipl. a. 773. Ego Hadupertus et genitrix mea Teotrada donamus ad monasterium S. Gallonis in pago Argoninae in vilare, quod dicitur Haddinwilare, et in villa, quae dicitur Argona, quidquid in his locis visuri sumus habere etc.

werbe, so daß auch Lindau gleich jener helvetischen Stadt sich die Vorrechte der Reichsfreiheit erwerben konnte ¹).

Zwei alte und berühmte Grafen- und Fürstengeschlechter finden wir hier in dem Gebiete des Linzgaues im weitern Sinne genommen einheimisch, von welchen das eine schon im Mittelalter erloschen ist, das andere aber schon in jener Zeit zu höhern Ehren berufen unter den ersten Reichsfürsten seine Stelle einnahm und sich in hohem fürstlichen Ansehn bis jetzt erhalten hat, das sind die Geschlechter der Ulriche und der Welfen. Als die ersten Grafen lernen wir hier aber die beiden Männer kennen, welche schon oben mehrmals berührt bereits vom Könige Pipin nach der Aufhebung des Herzogthums in Alemannien mit der Verwaltung dieses Landes beauftragt waren und dabei zugleich die Grafenwürde in einigen Gauen bekleideten. Denn der bekannte Warin, der Graf im Thurgau in der zweiten Hälfte des achten Jahrhunderts, erscheint auch als Graf im Linzgau, und sein Amtsgenosse Ruodharb wird als Graf im Argengau genannt. Auf jeden Fall gehörte einer von ihnen, wenn nicht beide, dem hier einheimischen welfischen Geschlechte an, obschon nicht die Welfen sondern die dem alten Fürstenstamme Gottfrieds verwandten Ulriche sich hier eine fast erbliche Comitatsverwaltung erwarben. Denn nach Warins Abgange finden wir in den letzten Decennien des achten Jahrhunderts den Robbert, Nebi's Sohn und Urenkel des Herzogs Gottfried, als Grafen im Linzgau und Argengau. Seine Schwester Imma war aber durch ihren uns unbekannten Gemahl, mag derselbe nun nach der Annahme Einiger der Graf Abelhard aus dem Stamme der Birthilonen ²), oder nach Andern ein noch weniger bekannter

---

1) Schwab, der Bodensee und das Rheinthal. I. S. 94. 104. 116. II. S. 160 bis 165.

2) Neugart, episc. Constant. I. p. 66—68.

Graf Gerold gewesen sein [1]), nicht nur die Mutter des berühmten Grafen und Herzogs Gerold und der Kaiserinn Hildegarde, Karls des Großen Gemahlinn, sondern auch die Stammmutter der Ulriche, welche hier bis zum Ende des eilften Jahrhunderts in den Uferlandschaften des Bodensees neben den Welfen als die wichtigsten Dynasten erscheinen [2]).

Schon Hildegardens Bruder, der Graf Ulrich oder Ubalrich, war am Schlusse des achten und am Anfange des neunten Jahrhunderts Graf im Linzgau und Argengau, und in dieser Würde folgten ihm in beiden Gauen seine Söhne Ulrich II. und Robbert, welcher letztere zur Zeit Kaiser Ludwigs des Frommen im Kampfe mit dem Grafen Adalbert von Chur-Rhätien aus Hunfrieds Stamme sein Leben verlor. Sicher ist es, daß ihre Nachkommen sich die Grafenwürde in beiden Gauen, wo sie unzweifelhaft ansehnliche Besitzungen hatten, bewahrt haben, wenn gleich man nicht mit Sicherheit angeben kann, von welchem der beiden Brüder die folgenden Ulriche abstammen. Auch muß dies Geschlecht eine Zeit lang gegen die Mitte des neunten Jahrhunderts aus der Verwaltung jener Comitate verdrängt gewesen sein, da die um jene Zeit genannten Grafen im Linzgau und Argengau wie ein Richar, Konrad, Welf und Pabo dieser Familie offenbar nicht angehören [3]). In der zweiten Hälfte des neunten Jahrhunderts bekleideten dagegen das Comitat in jenen beiden Gauen die Grafen Ulrich III. zur Zeit Ludwigs des Deutschen und sein Sohn Ulrich IV., welcher nicht nur die Gunst des Königs Karls des Dicken sondern auch die seines Nachfolgers, des Königs Arnulf genoß, der ihn mit der königlichen Villa Lustenau im Rhein-

---

1) **Leichtlen**, die Zähringer. Freiburg 1831. 4. S. 41.
2) **Stälin**, wirtemberg. Geschichte. I. S. 242. 243.
3) **Kolb**, historisch-topograph. Lexikon von Baden. II. S. 221. Vergl. die Stammtafel dieser Ulriche bei Stälin a. a. O. I. S. 243 und 559.

gau beschenkte. Denn eben dieser Graf Ulrich IV. vom Linzgau war es, welcher auch das Comitat in dem fortan zum Schwabenlande gerechneten Rheingau verwaltete und dort mit der Abtei von St. Gallen in Zwistigkeiten gerieth, die, wie oben erwähnt, auf einem Landtage an der Mündung des Rhein unter der Leitung der beiden Bischöfe Salomon von Constanz und Dietolf von Chur ums Jahr 890 geschlichtet wurden [1]).

Graf Ulrich V., des Vorigen Sohn, am Anfange des zehnten Jahrhunderts ist der erste aus diesem Geschlechte, welcher sich nach seinem Wohnsitze Graf von Buchhorn nannte, obschon es nicht bezweifelt werden kann, daß er auch das Comitat im Linzgau und Argengau verwaltete. Eben dieser Graf Ulrich, als dessen Gemahlinn die Wendelgarde genannt wird, ist durch die romantische Geschichte von seiner Gefangenschaft bei den Ungarn, gegen welche er ums Jahr 916 zum Kampfe ausgezogen war, und von seiner unverhofften Heimkehr bekannt [2]). Durch seine beiden Söhne Ulrich VI. und Abelhard wurde er der Stifter der Grafengeschlechter von Bregenz und Buchhorn, während der jüngste Sohn Burkhard, dessen Geburt seiner Mutter das Leben kostete, in der Klosterschule zu St. Gallen erzogen dort um die Mitte des zehnten Jahrhunderts zur Würde eines Abtes erhoben wurde. Der Besitz des Comitates im Rheingau gewährte schon dem Grafen Ulrich IV. auch die Herrschaft in dem alten Bregenz mit der wichtigen Alpenklause am Bodensee, und dieser Hauptort des Rheingaues ward fortan der Sitz der ältern von dem Grafen Ulrich VI. abstammenden Linie dieses alten Grafengeschlechtes, aus welcher auch der Bischof Gebhard von Constanz gegen das Ende des zehnten Jahrhunderts entsprossen ist. Diese Grafen von Bregenz, für welche der Name Ulrich herrschend

---

1) Arx, Geschichte von St. Gallen. I. S. 85 bis 88.
2) Schwab, der Bodensee. I. S. 108. 109.

blieb, erloschen erst am Schlusse des eilften Jahrhunderts mit einem Grafen Ulrich, der ein Schwiegersohn des Grafen Rudolf von Rheinfelden war, und diese aus dem alten Rheingau und Argengau hervorgegangene Grafschaft Bregenz ging damals an die in diesen Gegenden berühmten Grafen von Montfort über. Die jüngere von dem Abelhard abstammende Linie dieser Grafen, gewöhnlich von Buchhorn genannt, und noch eine Zeitlang das Comitat im Linzgau verwaltend, erlosch gleichfalls gegen das Ende des eilften Jahrhunderts mit einem Grafen Otto, nach dessen Abgang die Grafen von Heiligenberg und Pfullendorf als die ansehnlichsten Dynasten in dem Gebiete des Linzgaues hervortreten [1]).

Schon früher ist es berührt worden (Th. II. S. 85), daß hier im Linzgau an den Ufern des Bodensees das älteste Heimathsland des merkwürdigen Dynastengeschlechtes der Welfen zu suchen sei, deren reiche Besitzungen sich von hier aus weit durch die Grenzgebiete von Schwaben und Baiern und von der obern Donau aufwärts in das rhätische Alpenland des heutigen Graubünden und Tirol erstreckten. Das Schloß zu Altorf oder Altdorf (die villa vetusta von dem Biographen des Bischofs Konrad von Constanz aus dem welfischen Geschlechte genannt) bei dem Städtchen Ravensburg auf dem östlichen Ufer des Schussen, im Schussengau oder auch im Argengau gelegen, erscheint als die Stammburg dieser Welfen, welche erst mit dem Grafen Welf, dem Vater der Kaiserinn Judith, zu Kaiser Ludwigs des Frommen Zeit, mit Sicherheit in der Geschichte hervortreten, wenn man auch nicht bezweifeln kann, daß dies Geschlecht durch seine mannigfache Verzweigung und durch seinen Reichthum schon lange vorher unter den Edlen des schwäbischen und baierschen Volkes eine bedeutende Stellung eingenommen habe. Nur ist die in neuern Zeiten versuchte

---

1) Kolb, historisch-topograph. Lexikon von Baden. II. S. 222.

Anreihung verschiedener Grafen und Herzoge, welche schon während der Zeit des siebenten und achten Jahrhunderts in jenen oberdeutschen Gebieten vom Elsaß bis nach Tirol hin genannt werden namentlich des alten Dynastengeschlechtes des Eticho im Elsaß, an dies welfische Dynastengeschlecht, zu welchem man vor Ludwig des Frommen Zeit nur mit einiger Wahrscheinlichkeit den mächtigen Grafen Warin im Thurgau und Linzgau rechnen kann, nicht nur sehr mißlich, sondern offenbar ganz irrig zu nennen ¹).

Jener Graf Welf, der historische Stammvater des welfischen Geschlechtes, welches sich von ihm ab wenn auch nicht ganz vollständig doch mit mehr Sicherheit bis zu seinem Erlöschen in der Hauptlinie in Ober=Deutschland um die Mitte des eilften Jahrhunderts verfolgen läßt, wird von den gleichzeitigen Autoren wie vom Theganus auch wohl dux genannt, sei es nun daß er oder sein Vater unter Karl dem Großen mit irgend einem Ducat bekleidet gewesen, oder auch um ihn vor vielen andern Edlen jener Gebiete hervorzuheben. Durch diese Bezeichnung verleitet, haben die spätern Autoren des Mittelalters ihn darum zum Herzoge in Baiern gemacht, obgleich kein einziger aus dem ältern welfischen Hause zu dieser Würde gelangt ist ²). Nur als Verwalter benachbarter Comitate wie des Linzgaues und Argengaues sind uns diese ältern Welfen bekannt.

Von Welfs älterm Sohne Eticho stammt das ältere deutsche Haus der Welfen ab, während von seinem jüngern Sohne Konrad, welcher mit seinem Bruder Rudolf die Schwester Judith an den kaiserlichen Hof begleitete, das Geschlecht der welfischen Könige von Burgund oder der Rudolfingen nicht ohne Wahrscheinlichkeit (Th. III.

---

1) Eichhorn, Urgeschichte der Welfen. S. 24 bis 39.
2) Theganus, vita Ludovici Pii c. 26 ap. Pertz, mon. II. p. 596. Welfus dux de nobilissima progenie Bawariorum. Eichhorn a. a. O. S. 103. N. 79.

S. 184) abgeleitet wird. Dann aber scheint es auch in Italien, namentlich in Lombardien, schon seit Karl des Großen Zeit eine Linie dieses welfischen Geschlechtes gegeben zu haben, welche, wenn sie demselben wirklich angehört, aus Tirol stammen mag, und welche hier auf der Südseite der Alpen in Lombardien eine nicht minder historisch wichtige Rolle spielt als ihre Stammgenossen im Norden der Alpen in Schwaben und Baiern und im Westen der Alpen in dem burgundischen Lande. Aber wie dunkel auch immer der genealogische Zusammenhang dieser lombardischen Welfen sein mag, so steht doch fest, daß sie ihre baierschen und burgundischen Vettern überlebten, und daß sich der deutsche Stamm der Welfen durch einen Zweig des lombardischen Stammes erneuerte, durch welchen er erst zu hohem fürstlichen Ansehn im Reiche gelangte und sich bis jetzt unter den Herrschergeschlechtern Europas erhalten hat. Denn nach der Annahme des neuern Geschichtschreibers der Welfen soll die lombardische Linie dieses Geschlechtes von einem Grafen Bonifacius stammen, der von Karl dem Großen dort zum Grafen von Lucca eingesetzt wurde, und dessen gleichnamiger Sohn wegen seiner Verdienste um die Beschützung Italiens gegen die Angriffe der Araber zum Markgrafen von Tuscien ernannt ward. Diesem Geschlechte werden sodann nicht nur die beiden berühmten Markgrafen und Herzoge von Tuscien, der ältere und jüngere Adalbert, während der zweiten Hälfte des neunten Jahrhunderts angereiht, sondern auch der lombardische Markgraf und Pfalzgraf Otbert oder Obizzo, der zur Zeit Kaisers Otto des Großen mit großem Ansehn hervortritt, und dessen reiche Stammgüter sich an dem ganzen obern Apennin von Lucca bis nach Arezzo entlang zogen. Unter Otberts Enkel von seinem gleichnamigen Sohne, unter dem Markgrafen Albert Azzo während der ersten Hälfte des eilften Jahrhunderts, mehrten sich dann diese Besitzungen noch durch Heirath, Kauf und auf andere Weise vornehmlich in dem eigentlichen

Lombardien, wo er seinen Sitz zu Este unweit Padua aufschlug und diesen Ort zum Mittelpunkt der Macht seines Hauses machte, nach welchem sich seine Nachkommen später Markgrafen von Este zu nennen pflegten. Sein Sohn Albert Azzo II. in der zweiten Hälfte des eilften Jahrhunderts ward dann durch seinen ältern Sohn Welf der Stammvater des jüngern welfischen Hauses in Deutschland wie durch seinen jüngern Sohn Fulko der Stammvater der Herzoge von Modena und Ferrara aus dem (welfischen) Hause Este in Lombardien, das erst am Ende des achtzehnten Jahrhunderts erloschen ist [1]).

Durch die Hauschronik des Klosters Weingarten erhalten wir die sicherste, wenn auch nicht immer vollständige Kunde über das Geschlecht der ältern deutschen Welfen, welche ohne große Theilnahme an den allgemeinen Angelegenheiten des Reiches nur mit der Cultur und Erweiterung ihrer Hausbesitzungen thätig gewesen zu sein scheinen. Graf Eticho, der nähere Stammvater dieses Geschlechtes, pflanzte dasselbe durch seinen Sohn Welf II., der ums Jahr 860 als Graf im Linzgau und Argengau erscheint, und durch seinen Enkel Eticho II. weiter fort. Als freie Dynasten auf ihrem reichen Erbe hausend verschmähten es diese Welfen gegen den Empfang von Lehngütern, wie es das zu jener Zeit sich durcharbeitende Feudalsystem im gesammten fränkischen Reiche verlangte, in eine Dienstbarkeit zu treten, an welche sich fortan alle Ehre im Reiche knüpfte. Darum fand sich der alte Adelstolz des Grafen Eticho schwer gekränkt, als sich sein Sohn, Graf Heinrich genannt mit dem goldenen Wagen, durch den König Arnulf bewegen ließ ein in Baiern gelegenes Lehn von 4000 Morgen Landes von ihm anzunehmen. Um den Verlust der alten Reichsfreiheit seines Geschlechtes ungestört betrauern zu können, zog er sich mit zwölf seiner Freunde in eine Waldeinöde am

---

1) Eichhorn, Urgeschichte der Welfen. S. 59 bis 85.

Fuße des Alpenlandes in der Nähe von Scharnitz (Scarantia), wo die Isar entspringt, zurück. Hier auf den Trümmern einer alten Abtei, die bereits um die Mitte des achten Jahrhunderts gegründet, aber auf Betrieb des Bischofs Aribo von Freisingen bald nachher in eine mehr günstige Gegend am Kochel-See, wo jetzt Schlehdorf steht, verlegt worden war, siedelte sich Eticho an und verblieb in dieser Abgeschiedenheit bis an seinen, ungefähr ums Jahr 910 erfolgten Tod [1]).

Eticho's Gedächtniß blieb bei seinen Nachkommen in gutem Angedenken. Schon sein Sohn Heinrich versetzte die Gefährten des Vaters, um ihnen einen bequemern Aufenthalt zu gewähren, nach der Abtei Altomünster zwischen Augsburg und München, und begann darauf für sie den Bau einer neuen Abtei zu Altorf, die jedoch erst später zu Stande kam. Dann errichtete Herzog Heinrich der Schwarze von Baiern aus dem jüngern welfischen Hause ums Jahr 1121 in dem Walde über Etichos Grabstätte eine Kirche, die später durch den Herzog Ludwig von Baiern aus dem Hause Wittelsbach ums Jahr 1350 in ein Kloster unter dem Namen Ettal (vallis Ettonis s. Etichonis) verwandelt wurde. Bei Graf Heinrichs Tode ums Jahr 925 folgte ihm sein Sohn Rudolf als Herrscher in dem welfischen Erbe, während der zweite Sohn Konrad, dem geistlichen Stande gewidmet, bald den Bischofsstuhl zu Constanz bestieg, den er bis zu seinem Tode im Jahre 972 mit solchem Ruhme einnahm, daß er sich den Beinamen des Heiligen erwarb. Der Graf Rudolf ist aber unzweifelhaft in der Hauschronik von Weingarten mit einem jüngern gleichnamigen Welfen, welcher mit einer Enkelinn des Kaisers Otto des Großen vermählt gewesen sein soll, verwechselt worden, da er selbst schon ums Jahr 940 mit Tode abgegangen zu sein scheint, und nicht unwahrscheinlich läßt sich

---

1) Eichhorn a. a. O. S. 40 bis 48.

die Lücke zwischen dem ältern und jüngern Rudolf mit dem Grafen Welf III. oder Wolfrad, welcher in einer Urkunde Otto's des Großen ums Jahr 972 erwähnt wird, ausfüllen [1]).

Graf Rudolf II. erscheint dadurch merkwürdig, daß er sich selbst für einen Abkömmling des alten alemannischen Kammerboten Warin erklärte, indem er durch neue Vergabungen an den heil. Othmar die von seinem Vorfahren an demselben verübten Unbilde zu vergüten suchte. Ja der jähe Tod seines ältesten Sohnes Heinrich auf der Gemsenjagd ums Jahr 990 ward vom Volke als Strafgericht des Himmels betrachtet, weil er sich den frommen Absichten des Vaters widersetzte. Darum folgte bei dessen Tode ums Jahr 1020 als Erbe der reichen Besitzungen des welfischen Hauses der zweite Sohn Welf IV., mit welchem nun dies Geschlecht, wenn auch kurz vor seinem Erlöschen, an den allgemeinen Angelegenheiten des Reiches Antheil zu nehmen begann. Denn Graf Welf trat als eifriger Freund und Anhänger des Herzogs Ernst von Schwaben auf und unterstützte ihn in seinem Kampfe gegen den Kaiser Konrad II., obschon derselbe für ihn eben so nachtheilig wie für seinen Freund unheilvoll endete. Darum zog er sich von den weltlichen Angelegenheiten zurück, vermachte viele seiner baierschen Besitzungen an die Kirchen zu Augsburg und Freisingen, und war schon im Begriff die Abtei Altomünster nach Altorf zu verlegen, als ihn nicht lange nach jenem Kampfe der Tod ums Jahr 1030 ereilte. Sein einziger Sohn, der Graf Welf V., ward zwar ums Jahr 1047 zur herzoglichen Würde erhoben, indem ihm die Verwaltung des Landes Karantanien übertragen wurde, aber mit ihm endete auch schon im Jahre 1055 das ältere welfische Geschlecht in Deutschland. Dem Wunsche seines Vaters gemäß hatte der Herzog Welf die Abtei Altomünster mit allem ihrem

---

1) Eichhorn a. a. O. S. 49 bis 51.

beweglichen Eigenthum nach dem neu erbauten Kloster zu
Altorf verlegt. Da aber dies Stift nicht lange darauf von
einer Feuersbrunst verzehrt ward, räumte der Herzog den
Mönchen sein Schloß auf dem Hügel bei Altorf ein und
gab ihm von den Weinbergen, zwischen denen es lag, den
Namen des Klosters Weingarten. Zum Wohnsitze seines
Hauses wählte er dagegen das Schloß Ravensburg, nach
welchem sich auch das jüngere von seiner mit dem lombar=
dischen Grafen Albert Azzo II. von Este vermählten Schwe=
ster Kunigunde abstammende Welfen=Geschlecht zu benen=
nen pflegte. Noch erstreckten sich damals die reichen welfi=
schen Besitzungen von der italischen Grenze im baierschen
und rhätischen Alpenlande am Lech und am Rhein abwärts
durch Baiern, Alemannien und Helvetien bis zur Donau
und westwärts bis nach dem Elsaß hinein, und gingen so
größtentheils an die jüngern Welfen über [1]).

Am untern Ende oder an der Nordwestseite des Bo=
densees breitet sich das fruchtbare und liebliche Hügelland
des Hegaues aus, welcher seinen uralten Namen sich noch
bis jetzt im Munde des Volkes erhalten hat. Gegen Osten
an den Linzgau grenzend zieht sich der Hegau gegen Norden
und Nordwesten bis gegen das Quellgebiet der Donau hin
in der Landschaft Baar. Gegen Westen aber erstreckt er sich
bis an die Bergkette Randen, welche noch dem Jura=
Gebilde angehörig von den Ufern des Rhein an dicht neben
Schafhausen in grader Richtung von Süden nach Norden
zur Donau streicht und dort in ihrer weitern nordöstlichen
Fortsetzung an den Ufern der Donau das sich zum Boden=
see senkende Hügelland des Hegaues von den Tafelebenen
der Baar abscheidet [2]). Der Randen, welcher den Rhein=

---

1) **Eichhorn** a. a. O. S. 52 bis 58.
2) Neugart, codex dipl. Alemann. I. N. 797. Dipl. a. 995.
Villa Toginga (Talngen im Norden von Schaffhausen) in pago
Hegou.

strom bei Schafhausen zu seiner plötzlichen Wendung gegen Süden zwingt und bei dem Durchbruch des Stromes durch seine Felsbänke zugleich den berühmten Fall bewirkt, trennt den Hegau von dem westwärts angrenzenden Klettgau. Noch jetzt beurkundet sein heutiger Zustand, daß einst furchtbare Naturgewalten auf diesem schönen und reichen Boden mit einander kämpften. Davon zeugen die merkwürdigen Flötztrappgebilde des Hegau mit ihren Prophyrkegeln und Basaltsäulen, auf deren Gipfeln viele der berühmtesten Burgen des Schwabenlandes im Mittelalter gelegen waren ¹).

Der Name des Hegau (pagus Hegowe), welcher mit einigen Abweichungen in der Form für diese Landschaft schon seit der Mitte des achten Jahrhunderts vorkommt und in den Urkunden bald pagus Egauinsis, Hegaugensis, bald Hegawe, Hegowe, Hegou und sogar Hegduvi gelesen wird, soll nach Einigen von der Enge bei Schaffhausen auf der Grenze gegen den Klettgau, nach Andern von dem Bergschlosse Hewen oder Hohenhöwen über dem heutigen Orte Engen zwischen dem Rhein und der Donau, daher Hewengau oder Hegau, abzuleiten sein ²). Bereits im Jahre 787 wird dieser Gau genannt, als der Bischof Egino von Constanz und der Abt Werdo von St. Gallen dem Diakonus Ato einige Lehen in pago Egauinse übergaben ³). Aus den Schenkungsurkunden für das Kloster St. Gallen lernen wir hier für die letzten Zeiten des achten Jahrhunderts den Grafen Udalrich oder Ulrich kennen, welcher auch als Graf im Breisgau erwähnt wird. Dann aber wird dieser Gau auch in der Theilungsurkunde des fränkischen Reiches von Karl dem Großen im Jahre 806 genannt, indem

---

1) Ebel, über den Bau der Erde im Alpengebirge. II. S. 115 bis 118.
2) Kolb, historisch-topograph. Lexikon von Baden. II. S. 28.
3) Neugart, codex dipl. Alemann. I, N. 99.

der Hegau mit den oſtwärts anſtoßenden Gebieten von Ober-Schwaben im Süden der obern Donau gleich wie der Thurgau und das Ducat von Rhätien dem italiſchen Könige Pipin vermacht wurde ¹). Denn nach Karls Beſtimmung zog ſich die Grenzmark von Pipins Reich gegen das ſeines Bruders Karl von den Quellen des Rhein am St. Gotthard nordwärts bis zu eben dieſem Strom an dem auf der Grenzmark des Klettgau und Hegau liegenden Orte Enge, unter welchem man ohne Zweifel die Einſchnürung des Stromes an ſeinen Katarakten und nicht den oben genannten Ort Engen bei Hohenhöwen zu verſtehen hat ²).

Daß von ſeinen zahlreichen Berghöhen der Hegau ſeinen Namen empfangen habe, möchte darum nicht unwahrſcheinlich ſein, weil die untere nach dem Bodenſee zu liegende Gegend deſſelben ſeit Alters auch unter dem Namen des Unterſee-Gaues (pagus Untarsee s. Untresinsis) vorkommt. Vornehmlich umfaßte er wohl die lange Halbinſel zwiſchen dem Ueberlinger- und Zeller-See. Denn in denſelben wird nach einer Urkunde vom Jahr 862 der Flecken Mechingen geſetzt, und zu eben demſelben Gau gehörte nach einem Diplom Ludwigs des Frommen vom Jahr 816 auch die Sintlesau oder Reichenau. Doch bildeten beide Gaue immer ein gemeinſames Comitat ³).

---

1) Walter, corpus juris Germ. antiq. II. p. 216. Capit. Carol. M. a. 806. Pippino de Alemannia partem, quae in australi ripa Danubii fluminis sita est, et de ipso flumine Danubii currente limite usque ad Rhenum fluvium in confinio pagorum Chletgowe et Hegowe in locum qui dicitur Enge, et inde per Rhenum fluvium sursum versus ad Alpes.

2) Neugart, episcop. Const. Proleg. p. XLIX et I. p. 89. Chron. Gottwic. II. p. 632. N. 204.

3) Arx, Geschichte von St. Gallen. I. S. 43. Schwab, der Bodenſee. I. Seite 90. Neugart, episcopat. Constant. Proleg. p. LXXXVII.

An den innersten Winkeln der beiden kleinern westlichen Wasserbecken des Bodensees lagen hier die alte Reichspfalz Bodman oder Bodam (Potamum), von den karolingischen Fürsten oft besucht, und das Städtchen Radolfszell, welches der Ansiedlung des Bischofs Radolf oder Ratold von Verona, der aus Alemannien stammte, um die Mitte des neunten Jahrhunderts seinen Ursprung verdankt, und nach welchem bald das untere Becken des Bodensees seinen besondern Namen empfing [1]). Die Stadt Stein am Ausfluß des Rhein aus dem Zeller=See, auf der Grenzmark des Hegau gegen den Thurgau gelegen, war schon im Zeitalter der Ottonen von Bedeutung, da sie der Herzog Burkhard im Jahr 966 mit festen Mauern umgeben und mit verschiedenen Vorrechten begabt haben soll. Eben dahin wurde auch im Jahr 1005 das Benediktiner=Kloster verlegt, welches dessen Gemahlinn die Fürstinn Hedwig ursprünglich auf ihrem Sitze zu Hohentwiel gegründet hatte, und welches zu den ansehnlichsten Abteien jener Gegend gehörte [2]). Als die merkwürdigsten mit alten Bergschlössern gekrönten Höhen erheben sich im Innern des Hegaues die Kegel von Hohentwiel, von Hohenhöwen, Hohenkrähen und Hohenstoffeln, so wie der Staufen und der Mägdeberg, die sämmtlich an 1800 bis 2000 F. über den Spiegel des Meeres emporsteigen [3]). Unter ihnen nimmt der an 2150 F. hohe Porphyrkegel von Hohentwiel in historischer Beziehung die erste Stelle ein. Denn die Ruinen seines alten Bergschlosses weisen sicher schon in das römische Zeitalter zurück, als in der spätern Kaiserzeit sein Gipfel zur Anlegung einer Warte gegen die Einbrüche der Alemannen trefflich geeignet schien. Wenn dann in den folgenden Jahrhunderten auch etwas vergessen trat diese Lokalität mit um so größerer Bedeutung

---

1) Schwab, der Bodensee. I. S. 91. II. S. 83. 86.
2) Füßlin, schweiz. Erdbeschreibung. I. S. 158.
3) Schwab, der Bodensee. II. S. 98 bis 113.

seit dem Ende des neunten Jahrhunderts hervor, wo wir das Bergschloß **Duellum** bei Gelegenheit der Kämpfe der schwäbischen Kammerboten mit dem Bischof Salomon von Constanz wieder kennen lernen. Seit der neuen Einrichtung des Volksherzogthums in Alemannien, welches eben hier am Bodensee seinen Mittelpunkt hatte, erscheint das Schloß **Twiel** als der eigentliche Sitz der alemannischen Herzoge namentlich der Burkhardingen, und kommt so noch vor zur Zeit des Herzogs Rudolf von Schwaben, des bekannten Gegenkönigs, in der zweiten Hälfte des eilften Jahrhunderts. Hier zu Hohentwiel residirte auch die berühmte Fürstinn **Hedwig**, des Baiern-Herzogs Heinrich Tochter und des alemannischen Herzogs Burkhard II. Gemahlinn, wo sie in Verbindung mit den Mönchen zu St. Gallen den Wissenschaften oblag und als Wittwe ihres Gemahles eine Zeitlang mit herzoglicher Macht im Lande Alemannnien, vorzüglich über die dortigen geistlichen Stifte, waltete [1]).

Die im Laufe des neunten Jahrhunderts im Hegau vorkommenden Grafen sind nicht weiter bekannt, gehören aber sicher nicht zu der Dynastenfamilie, welche später hier die erbliche Herrschaft gewann, und deren Stammburg noch jetzt in Ruinen neben dem Städtchen Stockach erblickt wird [2]). Das sind die Grafen von **Nellenburg**, deren Ahnen schon im neunten Jahrhundert als reich begütert im Hegau, Klettgau und jenseit des Rhein im Zürichgau erscheinen. Ein Graf **Eberhard** oder **Ebbo**, der das Comitat im Zürichgau gegen das Ende jenes Jahrhunderts verwaltete, ist der erste uns bekannte Stammvater dieses Geschlechtes, das durch seine Verwandtschaft mit den Burkhardingen einen Theil seines Reichthums erworben haben mag. Denn zu diesem Geschlechte gehörte auch die Fürstinn **Regilinde**, die Gattinn der Herzoge Burkhard und Hermann.

---

1) Schwab a. a. O. I. S. 117 bis 120.
2) Kolb, historisch-topograph. Lexikon von Baden. II. S. 28.

Die Mitglieder desselben, für welche die Namen Mangold und Eberhard herrschend waren, erscheinen im Laufe des zehnten Jahrhunderts als Grafen im Thurgau und Zürichgau ¹).

Von diesem Geschlechte der Grafen von Nellenburg ging die Veranlassung zum Entstehen der Stadt am Rhein aus, welche an der westlichsten Grenzmark aber noch innerhalb des Hegaues gelegen theils durch die Katarakten jenes Stromes, theils als Reichsstadt und Mitglied der helvetischen Eidgenossenschaft so berühmt und bekannt geworden ist. Denn dort wo jetzt die Stadt Schafhausen oder Schaffhausen auf dem nördlichen Ufer des Rheins liegt, war vor Alters ein Ueberfahrtsort über den Strom wegen der hier vom Bodensee her endigenden Schifffahrt. Dazu waren hier einige Häuser erbaut, welche nach den zur Ueberfahrt gebrauchten Fahrzeugen (scapha) den Namen Scaphusen führten, und aus denen allmählig ein Dorf erwuchs ²). Nun gründete hier der Graf Eberhard III. von Nellenburg im Jahre 1052, indem er eine Anzahl von Mönchen aus dem berühmten Kloster Hirschau auf dem Schwarzwalde berief, ein Benediktiner=Kloster Allerheiligen, unter dessen von diesem Grafengeschlechte geführten Schirmhoheit der Ort sich immer mehr erhob und schon während des dreizehnten Jahrhunderts als die Stadt Schaffhausen aufblühte ³).

Nur ein bis zwei Meilen unterhalb der Bergkette Ranben, wo der Südabhang des Schwarzwaldes sich gegen den Rheinstrom neigt, ergießt sich als das Hauptgewässer desselben auf dieser Seite die Wuttach in den Rhein. Von den Höhen des Feldberges herabkommend fließt sie anfangs in östlicher oder südöstlicher Richtung parallel mit den Quell=

---

1) Stälin, wirtemberg. Geschichte. I. S. 552.
2) Hottinger, helvetische Kirchengeschichte. I. S. 555.
3) Müller, schweiz. Geschichte. I. S. 336 bis 344.

strömen der Donau, wendet sich dann aber plötzlich, dem Stromknie der Donau gegenüber, nach Südwesten, fließt bei den Orten Stühlingen und Thiengen vorüber und erreicht ihren Hauptstrom etwas oberhalb Waldshut oder der Einmündung der Aar in den Rhein. Diese Wuttach bildet den Grenzstrom zwischen den beiden am Südabhange des Schwarzwaldes liegenden Gauen Klettgau und Albgau, welche sich vom Hegau abwärts bis zu dem großen Breisgau, an der Westseite des Schwarzwaldes, längs des Rheinstromes ausbreiten. Der bereits in dem Testamente Karls des Großen genannte Klettgau (pagus Chletgowe), der auch noch jetzt dort beim Volke diesen Namen führt, hat keine große Ausdehnung, indem er fast rings vom Rhein und der Wuttach so wie von der Bergkette Randen umgeben ist [1]). Auch bildete er ohne Zweifel mit einem oder dem andern der benachbarten Gaue ein gemeinsames Comitat, da besondere Grafen in ihm nur selten vorzukommen scheinen.

Meistens wird dieses Gebiet heut zu Tage Kleggau genannt, und da diese Form des Namens auch in vielen ältern Urkunden als Clegowe, Chlegowe, Chlechgouwe, Cleggovia und pagus Cleggoviensis vorkommt, so hat man diesen Namen von den kleinen Schiffen, welche jetzt Wälbling heißen und früher Kleg genannt wurden und deren man sich dort auf dem Rheinstrom bedient, ableiten zu können geglaubt [2]). Auf der Grenzmark dieses Gaues lag das Kloster Rheinau, welchem König Ludwig der Deutsche in den Jahren 856, 857 und 870 ansehnliche Güter in diesem Gaue vermachte. Diese Schenkung bestätigte nachmals Kaiser Heinrich III. durch eine Urkunde vom Jahre 1049, in welcher es von dem Klettgau heißt, daß er zu dem comitatus Bertholdi comitis gehöre. Dieser Graf Berthold ge-

---

1) Chron. Gottwic. II. p. 570. N. 100. Neugart, episc. Constant. Proleg. p. L. LI.
2) Kolb, historisch-topograph. Lexikon von Baden. II. S. 154.

hörte aber dem damals zuerst mit Bedeutung hervortretenden Geschlechte der Zähringer an, das durch seinen reichen Güterbesitz am Schwarzwalde und zu beiden Seiten des obern Rhein ausgezeichnet war [1]).

Von etwas größerm Umfange als sein östlicher Nachbar ist der schwäbische Albgau am obern Rhein, zugleich durch eine geistliche Stiftung bekannt, die durch ihre litterarischen Bestrebungen in der neuern Zeit vornehmlich für die altdeutsche Geschichte und Geographie sich einen unvergänglichen Namen erworben hat. Um so weniger ist es für den Forscher erfreulich dieses Gebiet, welches wegen seines Namens mit verschiedenen andern ähnlich oder gleichlautenden Gauen schon frühzeitig manche Verwechselung veranlaßte, in ein solches Dunkel gehüllt zu sehen, daß über seine ältere Geschichte und Ausdehnung namentlich nach Westen hin sich kaum etwas Befriedigendes sagen läßt. Sicher ist jedoch, daß dieser Gau seinen Namen von dem Flüßchen Alb empfangen habe, welches sich von den Höhen des Feldberges auf dem Schwarzwalde in grader Richtung nach Süden zum Rhein hinabergießt, den es zwischen den Orten Waldshut und Lauffenburg erreicht. Auch ist es nicht unwahrscheinlich, daß dieses Bergwasser die Mitte des Gaues durchschnitt, so daß sich derselbe westwärts bis gegen das obere Wiesenthal ausbreitete oder bis in eine Gegend, welche in kirchlicher und politischer Beziehung in jener ältern Zeit des Mittelalters noch ziemlich unbekannt ist [2]).

Dieser Albgau oder Alpgau erscheint in den ältern Urkunden gewöhnlich unter den Namen Alpagauia, Alpegauia, Alpagowe, Alpegowe, Alpegewe, oder auch Alpigauge, so wie die in diesen oberdeutschen Gebieten vorkommenden

---

1) **Kolb,** histor. topograph. Lexikon von Baden. I. S. 155.

2) **Delius** bei Ersch und Gruber, allgemeine Encyklopädie. I, 2. Seite 330. 331.

Fluß= und Bergnamen Alb und Alp, wo sich zugleich überall entsprechende Gaunamen vorfinden, stets mit einander abwechseln [1]). Die uns hier seit dem Ende des achten und während des neunten Jahrhunderts genannten Grafen wie ein Ubalrich, Erchanger, Gozbert, Alberich und Abalbert sind uns nicht genauer bekannt. Nach ihnen soll der spätere Kaiser Karl der Dicke noch in den letzten Zeiten seines Vaters diesen Gau verwaltet haben. Der in den beiden letzten Decennien des neunten Jahrhunderts hier erscheinende Graf Abalbert gehört vermuthlich dem Geschlecht der Burkhardingen an. Während des zehnten Jahrhunderts mangeln fast alle Nachrichten über die Grafen dieses Gaues [2]).

Die erste Kultur kam in dieses ziemlich rauhe und wilde Gebiet unmittelbar am Südabhange der höchsten Theile des Schwarzwaldes, welcher hier nur von engen Thalspalten mit reißenden Bergwassern durchzogen wird, die sich wie die Alb entweder unmittelbar zum Rhein oder auch südöstlich zur Wuttach ergießen, durch geistliche Stiftungen. Einsiedler gründeten schon um die Mitte des neunten Jahrhunderts in dem obern Thale der Alb eine kleine Ansiedlung, welche die Zelle an der Alb genannt bald darauf mit dem umliegenden Grund und Boden an die Abtei Rheinau vermacht wurde. Hier war es auch, wo die Mönche von Rheinau zur Zeit der Verheerungszüge der Ungarn in Alemannien am Anfange des zehnten Jahrhunderts eine sichere Zuflucht fanden, aber später sich nicht weiter um das Schicksal dieser geistlichen Pflanzstätte bekümmerten. Die Erneuerung oder die eigentliche Gründung des Klosters an der Alb zu Ehren des heil. Blasius soll sodann zur Zeit

---

1) Neugart, episc. Constant. Proleg. p. XXV — XXVII. Neugart, codex diplom. Alemann. I. N. 606. Dipl. a. 894. Dedi meam proprietatem in Alpigauge in loco, qui dicitur Curtwila (Gurtweil an der Schlucht).

2) Kolb, historisch-topograph. Lexikon von Baden. I. S. 10.

Otto's des Großen durch den Ritter Reginbert (angeblich von Selbenbüren aus dem Zürichgau) erfolgt sein, welcher sein reiches Erbgut diesem Stifte vermachte und als Mönch in demselben im Jahre 964 sein Leben beschloß ¹).

Kaiser Otto II. bestätigte demnach im Jahre 968 zu Verona die Gründung dieses Klosters und begabte dasselbe mit vielen Freiheiten. Auch nahmen die Mönche bald die Freiheit der Abtswahl in Anspruch, und ließen den ersten von ihnen gewählten Abt Beringer durch den Bischof Konrad den Heiligen von Constanz einweihen. Durch zahlreiche Vergabungen von verschiedenen Seiten her im Laufe des eilften Jahrhunderts mehrte sich schnell der Reichthum dieser Abtei, so daß sie unter den ähnlichen Stiftungen dieser Art bald eine bedeutende Stelle einnahm. Die Grafen von

entworfen wurde, die durch die Mönche Ussermann und Neugart ihren leider nur zu bald unterbrochenen trefflichen Anfang nahm ¹).

An der Südwestseite des Albgaues blühete schon im karolingischen Zeitalter das alte Stift Seckingen, welches als eine Gründung des irischen Glaubensboten Fridolin bereits zu Chlodwigs Zeit am Anfange des sechsten Jahrhunderts auf einer Rheininsel unter Lauffenburg für die älteste Pflanzstätte des Christenthums unter den Alemannen gehalten werden muß. Ohne Zweifel ward vom Fridolin auf jener Insel ursprünglich ein Mönchs- und Nonnen-Kloster angelegt, von welchen sich das erstere bald in das Collegiatstift der Chorherren zu St. Hilarius und Fridolin verwandelte, wie das letztere in ein Stift von Chorfrauen überging, aber an Reichthum und Ansehn jenes erstere schnell überflügelte. Schon im neunten Jahrhundert hatte dies Frauenstift seine spätere Einrichtung. Damals erscheint hier als Aebtissinn die Fürstinn Bertha, Kaiser Karls des Dicken Schwester, und nach ihr übergab derselbe seiner Gemahlinn Richarde dies Stift Seckingen nebst dem von Zürich. Auch wurden die Aebtissinnen nachmals in den Reichsfürstenstand erhoben. Eben diesem Frauenstifte gehörte in Folge einer alten Schenkung bis gegen das Ende des vierzehnten Jahrhunderts das ganze Alpenthal von Glarus, wo der heil. Fridolin nebst dem heil. Hilarius noch jetzt als Landespatrone verehrt werden. Durch Kaiser Otto I. erwarb das Stift zahlreiche Besitzungen in Helvetien, so daß dasselbe durch seinen ausgedehnten Güterbesitz mit der berühmten Abtei St. Gallen wetteifern konnte und die ansehnlichsten Fürsten es sich zur Ehre rechneten die Schirmvogtei über dasselbe zu führen. Der neben dem Stifte allmählig aufblühende gleichnamige Ort hat auch hier wie bei

---

1) Kolb a. a. O. I. S. 121 bis 131.

vielen andern Stiftungen dieser Art den geistlichen Mutterort überlebt ¹).

Dem Albgau gegenüber breitet sich auf der Südseite des Rheins der Aargau aus, welcher bereits im achten Jahrhundert genannt einen großen Theil des helvetischen Tafellandes an den Ufern des gleichnamigen Flusses bezeichnete. Ursprünglich im landschaftlichen Sinne genommen hat der Name des Aargaues gleich dem seines östlichen Nachbarn demnach auch einen weit größern Umfang, als diesem Gaue nachmals in politischer Bedeutung geblieben ist. Darum hat sich aber dieser Name durch alle Jahrhunderte in dem Gebiete des mittlern Helvetien unter mannigfachen Schicksalen bis jetzt behauptet, und deshalb nicht selten die richtige Auffassung des in politischer und kirchlicher Beziehung von der gleichnamigen Landschaft verschiedenen Gebietes erschwert ²). Der Aargau (pagus Argoviae) erscheint in den alten Urkunden unter den Namen des pagus Aragaugensis, Aragougensis und Argauensis oder Argowe, Aragowe, Arachgowe, Argewe, Aragewe, Aregeuwe, Aregawa, Argoia und Argue, wird auch Araris pagus genannt ³), und heißt Ergow oder Ergoew in den deutschen Urkunden des spätern Mittelalters ⁴). Doch gehören eben so wenig die Namen Erregou und Eritgewe hierher wie der Name Erigewe, da die beiden erstern sich auf einen schwäbischen Gau an der obern Donau beziehen, der letztere aber nur durch Irrthum aus einem andern Gaunamen entstanden sein kann. Mit dem Namen des Aargaues scheint ursprünglich alles Land bezeichnet worden zu sein, welches die Ale-

---

1) Kolb a. a. O. III. S. 128 bis 134.
2) Delius bei Ersch und Gruber, allg. Encyklop. I, 1. S. 19.
3) Chron. Gottwic. II. p. 547. N. 28. Ekkehard, casus S. Galli ap. Pertz, mon. II. p. 90. Tradidit Arnoldus rex quandam villam in Araris pago, Chollinchoven (Köllikon in der Nähe von Aarau) dictam.
4) Neugart, codex dipl. Aleman. II. N. 1156. 1164.

mannen jenseit des Rhein an den Ufern der Aar zwischen dem Elsaß im weitern Sinne genommen und dem Thurgau besetzt hatten. Denn in landschaftlicher Beziehung begreift dieser Name alles helvetische Land von der untern Birs im Westen und von dem Rhein an der Aar aufwärts bis in das Alpenland des Thuner- und Brienzer-Sees in der Nähe des St. Gotthard. Auch scheint derselbe in diesem Umfange noch lange Zeit üblich gewesen zu sein, nachdem er in politischer Beziehung bereits mehr eingeschränkt worden war [1]). Wenigstens erhellt aus zwei Urkunden von dem Kaiser Arnulf aus dem Schlusse des neunten Jahrhunderts, daß der Name Aargau dort am Rheinstrom oberhalb Basel zu jener Zeit noch üblich war, wo der Ort Basel-Augst in diesen Gau verlegt wird, wenn gleich das umherliegende Gebiet sonst den Namen Augstgau führte [2]). Daraus erklärt es sich, daß die ältern Geschichtsforscher wie Wessel und Neugart die Ausdehnung des Namens Aargau über jenes Gebiet läugneten und daselbst einen besondern Aragowe oder Arragowe aufstellten, dessen Name von dem dortigen kleinen Flusse Ergoz (Ergetia s. Aegritia) abzuleiten sein sollte [3]). Indessen ist diese Annahme offenbar eben so irrig, wie die bisher allgemein verbreitete Meinung, daß die ursprüngliche Ausdehnung des Namens des Aargau durch eine Angabe des Hepidanus in der Lebensbeschreibung der heil. Wiborade aus dem eilften Jahrhundert bestätigt werde, indem es daselbst von dem pagus Erigowe heißt, daß er auf der einen Seite von der Aar und auf der andern von dem Rhein bespült werde [4]). Denn mit Recht

---

1) **Delius** bei **Ersch** u. **Gruber**, allg. Encyklopädie. I, 1. S. 19.

2) **Neugart**, codex diplom. Alemann. I. N. 609. Dipl. a. 894. Villa Augusta in pago Aragowe in comitatu Chadaloh.

3) Chron. **Gottwic.** II. p. 550. N. 37. **Neugart**, episc. Constant. Proleg. p. XXX.

4) **Hepidanus**, vita S. Wiborad. ap. Goldast, script. rer. Alemann. I. p. 224. In pago, qui Erigowe nuncupatur, quem Ara-

hat man in der neuern Zeit jenen Ausdruck in den des pagus Frichgowe verwandelt, aus welchem der erstere nur durch ein Versehen der Abschreiber entstanden zu sein scheint [1]); und auf den in dem Winkel zwischen der Aar und dem Rhein liegenden Frickgau paßt jene Angabe des Hepidan um so genauer, als sie für das gesammte Gebiet des Aargau nach seinem weitern oder engern Umfange ziemlich unbestimmt genannt werden muß.

Als Amtskreis oder im politischen Sinne genommen umfaßte jedoch der Aargau nur das Tafelland der Schweiz zwischen der Aar und Reuß, so daß ihm ein großer Theil der heutigen Kantone Bern und Luzern und vermuthlich auch der westliche Theil des Landes Unterwalden angehörte [2]). Gegen Südosten schied er sich in der Gegend der Stadt Luzern bei dem Austritt der Reuß aus dem See der Waldstätte von dem Zürichgau, da nach einer Urkunde des Kaisers Lothar vom Jahre 840 der Flecken Emmen an der Einmündung des aus dem Entlibuch kommenden Flusses Emmen in die Reuß schon im Aargau gelegen war [3]). Aber von dem heutigen Kanton dieses Namens begriff er nur die Südhälfte, so viel davon auf dem rechten Ufer der Aar gelegen ist. Gegen das Berner-Oberland muß man die Grenzen des Aargaues mit Rücksicht auf die Diöcesangrenzen der Bisthümer Constanz und Lausanne durch den obern Lauf der Aar bestimmen, wo das Kloster Interlachen auf ihrem linken Stromufer dem Sprengel von Lausanne angehörte,

---

ris fluvius ex uno latere praeterfluit, et ex altera parte nobilissimus fluviorum Alamanniam penetrans Rhenus inundat.

1) Hepidanus, vita S. Wiborad. ap. Pertz, mon. VI. p. 456.
2) Neugart, codex diplom. Alemann. I. N. 248. Dipl. a. 831. Ego Adalbertus dono res proprietatis meae in pago Argauginense in villas denominatas Farnowanch et Scongara (die heutigen Orte Farwangen und Schongen) parte S. Galloni etc.
3) Guillimanni Helvetia. p. 338. In loco nuncupato villa Emman super fluvium Rusa in pago Aregaua.

während die Orte Thun und Brienz noch zum Sprengel von Constanz gerechnet wurden ¹). Denn der Aargau bildete das südwestlichste Gebiet der Diöcese von Constanz, welches aus den beiden Archidiakonaten des Aargau und des transjuranischen Burgund bestand. Aber der Aargau war nicht blos das Grenzland Alemanniens gegen das Land Burgund, sondern ist zugleich das burgundische Alemannien zu nennen, in so fern dieses Gebiet seit dem Anfange des zehnten Jahrhunderts mit dem burgundischen Reiche der Rudolfingen vereinigt war. Doch hat man mit Unrecht daraus entnehmen zu dürfen geglaubt, daß es einen doppelten oder einen alemannischen und burgundischen Aargau gegeben habe ²), obgleich diese Annahme nach den oben angegebenen Bemerkungen über die Grenzverhältnisse beider Länder Alemannien und Burgund zu einander eben so unnöthig als unerwiesen ist und sich nur dann rechtfertigen ließe, wenn man diesen doppelartigen Gau auf die beiden hier vorkommenden Archidiakonate des Hochstiftes von Constanz beziehen wollte.

Dagegen scheint dieser Gau in der Zeit des neunten Jahrhunderts getheilt gewesen zu sein in einen obern und untern Gau. Doch war dies sicher nur eine geographische Unterscheidung, so daß der gesammte Aargau nur ein gemeinsames Comitat bildete. Denn der Unter-Aargau wird selbst nicht einmal genannt, während der Ober-Aargau nur in lotharingischen Urkunden und zwar des Königs Arnulf vorkommt ³). Nach den in dem obern oder südlichen

---

1) Escher bei Ersch u. Gruber, allg. Encyklopädie. I, 32. S. 69.
2) Delius bei Ersch u. Gruber, allgem. Encyklop. I, 1. S. 19.
3) Neugart, episc. Const. Proleg. p. XXVIII. Dipl. a. 891. Villa Bach in comitatu Eburhardi in superiore Argowe. Dipl. a. 894. Nobilis quaedam matrona, nomine Pirin, tradidit ad S. Gallum in superiori Aragowe in comitatu Habarhardi in locis nominatis id est ad Riete et in Utingun et in Pigiluna et in Lihsacho etc.

Aargau erwähnten Orten mag die Grenze zwischen beiden in der Gegend von Aarwangen oder Murgenthal, wo sich noch jetzt die Gebiete von Bern und Aargau von einander scheiden, gewesen oder auch durch das Flüßchen Murg, das sich dort in die Aar ergießt, bezeichnet worden sein [1]).

Zwar scheint der Name des Aargau vornehmlich auf dem Gebiet des untern oder nördlichen Aargau gehaftet zu haben, indem eben dort die alte Benedictiner-Abtei Beronmünster, in der Mitte zwischen den drei kleinen Wasserbecken des Sempacher-, Baldegger- und Hallwyler-Sees gelegen, gewöhnlich nur das Münster im Ergau genannt wird, und grade von der Gegend zwischen der untern Aar und Reuß aus hat sich der neuere Kanton Aargau seinen Namen erworben [2]); dennoch sehen wir grade hier noch einen andern Gaunamen auftreten, wenn derselbe auch nur einen Distrikt des Aargaues bezeichnete. Denn aus den Annalen des Klosters Einsiedeln lernen wir hier den Vilvesgau kennen, indem es in einer Urkunde vom Jahre 998 heißt, daß der Kaiser Otto III. vier Hufen Landes in dem Flecken Biloveshusa (ohne Zweifel Wolhausen an der kleinen aus dem Entlibuch kommenden Emmen) in dem Comitate Walters und in dem Vilvesgau gelegen jenem Stifte geschenkt habe [3]). Höchst wahrscheinlich trug aber dieser Gau seinen Namen von dem Städtchen Willisau, welches im Quellgebiet des Flüßchens Wigger auf der Südwestseite des Sempacher-Sees im westlichen Theile des heutigen Kantons Luzern gelegen ist. Denn dieses Willisau erscheint in der spätern Zeit nicht nur als der Sitz angesehener Grafen, sondern der Ort wird auch als eines der Land-Kapitel des Archidiakonates Aargau nicht selten mit dem Namen

---

1) Escher a. a. O. I, 32. S. 69.
2) Deltus a. a. O. I, 1. S. 19.
3) Neugart, codex diplom. Alemann. I. N. 799. In villa Biloveshusa, in comitatu Waltheri, in pago Vilvesgewe sitos etc.

Willisgau, woraus jener Gauname leicht hervorgehen konnte, bezeichnet, so daß hier der Vilvesgau in demselben Verhältniß zum Aargau wie am Bodensee der Arbongau zum Thurgau stehen würde [1]).

An dem Flüßchen Aa, durch welches sich der Hallwyler-See zwischen den Städten Aarau und Bruck in die Aar ergießt, liegt das Städtchen Lenzburg, über welchem sich das gleichnamige Schloß erhebt, einst der Sitz der berühmten und reichen Grafen von Lenzburg, die unter den Dynasten des Aargaues die erste Stelle einnehmen und meistentheils das Comitat in diesem Gau bekleidet zu haben scheinen. Denn auf ihren Besitzungen lag der Ort Rore, die alte berühmte Malstätte des Aargaues, auf welcher sich im Laufe der Zeit die Stadt Aarau erhoben haben soll [2]). Mag es auch gewagt sein, den Ursprung dieses Grafengeschlechtes an die alemannischen Lenzen anzuknüpfen, so erscheinen doch die Grafen von Lenzburg als ein sehr altes Dynastengeschlecht im alemannischen Helvetien, welches durch seine zahlreichen Besitzungen eben so sehr wie durch sein Bestreben den Anbau des Landes zu fördern für die ältere Geschichte der Schweiz von großer Bedeutung ist. Denn durch ihre Verwandtschaft mit dem alten Dynastengeschlecht in Hohenrhätien aus Hunfrieds Stamme breiteten sich die Lenzburger von der untern Aar durch den Aargau und Zürichgau bis in das rhätische Alpenland aus [3]). Von diesen Grafen ging die Gründung des Münsters im Aargau oder der alten Benediktiner-Abtei Beronmünster aus, welche nach dem Grafen Beron von Lenzburg ums Jahr 850 ihren Namen tragen soll. Die Namen Arnold und Ulrich sind die herrschenden in diesem Grafengeschlechte, welches sich meistens in die beiden Hauptlinien zu Lenzburg und

---

1) Chron. Gottwic. II. p. 833. N. 484.
2) Füßlin, schweiz. Erdbeschreibung. I. S. 264. 265.
3) Müller, schweizerische Geschichte. I. S. 210. 264.

Baden an der Limmat theilte. Graf Ulrich der Reiche gegen die Mitte des eilften Jahrhunderts erscheint als der Wohlthäter vieler Klöster und Stifter, und soll namentlich das Stift seines Hauses, Beronmünster, ums Jahr 1036 neu begründet und zu einem Chorherrnstifte eingerichtet haben [1]). Die Grafen von Lenzburg spielen hier im Aargau dieselbe Rolle wie jenseit der Reuß die Grafen von Kyburg im Thurgau [2]). Beide Geschlechter erloschen jedoch schon im Zeitalter der Hohenstaufen, und ihre Herrschaften gingen an ein drittes Grafengeschlecht über, welches gleichfalls aus dem Aargau entsprossen beide an Macht und Ruhm überstrahlte und sich aus jenem beschränkten Kreise historischen Lebens zu einer europäischen Bedeutsamkeit emporgeschwungen hat. Das sind die Grafen von Habsburg.

Von einem Grafen Guntram mit dem Beinamen des Reichen, dessen Besitzungen in der Nähe der Lenzburger sich über die Ruinen des alten Vindonissa erstreckten, und welcher um die Mitte des zehnten Jahrhunderts genannt wird, muß man nach den alten Schriften des Klosters Muri, einer Stiftung der Habsburger, dieses habsburgische Geschlecht ableiten, indem seine Verwandtschaft mit den alten Dynasten im Elsaß eben so unerwiesen bleibt wie die bisher verbreitete Annahme [3]), daß dieser Guntram derselbe sei mit dem gleichnamigen Grafen, welcher von Kaiser Otto dem Großen wegen Theilnahme an der Partheiung gegen ihn im Reiche mit dem Verluste eines Theiles seiner Güter in den obern Rheingegenden bestraft wurde. Jenes Guntram Sohn Lanzelin erscheint in eben jenen Schriften unter dem Namen eines comes de Altenburg, welches letztere höchst wahrscheinlich das jetzt zerstörte Bergschloß bei dem

---

1) Hottinger, helvetische Kirchengeschichte. I. S. 547.
2) v. Mülinen in dem schweiz. Geschichtsforscher. Bern. Th. IV. 1821. S. 1 bis 165.
3) Müller, schweiz. Geschichte. I. S. 258. 260.

gleichnamigen Dorfe in der Nähe von Bruck ist¹), indem dieser Ort noch im dreizehnten Jahrhundert in den Urkunden als zu den habsburgischen Besitzungen gehörig angegeben wird²), obgleich man zuweilen auch an den Flecken Altenburg jenseit des Rhein im Klettgau gedacht hat, welcher dort als Sitz des Gaugerichtes erscheint³), und wo Lanzelin, wie es von seinem Sohne Radbod (Radeboto) sicher ist, das Comitat verwaltet haben mochte. Offenbar aber war Guntrams Familie ein altes und edles alemannisches Geschlecht, wenn auch über seinen Ursprung in der ältern Zeit sich nichts mit Sicherheit ausmachen läßt.

Graf Radbod von Altenburg war mit Ida, angeblich der Tochter eines Herzogs von Lothringen vermählt, und diese gab, um die mancherlei Unbilden zu vergüten, welche sich ihr Gemahl gegen die freien Leute des Fleckens Muri, auf der Westseite der Reuß bei Merischwanden gelegen, hatte zu Schulden kommen lassen, die Veranlassung zur Gründung des Klosters Muri am Anfange des eilften Jahrhunderts⁴). Dieses Stift, welches seine erste Bevölkerung aus der Abtei Einsiedeln erhielt, stand anfangs unter der Schirmvoigtei des Grafengeschlechtes, durch welches es gegründet und ausgestattet war, und ward bald durch seine Verbindung mit den Abteien zu St. Gallen und Reichenau eine Pflanzstätte der Bildung und Wissenschaft⁵). Uebrigens ergiebt sich aus den neuern Forschungen, daß Graf Lanzelin nur die beiden

---

1) **Füßlin**, schweizerische Erdbeschreibung I. S. 240. Guillimanni Helvetia. p. 23.

2) Neugart, codex diplom. Alemann. II. N. 946. Dipl. a. 1254. Gerdrudis comitissa de Habisburch bona et possessiones subscriptas, quasdam sitas in Altinburch etc.

3) Neugart l. c. I. N. 462. Dipl. a. 871. In pago Chlegowe in villa, quae dicitur Altenburch. I. N. 599. a. 892. Actum in pago Chleggowe in villa Altenburch coram Gozperto comite.

4) **Hottinger**, helvetische Kirchengeschichte. I. S. 537. 543.

5) **Müller**, schweiz. Geschichte. I. S. 264. 265.

Söhne Rabbob und Rudolf hatte, von welchen der letztere als der Gründer des Stiftes Othmarsheim (zu Ehren des heil. Othmar von St. Gallen) im obern Elsaß erscheint, und daß der Bischof Werner von Straßburg, welcher als Theilnehmer an der Gründung des Klosters Muri erscheint, nicht ein Bruder des Grafen Rabbod, sondern vielmehr der Gräfinn Ida gewesen sein muß. Der Sage gehört offenbar auch der Bericht an über die auf seine Veranlassung bewirkte Gründung eines neuen Stammsitzes, welchen sich Rabbob auf der Höhe des Vulpelsberges über den Ruinen von Vindonissa erbaut haben soll, und welcher Habsburg (Habeksbore oder Habesbore) genannt diesem Geschlechte fortan einen neuen Namen gab, der mit den Schicksalen des Schweizer-Landes aufs engste verknüpft ist [1]).

Doch bleiben die Schicksale des ältern habsburgischen Grafengeschlechtes auch trotz des neuen Namens und Herrschersitzes bei den fragmentarischen Nachrichten der alten Stiftsbücher von Muri und bei den mancherlei Widersprüchen mit andern historischen Angaben während der Zeit des eilften Jahrhunderts in ziemliches Dunkel gehüllt, so daß man kaum mit Sicherheit die Geschlechtsreihe der Grafen verfolgen kann. Denn in dieser Zeit sollen hier die drei Söhne Rabbobs die Grafen Otto, Albrecht und Werner nach einander gewaltet haben, von welchen der letztere im Jahre 1096 mit Tode abging und durch seine Söhne Otto II. und Albrecht II., während der ersten Hälfte des zwölften Jahrhunderts, den Stamm der Grafen von Habsburg weiter fortpflanzte [2]).

Im Süden und Südwesten der obern Aar so wie im Westen der mittlern Aar breitet sich in einem großen Theile des heutigen Berner-Landes und in der romanischen Schweiz

---

1) Vergl. Münch bei Hottinger und Schwab, die Schweiz in ihren Ritterburgen. 1. S. 48 bis 50.
2) Röpell, die Grafen von Habsburg. S. 13 bis 61.

zwar schon das burgundische Land aus, wie sich dies aus der hier beginnenden Diöcese von Lausanne ergiebt, dennoch haben wir hier, um die Uebersicht über den politischen Zustand der Landschaften des Stromgebietes der Aar in der Zeit des zehnten Jahrhunderts zu vervollständigen, sogleich die wichtigsten historisch-geographischen Verhältnisse anzuschließen, ehe wir durch das alemannisch-burgundische Gebiet der Diöcese von Basel zu dem Lande Burgund selbst übergehen. Wenn aber die Gau-Geographie in der östlichen Schweiz oder in dem alemannischen Helvetien nicht ohne Schwierigkeit und kaum mit genügender Sicherheit zu ermitteln ist, so zeigt die mittelaltrige Geographie oder die Erforschung der Gaue in dem burgundischen Helvetien und namentlich in der romanischen Schweiz, wie ein einheimischer Forscher auf diesem Gebiete bemerkt hat [1]), noch weit größere Schwierigkeiten, theils weil hier der Ausdruck pagus häufiger noch als in der östlichen Schweiz blos im landschaftlichen Sinne ohne Rücksicht auf politische Eintheilungen üblich gewesen sein muß, theils weil die Namen pagus und comitatus oft für dieselbe Gegend gebraucht werden.

Im Süden der obern Aar oder vielmehr jenseit des Thuner- und Brienzer-Sees lag zunächst der Uffgau (pagus Uffgowe), welcher das Berner-Oberland also die Thalgebiete der Flüsse Simmen und Kander und einen Theil des heutigen Kantons Freiburg oder das obere Thalgebiet des Saanen-Flusses umfaßte. Genaueres ist über dieses Gebiet aus jener frühern Zeit des Mittelalters nicht bekannt, und die wenigen historischen Nachrichten sind zum Theil schwer zu deuten. Ja in landschaftlicher Beziehung scheint dasselbe noch mit zum Aargau gerechnet worden zu sein, wie man aus der Vergabungsurkunde über einige hier liegende Orte, in welchen man den Flecken Spiez am Süd-

---

[1]) Escher bei Ersch und Gruber, allg. Encyclop. I, 32. S. 69.

westufer des Thuner=Sees und die Kirche von Scherzlingen an dem untern Ende jenes Sees mit Sicherheit erkennen kann, durch den Bischof Heddo von Straßburg an das Kloster Ettenheim im J. 763 entnehmen muß ¹). Nur aus wenigen Urkunden ist uns bis jetzt dieser burgundische Uffgau bekannt, so namentlich aus der Vergabungs=Urkunde des Kaisers Otto III. vom J. 995 über einige ihm gehörige Güter sowohl im Aargau als auch zu **Wimmis** (in der Nähe der Vereinigung der beiden Flüsse Simmen und Kander nicht weit von Spiez gelegen) im Uffgau. Freilich erscheint es auffallend, wie jener Fürst in dieser Gegend zu Besitzungen kommen konnte, da selbst der Aargau damals unter burgundischer Herrschaft stand, doch glaubte man diesen Umstand durch die Annahme erklären zu können, daß er dieselben von seiner Großmutter, der burgundischen Fürstinn Adelheid, geerbt habe ²). Da der Name des Uffgaues geographisch höchst wahrscheinlich mit dem des **Berner=Oberlandes** im weitern Sinne genommen zusammenfällt, so muß es um so auffallender sein, wenn er sich in das helvetische Flachland an der Aar bis in die Nähe von Bern erstreckt haben soll, da es in der Bestätigungs=Urkunde des Kaisers Heinrich IV. für das dortige Kloster Rüggisberg vom Jahre 1076 heißt, daß dasselbe in der Diöcese von Lausanne und zwar in dem Uffgau so wie in der Grafschaft Bargen gelegen sei ³). Bekanntlich gab es aber auch einen gleichnamigen fränkischen Gau am obern Rhein.

Nach einer ziemlich allgemein verbreiteten aber noch nicht genügend begründeten Annahme soll sich der Name des

---

1) **Neugart**, codex diplom. Alemann. I. N. 39. In Argouwe etiam regione omnes basilicas et omnes decimas scilicet in Spiets et in Scartilinga seu in Biberussa.

2) **Müller**, schweiz. Geschichte. 1. S. 301. Anmerk. 379.

3) **Schöpflin**, Alsatia illustrata. 1. p. 658. 659. Monasterium Rueggisberg in Lousonensi episcopatu, in pago nomine Uffgou, in comitatu Bargensi.

Uffgaues bei den romanischen Schweizern in den Namen Ogo verwandelt haben, was um so weniger wahrscheinlich sein würde, wenn derselbe schon in den letzten Zeiten der römischen Herrschaft in Helvetien vorkäme¹). Doch ist es sicher, daß der Name Ogo bereits seit den ersten Zeiten der burgundischen Herrschaft in jenem Lande als Landschaftsname für die westlichen Theile des Berner=Alpenlandes an dem obern Laufe der Saane sich als einheimisch zeigt, und eben dort hat sich bis jetzt ein gleichnamiger Ort, das chateau d'Oex oder das Dorf Oesch an der Saane gelegen, erhalten²). In diesem Gebiete des Alpenlandes von Ogo auf der romanisch=deutschen Grenzmark blühete das Geschlecht der Grafen von Greyerz (Gruyère) auf, welche nach dem Schlosse und der Stadt dieses Namens an der Saane benannt, wo diese in die helvetische Thalebene einzutreten beginnt, auch den Namen der Grafen von Ogo führten. Mit Sicherheit tritt dies uralte Geschlecht, welches man wohl von den alten burgundischen Heerführern abzuleiten pflegt, erst gegen das Ende des eilften Jahrhunderts hervor, aber seitdem nahmen die Grafen von Greyerz durch ihren Reichthum und ausgedehnten Landbesitz eine ähnliche Stellung im westlichen Helvetien ein wie die Grafen von Lenzburg, Habsburg, Kyburg und Toggenburg im nördlichen und östlichen Helvetien³).

Steigt man von den Berghöhen des Landes Ogo dem Laufe der Saane gegen Norden folgend zu der schönen und fruchtbaren Thalfläche hinab, wo sich jetzt die Landschaft Freiburg bis zum Gebiete der Neuenburger=Seegruppe ausbreitet, so gelangt man in die Mitte des Landes Klein-Burgund, welches sich im engern Sinne von den Ufern

---

1) Haller, Helvetien unter den Römern. II. S. 37. 333.
2) Füßlin, schweiz. Erdbeschreibung. I. S. 292.
3) Kühnlin bei Hottinger und Schwab, die Schweiz in ihren Ritterburgen. I. S. 277 bis 322.

des Genfer-Sees im Südwesten bis zur mittlern Aar im
Nordosten erstreckte. Im Alterthume unter der Herrschaft
der Römer eine blühende und trefflich angebaute Landschaft,
in deren Mitte sich die helvetische Hauptstadt Aventicum
erhob, soll dies Gebiet in der Zeit der Völkerwanderung
vornehmlich durch die Verheerungen der Alemannen, durch
welche auch jene römische Prachtstadt ihren Untergang fand,
eine wilde von dunkeln Tannenwäldern bedeckte Einöde ge=
worden sein, deren Name Nugerol (Nerval, nigra vallis)
sich noch eine Zeit lang erhielt, als dasselbe durch den neuen
Anbau unter der burgundischen und fränkischen Herrschaft
sich zu einer neuen Blüthe emporzuschwingen begann [1]).
Lag auch das alte Aventicum in Trümmern, so war es doch
so wenig wie alle übrigen von den Germanen zerstörten
Römer=Städte in Helvetien unbewohnt, und noch jetzt be=
zeugen so zahlreiche daselbst vorhandene Denkmale des Al=
terthums der verschiedensten Art die ehemalige Bedeutung
und den Glanz dieses Ortes, der erst in späterer Zeit theil=
weise wieder erstand [2]). Auch waren die Ruinen des alten
Aventicum im Laufe des sechsten Jahrhunderts noch immer
ein bischöflicher Sitz seit der spätern römischen Kaiserzeit,
bis derselbe am Schlusse jenes Jahrhunderts nach den Ufern
des Genfer-Sees verlegt wurde und dadurch wohl den gänz=
lichen Verfall des Ortes veranlaßte. Dennoch gab dies
Aventicum noch im karolingischen Zeitalter der gesammten
Landschaft des romanischen Helvetiens ihren Namen, welchen
man nicht selten für einen der alten helvetischen Gaunamen
anzunehmen geneigt war [3]). Der ohne Zweifel in diesem
Gebiete einheimische Chronist Fredegar aus dem achten Jahr=
hundert spricht sehr häufig von dem pagus Ultra-Juranus
als das gesammte burgundische Land von dem Jura bis zur

---

1) Müller, schweiz. Geschichte. I. S. 75. 149.
2) Haller, Helvetien unter den Römern. II. S. 243 bis 282.
3) Guillimanni Helvetia. p. 12.

Aar umfassend, so wie er dessen Bewohner auch die Transjurani nennt ¹). Nicht minder bezeichnet er dasselbe Gebiet mit dem Namen des Aventiner-Gaues (pagus Aventicensis) und zwar mit dem Zusatze Ultra-Juranus als gleichbedeutend mit dem transjuranischen Burgund oder dem später sogenannten Klein-Burgund (Burgundia minor) im engern Sinne. Auch erscheint dieser Gauname im landschaftlichen Sinne noch in weit spätern Zeiten des Mittelalters in den Urkunden der burgundischen Stifte von Lausanne und St. Maurice ²).

Aber schon im Anfange des siebenten Jahrhunderts soll auf den Ruinen von Aventicum ein Graf Vivilo dort, wo das Kapitolium der alten Römer-Stadt gestanden hatte, eine Burg errichtet haben, und als dann später der Bischof Burkhard von Lausanne in der zweiten Hälfte des eilften Jahrhunderts den alten Sitz seiner Vorgänger wiederherzustellen begann, erhob sich hier der Flecken Wiflis oder Wiflisburg (Vivelsburg nach jenem Grafen genannt), der indessen bei den romanischen Schweizern auch seinen alten Namen Avenche behielt oder Vuilly genannt wurde ³). Nach diesem jüngern Orte, welcher innerhalb der Ruinen des alten Aventicum gelegen in den spätern Zeiten als der Sitz einer der bernerischen Landvogteien im Uechtlande bekannt ist ⁴), ward sodann dieselbe Landschaft des Aventiner-Gaues im geographischen Sinne als der pagus Villiacensis im Mittelalter bezeichnet ⁵), und die ältern schweizerischen Geschichtschreiber gaben demnach dem ganzen südwestlichen

---

1) Fredegar. Schol., chron. c. 24. 37. 42. 90. ap. Bouquet, script. rer. Franc. II. p. 421. 427. 430. 448.
2) Guillimanni Helvetia. p. 12. Leu, allgem. helvetisches oder schweiz Lexikon. I. S. 384.
3) Guillimanni Helvetia. p. 19.
4) Füßlin, schweiz. Erdbeschreibung. I. S. 258.
5) Müller, schweiz. Geschichte. I. S. 93. Anm. 46. S. 142. Anm. 71.

Theile der Schweiz von der Aar bis zum Jura und dem Genfer-See den Namen des **Wilachgaues** oder **Wiflis- burger-Gaues**, welcher durch die isolirte Berggruppe des Jorat in der Nähe von Lausanne in die beiden Landschaften Uechtland an der Neuenburger-Seegruppe und die Waadt an dem Genfer-See getheilt wurde [1]).

Wie unbestimmt der Name Uechtland (pagus Oech- telandia, Uchtlandia) nach seinem geographischen Umfange auch immer sein mag, so erhellt doch aus seinem Gebrauche in dem Schweizer-Lande, daß er vornehmlich die Landschaft bezeichnete, welche sich zu beiden Seiten der mittlern und untern Saane ausbreitet [2]), in deren Mitte sich unter der Herrschaft der Zähringer die Stadt **Freiburg**, die sich immer den Beinamen „im Uechtlande" bewahrt hat, gegen das Ende des zwölften Jahrhunderts erhob, sowie um die- selbe Zeit durch jene Fürsten die Stadt **Bern** an der Aar auf der Grenzmark des Uechtlandes gegen den Aargau ge- gründet wurde [3]). Uebrigens soll der Name Uechtland, des- sen Ursprung und Bedeutung eben so dunkel oder auf jeden Fall doch unsicher ist wie der der beiden geographisch ihm benachbarten Namen Ogo und Nugerol, in den alten Ur- kunden nicht vor der Mitte des dreizehnten Jahrhunderts anzutreffen sein [4]). Bekannt ist aber, daß auch der Mur- ten-See in den Urkunden jener Zeit unter dem Namen des Uechten-Sees erwähnt wird, der mit dem der Landschaft offenbar zusammenhängt [5]). Indessen möchte der Name Uechtland schon in die ältern Zeiten der burgundischen Herr- schaft in Helvetien zurückführen, sei es nun daß er, wie es

---

1) **Stumpf**, schweiz. Chronikon. Th. II. Buch. 8. Fol. 246 bis 275.
2) Chron. Gottwic. II. p. 722. N. 337.
3) **Füßlin**, schweiz. Erdbeschreibung. I. S. 186. II. S. 97.
4) A. L. de Watteville, histoire de la confédération hel- vetique. Bern 1757. 8. Tom. I. p. 90.
5) Guillimanni Helvetia. p. 13.

jetzt fast ziemlich allgemein angenommen wird, aus dem Worte **Oedland** entstanden ist, da er noch in den Urkunden aus dem funfzehnten Jahrhundert durch desertum übersetzt wird [1]), oder daß er, wie ältere und jüngere waadtländische Geschichtschreiber behaupten, wegen seiner Lage als östlichstes Grenzland der Burgunder in Helvetien von dem altdeutschen Worte **Ochten**, welches „Morgen" heißen soll, als **Ochtenland** d. h. Ostland abzuleiten ist [2]).

War auch das Uechtland in der ältern fränkisch-burgundischen Zeit, wie aus der Angabe des Gregor von Tours erhellt, noch eine wüste und öde Gegend, so blühete es doch in dem karolingischen Zeitalter allmählig wieder auf, indem sich theils die zahlreichen alten römischen Ansiedlungen in diesem Gebiete aus ihren Trümmern erhoben, theils viele neue Ortschaften und geistliche Stifte entstanden. Denn so lag an dem obern Ende des Neuenburger-Sees, wo sich die Orbe in ihn einmündet, das alte stattliche **Eburodunum**, das sich noch jetzt mancherlei Denkmale der frühern Zeit erhalten hat [3]). Aus dieser römischen Ansiedlung ging die neuere Stadt **Yverdun** hervor, welche unter der Herrschaft der burgundischen Rudolfingen als der Hauptort einer wohlangebauten Landschaft genannt wird, die den Namen des pagus Everdunensis führte [4]). Nach den Urkunden aus der Zeit des zehnten Jahrhunderts würde dieser Gau von **Yverdun**, welcher gegen Süden und Südwesten an die beiden waadtländischen Gebiete des pagus Lausannensis und pagus Equestricus reichte, noch zu der großen Grafschaft **Waraschken** gehört haben, die über die Berggebiete

---

1) Müller, schweiz. Geschichte. I. S. 75. Anm. 124.
2) Ruchat, dissertation sur l'origine des noms des principaux lieux de la Suisse in seinem Abrégé de l'histoire ecclésiastique du pays de Vaud. Bern 1707. 8. p. 133—135.
3) Haller, Helvetien unter den Römern. II. S. 226 bis 230.
4) Müller, schweiz. Geschichte. I. S. 256. Anm. 130. 131.

des Jura ausgebreitet, sich zum Theil in das Uechtland hinein erstreckt haben soll ¹).

Ohne Zweifel gehörte aber zu jenem Gau von Yverdun auch das alte mehr oberhalb an der Orbe bei ihrem Austritt aus den Ketten des Jura liegende Orbe, welches durch seine Denkmale aus dem Alterthume noch jetzt seinen Ursprung aus der römischen Stadt Urba beurkundet, und welches durch seinen Namen häufig dazu hat dienen müssen die ganz ungewisse Lage des einen der vier alten helvetischen Gaue aus Cäsars Zeit festzustellen ²). Zu Bedeutung gelangte jedoch dieser Ort erst unter der ältern fränkischen Herrschaft der Merowingen, wo das Schloß zu Orbe am Eingange eines der vornehmsten Pässe durch den Jura auf einem hohen Felsen über dem tief rauschenden Flusse gleiches Namens als ein Sitz der burgundischen Könige aus Chlodwigs Geschlecht in der Geschichte der Brunhilde erwähnt wird ³). Das Schloß von Orbe behielt aber seine Bedeutung als königlicher Sitz auch in dem karolingischen Zeitalter. Denn hier war es, wo nach dem Tode ihres Vaters des Kaisers Lothar die drei Brüder Ludwig, Lothar und Karl im Jahre 856 zusammenkamen um eine Theilung über das väterliche Reich vorzunehmen ⁴). Aber eben hier war es auch, wo dem Fürstenstamme der Karolingen die Herrschaft über diese Gebiete am Jura und an den Alpen entwunden ward. Denn in dem Gefilde von Orbe erwarb sich der Graf Konrad aus welfischem Stamm durch die Besiegung des Herzogs Hukbert im Jahre 866 das Herzogthum im Lande Burgund (Th. III. S. 181), über welches

---

1) Escher bei Ersch u. Gruber, allgem. Encyklop. I, 32. S. 69.
2) Haller, Helvetien unter den Römern. II. S. 221 bis 224.
3) Müller, schweiz. Geschichte. I. S. 142.
4) Annal. Bertin. a. 856 ap. Pertz, mon. I. p. 450. Hludovicus imperator Italiae et Lotharius, frater ejus, rex Franciae, cum Karlo puero germano suo apud Urbam conveniunt.

seine Abkömmlinge, die Rudolfingen, bald mit königlichem Namen walteten [1]). Uebrigens führte der Ort Orbe in der nächst folgenden Zeit, wie aus einer Urkunde des Königs Rudolf III. vom Jahr 1019 erhellt, den Namen villa Tabernis, welcher jedoch ohne Zweifel nur den neben dem Schlosse entstandenen Flecken als die Herberge am Jura=Passe bezeichnet [2]), auf den sodann später der Name des castrum Orba oder Urba, wie es vom Regino in seinem Bericht über jenen Kampf genannt wird, überging. Nur in geringer Entfernung von Orbe gegen Südwest in einem Jura=Thale liegt das alte Stift Romans=Münster (Romain-Moustier), dessen Ursprung in die frühesten Zeiten der burgundischen Herrschaft in diesem Lande zurückführt [3]).

In der Mitte der Waadt entstand allmählig aus dem alten Minnidunum, welches an der großen vom St. Bernhard kommenden und nach Aventicum führenden Heerstraße an der Broye gelegen war, das heutige Milden (Moudon), wenn gleich es erst unter den Zähringern zur Stadt gemacht ward [4]). Weiter abwärts an der Broye führte die Römer=Straße nach dem alten Paterniacum, auf dessen Trümmern ein burgundischer Edler Marius am Ende des sechsten Jahrhunderts zuerst wieder den Anbau versuchte und eine Kirche gründete. Das war der Anfang zu dem heutigen Peterlingen (Payerne), welches sich jedoch erst einen Namen erwarb, als die Königinn Bertha, die Wittwe Rudolf's II. von Burgund, hier ums Jahr 962 eine Bene=

---

1) Müller, schweiz. Geschichte. I. S. 220.
2) Haller, Helvetien unter den Römern. II. S. 223. Villa Tabernis, quae alio nomine propter fluvium, ibidem defluentem, Urba appellatur. Müller, schweizerische Geschichte. I. S. 256. Anmerk. 128. 129.
3) Füßlin, schweiz. Erdbeschreibung. I. S. 261.
4) Haller, Helvetien unter den Römern. II. S. 238. Füßlin a. a. O. I. S. 257.

diktiner-Abtei gründete, welche mit vielen Vorrechten und Besitzungen reich ausgestattet wurde ¹).

Am Ostufer des Murten-Sees, wo heute der berühmte gleichnamige Ort gelegen ist, führte die Römer-Straße von Aventicum nach Vindonissa über das alte Muretum, dessen Lage auf der Stelle des heutigen Murten die alten Denkmale beurkunden ²). Schon in der ältern burgundischen Zeit erscheint der Ort unter dem Namen curtis Murattum, und bildete im eilften Jahrhundert das castrum Murtena, dessen Bedeutung als eine der Hauptburgen des Uechtlandes in dem Heereszuge des Kaisers Konrad II. nach Burgund klar genug hervortritt ³). Mehr nordwärts in der niedern Sumpfgegend zwischen dem Murten-See und der Aar liegt jetzt das Dorf Kerzers, gleichfalls römischen Ursprungs, und unter dem Namen der villa Cartris bekannt als ein Sitz der burgundischen Könige aus dem Stamme der Rudolfingen. Auch bemerkt man noch die Ueberreste des alten von ihnen bewohnten Schlosses ⁴).

Der Ursprung des Schlosses und der Stadt an dem Westufer des Hauptwasserbeckens der großen Seegruppe im Uechtlande, von welchen dasselbe jetzt den Namen des Neuenburger-Sees oder des Sees von Neufchatel führt, so wie der Ursprung des dort herrschenden Dynastengeschlechtes verweiset auf eben dies Gebiet, welches sich in der Nähe von Kerzers um die mittlere Aar ausbreitet. Denn in dem karolingischen und dem darauf folgenden burgundischen Zeitalter erscheinen an der Aar gelegen auf der Westseite das große Comitat Bargen, und auf der Ostseite das Comitat Oltingen, deren Namen sich noch jetzt in den beiden

---

1) Müller, schweiz. Geschichte. I. S. 149. 252 bis 254.
2) Haller, Helvetien unter den Römern. II. S. 329.
3) Engelhard, Chronik der Stadt Murten, in dem Schweiz. Geschichtsforscher. Bern. Th. VII. Jahrg. 1828. S. 1 bis 112.
4) Müller, schweiz. Geschichte. I. S. 235. Anmerk. 42.

gleichnamigen Dörfern erhalten haben, welche einander gegenüber gelegen sich an den Ufern der Aar gleich unterhalb der Aufnahme der Saane vorfinden. Die Gebiete jener Comitate sind aber dieselben, welche in dem Zeitalter der Hohenstaufen unter dem Namen der Landgrafschaft oder auch der Landgrafschaften von Burgund bekannt werden, denn die Geschichte und die Urkunden vom dreizehnten bis funfzehnten Jahrhundert nennen uns mehrere diesen Namen für sich ansprechende Landschaften und in ihnen herrschende Grafengeschlechter daselbst ¹). Auf der Burg Oltingen oder Oltigen (Oltadenges, Ochtudenges) lebte aber in der ersten Hälfte des eilften Jahrhunderts der im Uechtlande reich begüterte Graf Kuno (Konrad), dessen Sohn Ulrich sich einen neuen Sitz in der Burg an dem großen See von Nugerol auf den Trümmern des alten Noidenolex gründete, später Novocastrum genannt, der Anfang des heutigen Neufchatel. Ulrich von Oltingen ward so der Stammvater der Grafen von Neufchatel oder Welsch=Neuenburg, die sich bald in verschiedenen Linien über die Gebiete an jener Seegruppe in dem frühern Comitate Bargen ausbreiteten ²).

Aelter jedoch als der Name der Grafschaft Bargen in dem Lande auf der Westseite der mittlern Aar ist der der **Pipinischen Grafschaft** (comit. Pipincensis), welcher in dem karolingischen Zeitalter vorkommend bei dem Mangel an bestimmtern Angaben nur durch Vermuthungen sich erklären läßt ³). Offenbar hängt der Name dieses Comitates mit dem eines Pipin zusammen, unter welchem man wiederum kaum einen andern als den ersten fränkischen König aus dem Geschlechte der Karolingen erkennen kann. Nichts

---

1) Buchegg und die Landgrafschaft Klein=Burgund. Bern 1840. 8. Seite 42.
2) Müller, schweiz. Geschichte. I. S. 256. 257.
3) A. v. Tillier, Geschichte des Freistaates Bern. Bern 1838. 8. Th. I. S. 11.

destoweniger besteht dabei auch noch die zuweilen wohl bestrittene Annahme, daß jener Name zunächst von dem alten Bergschlosse Bipp (castrum Pipini, weil es der Sage nach von Karls des Grössen Vater Pipin erbaut worden) abzuleiten sei ¹). Das Bergschloß Bipp lag aber am Abhange des Jura über der Aar, wo noch jetzt die Dörfer Ober= und Nieder=Bipp seinen Namen führen, in dem alten Buchsgau in der Nähe der Städte Wangen und Aarwangen und beherrschte dort nicht nur die aus den Römer=Zeiten stammende Heerstraße, welche von Solothurn am linken Ufer der Aar abwärts nach Olten, sondern auch die, welche in einem Querthale nordwärts durch die Ketten des Jura von Solothurn nach Basel und somit zum Rhein führte ²). Uebrigens wird diese Grafschaft in alten Urkunden des Münsters in Gransfelden bald com. Bippinensis, bald Pipensis genannt, und auf jenes Bergschloß Bipp bezieht sich ohne Zweifel auch der am Anfange des eilften Jahrhunderts genannte Name des castrum Pinpeningis, indem daselbst der letzte burgundische König Rudolf über eine in der Grafschaft Bargen oder in dem Thale von Nugerol (in comitatu Bargensi seu valle Nugerolensi) liegende Besitzung eine Schenkungsurkunde ausstellte ³).

Bekannt ist aber, daß die Alpenpassage über den grossen St. Bernhard in dem karolingischen Zeitalter eine der vornehmsten Straßen durch das Alpengebirge war, weil sie von den nördlichen Theilen des fränkischen Reiches aus, namentlich von Aachen (wie auch von Paris aus), die leichteste Verbindung mit Italien und vornehmlich Mailand darbot. Darum mag schon König Pipin aus dem Gebiete des Uechtlandes nebst den benachbarten Gauen zwischen den penninischen Alpen und dem Jura hier zur Beherrschung

---

1) **Watteville**, hist. de la confédération helvétique. I. p. 8.
2) **Füßlin**, schweiz. Erdbeschreibung. I. S. 212. 213.
3) **Schöpflin**, Alsatia illustrata. I. p. 660.

der durch dieselben führenden Pässe auf der Grenzmark der Länder Alemannien, Burgundien und Italien ein Comitat errichtet haben, welches dann seinen Mittelpunkt in dem von ihm erbauten und seinen Namen tragenden Bergschlosse am Jura hatte [1]). Diese Annahme möchte sich dadurch bestätigen, daß wir sehen, daß sein Urenkel, der jüngere Lothar, hier für seinen Schwager Hukbert ein Ducat über das Land von dem Jura bis zu den penninischen Alpen am großen St. Bernhard errichtete [2]). Auch wird bei eben dieser Gelegenheit die Pipinische Grafschaft zum erstenmale erwähnt, indem Prudentius von Troyes in der Fortsetzung der Annalen von St. Bertin zum Jahre 839 berichtet, daß jener Lothar seinem Bruder, dem italischen Könige Ludwig, die Gebiete der drei burgundischen Hochstifte Sitten, Lausanne und Genf mit ihren Klöstern und Grafschaften rings um das Becken des lemanischen Sees herum jedoch mit Ausnahme des Hospitiums auf dem großen St. Bernhard und der Pipinischen Grafschaft abgetreten habe [3]). Eben so erwähnt eine Urkunde aus der Mitte des neunten Jahrhunderts die villa Nugerolis (am Bieler=See) als in comitatu Pippinensi gelegen [4]).

Statt dieser Pipinischen Grafschaft finden wir aber hier seit der Mitte des zehnten Jahrhunderts die Grafschaft Bargen (comitatus Bargensis) genannt, obschon sich über

---

1) Müller, schweiz. Geschichte. I. S. 214. Anmerk. 61.
2) Regino, chron. a. 859. ap. Pertz, mon. I. p. 570. Hlotharius Hucberto abbati ducatum inter Juram et montem Jovis commisit.
3) Annal. Bertin. a. 859. ap. Pertz, mon. I. p. 453. Lotharius fratri suo Hludovico, Italorum regi, quandam regni sui portionem attribuit, ea videlicet quae ultra Juram montem habebat, id est Genuam, Lausonnam et Sedunum civitates cum episcopatibus, monasteriis et comitatibus, praeter hospitale, quod est in monte Jovis et Pipincensem comitatum.
4) Füßlin, schweiz. Erdbeschreibung. III. S. 122.

den Umfang und die genauern Grenzen weder der einen noch der andern etwas Bestimmtes angeben läßt, wenn es auch nicht unwahrscheinlich ist, daß die erstere eine größere Ausdehnung als die letztere gehabt habe ¹). Genannt wird dieses Comitat vornehmlich in den Urkunden der beiden benachbarten großen Abteien Münster in Granfelden und Einsiedeln während der Zeit des zehnten und eilften Jahrhunderts ²). Aus ihnen erhellt, daß sich dasselbe über die Jura-Gebiete bis zur Aar im Osten und Südosten und bis zum obern Doubs im Nordwesten oder zu beiden Seiten des Bieler=Sees ausbreitete, obschon man es in Frage gestellt hat, ob der Name des heutigen Dorfes Bargen mit dem des Comitates in Zusammenhang stehe, so wie sich auch dasselbe nicht auf die Ostseite der Aar hinüber erstreckt zu haben scheint ³). Denn nach einer Urkunde des burgundischen Königs Konrad vom Jahre 957 werden die oben genannte Villa Nugerol, der Ort St. Urfitz am obern Doubs, der Flecken Tavannes im Quellgebiet der Birs und einige benachbarte Orte in die Grafschaft Bargen verlegt, so wie nach einer Urkunde seines Sohnes des Königs Rudolf III. vom Jahre 1016 auch das Thal von Nugerol oder die Landschaft am Neuenburger= und Bieler=See zu derselben gerechnet wird ⁴). Dagegen lehrt wieder eine Urkunde des Herzogs Rudolf von Schwaben vom Jahre 1076 für das von ihm gegründete Kloster Rüggisberg, von welchem es heißt, daß es in comitatu Bargensi gelegen sei, daß sich diese Grafschaft gegen Südosten über das Land zwischen der Saane und Aar oder zwischen den Städten

---

1) **Escher** bei **Ersch u. Gruber**, allgem. Encyklop. I, 32. S. 69.
2) **Watteville**, histoire de la confédération helvétique. I. p. 8. 19. 25.
3) **Meyer v. Knonau** bei **Ersch und Gruber**, allgem. Encyclopädie. I, 7. S. 382.
4) **Schöpflin**, Alsatia illustrata. I. p. 657. 660.

Freiburg und Bern erstreckt haben müsse, wo sich das dem Kloster gleichnamige Dorf noch jetzt nur einige Stunden im Süden von Bern vorfindet ¹).

Ziemlich unsicher ist aber die angeblich schon aus dem siebenten Jahrhundert stammende Nachricht, nach welcher sich dies Comitat (das damals schwerlich schon vorhanden war) an der Aar aufwärts bis zu dem Thuner=See aus= gedehnt haben würde, indem es in einer zuerst von dem schweizerischen Geschichtsforscher Willimann bekannt gemach= ten Urkunde von dem fränkischen Könige Dagobert vom Jahre 662 heißt ²), daß derselbe der Kirche zu Straßburg drei Höfe geschenkt habe und zwar den einen in dem Gau, welcher den Namen Species — worunter man gewöhn= lich das heutige Spiez am Thuner=See zu erkennen pflegt — führe und in der Grafschaft Bargen gelegen sei ³). Auch läßt sich in der That das hohe Alterthum des Schlosses von Spiez, in dessen Nähe sich die berühmte Burg Strätt= lingen befindet, nicht verkennen ⁴). Indessen ist die Schreib= art beider Eigennamen in jener alten Urkunde durchaus nicht sicher und darum schon seit geraumer Zeit, wie von Schil= ter in seinen Bemerkungen zu der Königshofer=Chronik des Elsaß, nicht ohne Grund angefochten worden ⁵). Deßhalb entschied sich auch Bessel dafür durch Umänderung jener Namen in die Ausdrücke Speries in comitatu Barrensi dieselben mit Rücksicht auf die Zeit des siebenten Jahrhun=

---

1) **Füßlin**, schweiz. Erdbeschreibung. III. S. 122. Watte-ville, hist. de la conféd. helvétique. I. p. 19. 25.

2) **Paullinus**, geographia curiosa seu de pagis Germaniae antiquae. Francof. ad Moen. 1699. 4. p. 201.

3) **Schöpflin**, Alsatia illustrata. I. p. 636. Curtis in pago, qui nuncupatur Species et in comitatu Bargense.

4) **Burgener** bei Hottinger und Schwab, die Schweiz in ihren Ritterburgen. II. S. 419 bis 427.

5) **Juncker**, Anleitung zur Geographie der mittlern Zeiten. Jena 1712. 4. S. 281.

derts angemessener zu erklären und die dadurch bezeichneten Lokalitäten in eine geeignetere Lage zu der Kirche von Straßburg zu bringen. Somit würde das alte Speries in dem heutigen Flecken Bersen im untern Elsaß zu suchen sein, in dessen Umgebung er den kleinen elsassischen Gau dieses Namens zwischen den Flüssen Andlach und Ergers verlegt, wogegen die Grafschaft Barr von der gleichnamigen benachbarten Stadt ihren Namen empfangen haben sollte [1]). Doch glaubte der elsassische Geschichtschreiber Schöpflin, wenn er auch die Schreibart Speries aufnahm, an dem Namen Bargensis festhalten zu müssen, indem er den kleinen zur Grafschaft Bargen gehörigen Gau Speries an die untere Aar in den Aargau verlegt [2]).

Wie es sich aber auch mit den beiden gedachten Grafschaften am Jura und an der Aar, deren historische Verhältnisse für uns gänzlich im Dunkeln liegen, in der ältern Zeit des Mittelalters verhalten haben mag, so steht das wenigstens fest, daß sie sich über das Gebiet der beiden Bezirke des Salzgaues und Buchsgaues erstreckten, welche sich an dem linken Ufer der mittlern und untern Aar so wie am Jura entlang ziehend zum Theil noch in die Diöcese des Bischofs von Lausanne fallen, zugleich aber in den alemannischen Kirchensprengel von Basel eingreifen, wie sich schon daraus ergiebt, daß der letztere zwei gleichnamige Land-Kapitel enthielt. Nicht unwahrscheinlich ist es, daß die Namen jener beiden helvetisch-burgundischen Gaue schon im karolingischen Zeitalter vorhanden und üblich waren, wenn sie auch damals nur im geographischen und nicht im politischen Sinne mit Beziehung auf die Comitats-Verfassung gebraucht wurden. Denn zum Vorschein kommen sie nur weit später, indem der Name des Buchsgaues erst im eilften Jahrhundert genannt wird, der des Salzgaues aber nur

---

1) Chron. Gottwic. II. p. 555. 779. N. 56. 421.
2) Schöpflin, Alsatia illustrata. I. p. 636. 659.

erst im dreizehnten Jahrhundert urkundlich nachgewiesen werden kann ¹).

Der Salzgau (pagus Salingewe, Salzgowe oder Salisgaudia, Salzgaudia) verweiset zunächst auf das Gebiet der alten Stadt Solothurn, welche seit Alters für den Hauptort dieses Gaues gilt, und wo sich der Name desselben noch bis jetzt im Munde des Volkes erhalten hat ²). Der Ursprung des durch die Deutschen daselbst eingeführten Gaunamens läßt sich schwerlich verkennen und erinnert an den in den dortigen Gebieten des Jura vorkommenden Salzreichthum, wie derselbe auch ausdrücklich in den ältern Urkunden dieses Landes erwähnt wird ³). Auch führten bekanntlich mehrere andere Gaue des deutschen Landes in den verschiedensten Gegenden aus demselben Grunde einen ähnlichen Namen. Noch heut zu Tage finden sich aber zahlreiche Orte in dem Gebiete des Jura von der Aar bis zum obern Doubs, welche in ihren Namen auf Salzquellen hinweisen, und nur wenig oberhalb Solothurn liegt am Fuße des Berges Hasenmatt das große Dorf Selzach oder Salzach, das schon im Alterthume den entsprechenden Namen Salis aqua oder Salsae aquae führte ⁴). Ja selbst die Stadt Solothurn verdankt diesem Naturschatze unzweifelhaft ihren bei den alten und neuern Völkern ziemlich gleichen Namen, indem wir schon aus alten Inschriften eine Zunft von Salzarbeitern (curator Saliensium in dem vicus Salodorum) daselbst kennen lernen ⁵).

Erstreckte sich auch der Salzgau im Allgemeinen von der Aar im Osten, die ihn von dem Aargau schied, west-

---

1) Escher bei Ersch und Gruber, allg. Encyklop. I, 32. S. 69.
2) Guillimanni Helvetia. p. 13.
3) Rheinwald, conjectanea ad historiam et geographiam antiquam episcopatus Basileensis. Bernae 1843. 4. p. 6.
4) Füßlin, schweiz. Erdbeschreibung. II. S. 153. Haller, Helvetien unter den Römern. II. S. 464.
5) Müller, schweiz. Geschichte. I. S. 148. Anmerk. 90.

wärts über die Berghöhen des Jura und über das Thal der obern Birs bis zum obern Doubs, so läßt sich doch sein Umfang bei den mannigfach wechselnden politischen Grenzen in jenem Gebiete auf der Berührungslinie der Länder Burgund und Alemannien um so weniger genau nachweisen, als er wegen seiner blos geographischen Bedeutung in allen Jahrhunderten viele Veränderungen erfahren haben muß [1]). Oberhalb Solothurn scheint sein Name an der Aar aufwärts nicht über die Einmündung der Zihl in dieselbe hinausgegangen zu sein. Denn nur wenig im Westen davon liegt das Quellgebiet der Birs, wo das Felsenthor von Pierre Pertuis als die Naturgrenze des Salzgaues gegen Südwesten betrachtet wird, während das Münster in Granfelden in dem obern Birs-Thale stets zu diesem Gebiete gerechnet zu werden pflegt [2]). Ungewiß ist dagegen, wie weit jener Landschaftsname sich ursprünglich an der Birs hinab ausdehnte, indem zwar das Städtchen Delsberg (Delemont) in den Urkunden aus der Zeit des dreizehnten Jahrhunderts als in dem Salzgaue gelegen angegeben wird, diese Bezeichnung sich aber auch nur auf das erst in späterer Zeit errichtete gleichnamige Land-Kapitel der Diöcese von Basel beziehen kann, welches das ganze obere Birs-Thal bis zur Wasserscheide zwischen der Birs und der Aar also mit Ausschluß des Gebietes der Stadt Solothurn, die noch zum Kirchensprengel von Lausanne gehörte, umfaßte [3]).

An der Aar abwärts unterhalb Solothurn finden wir für den Salzgau eine bestimmte Grenzmark in dem kleinen und ganz unbedeutenden, aber vielfach erwähnten Bergwasser Siggern, welches von dem Jura herabkommend sich bei

---

1) Chron. Gottwic. II. p. 762. N. 393. Schöpflin, Alsatia illustrata. I. p. 637.
2) Müller, schweiz. Geschichte. I. S. 147.
3) Rheinwald, conject. ad hist. et geogr. episcop. Basileensis. p. 5.

dem Dorfe Flumenthal etwas oberhalb des Fleckens Wiet=
lisbach (dem Städtchen Wangen gegenüber gelegen) in die
Aar ergießt. Denn dieser Siggern=Bach schied dort nicht
nur die beiden sich an der Aar erstreckenden Landschaften
Salzgau und Buchsgau, sondern bildete zugleich die Grenz=
mark zwischen den beiden Diöcesen von Lausanne und
Basel, welche an seiner Mündung gemeinsam mit der von
Constanz zusammenstießen ¹).

Die Stadt Solothurn (Solodurum, Salodurum) ge=
hört zu den ältesten Städten des helvetischen Landes, da ihr
Ursprung noch über das römische Zeitalter hinaus zu gehen
scheint. Ihr alter ansehnlicher Umfang unter der Herrschaft
der Römer in Helvetien ist noch jetzt aus zahlreichen Denk=
malen der verschiedensten Art erkennbar, und beurkundet die
Bedeutung, welche sie schon in jener Zeit hatte ²). Denn
über diesen Ort führte die große von Aventicum kommende
Heerstraße, welche sich gleich unterhalb Solothurn bei
dem Bergschlosse Bipp theilte und entweder an der Aar
weiter abwärts nach Vindonissa geleitete oder durch ein
Querthal des Jura, welches von dem Flüßchen Dünnern
durchströmt wird, nordwärts unmittelbar zum Rhein führte.
Die durch den heutigen Engpaß Kluß gebahnte Straße
über den Hauenstein, welche jetzt zur Verbindung von Solo=
thurn und Basel dient, verband schon unter der römischen
Herrschaft in Helvetien die Stadt Solodurum mit der neuen
raurachischen Kolonie am Rhein oberhalb Basel ³).

Das alte Solodurum überlebte den Verheerungssturm
durch die Germanen in der Zeit der Völkerwanderung, und

---

1) **Guillimanni Helvetia. p. 11.** Hottinger, helvetische
Kirchengeschichte. I. S. 163. Leu, allgem. helvet. oder schweizeri=
sches Lexikon. XVII. S. 109. Füßlin, schweiz. Erdbeschreibung.
II. S. 152.

2) Haller, Helvetien unter den Römern. II. S. 354 bis 368.

3) Haller a. a. O. I. S. 34.

blühete in dem burgundischen Gebiete von Helvetien unter der Obhut des Stiftes des heil. Ursus bald wieder unter seinem neuern Namen Solothurn empor. Jenes Stift aber des heil. Ursus, dessen Ursprung mit der ersten Begründung des Christenthums in dem helvetischen Lande zusammenhängt, gehörte zu den ansehnlichsten Kirchen der Diöcese von Lausanne, so daß darum die Stadt nicht selten in den ältern Berichten nach demselben bezeichnet wird. Denn so heißt es in dem Theilungsvertrage zu Mersen vom Jahre 870 über das lotharingische Reich, daß das monast. S. Ursi in Salodoro nebst Grandivallis an den ostfränkischen König Ludwig fallen sollte [1]). Doch ging Solothurn bald wieder für das ostfränkische Reich verloren, da wir hier schon ums Jahr 892 den neuen burgundischen König Rudolf als Herrscher genannt finden [2]). Fortan blieb auch Solothurn eine Stadt des burgundischen Reiches, und war einer der Hauptorte des Landes Hoch=Burgund, in welchem die Könige aus dem Geschlechte der Rudolfingen häufig ihren Sitz nahmen. Vornehmlich soll sich die Königinn Bertha, Rudolfs II. Gemahlinn, um die Erhebung des St. Ursus=Stiftes große Verdienste erworben haben [3]). An eben diesem Orte war es, wo der Kaiser Konrad II. nach der Erwerbung des Landes Burgund auf einem Landtage der burgundischen Großen im Jahre 1038 seinen Sohn Heinrich zum Könige erwählen ließ und ihn mit dem Reiche Burgund belehnte [4]).

Der Buchsgau (pagus Buchsgowe, Buchsgaudia), welcher sich an den Gehängen des Jura ostwärts bis zur Aar ausbreitet, führt uns mit der hier beginnenden Diöcese

---

1) Annal. Bertin. a. 870. ap. Pertz, mon. I. p. 488.
2) Müller, schweiz. Geschichte. I. S. 242. Anm. 70.
3) Hottinger, helvetische Kirchengeschichte. I. S. 512. Füßlin, schweiz. Erdbeschreibung. II. S. 130.
4) Müller, schweiz. Geschichte. I. S. 311.

von Basel wieder in das alemannische Gebiet hinein [1]). Steht die Lage dieses Gaues im Allgemeinen auch fest, so läßt sich doch bei der Spärlichkeit der Nachrichten nur wenig über ihn angeben. Was seinen Namen anbelangt, so wird derselbe nach dem Vorgange Willimanns allgemein von dem jetzt nicht mehr bekannten Schlosse Büchsen, welches in der Nachbarschaft des Bergschlosses Bipp gelegen haben muß, abgeleitet [2]). Denn noch jetzt führt die Umgegend von Bipp oder die Landschaft auf dem linken Ufer der Aar zwischen Solothurn und Olten beim Volke den Namen des Buchsgaues [3]). Die heutige Stadt Olten aber, welche, wie die zahlreichen alten Denkmale daselbst beurkunden, aus der ansehnlichen römischen Station Ultinum auf der Straße von Saloburum nach Vindonissa hervorgegangen ist [4]), lag nicht nur gleichfalls im Buchsgau, sondern war auch der Hauptort der aus demselben später entstandenen gleichnamigen Landgrafschaft [5]).

Nur in wenigen Urkunden aus der Zeit der beiden salischen Kaiser Heinrich's III. und IV. im eilften Jahrhundert wird dieser Gau erwähnt, und an Angaben von Orten in demselben fehlt es fast ganz. Denn so übergab Heinrich IV. zur Belohnung für den ihm treuen Bischof Burkhard von Basel diesem Hochstifte im Jahre 1081 die in dem Buchsgau gelegene Grafschaft Harichingen (comitat. nomine Harichingen in pago Buchsgowe situm), und in einer Urkunde Heinrich's III. für das Stift Einsiedeln vom Jahre 1040 wird der vicus Buxita (dessen Name an das heutige

---

[1] Chron. Gottwic. II. p. 565. N. 84. Schöpflin, Alsatia illustrata. I. p. 637.
[2] Guillimanni Helvetia. p. 11. 12.
[3] Füßlin, schweiz. Erdbeschreibung. I. S. 212. II. S. 154.
[4] Haller, Helvetien unter den Römern. II. S. 368 bis 374.
[5] Escher bei Ersch und Gruber, allgem. Encyklopädie. III, 3. S. 104. Arg, Geschichte der Landgrafschaft Buchsgau. St. Gallen 1819. 8.

Dorf Ober=Buchsitten¹) im Kanton Solothurn erinnert) in comitatu Buxgowe genannt. Dieser Gau umfaßte also zwei Grafschaften Buchsgau und Harichingen (Herchingen), von welchen die erstere den östlichen, die letztere den westlichen Theil desselben umfaßt zu haben scheint, und welche später beide in der Landgrafschaft Buchsgau vereinigt vorkommen. Darf man nun auch bei dem Mangel in der kirchlichen Geographie für dieses Gebiet, um den Umfang des Buchsgaues zu bestimmen, auf die spätere gleichnamige Landgrafschaft Rücksicht nehmen, mit welcher dann wieder das Land=Kapitel dieses Namens zusammenhängt, so ist doch dabei zu beachten, daß sich beide eben so wenig vollkommen decken, wie es bei der benachbarten jenseit des Jura liegenden Landgrafschaft Sißgau im Verhältniß zu dem gleichnamigen Gaue der Fall ist ²).

Der alte Buchsgau erstreckte sich demnach zu beiden Seiten der Stadt Olten von dem Siggern=Bach, der ihn von dem Salzgau schied, an der Aar hinab bis zu dem Erlisbach im Nordosten, welcher sich der Stadt Aarau gegenüber in die Aar ergießt und ihn von dem Frickgau sonderte. Auf der West= und Nordwestseite würde aber der hohe Kamm des Jura in dem obern und untern Hauenstein mit seiner Wasserscheide zwischen den Thalsenkungen der Birs und Aar die Grenzmarke des Buchsgaues gegen den Sißgau und Sornegau (letzterer auf dem Gebiete des alten Salzgaues) bezeichnen ³). Unmittelbar über Olten liegen hier auf einem Felsenvorsprunge des Jura die Ruinen einer Burg, einst der Sitz der reichen und mächtigen, seit dem Anfange des eilften Jahrhunderts hervortretenden Grafen von Froburg, welchen wegen ihrer Verbindung mit

---

1) **Fäßlin**, schweiz. Erdbeschreibung. II. S. 155.
2) **Delius** bei Ersch und Gruber, allgem. Encyklopädie. I, 13. Seite 307.
3) **Leu**, allgem. helvet. oder schweizerisches Lexikon. IV. S. 412.

der bischöflichen Kirche zu Basel die Landgrafschaft in diesem Gebiete zu erwerben gelang ¹).

Der obere Lauf der sich innerhalb der Gebirgsketten des Jura hinziehenden Birs führt uns noch einmal in den Salzgau zurück, lehrt uns aber zugleich einen andern nicht unwichtigen Gau- und Comitats-Namen in demselben kennen. Die Quellen der Birs liegen in dem sogenannten Münster-Thale nur wenige Stunden im Norden von dem untern Ende des Bieler-Sees bei dem Dorfe Dachsfelden, das bei den romanischen Bewohnern den Namen Tavannes führt. Dort zeigt sich der merkwürdige Durchbruch durch die Gebirgsmasse des Jura in dem mächtigen Felsenthore, welches unter dem Namen Pierre Pertuis (Petra Pertusa) bekannt, durch die daselbst befindlichen alten Inschriften auf die Thätigkeit der Römer in der Wegbahnung durch die Ketten des Jura ähnlich wie am Hauenstein hinweist ²). Denn indem man durch die Felsenhalle nach dem sogenannten Erguel oder St. Immer-Thale (Val St. Imier), welches von der Süß (Suze) durchströmt wird, hinabsteigt, gelangt man nach Biel und somit zum Thale der Aar, so daß sich auf diesem Wege die nächste Verbindung von dem alten Aventicum durch das Thal der Birs entlang mit dem raurachischen Augusta und mit dem heutigen Basel am Stromknie des Rhein darbot ³).

Die erste Kultur in dem wilden aber romantischen Münster-Thale an der obern Birs soll von einem edlen Franken mit Namen Germanus ausgegangen sein, welcher hier gegen die Mitte des siebenten Jahrhunderts als Einsiedler lebte und der Gründer eines Klosters wurde, das sich bald einen bedeutenden Namen erwarb und von den benachbarten

---

1) Strohmeier bei Hottinger und Schwab, die Schweiz in ihren Ritterburgen. III. S. 489 bis 507.
2) Füßlin, schweiz. Erdbeschreibung. III. S. 511.
3) Haller, Helvetien unter den Römern. I. S. 193 bis 199.

Herren und Fürsten reich begabt wurde [1]). Gleich allen alten geistlichen Stiftungen jener Zeit folgte das Kloster der Regel des heil. Benedictus. Das obere Thal der Birs führte aber damals den Namen des großen Thales (grandis vallis, Grandval), nach welchem auch der um das Stift allmählig emporwachsende Flecken nebst dem Thale Moutiers oder Mottiers Grand-Val oder Münsterthal genannt wurde, während sich der entsprechende Name Granfelden für ein in der Nähe gelegenes Dorf erhalten hat [2]). Die karolingischen Fürsten, namentlich der König Pipin und seine Gemahlinn und später der Kaiser Karl der Dicke, werden als besondere Gönner dieses Stiftes genannt, welches sie wie auch nachmals die burgundische Königinn Bertha mit vielen Vorrechten und Vergabungen ausgestattet haben sollen. Dennoch verlor dieses Stift nicht lange darauf seine Selbstständigkeit, indem der König Rudolf III. von Burgund dasselbe nebst der ganzen umliegenden Landschaft wie dem St. Immer-Thale und dem Stift St. Ursitz am obern Doubs ums Jahr 1000 an den Bischof Adalbert von Basel zur Entschädigung für die Verheerungen schenkte, welche seine Kirche durch Kriegsunruhen erlitten haben sollte [3]). Auch ist seitdem dies Münsterthal stets dem Bisthum Basel als ein Hauptbestandtheil des nachmaligen fürstbischöflichen Gebietes verblieben.

Nicht weit unterhalb des Fleckens Münster, wo die Birs bei dem Städtchen Delsberg (Delemont bei den dortigen romanischen Bewohnern) ihren bisher nordwärts gewandten Lauf nach Nordosten hin umlenkt, nimmt sie von Westen her ihren ersten und zugleich bedeutendsten Zustrom in der Sorne in sich auf, deren Gebiet, auch das Delsberger-Thal oder Sornethal genannt, die ursprüngliche Lage

---

1) Müller, schweiz. Geschichte. I. S. 147.
2) Füßlin, schweiz. Erdbeschreibung. III. S. 503. 515.
3) Hottinger, helvet. Kirchengeschichte. I. S. 532.

des alten gleichnamigen Gaues bezeichnet. Der Sornegau (pagus Sornegowe, Sornegaudia) wird zwar nicht häufig in den alten Schriften erwähnt, und seltsamer Weise wird er nicht einmal in dem Theilungsvertrage zu Mersen über das lotharingische Reich in den Annalen von St. Bertin genannt, obschon daselbst alle umherliegenden Gebiete und Lokalitäten zwischen dem Rhein, dem Doubs und der Aar von Basel bis nach Solothurn als an den König Ludwig den Deutschen fallend namentlich aufgeführt werden; dennoch ist es sicher, daß sein Name bereits im karolingischen Zeitalter bekannt und üblich war, und es hat sogar den Anschein, daß er damals ein ansehnliches Comitat bezeichnete, welches sich weit über sein ursprüngliches Gebiet hinaus erstreckte [1]).

Nicht mit Unrecht hat man früher behauptet, daß der Sornegau ursprünglich nur einen Theil des Salzgaues gebildet habe, in so fern beide Namen im geographischen Sinne genommen werden, obschon man dabei zugab, daß später der Name des erstern sich über das Gebiet des letztern ausgedehnt haben müsse, indem das Münsterthal mit der gleichnamigen Abtei an der obern Birs wiederum unter dem Namen des Sornegaues im politischen Sinne genommen begriffen worden sei. Wenn man sich indessen für diese Umstellung der Namen und für die politische Bedeutung des Sornegaues auf die Bestätigungsurkunde des Kaisers Karl des Dicken für die Abtei Grandval vom Jahre 884 rücksichtlich einer frühern Urkunde von dem Kaiser Lothar berief, welche zugleich durch eine neue Bestätigungsurkunde für jene Abtei von dem burgundischen Könige Konrad vom Jahre 957 erläutert werden sollte, so scheint die behauptete Ausdehnung des Comitates des Sornegaues bis in das Quellgebiet der Birs hinauf noch immer etwas zweifelhaft genannt werden zu müssen, indem man

---

[1]) Rheinwald, conject. ad hist. et geogr. episc. Basil. p. 5.

bei den in jenen Urkunden angeführten Lokalitäten nicht so-
wohl an dieses Comitat als an das des eben dort genannten Pipinischen Bezirkes zu denken haben möchte ¹).
Aber auf eben diesem Gebiete des Comitats des Sornegaues
sehen wir später wieder den ursprünglich hier herrschenden
Namen in dem Land-Kapitel des Salzgaues der Basler-
Kirche hervortreten, welches sich wenigstens bis unterhalb
Delsberg an der Birs erstreckte, wogegen das alte Comitat
des Sornegaues sich noch weiter abwärts bis zum Flüßchen
Lützel, einem linken Zustrom zur Birs, durch welchen es
von dem elsassischen Comitat des Sundgau geschieden wurde,
ausgedehnt haben sollte ²).

Etwas unterhalb des Fleckens Laufen tritt die Birs aus
den letzten Bergketten des Jura heraus, und nimmt in der
Thalebene von Basel wieder eine nördliche Richtung an,
welche sie bis zu ihrer Einmündung in den Rhein gleich
oberhalb der Stadt Basel fortan behält. Das sich im Osten
der untern Birs und an dem untern Ende des Jura ausbreitende Gebiet oder das auf drei Seiten von den Flüssen
Birs, Rhein und Aar umschlossene Land ist ein Theil
des von dem alten gallischen Volksstamme der Raurachen
bewohnten Gebietes, aus welchem im Mittelalter der Kirchensprengel von Basel hervorgegangen ist. Die Diöcese der
Kirche von Basel bildet aber den südwestlichsten Theil des
Landes der Alemannen, welches sich hier an der Birs

---

1) Chron. Gottwic. II. p. 778. N. 420. Schöpflin, Alsatia illustrata. I. p. 637. Cella S. Pauli, quae Vertuna dicitur,
villa quae in Pippinensi comitatu Nugerolis dicitur cum capella
sibi subjecta, Ulminc nomine, in eodemque comitatu villa Sum-
mae vallis cum capella sibi subjecta, Theisvenna nomine, villa-
que in pago Sornegaudiensi, Rondelena curtis, vicus cum capella
in eodem comitatu, sed et villa Saleundis in eodem comitatu —
addidimus tria loca id est cellam S. Imerii et villam Bidericam
cum capella atque Rechovis villare.

2) Rheinwald, conject. ad hist. et geogr. episc. Basil. p. 6.

aufwärts tief in das burgundische Land hineinerstreckt, dem das Gebiet der Kirche von Basel in politischer Beziehung seit dem Anfange des zehnten Jahrhunderts angehörte. Der Aargau und das Land der Baseler=Diöcese sind somit die Uebergangs=Gebiete von dem Schwabenlande und dem deutschen Reiche zu dem burgundischen Lande und Reiche der Rudolfingen für die Zeit des zehnten und einen Theil des eilften Jahrhunderts.

Daß das Andenken an die alte Urbevölkerung jenes Landes oder an den kleinen den Helvetiern ohne Zweifel ver=wandten Stamm der Raurachen auch im Mittelalter dort nicht erloschen war, erhellt daraus, daß wir hier nach einer Verleihungs=Urkunde von Gütern an das Hochstift Basel vom Jahre 894 den Raurachen=Gau (pagus Raragouwe) genannt finden [1]). Doch mochte derselbe schwerlich den Umfang des alten raurachischen Landes, das sich noch über den obern Elsaß ausdehnte, haben und wohl auf das von den drei oben genannten Flüssen umschlossene Gebiet be=schränkt sein. Demgemäß wird auch diese Landschaft von den ältern schweizerischen Geschichtschreibern noch immer unter dem Namen des raurachischen Helvetiens in geo=graphischer Beziehung behandelt [2]). Durchströmt wird die=ses Gebiet von dem kleinen Flusse Ergotz oder Ergetz, des=sen zahlreiche Quellströme von den Abhängen des untern Jura oder von dem Hauenstein herabkommen und sich all=mählig vereinigend in nordwestlicher Richtung bei den Orten Sissach und Liestall vorübergehen. Zwischen den Städten Rheinfelden und Basel ergießt sich die Ergotz in den Rhein, und eben dort lag die alte raurachische Hauptstadt, die römi=sche Kolonie Augusta der Raurachen, welche in der Zeit der Völkerwanderung durch die Verheerungen der Alemannen

---

1) Müller, schweiz. Geschichte. I. S. 268. Anmerk. 143.
2) Stumpf, schweiz. Chronikon. Th. III. Buch 12. Fol. 371 bis 411.

ihren Untergang gefunden haben muß, und deren prachtvolle Ueberreste erst in den neuern Zeiten durch Ausgrabungen bekannt geworden sind. Aber so wie ihr Beiname als römische Kolonie zu Ehren des Augustus noch im Mittelalter zur Bezeichnung eines besondern Gaues und eines Comitates an den Ufern des Rheins diente, so hat sich derselbe auch in der Benennung der beiden Dörfer erhalten, die auf ihren Trümmern erstanden sind, von Basel-Augst und Kaiser-Augst, beide geschieden durch die Mündung der Ergoß, welche hier ehemals das habsburgisch-östreichische und baselsche Gebiet, wie noch jetzt die beiden Kantone Aargau und Basel von einander trennt [1]).

Mag auch das von der Ergoß bewässerte Gebiet bei den Bewohnern zuweilen im geographischen Sinne den Namen Ergoß-Gau geführt haben, so ist doch, wie schon oben berührt, die Annahme bei den ältern Geschichtsforschern von einem hier befindlichen und nach jenem Flusse benannten pagus Aragowe oder Arragowe im Unterschiede von dem großen helvetischen Gau an der Aar ganz unbegründet [2]), indem sich vielmehr der Name des letztern im geographischen Sinne über diese Landschaft ausgedehnt haben muß. Dagegen erscheint schon frühzeitig für das an dem untern Jura und an der Ergoß liegende Land eine von jener alten Römer-Stadt abgeleitete Bezeichnung, die im weitern und engern Sinne genommen sich bis zur Auflösung der alten Gauverfassung hier erhalten hat. Denn wenn auch in Trümmern liegend war das rauracische Augusta gleich der helvetischen Hauptstadt Aventicum keineswegs unbewohnt und wie diese noch lange Zeit ein bischöflicher Sitz, der

---

1) Ochs, Geschichte der Stadt und Landschaft Basel. Berlin 1786. 8. Th. I. S. 82 bis 97.
2) Stumpf, schweizerisches Chroniken. II. F. 381. Chron. Gottwic. II. p 550. N. 37. Neugart, episcop. Constant. Proleg. p. XXX.

erst ziemlich spät nach dem benachbarten Basel verlegt worden zu sein scheint. Schon um die Mitte des achten Jahrhunderts lernen wir aus einer Urkunde vom Jahr 752 die villa Augusta als die Malstätte des großen Augustgau oder Augstgau (pagus Augustensis) kennen¹), welchem ein gleichnamiges Comitat entsprach, das seinem Ursprunge nach dem karolingischen Zeitalter angehörig noch in der Mitte des eilften Jahrhunderts erwähnt wird. Der karolingische comitatus Augusta umfaßte aber höchst wahrscheinlich das gesammte rauraчische Helvetien von der untern Birs bis zur untern Aar und zwar mit Einschluß des Buchsgau, wie man aus seiner Beziehung zur Kirche von Basel entnehmen muß²). Genannt wird die Villa Augusta zuletzt noch in jener Urkunde des Kaisers Arnulf vom Jahre 894, nach welcher sie als in dem Aargau und zwar in dem Comitat des Grafen Kadaloch gelegen erscheint³).

Indessen noch vor der Auflösung jenes großen Comitates des Augstgaues sehen wir auf seinem Gebiete, auch abgesehen von dem Buchsgau, drei andere Gaunamen hervortreten, deren Ursprung auf ein gleiches Alter Anspruch zu machen scheint, der Frickgau, Sißgau und der Augstgau im engern Sinne. Der **Frickgau** (pagus Friccowe, Friegowe und Frichgowe) wird zuerst im zehnten Jahrhundert von Ekkehard in den Annalen von St. Gallen genannt, wo derselbe von dem Heldenmuth eines gewissen Hirminger aus diesem Gau gegen die jene Gebiete ums Jahr 933 verwüstenden Ungarn berichtet⁴). Der Frickgau erfüllte das ganze Land am untern Ende des Jura und am Bötzberge

---

1) Neugart, codex diplom. Alemann. I. N. 16.
2) Rheinwald, conject. ad hist. et geogr. episc. Basil. p. 8—10. Schöpflin, Alsatia illustrata. I. p. 660.
3) Neugart, codex diplom. Alemann. I. N. 609. Villa Augusta in pago Aragowe in comitatu Chadaloh.
4) Ekkehard, casus S. Galli c. 3. ap. Pertz, mon. II. p. 110.

zwischen dem Rhein und der Aar, wie er auf solche Weise bestimmt genug vom Hepidan in der Lebensbeschreibung der heil. Wiborabe im eilften Jahrhundert bezeichnet wird [1]). Auch hat sich eben dort bis jetzt der Name **Frickthal** erhalten, dessen Benennung nicht selten durch den Ausdruck vallis Raurica von den alten Raurachen abgeleitet wird. Es enthält vornehmlich das schöne sich vom Jura gegen Seckingen am Rhein hinabziehende Thal, in dessen Mitte das gleichnamige Dorf Frick gelegen ist [2]).

Gegen Westen stieß der Frickgau in dem Jura-Lande zwischen der Aar und dem Rhein an den Buchsgau, Eißgau und Augstgau, während ihn gegen Osten die Aar von dem Aargau und Thurgau schied, gegen Norden aber der Rhein von dem Albgau. An dem Rhein abwärts erstreckte sich der Frickgau bis zu dem kleinen Flüßchen Film oder Filine, welches sich bei Kaiser-Augst in den Rhein ergießt, und er umfaßte somit die Gebiete der beiden alten östreichischen Waldstädte Lauffenburg und Rheinfelden, nach welchen zwei alte Grafengeschlechter in diesem Gaue ihren Namen trugen [3]). Denn bei der Stadt **Lauffenburg** (etwas oberhalb des jenseit des Rhein gelegenen Seckingen) befinden sich die Ruinen des gleichnamigen Schlosses, das ein altes Besitzthum der Habsburger war, und nach welchem die in Helvetien zurückgebliebene Linie dieses Geschlechtes nachmals benannt wurde. Eben so liegen auf einer Rheininsel bei Rheinfelden die Trümmer der alten Burg, nach welcher das Geschlecht der Grafen von Rheinfelden, dem der Herzog Rudolf von Schwaben und der Gegner des Kaisers Heinrich IV. angehört, seinen Namen trug. Doch treten

---

1) Hepidanus, vita S. Wiborad. ap. Pertz, mon. VI. p. 456.

2) Lutz, das vorderöstreichische Frickthal in historischer und topographischer Hinsicht. Berlin 1801. 8.

3) Chron. Gottwic. II. p. 600. N. 165.

diese Grafen von Rheinfelden nur erst seit dem Anfange des eilften Jahrhunderts also nicht lange vor jenes Heinrichs Zeit in der Geschichte hervor. Der Ort Rheinfelden galt fortan als die Hauptstadt des Gaues und der Grafschaft Frickgau, wie die letztere seit der Zeit des zwölften Jahrhunderts bekannt wird, indem wir in einer Urkunde des Kaisers Heinrich V. vom Jahre 1114 hier einen Grafen Rudolf als comes de Frica genannt finden [1]).

Der Augstgau (pagus Augustgowe, Augustowe und Ougestgowe), gleichnamig mit einem andern schwäbischen Gau am Lech um das alte vindelicische Augusta, scheint keinen bedeutenden Umfang gehabt und vornehmlich nur das Gebiet der rauracischen Augusta umfaßt zu haben [2]). Auch lernen wir den Namen dieses Gaues nur erst in einer Urkunde aus der Mitte des eilften Jahrhunderts kennen, aus welcher zugleich erhellt, daß es damals noch eine Grafschaft Augusta gab, die sich weiter als der gleichnamige Gau ausdehnte und sich südwärts bis in das Quellgebiet der Ergoß erstreckte. Denn nach jener Urkunde schenkte der Kaiser Heinrich III. zu Speier im Jahre 1041 der Kirche zu Basel die Grafschaft Augusta, von welcher es bemerkt wird, daß sie im Augstgau und Sißgau gelegen gewesen sei [3]). Das war der erste Anfang zur Begründung der weltlichen Macht der Bischöfe von Basel in dem Ergoß-Lande, in welchem sich aber bald der dritte Gauname mit noch größerm Ansehn erhob und den alten von der rauracischen Stadt ausgehenden Namen gänzlich verdunkelnd sich noch bis jetzt dort in Geltung erhalten hat.

---

1) Guillimanni Helvetia. p. 362. Schöpflin, Alsatia illustrata. I. p. 638. 639.
2) Delius bei Ersch und Gruber, allg. Encyklop. I, 6. S. 376.
3) Ochs, Geschichte von Basel. I. S. 225. 226. Schöpflin, Alsatia illustrata. I. p. 639. Comitatum quendam, Augusta vocatum, in pago Ougestgowe et Sisgowe situm.

Der Sißgau (pagus Sisgowe, Sisigaugensis oder Sisgaudia), dessen Name offenbar mit dem des Ortes Sissach an der Ergoß zusammenhängt ¹), umfaßte das von den verschiedenen Quellströmen dieses Flusses an dem Abhange des Hauenstein bewässerte Gebiet, wenn gleich sich die Grenzmarken desselben gegen die benachbarten Gaue namentlich gegen den Augstgau im Norden nicht genau bestimmen lassen, um so mehr als er mit demselben ein gemeinsames Dekanat in dem Kirchensprengel von Basel bildete ²). Nur selten wird dieser Gau in den alten Urkunden erwähnt, da er immer von dem Namen der Grafschaft Augusta verdeckt wird, obgleich er schon in einer Urkunde von König Ludwig dem Deutschen aus dem Jahre 835 zum Vorschein kommt ³). Gegen Osten stieß der Sißgau an den Frickgau, gegen Süden schied ihn der Rücken des Jura von dem Buchsgau, gegen Südwesten reichte er an der obern Birs an den Salzgau oder Sornegau, und ward im Westen durch den Lauf der untern Birs von dem elsassischen Sundgau geschieden ⁴).

Wenn aber der Name des Sißgaues lange Zeit dem von der benachbarten alten Herrscherstadt ausgehenden Grafschafts- und Gaunamen hat weichen müssen, so ist er doch später in der sogenannten Landgrafschaft des Sißgau, die das gesammte Land an der Ergoß von dem Hauenstein abwärts bis zum Rhein bezeichnete, um so berühmter und fast gleichbedeutend mit dem Namen des raurachischen Helvetiens geworden ⁵). Auf eben diesem Gebiete finden wir

---

1) Füßlin, schweiz. Erdbeschreibung. II. S. 93.
2) Delius bei Ersch und Gruber, allg. Encyklop. I, 6. S. 376.
3) Rheinwald, conject. ad hist. et geogr. episc. Basil. p. 8.
4) Chron. Gottwic. II. p. 550. N. 37. Schöpflin, Alsatia illustrata. I. p. 639.
5) Burckhardt, in den Beiträgen zur Geschichte der histor. Gesellschaft zu Basel. Basel 1843. 8. Th. II. S. 277 u. f.

in den etwas spätern Zeiten des Mittelalters zwei ansehn=
liche Dynastengeschlechter herrschend, welche zwar ursprüng=
lich aus dem Frickgau stammen sollen, aber hier zu Macht
und Reichthum gelangten. Das sind die Grafen von Hom=
burg und von Thierstein, deren Geschichte in die der Städte
Solothurn und Basel vielfach eingreift. Auf einer waldigen
Anhöhe an dem Paß über den untern Hauenstein im Quell=
gebiet der Ergoz erblickt man noch jetzt die Ueberreste von
dem Stammsitze der Grafen von Homburg, welche in der
zweiten Hälfte des eilften Jahrhunderts in der Geschichte
hervortreten. Schon am Anfange des folgenden Jahrhun=
derts bekleidete ein Mitglied dieses Geschlechtes den bischöf=
lichen Stuhl zu Basel; auch führte dasselbe auf einige Zeit
die Reichsvoigtei über das Hochstift und die Stadt Basel [1]).
Noch berühmter sind die Grafen von Thierstein gewor=
den, deren Stammsitz sich noch jetzt in Trümmern auf einem
kühnen Felsenvorsprunge in einem sich zur Birs wendenden
Bergthale in der Nähe des vermuthlich von ihnen gegründe=
ten Klosters Beinwyl am Fuße der Paßhöhe des Paßwang
befindet. Dies Dynastengeschlecht lernen wir zwar nur erst
in der ersten Hälfte des zwölften Jahrhunderts kennen,
doch gelang ihm auf einige Zeit die Landgrafschaft in die=
sem Gebiete von den hier die Herrschaft führenden Bischö=
fen von Basel zu gewinnen, als deren Erben bald genug
die Bewohner der unter ihrer Hoheit aufblühenden Stadt
auftraten [2]).

Denn nur wenig unterhalb des alten Augusta am Rhein=
strom, wo derselbe nach der Aufnahme der Birs sich plötzlich
gegen Norden umwendet, folgt die neuere Hauptstadt des
raurachischen Helvetiens, das alte und reiche Basel, das

---

[1]) Lutz bei Hottinger und Schwab, die Schweiz in ihren Rit=
terburgen. III. S. 87 bis 97.
[2]) Strohmeier bei Hottinger und Schwab a. a. O. III. S.
265 bis 282.

britte der Hochstifte an den Ufern jenes deutschen Stromes. Nach ihr führte seit Alters die umliegende Landschaft oder das sich um die untere Birs an dem linken Rheinufer ausbreitende Gebiet den Namen des Basler-Gaues (pagus Basiliensis), da bereits in den karolingischen Theilungen, namentlich über die von Lotharingien vom Jahr 870, die Stadt Basula und der Gau Basalchowa genannt werden, welche nebst dem Elsaß und dem ganzen Birs-Thale oder Granfelden an den König Ludwig den Deutschen fielen [1]). Uebrigens geschieht dieses Gaues, welcher gleich seinem östlichen Nachbargau nur das Gebiet seiner Stadt umfaßt zu haben scheint, in den alten Dokumenten nur selten Erwähnung, und er mag mit den benachbarten Gauen an der Ergoz meistens ein gemeinsames Comitat gebildet haben [2]).

Der Ursprung der Stadt Basel führt bekanntlich schon in das römische Zeitalter zurück, da sie bereits vom Ammianus bei Gelegenheit der von ihm berichteten Festungsbauten des Kaisers Valentinianus in der zweiten Hälfte des vierten Jahrhunderts erwähnt wird, wenn auch das vielfach behandelte Verhältniß des alten Schlosses Robur zu dieser Stadt sich jetzt nicht mehr mit Sicherheit ermitteln lassen sollte [3]). Der Verfall jener Augusta der Rauracher in Folge der Verheerungen durch die Alemannen beförderte nun das Emporkommen der Nachbarstadt Basilia, und hierhin verlegte auch der dortige Bischof seinen Sitz. Doch ist uns über die Zeit dieser Verlegung nichts aufbewahrt worden, wenn schon man vermuthen kann, daß dies am Anfange des siebenten Jahrhunderts zur Zeit des Bischofs Ragnachar geschehen

---

1) Annal. Bertin. a. 870 ap. Pertz, mon. II. p. 488. 489.

2) Chron. Gottwic. II. p. 555. N. 57. Rheinwald, conject. ad hist. et geogr. episc. Basil. p. II.

3) Ochs, Geschichte von Basel. I. S. 98 bis 110.

sei ¹). Ueberhaupt liegen die Schicksale Basels und der Nachbarlandschaft während der ersten Zeiten des Mittelalters ganz im Dunkeln. Schwerlich werden auch beide von mancherlei Drangsalen und Verwüstungen in jener Zeit des fünften und sechsten Jahrhunderts frei geblieben sein, da hier nicht nur die Alemannen als Herren auftraten, sondern diese Landschaft zugleich das Grenzgebiet zwischen ihnen und den Burgunden bildete ²).

Aber wenn auch dem Lande der Alemannen angehörig, hat das Gebiet und die Diöcese von Basel ohne Zweifel doch einen Theil des ältern burgundischen Reiches gebildet, welches die fränkischen Merowingen mit ihrem Staate vereinigten, gleich wie dasselbe nachmals dem neuen hochburgundischen Reiche der Rudolfingen angehörte, nachdem jene Landschaft inzwischen in dem Laufe des neunten Jahrhunderts dem Reiche Lotharingien und dann auf kurze Zeit dem ostfränkischen Reiche zugetheilt gewesen war. Zwar ist es früher vielfach ein Gegenstand des Streites in der Geschichte gewesen, ob die Stadt und das Land Basel zu jenem neuern burgundischen Reiche gehört habe ³), doch wird diese Sache jetzt eben so allgemein anerkannt, wie sie sich eigentlich aus den Zeugnissen der ältern Geschichtschreiber klar genug ergiebt, obschon die Zeit dieser Erwerbung durch die Rudolfingen sich nicht mit Sicherheit bestimmen läßt. Am wahrscheinlichsten war es am Anfange des zehnten Jahrhunderts bei den Verwirrungen im deutschen Reiche, die das Aussterben der Karolingen zur Folge hatte, und mit Unrecht hat man zuweilen den von dem Könige Heinrich dem Sach-

---

1) Rheinwald, conject. ad hist. et geogr. episc. Basil. p. 2.
2) Ochs, Geschichte von Basel. I. S. 117 bis 130.
3) So standen sich besonders die Geschichtsforscher Schöpflin und Füßlin gegenüber, von welchen der erstere sich für das burgundische, der letztere für das deutsche Reich entschied. Vergl. Ochs, Geschichte von Basel. I. S. 177 bis 180.

'sen an den König Rudolf II. von Burgund abgetretenen Theil des Landes Alemannien auf das Basler=Land anstatt auf den Aargau bezogen.

Denn Wippo, der Lebensbeschreiber des Kaisers Konrad des Saliers sagt ausdrücklich, daß die Stadt Basel zwar auf der Grenzmark der drei Länder Burgundien, Alemannien und Francien gelegen gewesen, daß sie selbst aber zu Burgundien gehört habe [1]). Auch bemerkt der Bischof Otto von Freisingen in der Beschreibung der Thaten des Kaisers Friedrich Barbarossa, das burgundische Reich erstrecke sich nicht gar weit von Basel an nämlich von Mümpelgard (Montbéliard) bis zur Isere und begreife noch die Provence in sich [2]). Wird nun hier auch von dem hohenstaufischen Geschichtschreiber die Stadt Basel selbst nicht mehr mit zu dem Lande Burgund gerechnet, so erklärt sich dies nicht nur aus seiner Zeit, wo die frühere politische Verbindung jener Stadt mit dem burgundischen Reiche schon mehr in den Hintergrund getreten war, sondern seine Angabe ist auch um so mehr zu rechtfertigen, als sie den ethnographischen Verhältnissen jenes Gebietes ganz angemessen ist. Darum konnte auch der Bischof Burkhard von Basel gegen das Ende des eilften Jahrhunderts in einer Urkunde sagen, die Stadt Basel, welche unter den edlern Städten Alemanniens nicht die geringste sei, habe sich, seitdem sie zur christlichen Religion bekehrt, immer durch die Ehrbarkeit

---

1) **Wippo**, vita Conradi Sal. ap. Pistor., script. rer. Germ. ed. Struve. Tom. III. Basilia civitas sita est in quodam triviali confinio, id est Burgundiae, Alemanniae et Franciae; ipsa vero civitas ad Burgundiam pertinet.

2) **Otto Frising.**, de gestis Frideric. Imp. II. c. 29. Burgundia provincia protenditur paene a Basilea, id est a castro, quod mons Biliardi vocatur usque ad Isaram fluvium — junctam habens dominatui suo eam terram, quae proprie Provincia vocatur.

der Sitten und den Ueberfluß an zeitlichen Dingen ausgezeichnet ¹).

Nicht wenig hatte die Stadt und die Umgegend von
Basel von den Verheerungszügen der Ungarn zu leiden,
welche während der ganzen ersten Hälfte des zehnten Jahrhunderts diese Gebiete von Schwaben besonders heimzu-
suchen pflegten, um in der Gegend von Basel über den
Rhein in den Elsaß und das westfränkische Reich einzudrin-
gen. Basel selbst fand bei diesen Verwüstungen im Jahre
917 fast seinen Untergang. Doch erholte sich die Stadt bald
wieder, wie es heißt, durch die Ansiedlung eines zahlreichen
Adels baselbst, so daß sie nur ein Jahrhundert später als
ein ansehnlicher und wohlbefestigter Ort erscheint ²).
Auch war es nicht lange nachher, daß das burgundische
Reich im Jahre 1032 mit dem deutschen Reiche vereinigt
ward, nachdem schon Kaiser Konrad II. im Jahre 1026 mit
Heeresmacht zu Basel erschienen war, wo der König Rudolf III. ihn zum Erben seiner Herrschaft ernannte ³). Aber
bereits sein Vorgänger der Kaiser Heinrich II. aus dem sächsischen Hause hatte als der ursprüngliche Erbe von Burgund
sich der Stadt Basel und des dortigen Hochstiftes angenommen, und die salischen Kaiser folgten ihm nach in der
Begünstigung des letztern, unter dessen Schutz und Leitung
die Stadt selbst erst erstarkte und zu ihrer nachmaligen Blüthe heranwuchs.

Die Geschichte der Kirche von Basel liegt jedoch in
den Zeiten des ältern fränkischen Reiches so im Dunkeln,
daß man nur den Walaus oder Walanus gegen die Mitte

---

1) Ochs, Geschichte von Basel. I. S. 182. Civitas Basiliensis, quae inter nobiliores Alemanniae civitates haud minima, ex
quo christianae religionis capit exordium, morum honestate et
rerum saecularium ubertate semper exstitit egregia.
2) Ochs a. a. O. I. S. 184 bis 187.
3) Müller, schweizerische Geschichte. I. S. 305. 306.

des achten Jahrhunderts als den ersten sichern Bischof zu Basel zu bezeichnen pflegt. Und selbst noch über seine Nachfolger herrscht so viele Unsicherheit, daß die bestimmte Reihenfolge derselben sich erst von dem Bischofe Adalbert II. am Schlusse des zehnten Jahrhunderts verfolgen läßt [1]). Unter ihnen sind besonders bemerkbar die beiden Bischöfe Waldo und Hatto oder Hetto, welche am Ende des achten und am Anfange des neunten Jahrhunderts, beide zugleich als Aebte von Reichenau, die Kirche zu Basel leiteten und in großem Ansehn bei dem Kaiser Karl dem Großen standen, welcher ihre Dienste in verschiedenen Staatsangelegenheiten benutzte und ihrem Hochstifte mancherlei Vorrechte zugewandt haben soll. Der Bischof Wilhelm von Basel am Anfange des zehnten Jahrhunderts, welcher die Fehde zwischen dem burgundischen Könige Rudolf und dem alemannischen Herzoge Burkhard nach der Schlacht bei Winterthur ausgeglichen haben soll, wird nicht in allen Verzeichnissen der Bischöfe von Basel erwähnt [2]).

Der Bischof Adalbert oder Adalbero II., Verwalter der Kirche von Basel seit dem Ende des zehnten Jahrhunderts bis zum Jahre 1025, war es, welcher von dem burgundischen Könige Rudolf III. die reiche Schenkung in dem Münsterthale im Jahre 1000 empfing, aus welcher man schon früher zu folgern pflegte, daß das Basler-Hochstift zu dem burgundischen Reiche gehört haben müsse. Eben jener Bischof hatte sich der besondern Gunst des Kaisers Heinrich II., eines Neffen des Königs Rudolf, zu erfreuen, welcher mehrmals nach Basel kam, dem dortigen Hochstifte mancherlei Besitzungen namentlich im Breisgau schenkte, und im Jahre 1010 die Basler-Domkirche oder das Münster neu erbauen ließ, welches sodann im Jahre 1019 in Gegenwart des Kaisers und einer ansehnlichen Versammlung

---

1) Ochs, Geschichte von Basel. I. S. 148. 173.
2) Leu, allgem. schweiz. Lexicon. II. S. 108. 109.

von Fürsten und Prälaten, namentlich des Erzbischofs Poppo von Trier und der Bischöfe Werner von Straßburg, Rudhard von Constanz, Hugo von Lausanne und Hugo von Genf von jenem Adalbert feierlich eingeweiht wurde [1]).

Auch Adalberts Nachfolger in dem Hochstifte Basel während der Zeit des eilften Jahrhunderts, die Bischöfe Ulrich II., Bruno, Dietrich, Beringer und Burkhard, standen bei den salischen Kaisern in großer Gunst und wurden von ihnen reichlich beschenkt, wogegen sie wiederum als ihre eifrigsten Anhänger und später als die Hauptstützen der kaiserlichen Parthei in dem burgundischen Helvetien erscheinen. Denn so verlieh Kaiser Konrad im Jahre 1028 einige Silbergruben im Breisgau der Kirche zu Basel, und schon oben ist bemerkt worden, wie der Bischof Dietrich von Basel im Jahre 1041 von dem Kaiser Heinrich III. die Grafschaft Augusta in dem Augstgau und Sißgau gelegen empfing. Daß übrigens Basel schon damals ein ziemlich ansehnlicher Ort war, erhellt auch aus dem Umstande, daß hier im Jahre 1061 eine Kirchenversammlung gehalten wurde, indem die Kaiserinn Agnes, welche für ihren noch unmündigen Sohn Heinrich IV. damals im Reiche waltete, bei dem Tode des Papstes Nicolaus II. gegen den zu Rom erwählten Papst Alexander II. zu Basel ein anderes Oberhaupt der Kirche in Honorius II. aufstellen ließ [2]).

Aber trotz des Ansehns, welches die Bischöfe zu Basel in jener Zeit in dem burgundischen und dem deutschen Reiche genossen, war der Umfang ihrer Diöcese namentlich im Verhältniß zu der so weit ausgedehnten Nachbar-Diöcese von Constanz nur sehr gering zu nennen. Denn sie umfaßte blos die südwestliche Ecke des alemannischen Landes in dem von dem Rhein, dem Jura und den Vogesen begrenzten Gebiete, so daß sie sich nur auf der linken Seite des

---

1) Ochs, Geschichte von Basel. I. S. 193 bis 209.
2) Ochs a. a. O. I. S. 218 bis 230.

Rheinstromes oberhalb und unterhalb des Knies bei Basel ausbreitete. Hervorgegangen aus der **raurachischen** Diöcese von Augusta erstreckte sich die Kirche von Basel demnach von der untern Aar nordwärts so weit in den Elsaß hinein, als das Gebiet der alten Raurachen reichte. Von der Einmündung der Aar in den Rhein bis zu dem Dorfe Biesheim bei Breisach oberhalb der Mündung des kleinen vom Schwarzwalde kommenden Flusses Elz bildete jener Strom die Grenzmark des Kirchensprengels von Basel gegen den von Constanz. Dort der Gebirgsgruppe des Kaiserstuhles gegenüber, wo der Flecken Markolsheim auf eine alte Grenzscheide hinweist, und wo sich noch jetzt der Ober- und Unter-Elsaß von einander trennen, berührten sich die drei Hochstifte Basel, Constanz und Straßburg. Den Rhein sodann verlassend wandten sich die Grenzen der Diöcese von Basel gegen Nordwesten und überschritten den elsaßischen Fluß Ill zwischen den Städten Kolmar und Schlettstadt, wo der kleine westliche Zustrom zur Ill, der sogenannte Ekenbach, das Gebiet der Kirchen von Basel und Straßburg sonderte, und zogen sich weiter westwärts nach den Vogesen hinauf, wo sich wiederum die Diöcesen von Basel, Straßburg und Toul berührten. Auf der Westseite liefen sodann die Grenzen des Basler-Kirchengebietes südwärts auf dem Rücken der Vogesen entlang, indem sie die Abtei Münster im Gregorienthal bei St. Amarin und das Stift Masmünster (Mazivaux) in sich einschlossen, und gingen südwärts bis zur heutigen französischen Festung Belfort, in der Thalebene am Fuße der Vogesen gelegen, aber noch zum obern Elsaß und zur Diöcese von Basel gehörig. Dort schieden sich wiederum die Kirchensprengel von Basel, Toul und Besançon, und damit zugleich die drei Länder von Schwaben, Lothringen und Burgund.

Von Belfort wandten sich die Grenzen der Basler-Diöcese gegen Südosten nordwärts von Bruntrut (nachmals die Hauptstadt des Bisthums Basel) bis zur Quelle

des kleinen zur Ill gehenden Flusses Larg und weiter süd=
wärts zum Mont Terry oder Terrible am obern Doubs,
wo sie den Ort St. Ursitz (St. Ursanne) mit dem Gebiete
an dem östlichen Knie jenes Flusses zwischen den Dörfern
Ocourt und Soubey noch in sich einschlossen. Dann folg=
ten sie dem Laufe des obern Doubs gegen Süden auf=
wärts bis zu dem Dorfe Desbois und bis in die Gegend,
welche den Namen la Combe de Valavron oder Fontaine
Beaufond führt, wo sich noch jetzt in der Nähe von la
Chaux de Fond die Gebiete der Kantone Neufchatel und
Bern am obern Doubs berühren. Eben dort lag der Grenz=
stein der burgundischen Metropole Besançon gegen ihre
Suffragan=Bisthümer zu Lausanne und Basel. Sich
sodann fast unter einem spitzen Winkel nordostwärts zurück=
wendend auf einem der Bergrücken des Jura entlang zwi=
schen dem Quellgebiet der Birs und dem von der Süß
(Suze) durchströmten Val de St. Imier zogen sich die
Grenzen der Diöcese von Basel gegen die von Lausanne
bis zu der Felsenhalle von Pierre Pertuis, welche hier
im Alterthum die beiden Völkerschaften der Rauracher und
Helvetier wie im Mittelalter das Gebiet der alemannischen
und burgundischen Kirche von einander schied. Weiter gegen
Nordosten folgten die Grenzen der Basler=Diöcese dem
Rücken des Jura auf der Wasserscheide zwischen der Aar
und der Birs über die Hasenmatt, die Landschaft des
Salzgaues durchschneidend, bis zu der Berghöhe Röthifluh,
von wo an der Lauf des kleinen Wassers Siggern bis zu
seiner Einmündung in die Aar bei Wietlisbach die Grenz=
mark gegen die Kirche von Lausanne vollendete. Von der
Mündung des Siggern an bildete zuletzt wieder der untere
Lauf der Aar die Grenzscheide gegen das Hochstift von
Constanz [1]).

---

1) Rheinwald, conject. ad hist. et geogr. episc. Basil. p. 4.
Leu, allgem. helvet. oder schweizerisches Lexikon. II. S. 103. 104.

Da nach der ältern hierarchischen Organisation des gallischen Landes die Metropolitansprengel den Provinzial-Abtheilungen entsprachen, wie sie seit der Zeit des vierten und selbst erst des fünften Jahrhunderts ihre Einrichtung erhielten, so gehörte das helvetische Gebiet mit dem rauracischen Lande zu dem Sprengel des Metropoliten von Vesontio (Besançon), der Hauptstadt der Provinz Maxima Sequanorum, und die alten Bischöfe von Augusta und Vindonissa waren gemeinsam Suffragane des dortigen geistlichen Oberhauptes. Wurden nun diese alten Verhältnisse der kirchlichen und bürgerlichen Organisation des Kaiserreiches auch durch die Stürme der Völkerwanderung gelöst und zum Theil vernichtet, so knüpfte man doch später, vornehmlich im karolingischen Zeitalter, an die aus der frühern Zeit davon aufbewahrten Traditionen immer gern an. Demnach finden wir auch seit der Herstellung des alten Metropolitansitzes zu Besançon die sodann hervortretenden Bischöfe zu Basel wieder in Verbindung mit jener Metropolitankirche, und während ihre Nachbarhirten zu Constanz mit ihrem ausgedehnten Kirchensprengel der Erzbiöcese von Mainz zugetheilt wurden, sind die alemannischen Bischöfe zu Basel bei allem Wechsel der politischen Verhältnisse in jenem Gebiete seit der karolingischen Zeit durch das ganze Mittelalter immer Suffragane des burgundischen Erzbischofs von Besançon geblieben [1]).

Nach ihrer geistlichen Verwaltung zerfiel die Diöcese von Basel in eilf Dekanate oder Land-Kapitel, welche im Allgemeinen den politischen Abtheilungen dieses Gebietes entsprachen. Von ihnen gehörten sechs zu dem elsassischen Lande des Sundgau, während die fünf andern das Land am Jura von der Aar bis zum Doubs begriffen. Im nordwestlichen Theile des obern Elsaß am Abhange der Vogesen lagen nämlich zunächst die beiden durch eine Hügel-

---

1) Schöpflin, Alsatia illustrata. I. p. 356. 357.

gruppe, Ottensbühel genannt, getrennten Dekanate 1) das Dek. ennet oder jenseit Ottensbühel (decanat. ultra colles Ottonis) oder das Gebiet von Kolmar nebst der Abtei St. Gregorien umfassend im Norden und 2) das Dek. diesseit Ottensbühel (dec. citra colles Ottonis) oder das Gebiet von Ruffach und der Abtei Murbach umfassend im Süden. 3) Das Dek. des Sundgau im Süden von den beiden vorigen, wo die Abtei Masmünster gelegen, von dem Abhange der Vogesen bis zum Quellgebiet der Ill oder das Gebiet von Altkirch und Thann. 4) Das Dek. Leimenthal (dec. vallis Lutosae) oder die sich zu beiden Seiten der untern Birs ausbreitende Landschaft von der Stadt Basel an bis zu der Abtei Lützel im Quellgebiet des gleichnamigen Flüßchens im Südwesten und bis zu dem Kloster Beinwyl im Süden. 5) Das Dek. innert Ottensbühel (dec. inter colles Ottonis oder auch blos inter colles), die Landschaft von Mühlhausen unterhalb Basel am Rhein. 6) Das Dek. diesseit des Rhein (dec. citra Rhenum) oder die Landschaft am Rheinufer hinab, wo die Abtei Othmarsheim gelegen, bis nach Breisach und Biesheim. Sodann in dem Jura-Lande 7) das Dek. des Buchsgaues oder das Gebiet von Olten und Bipp. 8) Das Dek. des Frickgaues oder das Gebiet von Lauffenburg. 9) Das Dek. des Sißgaues oder das Gebiet von Walbenburg und Rheinfelden. 10) Das Dek. des Salzgaues, die Landschaft an der obern Birs oder das Gebiet von Delsberg und dem Münster in Granfelden. 11) Das Dek. des Elsgaues oder das Gebiet am östlichen Stromknie des Doubs mit dem Stift St. Ursitz [1]).

Noch ist hier zum Schlusse dieser Parthie der Elsgau zu berühren, welcher, wie eben bemerkt, als ein Theil der

---

[1]) Rheinwald, conject. ad hist. et geogr. episc. Basil. p. 12—23. Leu, allgem. helvet. oder schweiz. Lexikon. 11. S. 105.

Diöcese von Basel zum alemannischen Lande gehört, aber zugleich als Grenzlandschaft gegen das Land Burgund durch seine eigenthümlichen kirchlichen Verhältnisse noch einen bestimmtern Uebergang zu dem letztern bildet als die ganze Diöcese von Basel überhaupt. Der Elsgau oder Elsachgau (Elsgowe, Elischowe, Elisgaugium, Alsgaudia oder pagus Alsaugensis s. Alsgaugiensis und bei den Romanen genannt le pays d'Ajoye) breitete sich im Norden des obern Doubs aus, wo dieser Fluß im Zickzacklaufe durch die Gebirgsketten des Jura hindurchbricht, und führt ohne Zweifel seinen Namen von dem ihn durchströmenden kleinen Flusse Alle oder Halle, welcher von den Vorhöhen des Jura im Quellgebiet der Ill herabkommend bei dem Orte Bruntrut vorübergeht, und sich nach der Vereinigung mit einigen von Norden her kommenden Zuflüssen in das westliche Knie des obern Doubs unterhalb Montbeliard ergießt [1]).

Schon frühzeitig wird der Elsgau genannt, indem er bereits in einer Urkunde des elsassischen Grafen Eberhard für das Kloster Murbach im Jahre 728 erwähnt und als ein Theil des Ducates des Elsaß (pagus Alsegaugensis pars ducatus Helisatiae) bezeichnet wird [2]). Eben so erscheint er in dem Theilungsvertrage über Lotharingien vom Jahre 870, wo das Gebiet Elischowe neben Basalchowa als zu den an das ostfränkische Reich fallenden Landestheilen von Lotharingien genannt wird [3]), und nur wenig später finden wir in einer Urkunde vom Jahre 884 für das Münster in Granfelden die sonst freilich unbekannte curtis Metia in comit. Alsgaugensi erwähnt [4]). Nichts desto-

---

1) v. Stramberg bei Ersch und Gruber, allgem. Encyklopädie. 1, 33. S. 464.

2) Rheinwald, conject. ad hist. et geogr. episc. Basil. p. 6, 7.

3) Annal. Bertin. a. 870 ap. Pertz, mon. I. p. 480.

4) Schöpflin, Alsatia illustrata. I. p. 638.

weniger ist bis jetzt über die genauere Lage und Begrenzung dieses Gaues wenig Genügendes bekannt gewesen, obgleich er nach allen seinen politischen wie kirchlichen Verhältnissen eine ganz besondere Beachtung verdient. Denn so wurde der Elsgau früher wohl mit dem Elsaß überhaupt wegen der Verwandtschaft ihrer Namen verwechselt [1]) oder auf einen Theil desselben an der obern Ill bezogen, der unter dem Namen des Illegau dem Elischowe in jenem Theilungsvertrage zu Mersen entsprechen sollte [2]). Gehörte aber auch der Elsgau eine Zeitlang zu der Laudschaft des Elsaß im weitern Sinne genommen, so wird er doch, wie schon der ältere französische Geschichtsforscher Valois mit Recht bemerkt, dadurch von derselben unterschieden, daß er in jenem Vertrage als Elischowe neben dem Elisatium ausdrücklich genannt wird, obschon er selbst in den Irrthum verfiel das Elischowe als gleichbedeutend mit dem pagus Alisontiensis an die Mosel zu verlegen, wo dieser Elsgau nach dem dortigen kleinen Flusse Elz oberhalb Trier seinen Namen empfangen haben sollte [3]). Richtiger bestimmten dagegen Bessel und Schöpflin die Lage dieses Gaues am obern Doubs oder am Jura und an den Quellen des kleinen Flusses Larg, indem er sich durch das Gebiet der Grafschaft Pfirt bis nach Montbeliard erstrecke und die beiden an der Alle gelegenen Orte Bruntrut (Pons Raintrudis) und Dattenried oder Delle umfasse. Doch bleibt die Angabe von dem monast. Fontanella in dem Leben des heil. Wandregisel als in territorio Elisgaugio gelegen etwas unsicher, ob man sie auf den Elsgau zu beziehen habe, wenn gleich sich noch jetzt bei der Stadt Belfort ein Kloster Fontenelle befindet [4]).

---

1) Paullinus, geogr. curiosa s. de pagis Germ. ant. p. 62.
2) Juncker, Anleitung zur Geographie des Mittelalters. S. 274.
3) Adr. Valesius, notitia Galliarum. Paris. 1675. f. p. 13. 14.
4) Chron. Gottwic. II. p. 541. N. 15. Schöpflin, Alsatia illustrata. I. p. 638.

Nicht ganz ohne Bedeutung für die Lage des Elsgaues ist die Angabe in jenem Theilungsvertrage, wo das Elischowe zwischen den Gebieten Basiniacum (jetzt le Bassigny im Quellgebiet der Marne um Chaumont) und Warasch genannt wird, und schon der burgundische Geschichtschreiber Dunod bemerkte mit Recht, daß das pays d'Ajoye nur ein Theil der großen am Jura ausgebreiteten Landschaft Waraschken sei¹). Denn das alte burgundische Comitat dieses Namens erstreckte sich nordostwärts bis in die Nähe von Basel, wo die äußersten Gebiete desselben seit Alters das streitige Grenzland zwischen den Alemannen und Burgunden bildeten, bis die erstern entweder noch im Laufe des fünften Jahrhunderts hier die Oberhand gewannen oder am Anfange des folgenden Jahrhunderts bei Chlodwigs Kampf gegen das burgundische Reich eine Veränderung der Grenz-Verhältnisse bewirkten. Wenigstens hat man, wovon später noch die Rede sein wird, nicht ohne Grund die Absonderung der Landschaft des pagus Alsgaudiae im weitern Sinne von den Quellen der Alle im Osten bis zum obern Ognon im Westen von jenem Comitate Waraschken mit der feindlichen Stellung der beiden Nachbarvölker zu einander in Zusammenhang gebracht, und ein Theil jenes Gaues muß bei der angegebenen Gelegenheit in eine genauere Verbindung mit dem Lande Alemannien und der Kirche von Basel gekommen sein, wenn auch der größere Theil desselben wieder mit dem burgundischen Lande und der dort herrschenden Kirche von Besançon vereinigt worden ist. Denn daraus ließe sich allein die nicht allzu häufig vorkommende Erscheinung erklären, wie jener Gau an zwei Diöcesen vertheilt war, indem eins von den drei Dekanaten des Archidiakonates Luxeuil, welches letztere den zur Kirche

---

1) Dunod, histoire des Séquanois et des Bourguignons. Dijon 1735. 4. Tom. I. p. 294.

von Besançon gehörigen pagus Alsgaudiae umfaßte, den Namen des doyenné d'Ajoye führte, das an dem westlichen Stromknie des obern Doubs gelegen, ostwärts unmittelbar an das gleichnamige Dekanat des Elsgau der Kirche von Basel stieß. Somit würde dieser Elsgau im Gegensatz gegen den Aargau nicht unpassend als das alemannische Burgund zu bezeichnen sein.

Um nun den Umfang dieses die beiden Dekanate der Kirchen von Basel und Besançon umfassenden Elsgaues genauer zu bestimmen, hat man auf den in den jüngern Zeiten oder im Jahre 1780 vorgenommenen Tauschvertrag zwischen beiden Kirchen zur Ausgleichung ihrer geistlichen und weltlichen Herrschaften in jenem Gebiete Rücksicht zu nehmen. Das Basler-Dekanat des Elsgaues enthielt aber bis auf jene Zeit an neun und dreißig Pfarren, von welchen damals an neun und zwanzig an die Kirche von Besançon abgetreten wurden, wogegen dieses Erzstift das aus zwanzig Pfarren bestehende Dekanat Ajoye an das Bisthum Basel abtrat, dessen weltlicher Herrschaft dasselbe schon längst unterworfen gewesen war. Das die zehn Pfarren umfassende Gebiet des Elsgaues, welches der Kirche von Basel verblieb, lag an den Quellen der Ill im Süden von Pfirt, wo die vorherrschend deutschen Ortsnamen wie Bendorf, Ottendorf (Courtavon), Lubendorf (Levoncourt), Dürlinsdorf, Lixdorf, Sondersdorf u. a. auf eine durchaus deutsche Bevölkerung hinweisen. Dagegen verweist das an Besançon abgetretene und sich ungefähr zwischen Altkirch und Belfort ausbreitende Gebiet durch die in ihm vorkommenden Ortsnamen wie Fontaine, Gronne, Suarce, Froide Fontaine, St. Germain, Chevremont, Rougemont u. a. schon auf eine romanische Bevölkerung. Wiederum scheint das von Besançon an Basel abgetretene Gebiet, dessen Umfang und Lage sich durch die Ortsnamen Porentrui (Bruntrut, die Hauptstadt des Bisthums Basel), Coeuve, Boncour, Bressancourt, Courchamon, Damphereux, Puix, Fontenois, Burre,

Montigny u. a. zu erkennen giebt, eine gemischte Bevölkerung zu haben ¹).

Aus diesen Angaben ist zunächst die Grenzbestimmung des Elsgaues an seiner östlichen und südlichen Seite mit Sicherheit zu entnehmen. Berücksichtigt man ferner, daß auch die Stadt Belfort zum Elsgau gehörte, daß die Grafen von Montbeliard (Mümpelgard) Jahrhunderte lang mit den Bischöfen von Basel um den Besitz von Bruntrut und Ajoye kämpften, so wie sie auch den Anmaßungen der Grafen von Hoch=Burgund einen siegreichen Widerstand entgegensetzten, so ergibt sich daraus der Umfang des Elsgaues, von dessen alten Grafen die jüngern Grafen von Mümpelgard abzustammen scheinen. Dieser Gau erstreckte sich danach gegen Nordwesten bis zu den Hochgipfeln der Vogesen, von wo dessen Grenzmarken sich ostwärts durch das zum Sundgau gehörige Sebenthal nach der Wasserscheide zwischen dem Gebiete der Alaine (die kleine Alle) und der Ill hinzogen, und von dort über die Larg hinüber bis zum berühmten mümpelgardischen Stammhause Pfitt reichten, welches aber außerhalb dieses Gaues gelegen war gleich wie die Quellen der Ill innerhalb desselben. Von den Quellen der Ill zog sich sodann die Grenze südwärts nach den Quellen der Alle bis zum Mont Terry (Terrible) bei St. Ursitz am östlichen Knie des obern Doubs. Dieser Fluß bildete dann von dem Dorfe Ocourt an die südliche Grenze des Elsgaues bis unterhalb Mümpelgard und der Mündung der Alle. Von dort folgte die Grenze nordwärts der Wasserscheide zwischen den Flüssen Alle und Ognon und den Orten Grange und Hericourt, und zwar das Thal der Rigole in sich einschließend, bis sie wieder die Berghöhen der Vogesen erreichte ²).

---

1) Vergl. die Charte der Diöcese von Basel bei Rheinwald, conjectanea ad hist. etc.

2) Stramberg bei Ersch u. Gruber a. a. O. I, 33. S. 431. 433.

Der burgundische Name, in dessen Ländergebiet diese Darstellung schon mehrfach übergegriffen hat, ist für die deutsche Geschichte durch alle Jahrhunderte ihrer Entwickelung allzu wichtig gewesen, als daß es nicht nöthig wäre bei einer Darstellung des deutschen Landes in den Zeiten des Mittelalters auf Burgund besondere Rücksicht zu nehmen und wenigstens diejenigen Theile dieses weit ausgedehnten Gebietes hier mit aufzunehmen, welche, mögen sie nun eine rein deutsche oder eine gemischte, romanische Bevölkerung gehabt haben, mit dem deutschen Lande und Reiche immer in genauerer Verbindung geblieben sind. Indem wir uns aber somit zum burgundischen Lande wenden, verlassen wir zugleich mit dem schwäbisch=alemannischen Lande das bisher verfolgte Quellgebiet und obere Stromland des Rhein und wenden uns zu dem zweiten großen alpinischen Stromsystem der Rhone, welches in seinen obern Theilen, wo beide Flußgebiete gewissermaßen in einandergreifen, durch das Gebirgssystem des Jura von dem Stromsystem des Rhein geschieden wird.

Das Gebirgssystem des Jura und das Stromsystem der Rhone.

Das uns zuerst durch Julius Cäsar bekannt gewordene Gebirge des Jura (mons Jura s. Jurassus) führt natürlich einen von seinen ältesten Anwohnern entlehnten gallischen Namen, welchen es sich auch bei allen spätern Anwohnern deutschen und romanischen Stammes durch alle Jahrhunderte bewahrt hat, wenn gleich uns seine Bedeutung nicht genauer bekannt ist [1]). Schon im Alterthume bildete das Jura=Gebirge die Grenze zwischen den beiden ansehnlichen gallischen Völkerschaften der Helvetier im Osten

---

1) Haller, Helvetien unter den Römern. II. S. 88. 89.

und der Sequaner im Westen, wie es in neuern Zeiten die Grenzmark des Schweizerlandes gegen das französische Land Burgund (Bourgogne) geworden ist. In hydrographischer Beziehung scheidet es eben so bestimmt das weit verzweigte Flußgebiet der Aar in dem helvetischen Tafellande von dem Flußgebiet des Doubs in dem hochburgundischen Lande, das zum Stromsystem der Rhone und Saone gehört.

Dem ursprünglichen Sprachgebrauche gemäß ist es auch jetzt noch gewöhnlich den Namen des Jura auf das Gebirgssystem einzuschränken, welches sich von dem Mont Vouache an der Rhone einige Stunden unterhalb Genf in der Richtung von Südwesten nach Nordosten bis zum Rhein in dem Kanton Schaffhausen an vierzig Meilen weit im Parallelismus mit dem Alpengebirge erstreckt [1]), und in dieser Ausdehnung haben wir auch hier nur dies Gebirge zu betrachten. Berücksichtigt man aber die eigenthümliche geognostische Natur dieses Gebirges, so reicht es viel weiter, indem es auf der einen Seite gegen Südwesten über die Rhone in das Delphinat hineingeht, während es auf der andern Seite gegen Nordosten den Rhein überschreitend, sich durch das heutige Schwaben und Franken bis in die Mitte von Deutschland hineinerstreckt, wo es sich an den Gebirgsknoten des Fichtel-Gebirges anschließt [2]). In diesem weitesten Sinne genommen dehnt sich das Jura-Gebirge in immer gleicher Richtung, wenn auch mit einer nach Nordosten zu abnehmenden Höhe seiner Massen fortgehend an hundert Meilen weit aus, und bildet so die große Naturgrenze zwischen dem weiten Tafellande am Nordsaume

---

[1]) Merian, Beiträge zur Geognosie. Basel 1821. 8. Th. I. Ueber die Gebirgsbildung in der Umgebung von Basel mit Beziehung auf den Jura im Allgemeinen.
[2]) Schwarz, natürliche Geographie von Würtemberg. Stuttgart 1832. 8.

des Alpengebirges gegen das mittelhohe Gebirgsland des östlichen Frankreich und des südwestlichen Deutschland.

Eine merkwürdige Eigenthümlichkeit des Jura vor allen andern Gebirgen des mittlern West=Europa liegt darin, daß er von den beiden mächtigen Alpenströmen des Rhein und der Rhone in ihrem westwärts gewandten Laufe in schmalen und engen Stromspalten durchbrochen wird, ehe diese beiden Gewässer in ihre Stufenlandschaften, in entgegengesetzten Richtungen nach Norden und nach Süden abfließend, eintreten können, und in ihrer geographischen Stellung sich vollkommen entsprechend liegen grade vor ihrem Eintritt in die Gebirgsketten des Jura die beiden großen durch ihre Naturschönheiten auf gleiche Weise ausgezeichneten Wasserbecken des Bodensees und des Genfersees, welche die nordöstliche und südwestliche Grenzmark des helvetischen Landes bezeichnen. Aber grade zwischen jenen beiden großen Thaldurchbrüchen breitet sich der Jura, aus einer Reihe paralleler Gebirgsketten bestehend, in seiner großartigsten Natur als ein hoher unburchbrochener Gebirgswall aus, der darum auch so häufig eine ethnographische und politische Grenzmark hat bilden können.

Betrachtet man den Jura von den nördlichsten Vorhöhen der Alpen, so stellt er sich an seiner Südostseite in der Schweiz als ein ununterbrochen fortziehender grüner Wall dar, auf welchem man nur an wenigen Stellen nackte Felstheile wahrnimmt. Von der französischen Seite aus, wie von der Gegend oberhalb Lyon, erscheinen die Ketten des Jura, die aus ben Flächen von Lyon und Bugey als senkrechte, gelblichte, hin und wieder rostfarbene Felsenwände auf einmal anheben und hintereinander emporsteigen, an das hohe Alpengebirge so angebrängt, daß man die tiefe Thalebene der flachen Schweiz zwischen beiden nicht vermuthet, sondern daß der Jura als die Vorstufe des Alpenlandes erscheint. Aber von den Höhen des Jura überschaut man nach Osten und Süden einen großen Theil der flachen

Schweiz und von Schwaben besonders von seinen höhern Punkten wie von dem Mont Dole, M. Tendre, Chasseral, Hasenmatt, Weißenstein und Hauenstein, und erblickt das prachtvolle Alpenpanorama mit seinen riesigen Schnee=höhen vom Montblanc bis zum Berner=Oberlande. Nach Norden und nach Westen sieht man bis an den Horizont nichts als einförmige mit Gras oder Wald bewachsene Pa=rallelketten, Kämme und Hügel. Doch reicht der Blick von dem M. Dole in der Waadt westwärts über das Hügelland von Bresse bis in die Ebenen am Zusammenfluß der Rhone und Saone [1]).

Der Jura besteht im Wesentlichen aus Kalkmassen, welche denen des Alpengebirges entsprechen, die von ihnen nur durch das tertiäre Gebilde in dem Hügellande und dem Flachlande der Schweiz getrennt sind. Zugleich treten diese Kalkmassen des Jura in einer Reihe von Parallelketten auf, welche nach Art aller solcher Gebirge eine große Menge von Längenthälern in sich einschließen, von denen viele wegen ihrer Erhebung sehr rauh oder durch die darin herr=schende Felsenzertrümmerung und durch Mangel an Bächen öde und unfruchtbar sind, während viele andere sich durch die höchste Fruchtbarkeit auszeichnen, trefflich bebaut sind und einen Reichthum an schönen Wiesen, Laub= und Nadel=holzwaldungen enthalten und auch oft kleine Seen beherber=gen. Der höchste Rücken dieses Gebirges liegt aber den Alpen am nächsten. Denn der Jura erhebt sich plötzlich wie ein steiles Giebeldach bis zu einer Höhe von 2 bis 3000 F. über der Ebene und den Seen von Savoyen und Helvetien oder an 3 bis 4000 F. über dem Meere, und er=streckt sich in dieser Höhe von der Rhone bis zum Rhein als gebogene Wellenlinie fort, über welcher nur hin und wieder einzelne Kuppen noch an 600 bis 1000 F. höher

---

1) Ebel, über den Bau der Erde im Alpengebirge. II. S. 90 bis 93.

emporsteigen. Gegen Nordwesten stuft sich der Jura in einer Breite von funfzehn bis achtzehn Stunden allmälig durch seine Parallelketten hinab. Denn die nordwestlichste nur noch an 600 F. hohe Kette fällt zu der Ebene von Hoch=Burgund hinab, in welcher unmittelbar an ihrem Fuße die Orte Poligny, Salins und Besançon gelegen sind.

Die höchsten Kuppen des Jura liegen in seinem süd=westlichen Theile. Denn dort erheben sich auf der West=seite des Genfer=Sees der Mont Reculet an 5196 F., der M. Dole an 5082 F. und der M. Tendre an 5170 F. über dem Meere. Weiter gegen Nordosten nimmt seine Höhe allmählig ab. Denn die erhabene Gruppe des Chaf=feral im Westen des Bieler=Sees steigt nur an 4945 F. empor, und noch mehr verliert sich seine Erhebung weiter abwärts, wo er mit seinen Bergketten das Gebiet des che=maligen Bisthums Basel füllend und sich an der untern Aar entlang ziehend die Naturgrenze zwischen den Kantonen Solothurn und Basel bildet und sich bis in den nördlichen Theil des Kantons Aargau hinein erstreckt. Dort in dem Gebiete an der Birs bis zum obern Doubs hin führt der Jura wegen des leberfarbenen Ansehns seiner Kalkmassen seit älterer Zeit den Namen des Leberberges, wonach noch jetzt das neu erworbene Berner=Land daselbst benannt wird. Hier aber, an der Aar entlang, ist der erhabene Rücken des Jura bekannt unter den beiden Namen des Weißenstein, der in der Hasenmatt noch an 4170 F. aufsteigt, und des Hauenstein, dessen höchster Gipfel die Schaafmatt bildet. Beide Gruppen werden geschieden durch den von dem klei=nen Flusse Dünnern durchströmten Engpaß Kluß, über welchem der Paßwang sich noch an 2940 F. erhebt. Weiter gegen Nordosten im Aargau steigen die bedeutendsten Höhen wie die Wasserfluh und Geisfluh nur noch ungefähr an 2500 F. empor.

Der Jura erhebt sich also im Allgemeinen nicht über die Linie des Baumwuchses. Nur seine höchsten Kuppen gehen um einige hundert Fuß darüber hinaus, aber diese erreichen noch lange nicht die Region des ewigen Schnees. Daher verliert dies Gebirge im Frühjahr sehr bald seinen Schnee, und Gletscherbildung zeigt sich hier nirgends. Nur an wenigen Stellen in entlegenen Schluchten beherbergt es ewigen Schnee [1]).

Ueberall steigt der Jura von den Ufern der Seen und aus der Ebene der Schweiz als ein steiler Gebirgsdamm empor. Nur von dem untern Ende des Kantons Solothurn an tritt eine an einige hundert Fuß hohe Vorkette auf, welche sich in der Richtung von Olten und Aarburg auf dem rechten Ufer der Aar bis nach Aarau hinabstreckt, dann dort zwar verschwindet, aber sich noch weiter gegen Nordosten verfolgen läßt, wie sich dies aus den Durchbrüchen der Aar und ihrer Nebenflüsse durch die Ketten des Jura ergiebt. Denn alle Thäler dieses Gebirgssystems liegen in der Streichungslinie desselben und sind demnach **Längen=thäler**. Die höchsten derselben steigen an 3000 bis 3500 F. empor, und haben die Eigenthümlichkeit, daß sie beinahe Flächen bilden, sich an keiner Seite öffnen, und daß ihre Gewässer nur durch verborgene Klüfte sich einen Ausgang suchen müssen. Nur wenige Querspalten giebt es in dieser lang gestreckten Felsmauer, aus welchen einige im Innern dieses Gebirges entspringende Flüsse nach der Thalebene der Schweiz hin ausmünden. Dahin gehören die Thäler der Orbe und des Arnon im Kanton Waadt, der Reuse und des Seyon in der Landschaft Neufchatel und das von der Süß (Suze) durchströmte St. Immer=Thal im Kanton Bern, die alle nur so schmale Spalten bilden, daß diese in der Masse des Gebirges kaum bemerkbar sind. Bedeutender ist jedoch die Kluft, welche zwischen Solothurn und Olten in der Kluß von dem Flüßchen Dünnern durchströmt wird und hier die Hauptpassage von der Aar nach

---

1) **Ebel** a. a. O. II. S. 95 bis 97.

dem Rhein bei Basel darbietet. Es ist die seit Alters bekannte Straße über den obern Hauenstein zwischen Balstall am Fuße des Paßwang und Wipp an der Aar.

Die Aar selbst bildet aber den wichtigsten Querspalt in diesem helvetischen Jura. Denn die nicht weit unterhalb jenes Engpasses bei der kleinen Festung Aarburg beginnende Vorkette des Jura, zwischen welcher und der Hauptmasse des Gebirges die Aar bei Olten und bei der Aufnahme des Dünnern eintritt, bricht zwar schon bei Aarau wieder ab, erhebt sich jedoch bald aufs neue auf eine Strecke von mehrern Stunden in nordöstlicher Richtung, wo sie von der Reuß und Limmat durchbrochen wird, bis zu dem Städtchen Regensberg, einige Meilen unterhalb Zürch gelegen. Die durch diese Zuflüsse verstärkte Aar durchbricht dann in nördlicher Richtung sämmtliche Ketten des Jura, um sich bei Coblenz in den Rhein zu ergießen, zwischen dem bekannten Bötzberg im Westen und dem Siggisberg im Osten. Die von der Limmat durchbrochene Vorkette des Jura steigt unter dem Namen des Läger=Berges noch an 3000 F. empor, und wird bei dem alten Orte Baden von einem fast senkrecht eingeschnittenen Thalspalte durchzogen, so daß nur durch Sprengen dort ein Weg hat gebahnt werden können. Uebrigens erklären der ehemalige Zusammenfluß des Rhein (durch das Limmat=Thal), der Aar und der Reuß zur Genüge, weshalb der Durchbruch des Jura am Bötzberge breiter und bedeutender als alle übrigen Spalten durch dieses Gebirge ist [1]).

Gleich allen Kalkgebirgen zeichnet sich der Jura durch seine vielen innern Zerklüftungen aus. Nicht minder dadurch, daß er von einer großen Masse mächtiger Urfelstrümmer, die auf das Alpengebirge als ihre Heimath hinweisen (die sogenannten erratischen Blöcke), überdeckt ist. Diese Trümmermassen finden sich häufig an seinen steilsten

---

1) Ebel a. a. O. II. S. 101 bis 103.

Abhängen in bedeutender Höhe und zeigen sich selbst über ihn hinaus verbreitet bis in die Ebenen von Bugey und Lyon. Die Kalksteinmassen des Jura führen einen großen Reichthum von Marmorarten und von Versteinerungen der verschiedensten Art. Ueberdies finden sich in ihr bedeutende Ablagerungen von Eisenstein und Salzmassen, wie der Salzreichthum dieser Gebiete schon durch die Namen des Salzgaues um Solothurn und die verschiedenen Lokalitäten an der burgundischen Seite dieses Gebirges bekundet wird.[1])

Die Rhone ist der große französische Alpenstrom, welcher die meisten Gewässer der Westalpen in das Innere von Frankreich hineinführt. Genauer ist sie aber als das große burgundische Stromsystem zu bezeichnen, in so fern das ursprüngliche Burgundien, aus welchem alle spätern burgundischen Reiche und Herrschaften hervorgegangen sind, mit ihrem Flußgebiete im Allgemeinen zusammenfällt. Da die Rhone gleich dem Rhein in der Mitte des Alpenlandes auf der Plateaumasse des St. Gotthard und zwar dicht neben den Rhein=Quellen ihren Ursprung nimmt, so zeigt sich auch eine gewisse Verwandtschaft zwischen den Stromsystemen des Rhein und der Rhone, obschon sie beide wiederum durch ihre Natur und Weltstellung wesentlich von einander verschieden sind. Der Rhein entspringt zwar in dem Herzen des Alpenlandes, bricht aber auf dem nächsten Wege aus demselben heraus, verläßt dasselbe gänzlich und bahnt sich durch die mitteleuropäischen Gebirgsmassen einen Weg, um sich fern von dem Alpenlande in das Meer zu ergießen. Die Rhone bricht zwar auch auf dem gradesten Wege westwärts aus dem Alpenlande hervor, aber sobald sie in die ihm angelagerte Ebene eingetreten ist, wendet sie sich um und läuft nun an dem Westsaume des Alpengebirges in grader Richtung südwärts bis zum Meere entlang.

---

1) Ebel a. a. O. II. S. 107 bis 115, 122, 126 bis 134.

Sie nimmt zugleich in ihrem mittlern und untern Laufe alle die wasserreichen Flüsse in sich auf, welche den westlichen Alpen nach der französischen Seite hin entströmen. Die Rhone ist deshalb ein Begleiter des Alpenlandes zu nennen wie der Po im Süden der Alpen und die Donau im Norden der Alpen, und ist nach allen ihren Verhältnissen auf das Alpengebirge hingewiesen.

Darum ist die Weltstellung des Rhone=Systems eine ganz andere als die des Rhein=Systems. Das Land des Rhonestromes bildet die südöstliche Mark des Landes Frankreich gegen Italien hin, und seine alpinischen Zuflüsse bis zu seiner Mündung abwärts bilden die Passagen um von Italien aus nach Frankreich zu gelangen oder umgekehrt. Auf gleiche Weise bildete das alte Burgundien das große Vermittelungsland zwischen dem eigentlichen Frankreich (in Neustrien und Aquitanien) und Italien und zugleich nach Deutschland hin, wo das Stromsystem der Rhone mit seinen Quellströmen in der Saone, Doubs und der eigentlichen Rhone sich vielfach mit dem obern Stromgebiet des Rhein verschlingt. Auch bestätigt die Geschichte des burgundischen Landes und Volkes durch alle Jahrhunderte diese Beziehungen beider zu den drei großen Nachbarländern und Völkern im Osten, Westen und Norden.

Schon die Richtung der beiden Stromthäler des Rhein und der Rhone ist durchaus verschieden, und dies konnte nicht ohne Einfluß bleiben auf die klimatischen und vegetativen Verhältnisse ihrer Gebiete und auf die Entwickelung ihrer Bewohner. Der Rhein wendet sich grade nach Norden zum rauhen Nordoceane, in dessen Mitte die brittischen Inseln seinem Mündungslande vorgelagert sind. Das Rhonethal dagegen zieht sich am Westsaume des Alpenlandes grade nach Süden entlang; die Rhone führt zu dem Golfe von Lyon und zu dem Mittelmeere, und auf solche Weise zur Verbindung mit der alten Kulturwelt im europäischen Süden, von wo aus gleich wie im Alterthum so auch im Mittelalter die geistige Kultur im Verein mit den Handelsinteressen sich immer einen Weg durch dies Rhone-Land nach dem Innern des europäischen Abendlandes und Nordens gebahnt haben. Eben so ziehen sich die milden Südlüfte durch die tiefe Thalsenkung des Rhone-Landes in das Innere des Landes hinein und verbreiten ihren Einfluß in der Erzeugung der köstlichen Südfrüchte von dem Mündungslande der Rhone bis weit nach Norden. Demnach zeigt sich eine doppelte Beziehung in der Weltstellung des Stromsystems der Rhone sowohl zu dem Alpenlande als zu dem Mittelmeere. Die Vereinigung dieser beiden Verhältnisse in der größt möglichen Annäherung der alpinischen Natur mit der Natur des Südens und ihre Ausgleichung durch die Nachbarschaft des Meeres findet sich vornehmlich in dem schönen Lande Provence, das im Mittelalter der vornehmste Sitz der südfranzösischen Bildung gewesen ist, und dessen Name mit dem burgundischen in vielfachem Wechselverkehr gestanden hat.

Die Quellen der Rhone liegen zwar nach der seit Alters üblichen Auffassung im Innern des Alpengebirges, übersieht man aber das gesammte Stromsystem und berücksichtigt die Stellung des Rhone-Systems zum Alpenlande, so zeigt sich als das Hauptrinnsal dieses Systems diejenige Stromlinie, welche sich von den Quellen der Saone bis zur Mündung der Rhone in fast grader Linie von Norden nach Süden am Fuße des Jura und des Alpenlandes entlang zieht. Die Thalsenkung der Saone-Rhone bezeichnet den eigentlichen Hauptstrom dieses Systems, zu welchem alle übrigen Flüsse nur als Nebenflüsse zu bezeichnen sind. Jene Thalsenkung erstreckt sich aber von dem Tafellande von Langres, wo die Quellen der Saone denen der Seine, Marne und Maas nahe benachbart liegen, bis zum Meere an siebenzig Meilen weit hinab und wird durch den Zusammenfluß der Saone und Rhone bei Lyon in zwei ziemlich gleiche Hälften geschieden. Eigenthümlich ist es zugleich, daß das Geäder dieses Stromsystems sich nur nach der Ostseite hin ausbreitet. Denn von Westen her ergießt sich zur Thallinie der Saone-Rhone fast kein einziger Fluß, dort liegt ihr unmittelbar benachbart das Hochland von Mittel-Frankreich in der Auvergne, welches alle seine Gewässer zum atlantischen Ocean hinsendet. Von Osten dagegen ergießen sich zum Saone-Rhone-Thal eine große Menge wasserreicher Flüsse, welche theils vom Jura, theils von den Alpen herabkommen und den untern Lauf der Rhone zur mächtigsten Wasserader von ganz Frankreich machen. Besonders sind es hier vier Hauptgewässer, von denen das erste, der Doubs, von dem Jura kommt und sich in die Saone ergießt, die drei andern aber, der alpinische Quellstrom der Rhone, die Isère und die Durance, in den Schneefeldern der Alpen ihre Quellen haben und sich so zum untern Rhone-Thal ergießen.

Das Land Burgund.

Das seit der Mitte des fünften Jahrhunderts in der römischen Provinz Gallien sich bildende alte burgundische Reich unter den Königen aus Gundiochs Stamme fiel jedoch, wie bereits früher (Th. II. S. 61 bis 64) dargestellt worden ist, nicht vollkommen mit dem Gebiete des Stromsystems der Rhone zusammen, indem es nach Norden hin, vornehmlich auf der nordöstlichen und nordwestlichen Seite, eben so über die dort von der Natur mehr oder minder scharf bezeichneten Grenzen übergriff, wie es nach Süden hin dies Gebiet in so fern nicht ganz ausfüllte, als das von der untern Durance und der Mündung der Rhone eingeschlossene Land diesem ältern burgundischen Reiche nicht mehr angehörte. Grade hier hat sich der alte römische Provinzial-Name Provincia als in seinem ältesten Heimathslande in Gallien, von wo er sich allmählig über das gallische Küstenland am Mittelmeere wie an der Rhone aufwärts bis zum Genfer-See verbreitet hatte, in dem jüngern Namen Provence immer erhalten und hat, wenn auch auf Zeiten von dem burgundischen Namen verdrängt, sich auf Kosten desselben wieder nordwärts ausgedehnt, bis beide Namen hier in dem Gebiete zwischen den Alpen und der Rhone erst in den spätern Zeiten des Mittelalters durch den Namen des Delphinats (Dauphiné) für immer von einander geschieden wurden [1]).

Die vier Herrschersitze der Söhne des Königs Gundioch, die Städte Lyon, Vienne, Besançon und Genf, bezeichnen zwar die Mittelpunkte jenes alten burgundischen Reiches, aber keineswegs die Mittelpunkte der Ansiedlung des burgundischen Volkes in diesem seinen neuen Heimathslande. Da jene aber unter verschiedenen Verhältnissen und auf verschiedene Weise erfolgte, so werden sich in diesem heut zu Tage fast ganz romanischen Gebiete des alten burgundischen Landes vornehmlich nur da mehr Ueberreste von deutscher Sprache und Sitte dieses alten deutschen Volkes erhalten haben, wo dasselbe in größern und gedrängtern Massen sich ansiedelte. Die Besitznahme des gallischen Landes am Jura und den Alpen so wie an der Saone und Rhone durch die Burgunden um die Mitte des fünften Jahrhunderts geschah zugleich in zwei verschiedenen Zeitmomenten, so daß sich aus dem von Norden her kommenden Zuge des Volkes schon von selbst ergiebt, daß die Niederlassung in der neuen Heimath in den nördlichern Theilen des Landes, die sich auch bis jetzt einen mehr germanischen Charakter bewahrt haben, bedeutender gewesen sein werde als in den südlichern Theilen desselben, deren Charakter wie der in der bald darauf mit ihnen verbundenen Landschaft Provence

---

1) Valesius, notitia Galliarum. p. 457. 458. Mille, abrégé chronologique de l'histoire de Bourgogne. Dijon 1771. 8. Tom. 1. p. 175.

durchaus romanisch genannt werden muß. Denn im Jahre 456 erfolgte die Ansiedlung der Burgunden in dem Lande am Jura südwärts bis in die Alpen hinein durch einen Vertrag mit den römischen Provinzialen in den beiden Provinzen Maxima Sequanorum und Alpes Grajae et Penninae, so daß nach voraufgegangener Theilung des gesammten Gebietes für die alten und neuen Bewohner die Burgunden zwar die Herrschaft über das ganze Land gewannen, aber vornehmlich doch gewisse Bezirke angewiesen erhielten, in welchen sie als die vorherrschende Bevölkerung fortan erscheinen. Dagegen wurde den Burgunden im Jahre 470 durch den Kaiser Anthemius das untere burgundische Land zwischen den Alpen und der Rhone oder die Gebiete von Lyon und Vienne bis zur Durance mit Vorbehalt der kaiserlichen Oberhoheit abgetreten, und hier trat bei der Abfindung der neuen Ansiedler mit den römischen Provinzialen eine einzelne und zerstreute Ausgleichung des Landbesitzes ein, woraus nothwendig eine leichtere und schnellere Vermischung beider volksthümlichen Elemente und zwar mit dem Uebergewicht romanischer Sprache und Bildung erfolgen mußte [1]).

Nur in den wegen ihrer Lage nachmals mit Recht die hochburgundischen Gebiete genannten Landschaften haben wir demnach die eigentlich burgundische Bevölkerung in dem burgundischen Lande zu suchen, und aus mancherlei Andeutungen bei den ältern Autoren aus dem römischen Zeitalter, aus mancherlei historischen Spuren so wie aus der Vorliebe der Deutschen für das freie Landleben hat man nicht ohne Grund geschlossen, daß grade die gebirgigen Theile jenes Gebietes von Hoch-Burgund die bem burgundischen Volke

---

[1]) F. de Gingins la Sarraz, essai sur l'établissement des Burgunden dans la Gaule et sur le partage des terres entr 'eux et les régnicoles in den Memorie della reale accademia delle scienze di Torino. Torin. 1838. 4. Tomo XL. p. 189—192.

abgetretenen Landschaften gebildet haben müssen, während die großen Städte und das flache Land umher die den Provinzialen gebliebenen Distrikte gewesen sein werden. Somit breitete sich das von den Burgunden in Masse besetzte Gebiet von Hoch=Burgund rings um das Wasserbecken des Genfer=Sees aus von dem untern Doubs im Westen bis zur mittlern und obern Aar im Osten und von dem Stromknie des Doubs im Norden bis zum Durchbruch der Rhone durch die Alpen unterhalb Genf im Süden, doch so daß die östlichen und nördlichen Uferlandschaften jenes lemanischen Alpensees in den flachen Gebieten von Unter=Wallis und von der Waadt der romanischen Bevölkerung vorbehalten blieben.

In dem alten Sequaner=Lande, der heutigen Franche-Comté oder Freigrafschaft Burgund, zwischen dem Jura und der Saone erhielten die Burgunden die sich von den Höhen jenes Gebirges abdachenden Landschaften bis zum Doubs, während die westlichen Theile dieses Gebietes bis zu den Vogesen und bis zur Saone ein Besitzthum der Provinzialen blieben. Jene östlichen Theile des Landes erscheinen aber seit der burgundischen Zeit unter den beiden Namen Skodingen und Waraschken, welche man daraus zu erklären gesucht hat, daß die erstere Landschaft dem Fiskus des burgundischen Königs anheim fiel, letztere aber an die burgundischen Kriegsleute vertheilt wurde, da wir wenigstens wissen, daß die burgundischen Könige aus der erstern, am Südende des Jura gelegenen Landschaft den benachbarten geistlichen Stiftungen zahlreiche Besitzungen verleihen konnten. Nordwärts von ihr an dem obern Laufe des Doubs lag die Landschaft Waraschken, von welcher aber bald das Gebiet an der Alle unter dem Namen des Alsegaues oder Elsgaues, welches König Gundebald an den fränkischen König Chlodwig abzutreten genöthigt gewesen war, abgesondert wurde, obschon alle drei Gebiete, mit Ausnahme des östlichen Theiles des letztern, als Theile der Diöcese von Be=

sançon hier immer das echt burgundische Land geblieben sind, und als eben so viele Hauptgaue von Hoch=Burgund im Mittelalter erscheinen. Dagegen stand das den Provinzialen gelassene Land im Westen gleich wie die Hauptstadt Besançon, die von der Theilung ausgenommen war und ihre gesammte römische Munizipal=Verfassung behielt, nur unter der Verwaltung von burgundischen Grafen und bildete vornehmlich die beiden großen Comitate von Amous und Port, deren Namen nebst den drei obigen die fünf großen Gaue der Freigrafschaft Burgund im Mittelalter bezeichnen [1]).

Ohne Zweifel war das jenseit der Saone von den Burgunden in Besitz genommene Land in den Gebieten der vier Diöcesen von Langres, Autun, Chalons und Macon, die ja auch einen Bestandtheil des alten burgundischen Reiches bildeten, auf gleiche Weise mit dem Willen der Provinzialen besetzt und vertheilt worden, obschon hier die Ausgleichung sich weniger erkennen läßt, da bei dem bald darauf erfolgten Sturze des burgundischen Reiches durch die Herrschaft und theilweise Ansiedlung der Franken die ältern Verhältnisse frühzeitig verwischt wurden [2]).

Bestimmter tritt aber wieder diese Ausgleichung in dem westlichen oder romanischen Helvetien hervor, wenn gleich hier die feindliche Berührung der Burgunden mit den Alemannen in dem östlichen Theile des helvetischen Tafellandes manche Veränderungen in der ursprünglichen Einrichtung zur Folge haben mußte. Denn nach den alten Volkssagen erfolgte die Besitznahme des burgundischen Helvetiens oder des Landes Klein=Burgund durch die sieben Schaaren des Königs Gunbioch, und demnach soll dies Gebiet auch aus

---

1) Gingins la Sarraz, essai sur l'établissement des Burgunden l. c. p. 217—238.
2) Gingins la Sarraz, essai sur l'établissement des Burgunden l. c. p. 269.

sieben Comitaten bestanden haben, die theils den Burgunden, theils den Romanen überwiesen als eben so viele gesonderte Gebiete bis in das eilfte Jahrhundert bestanden haben würden. Als diese sieben burgundischen Gaue von Helvetien, die eben so viele Comitate bildeten, sind aber bezeichnet 1) der pagus Waldensis. 2) Der pagus Villiacensis. 3) Die vallis Neurolensis (später der comitatus Bargensis oder Pimpeningis). 4) Der pagus Uchtlandia (der com. Tirensis oder von Freiburg). 5) Der pagus in Ogo (comit. Grueria). 6) Der pagus Caputlacense (comit. Chablaisis) und 7) der pagus Equestricus. Von diesen sieben Gauen scheinen nun drei, nämlich der pagus Villiacensis, Neurolensis und Ogo den burgundischen Kriegern loosweise vertheilt worden zu sein als echtes Eigenthum, während die beiden Gaue Uchtlandia im Osten und Equestris im Westen als Apanage dem königlichen Fiskus anheimfielen und die beiden ansehnlichen Gaue Waldensis (pays de Vaud) und Caput-lacense (Chablais), welche die in der Mitte der übrigen liegenden, von ihnen geschützten und zugleich die furchtbarsten Thalebenen bildenden Gebiete ausmachten, den Provinzialen überlassen blieben. Geographisch vertheilt waren jene sieben burgundisch-helvetischen Gaue so, daß drei von ihnen oder der pagus Waldensis (jedoch mit Ausnahme seines nördlichen Theiles in dem kleinern pagus Ebrodunensis), der pagus Equestricus und Caput-lacense zum Stromgebiete der Rhone gehörten oder um das Wasserbecken des Genfer-Sees ausgebreitet lagen, die vier andern aber zum Stromgebiet der Aar und somit noch zum Rheinlande gehörten.

Als der südlichste oder südöstlichste Theil der letztern erscheint der pagus in Ogo, welcher, wie bereits oben angegeben, entweder mit dem Uffgau zusammenfiel oder doch den westlichsten Theil desselben in dem Quellgebiet der Saane bezeichnete, wo sich die waldreichen Höhen des Berner-Alpenlandes zu den fruchtbaren Thalebenen des Landes Freiburg abdachen. In den ältesten Urkunden Pays d'Ogo (in Ogo) genannt, gehört dies Gebiet jetzt zwar größtentheils der romanischen Zunge an, doch scheinen die Ortsnamen noch jetzt ihren deutschen von den Burgunden herrührenden Ursprung zu beurkunden. Nordwärts daran schloß sich der um die untere Saane ausgebreitete pagus Uchtlandia in der heutigen Landschaft Freiburg, in mehrern Urkunden des Mittelalters auch mit dem Namen Hostelandia (Friburgum in Hostelandia) bezeichnet. Da dieser Gau Uechtland, von dem See von Neuschatel im Westen bis zur mittlern Aar zwischen Thun und Bern im Osten ausgebreitet, das östlichste Grenzland der Burgunden gegen die Alemannen bildete, so hat man darum seinen Namen noch wieder in der jüngsten Zeit als im Altdeutschen das Morgenland (pays du Levant) bezeichnend erklären zu müssen geglaubt. Eben diese Gegend von Freiburg an der Saane soll aber im eilften Jahrhundert unter dem Namen des comitatus Tirensis vorkommen, welcher uns sonst wenig bekannt ist und schwerlich den Grafen von Thierstein, welche im spätern Mittelalter am Jura zwischen den Städten Solothurn und Basel herrschten, den Namen gegeben haben kann.

Westwärts von dem vorigen Gaue breitete sich an den Ufern der Seen von Murten und Neuschatel um das alte Aventicum der pagus Villiacensis aus, welcher nach jener alten Römer=Stadt noch in den Akten des Concils von Agaunum vom Jahre 515 unter dem Namen Finis Aventicensis erwähnt wird, dagegen in den kirchlichen Urkunden aus dem eilften Jahrhundert als der comitatus Vuisliacensis bezeichnet werden soll. Nordwärts davon umfaßte das Land auf den Berghöhen des Jura vom Bieler=See bis zum Doubs der große pagus Neurolensis, welcher von der vallis Neurolis am Bieler=See seinen Namen führen würde, wo sich am untern Ende desselben in der Nähe der Stadt Biel in den frühern Zeiten des Mittelalters ein Ort Nuge=

rol oder Neurol befunden haben muß. Wenigstens wird in einer Urkunde aus der Mitte des neunten Jahrhunderts die villa Nugerolis in comitatu Pippinensi erwähnt [1]). Mit Sicherheit scheint sich aber aus allen spätern historischen Verhältnissen dieses Gebietes am Jura und aus den Rechts=verhältnissen seiner Bewohner zu ergeben, daß diese Landschaft, in welcher sich seit dem karolingischen Zeitalter die Namen des comitatus Pipincensis und Bargensis erhoben, ein Hauptsitz der burgundischen Kriegsleute auf ihren Allodialgütern gewesen sei, wo sie ihren Stammgenossen jenseit des Gebirges in der Landschaft Waraschken benachbart saßen, so daß darum der letztere Name auch nicht selten über die ostwärts angrenzenden Gebiete bis zur Aar hin ausgedehnt worden sein mag [2]).

Von Helvetien aus müssen sich die Burgunden frühzeitig nach dem obern Rhone=Thale in Wallis verbreitet haben, wo sich nicht nur überall Spuren germanischer Ansiedlung bis jetzt erhalten haben, sondern auch die echt deutsche Bevölkerung von Ober=Wallis bestimmt genug auf die Besitznahme des Quellgebietes der Rhone durch jenes Volk hinweiset, wenn gleich es ungewiß bleibt, ob dies in Folge einer Theilung des Landes wie in den oben genannten Gebieten geschehen ist, oder ob die Burgunden sich dort der Besitzungen des kaiserlichen Fiscus mit Gewalt bemächtigt haben [3]).

Eben so frühzeitig wie in Wallis scheint die Ansiedlung der Burgunden in dem westlichen Theile der alten römischen Provinz der grajischen und penninischen Alpen, in dem alten Lande der Allobrogen, in dem heutigen Savoyen oder in

---

1) **Füßlin**, schweiz. Erdbeschreibung. III. S. 122.
2) **Gingins la Sarraz**, essai sur l'établissement des Burgunden l. c. p. 238—252.
3) **Gingins la Sarraz**, essai sur l'établissement des Burgunden l. c. p. 252—255.

den Gebieten der beiden Diöcesen von Genf und Tarantaise, erfolgt zu sein, da die Traditionen von den heiligen Männern Romanus und Lupicinus, den Gründern der Abtei Condate oder St. Claude, und von dem heil. Jakob, dem ersten Bischofe von Tarantaise, von ihren mehrmaligen Besuchen des königlichen Hofes zu Genf, dem Herrschersitze des Chilperich, melden, um von den burgundischen Königen, welche sie somit als ihre Landesherren anerkannten, Schenkungen an Ländereien für ihre Kirchen zu erlangen. Auch darf man nicht bezweifeln, daß, so dürftig die historischen Zeugnisse in dieser Beziehung auch sind, in den savoyischen Landschaften eine ähnliche Landestheilung nach verschiedenen Gebieten zwischen den alten Bewohnern und den neuen Ansiedlern wie in den Landschaften am Jura stattgefunden habe.

Nach einer alten noch jetzt in Savoyen herrschenden Ueberlieferung soll Karl der Große dieses Land in sieben Gaue getheilt haben, eine Einrichtung, deren Andenken unter allen folgenden Umgestaltungen sich immer erhalten hat, obgleich es sicher ist, daß jene Einrichtung schon der ältern burgundischen Zeit angehört. Jene sieben Gaue der Landschaft der grajischen Alpen waren aber 1) der pagus Genevensis. 2) Der pagus Albanensis. 3) Der pagus Falciniacus. 4) Der pagus Alingiensis. 5) Der pagus Tarantasia. 6) Der pagus Savogensis und 7) der pagus Maurianensis, von welchen die vier erstern den größern Genfer=Gau (pagus major Genevensis) bildeten, in so fern er mit der Diöcese des Bisthums zu Genf zusammenfiel. Von jenen sieben savoyischen Gauen kommen hier aber nur die fünf ersten in Betracht, da der pagus Savogensis oder das eigentliche Savoyen erst später ums Jahr 470 an die Burgunden kam, das Alpenthal von Maurienne aber gar keinen Theil des ältern burgundischen Reiches bildete, sondern erst von dem merowingischen Könige Guntram in Burgund den Longobarden in Italien abgewonnen wurde.

Bei der Landestheilung, welche nun rücksichtlich der ersten fünf Gaue im Jahre 456 stattfand, scheinen aber die Burgunden, wie man aus mancherlei historischen Andeutungen, sowie aus der Sprache, den Rechtsgewohnheiten und Sitten der Bewohner dieser Gebiete entnehmen darf, vornehmlich das Gebirgsland an der Südseite des Genfer=Sees sich angeeignet zu haben, wo sie wie auf den Berghöhen des Jura ein freieres, mehr für die Jagd und die Heerdenwirth=schaft geeignetes Leben führen konnten. Demnach werden die Burgunden von den fünf alten Landschaften daselbst Genevois, Faucigny, Chablais, Albanais und Tarantaise die drei ersten in Besitz genommen haben jedoch mit Aus=nahme der Stadt Genf, welche gleich der Landschaft Al=banais den Provinzialen vorbehalten blieb und sich, gleich wie Besançon, ihre alte römische Municipalverfassung auch unter der burgundischen Herrschaft bewahrte. Unge=wisser ist das Schicksal der letzten Landschaft Tarantaise, und man kann nur aus den Schenkungen eines der letzten burgundischen Könige an den dortigen Bischof Jakob ent=nehmen, daß ein Theil derselben dem königlichen Fiscus zugeeignet worden war [1]).

Das alte burgundische Reich fand zwar nach kur=zem Bestehen schon gegen die Mitte des sechsten Jahrhun=derts durch Chlodwigs Söhne seinen Untergang, dennoch blieb es auch in der Verbindung mit dem fränkischen Reiche immer ein eigenthümlicher Theil desselben, und bekam bald selbst besondere Beherrscher aus dem Stamme der Me=rowingen, unter deren Waltung der burgundische Name zu=gleich eine erweiterte Ausdehnung erhielt. Denn als bei der zweiten großen Reichstheilung im Franken=Reiche unter Chlodwigs Enkeln der König Guntram das Land Burgund angewiesen bekam, verbreitete der Name des letztern sich

---

[1]) Gingins la Sarraz, essai sur l'établissement des Bur-gunden l. c. p. 255—268.

auch über die dem Könige angehörigen und dem burgundischen Lande benachbarten Gebiete von Aquitanien und der Provence, und die ihm zugefallene fränkische Königsstadt Orleans muß man für die zweite Hälfte des sechsten Jahrhunderts als die Hauptstadt desjenigen Theiles des fränkischen Reiches betrachten, welcher unter dem erweiterten Namen Burgund den beiden übrigen Haupttheilen desselben, Neustrien mit den Königsstädten Paris und Soissons und Austrasien mit der Königsstadt Metz, entgegengesetzt zu werden pflegte. Auch nach Guntrams Tode hatte dieses fränkisch-burgundische Reich noch am Anfange des siebenten Jahrhunderts seinen eigenen König in dem Fürsten Dietrich II., dem Sohne des austrasischen Königs Childebert II., bis nach der zweiten Vereinigung des gesammten fränkischen Reiches durch den König Chlotar II. das Land Burgund auch bei den spätern Reichstheilungen unter den Merowingen keinen besondern König mehr erhielt, und fortan wieder auf seine ältern Grenzen beschränkt und im Norden zum Theil noch geschmälert, wenn auch auf der Südseite nach der Provence hinein meistens in einem erweiterten Sinne seines Namens genommen, mit der übrigen Masse der fränkischen Länder vornehmlich aber mit den westlichen Theilen derselben verbunden blieb [1]).

Zwar behielten auch die vier alten burgundischen Königsstädte unter den letzten Königen aus burgundischem Stamme wie unter den Merowingen um so mehr ihr Ansehn, als sie meistens alte römische Provinzial-Hauptstädte gewesen und überdies sämmtlich Bischofssitze waren, doch konnte es nicht fehlen, daß sich dies später theilweise änderte. Denn so residirte der König Gundebald vornehmlich in dem alten berühmten Lyon oder in der dieser Stadt benachbarten Villa Sarbiniacum (Servigny), aber daß auch das alte Genf noch als Königsstadt seines Reiches betrachtet wurde,

---

1) Valesius, notitia Galliarum. p. 105.

geht daraus hervor, daß er daselbst seinen Sohn Siegmund im Jahre 513 zum Könige erwählen ließ [1]). Indessen seit dem fränkischen Zeitalter erhob sich immer mehr die alte Stadt Chalons an der Saone (Cabillonum, Cabillonensis portus), deren Lage in einer schönen und fruchtbaren Gegend sie wohl zu einem Herrschersitze empfehlen konnte. Darum nahm hier der König Guntram seine Residenz, und diesen neuen Rang unter den Städten des Landes Burgund hat Chalons sich auch lange bewahrt. Denn nicht nur residirte hier auch sein Nachfolger der König Dietrich II., sondern selbst noch in der spätern merowingischen Zeit tritt diese Stadt immer als der Hauptort in dem burgundischen Gebiete hervor [2]), und daß sie auch nachmals im neunten Jahrhundert ihre Bedeutung nicht verloren hatte, erhellt daraus, daß eben hier Kaiser Ludwig der Fromme seine Angelegenheiten mit seinem Neffen, dem italischen Könige Bernhard, in Ordnung brachte [3]).

Zwar mußte sich der burgundische Name in der weiten Ländermasse der Karolingen auf gewisse Weise verlieren, um so mehr als Karl der Große die Unterschiede und Gegensätze unter den von ihm beherrschten Völkern so viel wie möglich aufzuheben und diese mit einander zu verschmelzen suchte, dennoch blieben die alten volksthümlichen Massen in seinem Reiche immer bestehen und machten sich bald als politische Gestalten wieder geltend. Schon unter Ludwig dem Frommen zeigt sich die Spaltung des großen karolingischen Reiches nach den ursprünglichen Völkermassen bei den Zwistigkeiten mit seinen Söhnen, indem der Biograph dieses Kaisers bemerkt, daß sich ums Jahr 833 die Völker von Francien und Burgund, so wie von Aquitanien

---

1) Mille, abrégé chronol. de l'histoire de Bourgogne. I. p. 86. 90.
2) Mille, histoire de Bourgogne. I. p. 200. 207. II. p. 38. 39.
3) Funk, Kaiser Ludwig der Fromme. S. 63.

und **Germanien** vereinigt und ihre Klagen über das Schicksal des Kaisers ausgesprochen hätten [1]). Darum konnten auch bei den verschiedenen Theilungen des Reiches, wie sie Ludwig der Fromme für seine Söhne vornahm, die alten volksthümlichen Verhältnisse nicht ganz übersehen werden, wie wenig die angeordneten Grenzlinien auch immer genau, namentlich in Beziehung auf das Land Burgund, den ursprünglichen Grenzmarken gemäß gezogen sein mochten. Ja die letzte große Reichstheilung vom Jahre 843 durchschnitt willkührlich jenes Land, indem sie den Lauf der **Saone** innerhalb desselben zur westlichen Grenze des Reiches machte, welches dem Kaiser Lothar fortan zufiel. Doch war wenigstens der Vortheil bei dieser Theilung, daß das burgundische Hauptland d. h. die eigentlich burgundischen Gebiete am **Jura** und an den **Alpen** vereinigt blieben und dadurch die Veranlassung geben konnten, den burgundischen Namen, welcher bis dahin noch immer nicht zu dem ihm gebührenden Rechte gekommen war, zu neuem Ansehn und Glanze zu erwecken.

Die zu **Verdun** durch das burgundische Land gezogene Grenzlinie hat sich seitdem durch das ganze Mittelalter immer erhalten, indem das Land im **Westen** der Saone stets dem westfränkischen oder französischen Reiche verblieb, während das Land im **Osten** nach der vorübergehenden Erneuerung selbstständiger burgundischer Herrschaften in eine dauernde Verbindung mit dem **deutschen** Reiche gekommen ist, obschon beide sich den **burgundischen** Namen bewahrten. Denn schon seit dem merowingischen Zeitalter pflegte man das Land im Osten der Saone oder das burgundische Hauptland am Jura bis zu den Alpen wegen sei-

---

1) Auctor vitae Ludov. Imp. c. 49 ap. Pertz, mon. II. p. 637. Infra hujus hiemis aetatem gregatim populi tam Franciae quam Burgundiae nec non Aquitaniae sed et Germaniae coeuntes calamitosis querelis de Imperatoris infortunio querebantur.

ner Lage mit dem Namen von Hoch-Burgund (Burgundia superior), dagegen das Land im Westen der Saone oder das Gebiet der alten Lugdunensis prima, nach dem Umfange der Erzbiöcese von Lyon, als das Land Nieder-Burgund (Burgundia inferior) zu bezeichnen. Mit Rücksicht auf die spätern historischen Verhältnisse wurden beide Gebiete auch als die terre de roi und terre d'empire en Bourgogne unterschieden ¹).

Jene Sonderung der burgundischen Landschaften durch den Stromlauf der Saone schloß sich aber an die ältere Verwaltung derselben im merowingischen Zeitalter an. Der den alten burgundischen Königen von den letzten römischen Kaisern verliehene Titel eines Patricius des Reiches war für die erstern eine so ehrenvolle Auszeichnung, daß man ihn stets beibehielt, und daß die fränkischen Könige in Burgund ihn zu benutzen nicht verschmäheten. Darum erscheinen seit König Guntrams Zeit die mit der Civil- und Militär-Verwaltung beauftragten Beamten in dem Lande längs der Alpen, wo die Grenzmarken des Reiches gegen die Longobarden eine besondere Aufsicht verlangten, unter dem Namen eines Patricius von Burgund, während das Land Nieder-Burgund unter der Verwaltung eines dux nur ein Ducat bildete ²). Doch wurde jener ausgedehnte Geschäftskreis auch bald getheilt und zwei besondere Beamte für die Verwaltung jener Landschaften ernannt, welche man zugleich unter den Namen des cisjuranischen und transjuranischen Burgund (Burgundia cisjurana et transjurana) unterschied, indem man unter dem erstern die süblichen Gegenden an den Alpen, unter dem letztern die nördlichen, zu beiden Seiten des Jura sich ausbreitenden

---

1) Mille, histoire de Bourgogne. I. p. 317. II. p. 216—218.
2) Schöpflin, dissertatio hist. de Burgundia Cis-et Trans-Jurana in den Commentationes historicae et criticae. Basil. 1741. 4. p. 226. 234.

Landschaften, die auch den Namen Hoch=Burgund führten, verstand ¹). Jene Namen machten sich aber bald nach des Kaisers Lothar Zeit und zwar in Verbindung mit dem alten Namen Provence auf dem hier in Betracht kommenden Ge= biete mit größerer Bedeutung geltend.

Denn bei der Theilung des Reiches des Lothar unter seine Söhne nahm sein jüngster Sohn Karl, welcher die südlichsten Theile des Landes zwischen den Alpen und der Rhone nebst der Stadt Lyon, wo er seinen Sitz aufschlug, als Reich angewiesen erhielt, den Namen eines Königs von Provence (rex Provinciae) an, da ihm in der That auch nur die äußersten Gebiete des burgundischen Landes zuge= fallen waren, während das burgundische Hauptland am Jura bis zu den Alpen in Savoyen hin seinem ältern Bruder Lothar zu Theil wurde ²). Da aber das Reich des letztern das gesammte obere Rhone=Thal bis in die Nähe von Lyon in den vier Diöcesen von Sitten, Lausanne, Genf und Belley so wie das Quellgebiet der Isere in der Diöcese von Tarantaise (Th. III. S. 167. 168) im äußersten Sü= den umfaßte, so zog sich die Grenzlinie zwischen den Rei= chen beider Brüder fast in grader Richtung von Osten nach Westen durch das heutige Savoyen oder von dem M. Ise= ran zwischen den Alpenthälern von Tarantaise und Mau= rienne über Chambery bis zum Austritt der Rhone aus dem Alpenlande. Somit hatte sich damals der Name Pro= vence nordwärts über das Delphinat bis nach Savoyen hinein verbreitet, die alte burgundische Stadt Lyon war selbst eine provenzalische Stadt geworden, und Hinkmar von Reims unterscheidet demnach auch in den Annalen von St. Bertin das Land Provence von den obern Landschaften von

---

1) Mille, hist. de Bourgogne. I. p. 172. 186.

2) Valesius, not. Galliarum. p. 458. Mille, hist. de Bourgogne. II. p. 238. III. p. 6.

Burgund, die diesen Namen immer behalten haben [1]). Das alte burgundische Land zerfiel auf solche Weise in zwei ziemlich gleiche Hälften, von welchen die südliche sich für immer von dem alten sie einstmals beherrschenden Namen lossagen zu wollen schien. Denn auch bei der theilweisen Vereinigung beider Gebiete durch den westfränkischen König Karl seit dem Jahre 870, wobei aber das hochburgundische Land eine neue Theilung erfuhr, erhielten sich beide Namen neben einander und ohne Zweifel nach ihrem bisherigen Umfange, indem in den Akten des von jenem Könige Karl zu Pontyon im Jahre 876 berufenen Concils der Bischöfe seines Reiches als die sechs Hauptgebiete desselben die Länder Francien, Neustrien, Aquitanien, Septimanien, Burgund und Provence genannt werden [2]). Uebrigens war jene neue Theilung des alten burgundischen Landes nach dem Ableben der beiden königlichen Brüder Lothar und Karl, wie sie im Jahre 870 erfolgte, nach welcher der westfränkische König Karl außer dem ganzen Reiche Provence mit den Hauptstädten Lyon und Vienne von dem hochburgundischen Lande auch noch das Erzstift Besançon nebst der Grafschaft von Port (comit. Portensis) erhielt, während sein Bruder König Ludwig der Deutsche die östlichen Theile jenes Landes am Jura in den Comitaten von Waraschken, Skodingen und Amaus empfing [3]), keineswegs von langer Dauer und von Bedeutung, weil nur wenige Jahre spä-

---

1) Annal. Bertin. a. 869. ap. Pertz, mon. I. p. 486. Carolus denuntians se abinde palatium, quod Gundulfi villa dicitur, in missa S. Martini venturum, ut de Provincia et de superioribus partibus Burgundiae ad se venturos suscipiat. Das alte Vienne wird selbst noch im vierzehnten Jahrhundert eine Stadt der Provence genannt. Valesius, notitia Galliarum. p. 459.

2) Schöpflin, dissert. hist. de Burgundia. p. 257. Mille, hist. de Bourgogne. II. p. 283.

3) Mille, hist. de Bourgogne. II. p. 269—273.

ter ihre neue Vereinigung durch den Erben ihrer Macht, den Kaiser Karl den Dicken, erfolgte.

Indessen noch ehe Karl der Dicke seine Ansprüche auf die Beherrschung des gesammten Reiches seines Urgroßvaters geltend machen konnte, hatte sich in dem Lande zwischen den Alpen und der Rhone eine Begebenheit ereignet, welche den Anfangspunkt für eine neue Entwickelung des burgundischen Namens bildet. Nach langer Zeit trat der letztere zuerst wieder mit Selbstständigkeit hervor und hat sich fortan mit großem Glanze in jenen Gebieten erhalten. Denn die Erhebung des Herzogs Boso zum Könige im Jahre 879 durch die vornehmsten Prälaten jener Gegenden bewirkte die Erneuerung des alten Königreiches Burgund, wenn dasselbe nach seinem Umfange auch nicht ganz dem alten Reiche der Söhne Gundiochs entsprach (Th. III. S. 209). Auch konnte diese Herrschaft mit um so größerm Rechte den burgundischen Namen sich aneignen, als sie das burgundische Hauptland in den Erzdiöcesen von Besançon, Lyon, Vienne und Tarantaise umfaßte. Boso's Reich war jedoch eigentlich aus der ältern Herrschaft des Königs Karl von Provence hervorgegangen, und da sich ihm jene nördlichen Gebiete am Jura bald entzogen, das westfränkische Nieder=Burgund aber auch nicht in einer besondern Verbindung mit demselben gestanden zu haben scheint und sich bald wieder an das westfränkische Reich anschloß, so wurde es zum Theil schon zu jener Zeit nur als eine Herstellung des Reiches Provence betrachtet [1]). Denn bei der Anerkennung von Boso's Sohn Ludwig als König auf der Synode zu Valence im Jahre 890 erscheinen nur die vier Metropoliten von Lyon, Vienne, Arles und Embrun in dem Lande Provence im weitern Sinne genommen als thätig, und wenn man diesem Reiche, welches nur ungefähr ein halbes Jahrhundert als solches bestanden hat, den burgundischen Namen nicht versagen will,

---

[1]) Schöpflin, dissertat. hist. de Burgundia. p. 261.

so wird man es wenigstens nach dem Vorgange der ältern westfränkischen oder französischen Geschichtschreiber als das cisjuranisch = burgundische Reich bezeichnen müssen, indem dieser Name nach der ältern dort üblichen Bezeichnung an der neu entstandenen Herrschaft in dem burgundischen Hauptlande sein Gegenstück fand [1]).

Bereits im Jahre 888 hatte der Graf Rudolf durch seine Erhebung zum Könige in dem Lande am Jura und den penninischen Alpen ein zweites burgundisches Reich begründet, welches die burgundischen Hauptgebiete umfassend diesem Namen seine eigentliche Selbstständigkeit wieder gewann. Darum wird dieses Reich von den spätern deutschen Geschichtschreibern wie von Hermann dem Lahmen, Marianus Scotus und Siegbert von Gemblours auch wohl im engern Sinne mit dem Namen Burgund bezeichnet, während es bei den Zeitgenossen mit Recht schon unter dem Namen des Reiches Hoch = Burgund erscheint [2]) und bei den ältern französischen Geschichtschreibern mit Rücksicht auf den früher hier herrschenden Namen das transjuranisch = burgundische Reich (Burgundia transjurensis) genannt wird [3]).

Dieses hochburgundische Reich, dessen Gebiete für die deutsche Geschichte und Geographie nun besonders von Bedeutung sind, erstreckte sich aber, nachdem es unter seinem Könige Rudolf II. am Anfange des zehnten Jahrhunderts eine größere Festigkeit gewonnen hatte, zu beiden Seiten des Jura von den grajischen und penninischen Alpen bis zur Saone, welche der Grenzstrom gegen das westfränkische Nieder=Burgund blieb, und von dem Stromknie des Rhein

---

[1]) Mille, hist. de Bourgogne. III. p. 20—22. 36.
[2]) Annal. Fuldens. a. 888 ap. Pertz, mon. I. p. 405. Ruodolfus, filius Chuonradi, superiorem Burgundiam apud se statuit regaliter retinere.
[3]) Valesius, notit. Galliarum. p. 106.

bei Basel bis zum Austritt der Rhone aus dem Alpen=
lande, und umfaßte somit das Gebiet der beiden Erzbiöcesen
von Besançon und Tarantaise mit den ihnen angehö=
rigen Bisthümern Basel, Lausanne, Belley, Sitten und Aosta,
so wie einen Theil der Erzbiöcese von Vienne in den Bis=
thümern Genf, Maurienne und Grenoble [1]). Als den
Hauptsitz dieser burgundischen Rudolfingen muß man das
romanische Helvetien betrachten, wo schon des ersten Ru=
dolfs Vater, der Herzog Konrad, den Grund zu der Macht
seines Hauses gelegt hatte. Ja den alten Ueberlieferungen
zufolge würde die alte Burg Strättlingen am Thuner=
See, wovon jener Rudolf nicht selten den Beinamen zu füh=
ren pflegt, der älteste Stammsitz seines Geschlechtes in die=
sem Lande gewesen sein [2]).

Aber als die eigentliche Hauptstadt dieses hochbur=
gundischen Reiches tritt in der Geschichte der Rudolfingen
das alte Lausanne an den schönen Ufern des Genfer=Sees,
grade in der Mitte des romanischen Helvetiens gelegen, her=
vor. Denn dort zu Lausanne war es, wo die Burgunden
nach dem Tode ihres Königs Rudolf II. im Jahre 937
einen Reichstag hielten, um des Königs ältesten Sohn
Konrad auf den Thron seiner Väter zu erheben. Und eben
dort ward nachmals wieder Konrads Sohn Rudolf III. im
Jahre 993 von den Burgunden zum Könige erwählt [3]).
Rudolf II. fand seine Ruhestätte zu St. Moritz in Wallis,
wo sein Vater die königliche Würde angenommen hatte, und
dort soll auch König Konrad ruhen, obschon er nach andern
Angaben zu Peterlingen beigesetzt worden ist oder auch zu
Vienne an der Rhone, an welchem letztern Orte man wenig=

---

1) Mille, hist. de Bourgogne. III. p. 62. 76. 89.

2) Burgener bei Hottinger und Schwab, die Schweiz in ihren
Ritterburgen. II. S. 313 bis 329.

3) Müller, schweiz. Geschichte. I. S. 248. 296.

stens sein Denkmal zeigt ¹). Aber schon von Rudolf II. wird es auch berichtet, daß er zu Peterlingen seine Ruhestätte gefunden habe, indem es heißt, daß seine Gattinn Bertha, welche in ihrem Wittwenstande meistens in dem benachbarten Solothurn ihren Aufenthalt nahm, über seinem Grabe eine prachtvolle Kirche und eine Benediktiner=Abtei im Jahre 962 gegründet habe, welche sie zum Erbbegräbniß ihres Hauses bestimmte ²).

Durch die Vereinigung des hochburgundischen und provenzalisch=burgundischen Reiches unter dem Könige Rudolf II. ums Jahr 934 (Th. III. S. 366) hob sich nun zwar der burgundische Name zum höchsten Gipfel des Ruhmes, in so fern damit fast das gesammte Ländergebiet der alten burgundischen Könige unter diesen Rudolfingen wieder zusammengebracht war und diese neue große burgundische Herrschaft für die daran fehlenden Gebiete jenseit der Saone sich über das ganze provenzalische Land bis zur Mündung der Rhone und dem Mittelmeere verbreitete. Denn auch das an die westfränkischen Karolingen gekommene Gebiet von Lyon so wie das von Vienne, wo sich noch König Ludwigs Sohn Karl, der eigentliche Erbe des provenzalischen Reiches, eine Zeit lang behauptet hatte, wußte der König Konrad von Burgund um die Mitte des zehnten Jahrhunderts wieder mit seinem Reiche zu vereinigen ³). Indessen machte sich doch für diese erweiterte Herrschaft der Rudolfingen sehr bald ein anderer Name geltend, so daß der von Burgund immer nur dort herrschend blieb, wo er ursprünglich einheimisch gewesen war. Denn da die Stadt Arles an der Spitze des Rhone=Deltas schon seit den letzten Zeiten des römischen Kaiserthums sich zum Range einer Hauptstadt von dem ganzen südlichen Gallien emporgeschwungen

---

1) Mille, hist. de Bourgogne. III. p. 92. 110.
2) Hottinger, helvetische Kirchengeschichte. I. S. 492. 512.
3) Mille, hist. de Bourgogne. III. p. 88. 102.

hatte und sie diese Stellung als neu errichteter Metropo=
litansitz auch in den folgenden Zeiten behauptete [1]), so
daß sie eigentlich als die Hauptstadt des Reiches Provence
betrachtet werden konnte, so darf es nicht befremden, daß
sie ihren Namen auch jetzt sowohl gegen die alt=burgundi=
schen Königsstädte namentlich gegen Lyon, Besançon und
Vienne wie gegen Lausanne geltend machte. Wenigstens
erscheint das letzte große burgundische Reich der Rudolfingen
auch unter dem Namen des Reiches von Arles oder des
Reiches Arelat (regnum Arelatense), unter welchem es
in der ersten Hälfte des eilften Jahrhunderts durch die frän=
kischen Kaiser mit dem deutschen Reiche verbunden worden
ist. Uebrigens soll dies arelatische Reich auch den Namen
des Reiches von Vienne geführt haben, weil die beiden
letzten Könige aus dem rudolfingischen Stamme, Konrad
und Rudolf III., ihre Residenz nicht selten in jener alten
Metropolitanstadt an der Rhone zu nehmen pflegten [2]).

Das obere Rhone=Thal und das Land Wallis.

Dem Alpenlande von Graubünden gegenüber breitet sich
auf der Südwestseite des St. Gotthard das Alpenland von
Wallis aus, welches in vielfacher Beziehung ein Gegen=
stück zu jenem genannt werden kann. Denn statt eines
massenhaften Gebirgslandes, das in allen Richtungen von
Hochthälern durchfurcht ist wie in Graubünden, zeigt das
Land Wallis vornehmlich nur einen mächtigen Thalspalt
des Alpenlandes, der aber zugleich von den kolossalsten Höhen
desselben rings umsäumt ist, so daß selbst das Hauptgewässer
dieser tiefen Thalsenkung für seine reißenden Fluthen kaum
einen Ausweg finden kann. Darum ist aber auch dieses

---

1) **Valesius**, notit. Galliarum. p. 38—40.
2) **Mille**, hist. de Bourgogne. III. p. 144.

mächtige Alpenthal mit Recht ein Land der Contraste zu
nennen, das diesen Charakter eben so in seiner Geschichte
und Bevölkerung wie in seiner Naturbeschaffenheit offenbart.
Während die Alpenhöhen von Wallis die größten Gipfelerhebungen des ganzen Alpenlandes und alle die damit zusammenhängenden Erscheinungen der **polarischen** Zone im
größten Maaßstabe zeigen, findet man in dem Grunde der
Thalsenkung, wo die einander gegenüber emporstarrenden
Berghöhen nur von den Gewässern des Hauptstromes dieses
Landes geschieden werden, selbst schon einige Erscheinungen
der **tropischen** Zone, so daß man hier in kürzester Frist
die verschiedensten Regionen und Klimate der Erde durch-
wandern kann. Denn außer den verschiedensten und schönsten Obstarten wachsen hier zahlreiche Arten trefflicher Weine,
und selbst Mandeln, Feigen und Granaten gedeihen am
Fuße eben der Berghöhen, welche mit den furchtbarsten Gletschern und ausgedehntesten Schneefeldern bedeckt sind [1]).

Alle Gewässer, welche aus diesen aufgespeicherten Was-
serschätzen nach dem Innern des Landes hinabfließen, finden
ihren einzigen Abzugskanal durch die Rhone, welche das
Land nach seiner ganzen Länge durchströmt. Die **Rhone**
(Rhodanus), noch jetzt bei den Einheimischen gewöhnlich
Rotten genannt [2]) und schon frühzeitig bei den Autoren
des Alterthums vorkommend, verdankt ihren Namen unstreitig
den gallischen Urbewohnern dieser Gebiete, obschon sich über
die Deutung desselben nichts Genaues aussagen läßt. Die
Quellen der Rhone liegen im äußersten östlichen Winkel
des Landes Wallis am St. Gotthard, wo man einen am
Fuße der Furka in einer Höhe von 5418 F. über dem Meere
auf einer Alpenweide hervorbrechenden Wasserstrahl gewöhn-

---

1) Josia Simler, Vallesiae descriptio. Tiguri 1574. 8. fol. 2. 3.
2) Füßlin, Staats- und Erdbeschreibung der schweiz. Eidgenossenschaft. III. S. 301.

lich für den Ursprung und Anfang dieses Flusses zu betrachten pflegt [1]). Indessen eigentlich entsteht die Rhone aus zwei Quellströmen, von welchen der eine, der den Namen Rhone im engern Sinne führt, von den mächtigen Rhone-Gletschern am Abhange des hohen Galenstockes auf der Grenzmark der drei Länder Uri, Bern und Wallis von Nordosten her sich ergießt, während der andere, den Namen Elm führend, von den Berghöhen zwischen den Quellen der Reuß und des Tessino auf der Grenzmark der drei Länder Uri, Wallis und Tessino von Osten herkommt und das kleine Geren-Thal durchfließt. Beide Quellströme vereinigen sich bei dem Dorfe Oberwald am Südfuße des Grimsel-Passes, wo sich die Saumwege nach den Hochthälern von Ursern und Hasli gegen Nordosten und Norden von einander scheiden. Von dort an erstreckt sich der große Thalspalt der Rhone an funfzehn Meilen weit in südwestlicher Richtung bis zu dem Stromknie von Martinach in den beiden Landschaften von Ober- und Unter-Wallis. Am Fuße der gewaltigen Felspyramide des Finsteraarhorn mit seinen Nachbarhöhen den Viescher- und Aletsch-Hörnern entlang fließend, von welchen sich die furchtbarsten Gletscherarme in das Hochthal der Rhone hinabziehen, geht die Rhone südwestwärts bei den Flecken Münster und Aernen vorüber bis nach Brieg, wo sie von Süden her die Saltine in sich aufnehmend eine mehr westliche Richtung ihres Laufes annimmt, welche sie grade im Norden der Monte Rosa-Gruppe auf eine Strecke von vier Meilen weit bis zu dem Städtchen Leuk behält. Aber schon bei dem Orte Siders, nicht weit unterhalb Leuk nimmt die Rhone ihre frühere Richtung wieder auf, strömt sodann einige Meilen abwärts bei der Stadt Sitten, der Hauptstadt des Landes Wallis, vorüber und erreicht an viertehalb Meilen unterhalb derselben den

---

[1] Bridel, essai statistique sur le canton de Valluis. Zurich 1820. 12. p. 26.

zweiten Hauptort des Landes, das Städtchen **Martinach**, wo sie bei der Aufnahme der von Süden her kommenden Dranse plötzlich unter rechtem Winkel umbiegt, um ihren Durchbruch durch das Alpenland zu beginnen.

Das alte **Sitten**, die civitas Sedunorum oder Sedunum bei den Römern und **Sion** bei den romanischen Wallisern genannt, liegt nicht unmittelbar an der Rhone, sondern an ihrer Nordseite in einiger Entfernung von dem Strome an dem kleinen Flüßchen **Sitter** oder **Sionne**, welches sich von den Berner-Alpen herabgießend sie häufig mit Ueberschwemmungen heimsucht und sich unterhalb Sitten mit dem Flüßchen **Morge** verbindet, um so gemeinsam in die Rhone auszumünden. Die Morge, welche von den Höhen des Sanetsch-Passes herabkommt, gilt seit alten Zeiten für die Grenzmark der Gebiete von Ober- und Unter-**Wallis**. Wenn auch im Laufe der Jahrhunderte von vielen Unglücksfällen und Zerstörungen heimgesucht, hat sich die Stadt Sitten doch noch manche alte Denkmale bewahrt, welche ihr hohes Alterthum, das bis in die Zeit des Kaisers Augustus zurückgeht, beurkunden [1]). Sie liegt in einer **Thalebene**, welche die ausgedehnteste und wärmste des ganzen wallisischen Landes ist, aber am Fuße eines mächtigen Felsenstockes, welcher durch einen tiefen Spalt in zwei Theile gesondert ist. Auf dem einen dieser Felsen befinden sich die Ruinen des Schlosses **Tourbillon**, einst eine wichtige Feste und lange Zeit der Sitz der Bischöfe des Landes, auf dem andern niedrigern steht das Schloß **Valeria**, und unter demselben befindet sich das Schloß **Majoria**, das bis auf die jüngern Zeiten der Sitz der Bischöfe von Sitten gewesen ist [2]).

Das gesammte obere Rhone-Thal gewinnt in seinem

---

1) **Simler**, Vallesiae descriptio. f. 24.
2) **Bridel**, essai sur le Vallais. p. 135—137. **Leu**, allgem. helvet. oder schweizerisches Lexikon. XVII. S. 231.

Thalgrunde selten eine größere Breite als von einer hal= ben Stunde, und in dieser Ebene ergießt sich der Strom, im Winter niedrig und ruhig, zur Zeit der Schneeschmelze im Anfange des Sommers reißenden Laufes, so daß er durch seine Ueberschwemmungen den Anwohnern nicht selten Ge= fahr bringt. Auch ist in Folge davon das Thal an einigen Stellen versumpft. Nur da wo sich größere Seitenthäler zum Hauptstrome aufschließen, zeigen sich ausgedehntere Thalebenen um die Vereinigung ihrer Gewässer. Doch ge= schieht dies nur von Süden her. Denn die Rhone fließt von ihren Quellen bis nach Martinach unmittelbar an der steilen **südlichen** Böschung des **Berner=Alpenlandes**, das sich nordwärts mehr terrassenförmig abdacht, entlang, weshalb sich hier nur eine Reihe kleiner wenn auch wasser= reicher Bergströme zu ihr hinabergießen kann. Die mächtig= sten Höhen des Berner=Alpenlandes, welche wie das **Breit= horn** an 11,691 F., das **Gespaltenhorn** an 10,814 F., die **Blümlisalp** an 10,896 F., das **Doldenhorn** an 11,287 F., das **Balmhorn** an 11,419 F., das **Wildhorn** an 10,060 F., der **Wildenstrubel** an 9694 F. und das **Oldenhorn** an 9622 F. hoch sich unmittelbar an die Felspyramiden des Finsteraar= horn und der Jungfrau anschließen und sich von dort auf der Grenzscheide der Länder Bern und Wallis südwestwärts entlang ziehen, steigen steil über dem tiefen Rhone=Thal empor, und bilden hier eine ganz **undurchbrochene Fels= mauer**, über welche nur die schwierigsten Saumpfade in der Sommerzeit, namentlich der **Gemmi=Paß** im Norden von Leuk, an 6985 F. hoch, nach dem Frutinger=Thal, und der **Rawyl=** und **Sanetsch=Paß** im Norden von Sitten, erste= rer an 7335 F., letzterer an 9614 F. hoch, nach dem Sim= men=Thal und dem Saanen=Thal im Berner=Oberlande hinführen [1]). Ja im äußersten Südwesten schließt sich an

---

1) **Studer**, Geologie der westlichen Schweizer=Alpen. Heidel= berg 1834. 8. S. 38 bis 45.

den Hochgipfel des Oldenhornes auf der Grenzmark der heutigen Länder Wallis, Bern und Waadt noch die erhabene Masse der Diablerets in einer Höhe von 9682 F. an, welche sich in dem Moveran, an 7100 F. hoch, bis in den von dem Stromknie der Rhone gebildeten Winkel hineinzieht, wo diese Gebirgsmasse in dem mächtigen Dent de Morcles in einer Höhe von 8950 F. unmittelbar an die Rhone stößt. Bekannt ist aber jene Gruppe der Diablerets vornehmlich durch ihre Felsenstürze, welche wie noch im Jahre 1713 die ganze Umgebung verwüstet und den Lauf der dortigen Gewässer verändert haben¹).

In weit größerer Entfernung von dem Rinnsale der Rhone zieht sich im Süden die Gebirgsmauer der pennischen Alpen entlang, welche hier das Land Wallis von dem italischen Piemont scheidet, und zwar erstreckt sich dieser erhabenste Gebirgswall des gesammten Alpenlandes von der Gruppe des Montblanc bis zu der des Monte Rosa in fast grader Richtung von Westen nach Osten an zwölf bis dreizehn Meilen weit. Der Rücken dieses Walles, von welchem sich jedoch mächtige Arme nordwärts bis an die Rhone hinanziehen, bleibt überall an vier bis sechs Meilen weit von derselben entfernt, und von ihm geht eine Reihe ansehnlicher Thäler aus, welche die Südhälfte des wallisischen Landes durchfurchen. Von den fünf großen Thalspalten dieses Gebietes öffnen sich die vier obern zwischen den Orten Brieg und Sitten zu dem obern Rhone-Thale, und sie gehen eigentlich alle von dem Gebirgsstocke des Monte Rosa aus, welcher nach seinen orographischen, hydrographischen und ethnographischen Verhältnissen wie nach allen sonstigen Natur-Erscheinungen im Gebiete der Thier- und Pflanzenwelt einen der merkwürdigsten Punkte in dem ganzen Alpengebirge bildet.

---

1) Bourrit, déscription des cols ou passages des Alpes. Genève. 1803. 8. Tom. 1. p. 240.

Erst durch die wissenschaftlichen Entdeckungsreisen eines Hor. de Saussure in dem Alpenlande am Schlusse des vorigen Jahrhunderts, namentlich durch seine beiden letzten Alpenreisen in den Jahren 1789 und 1792, sind wir mit der Gebirgsgruppe des Monte Rosa, deren Name noch immer nicht genügend erklärt ist, genauer bekannt geworden [1]). Sie erstreckt sich im weitern Sinne von dem Mont Cervin im Westen bis zum Monte Moro im Osten an drei Meilen weit, zwischen welchen sich ein Kranz von Riesengipfeln ausbreitet, deren Höhen lange Zeit denen der Montblanc-Gruppe den Ruhm der größten Gipfelerhebung in Europa streitig machten, und die erst seit dem Jahre 1819 theilweise durch die deutschen Anwohner Zumstein und Vincent aus dem piemontesischen Alpenflecken Gressonay auf mehrern Reisen erstiegen worden sind. Vornehmlich unterscheidet man eine Reihe von neun Hochgipfeln, die sich in der Richtung von Süden nach Norden hinter einander hinziehen und durch den erhabenen Lys=Kamm westwärts mit dem Mont Cervin in Verbindung stehen. Von ihnen erstrecken sich die gewaltigsten Gletschermassen nach allen Seiten in die angelagerten Hochthäler hinab und bilden eine der bedeutendsten Polarzonen im Alpenlande, obschon diese Gebirgsgruppe selbst durch ihre Stellung ganz andere Erscheinungen zeigt, als man sie erwarten sollte. Denn da sie gleichsam ein erhabenes Vorgebirge des penninischen Alpenzuges bildet, welches nach Osten und Süden mit einem geringen und steilen Abfall unmittelbar über der tiefen Thalebene von Lombardien emporsteigt, so macht sich der Einfluß der milden Temperatur jenes Gebietes an den genannten Seiten der Monte Rosa=Gruppe trotz ihrer Erhebung in die Eisregion auf eine auffallende Weise geltend. Nur an fünf bis sechs Meilen im Osten davon liegen die tiefen Wasser=

---

[1] Hor. de Saussure, voyages dans les Alpes. Neufchatel 1779. 4. Tom. IV. Voy. VI. p. 319—388 et voy. VII. p. 389 538.

baſſins des Lago maggiore und des kleinen Lago di Orta, von welchen ſich das alpiniſche Querthal der Toſa (Toccia) in dem Val d'Oscella und Val Formazza nordwärts zum Quellgebiet des Teſſino und der Rhone hinaufzieht. Die ewige Schneelinie, welche in den Alpen des ſüdlichen Tirol an 8200 F. emporſteigt, ſich ſodann im Veltelin und am obern Comer=See an 8500 F. erhebt, weiter weſtwärts in den das obere Toſa=Thal umgebenden Berghöhen eine Höhe von 8600 F. erreicht, ſteigt an der ſüdöſtlichen Seite der Monte Roſa=Gruppe ſelbſt bis zu 9500 F. empor, um ſich dann wieder nach Weſten hin in den Alpen von Savoyen bis 8800 F. zu ſenken. Der Weinſtock gedeiht in den milden lombardiſchen Thälern dieſer Berggruppe wie in dem Val di Seſia noch in einer Höhe von 3000 F., der Getreidebau ſteigt in ihnen noch bis 5500 F. empor, die Region der Voralpen mit den Waldungen hört erſt bei 7000 F. auf, und bis weit in die ewige Schneeregion hinein verſteigt ſich die Vegetation noch bis zu 11,310 F. über dem Meeresſpiegel [1]).

Radienförmig zieht ſich von dem Koloſſe der Monte Roſa=Gruppe eine ganze Reihe von Hochthälern, welche alle durch den Kontraſt der wilden Natur mit ihrer Kulturbarkeit ausgezeichnet ſind, nach den umherliegenden Thalebenen hinab. Gegen Norden iſt es das große Matter=Thal, welches ſich zur Rhone hin öffnet und im Oſten und Weſten von dem Saaſer= und Turtman=Thal begleitet wird. Ihnen gegenüber lagern ſich die piemonteſiſchen Hochthäler, durch welche von Lombardien aus dieſes wunderbare Alpengebiet beſucht zu werden pflegt. Es ſind vornehmlich fünf in der Folge von Oſten nach Weſten. Gegen Oſten das Thal der Anza in dem Val di Macugnaga und Val d'Anzasca, das ſich zum Thal der untern Toſa

---

1) L. v. Welden, der Monte Roſa, eine topographiſche und naturhiſtoriſche Skizze. Wien 1824. 8.

bei Vogogna unterhalb Domo d'Offola aufschließt. Gegen Südost das Val di Sesia, welches nach Lombardien hin unmittelbar ausmündet. Gegen Süden das Val de Lys, das sich von den Gletschern des Lys=Kammes her erstreckt und seine Gewässer gleich den beiden folgenden Thälern zur Dora Baltea und durch sie zum Po ergießt. Dann gleichfalls gegen Süden das Val Challant, und zuletzt gegen Südwest das von dem Mont Cervin sich herabziehende Val Tournanche, durch welches eine alte Verbindung aus dem Matter=Thal über den Rücken der Wasserscheide hinweg nach dem Dora=Thale unterhalb Aosta besteht. Alle diese lombardischen Hochthäler am Monte=Rosa werden durch erhabene von ihm ausgehende Bergrücken von einander geschieden, stehen aber sämmtlich durch vielfach besuchte Hochpässe, welche die italische Seite jener Berggruppe umkreisen, wieder mit einander in Verbindung, und letztern sind für die Verbreitung der jetzt dort einheimischen Bevölkerung vornehmlich von Wichtigkeit gewesen [1]).

Denn die Gebirgsgruppe des Monte Rosa bildet den **südwestlichsten Grenzstein des deutschen Landes**, obschon sie noch innerhalb desselben gelegen ist, indem alle Hochthäler derselben auf der wallisischen und piemontesisch=lombardischen Seite von **Deutschen** bevölkert sind. Erst weiter abwärts in den untern Thälern der Sesia und der Lys beginnt die Herrschaft der italienischen und französischen Sprache. Ist auch früher gleich wie über den Ursprung der deutschen Gemeinden in dem Alpenlande zwischen Trient und Vicenza über diese deutschen Anwohner des Monte Rosa viel gefabelt worden, so steht es heut zu Tage wohl fest, daß sie **burgundischen Stammes** der deutschen Bevölkerung des obern Rhone=Landes angehören, welche sich

---

1) Hirzel=Escher, Wanderungen in weniger besuchte Alpengegenden der Schweiz und ihrer nächsten Umgebungen. Zürch 1829. 8. S. 1 bis 106.

und zwar erst seit den Zeiten des Mittelalters aus dem Matter- und Saaser-Thale her über diese südlichen Hochthäler verbreitet und, da dieselben nicht bewohnt gewesen zu sein scheinen, sich hier wie vornehmlich in den Gemeinden von Gressonay, Alagna und Macugnaga ihre deutsche Sprache und deutsche Sitten bis jetzt bewahrt haben [1]).

Die vier zwischen Brieg und Sitten sich zur Rhone öffnenden Thäler sind folgende. Zunächst das Thal der Visp, welche aus zwei Quellströmen entsteht, die das Saaser- und Matter-Thal durchfließend sich bei dem Flecken Stalden vereinigen und sich bei dem Orte Visp in die Rhone ausmünden. Weiter abwärts folgt das Turtmau-Thal, das sich bei dem Flecken Turtman zur Rhone aufschließt. Dann folgt das von der Navisanche durchströmte Val d' Anniviers oder Einfisch-Thal, das sich dem Städtchen Siders gegenüber öffnet, und zuletzt das von der Borgne durchströmte Val d' Herens oder Eringer-Thal, welches sich der Stadt Sitten gegenüber aufschließt. Alle diese Bergwasser sind wild und reißend und fließen meistens in engen Thalspalten, die nur durch schwierige Gebirgspfade mit einander in Verbindung stehen [2]). Die beiden obern und größern Thäler sind noch von Deutschen bevölkert, die beiden untern kleinern gehören schon der romanischen Bevölkerung von Wallis an; doch sind in den Städten Leuk, Siders und Sitten beide Sprachen des Landes, das Deutsche und das einem französischen Patois angehörige Romanische, die sich schon seit älterer Zeit zwischen den beiden ersten Orten, Leuk und Siders, von einander scheiden, auf gleiche Weise in Gebrauch [3]).

---

1) Alb. Schott, die deutschen Kolonien in Piemont, ihr Land, ihre Herkunft und Mundart. Stuttgart 1842. 8.
2) Fröbel, Reise in die penninischen Alpen. Berlin 1840. 8.
3) Simler, Vallesiae descriptio. f. 22. 26. Infra Leuciam Gallica lingua utuntur, superiores Germanica; in ipsis tamen

Das alte Martinach, die civitas Veragrorum oder Octodurum bei den Römern und Martigny bei den romanischen Wallisern genannt, an dem großen Stromknie der Rhone gelegen, entspricht durch seine Stellung in geographischer und historischer Beziehung dem alten rhätischen Chur an dem Stromknie des Rhein, zwischen welchen beiden Orten sich eins der mächtigsten Längenthäler der Alpen, das durch den obern Lauf der Ströme Rhone und Rhein gebildet wird, ausbreitet. Doch hat Martinach an der Rhone schon eine tiefere Lage als jenes Chur, da es sich nur an 1480 F. über den Meeresspiegel erhebt, so wie auch der Weinbau in dem ganzen obern Rhone-Thal fast bis zum Abhange des St. Gotthard-Plateaus oder bis oberhalb Brieg bis zur Oeffnung des kleinen Binden-Thales zur Rhone hinaufsteigt [1]). Die Stadt Martinach liegt aber nicht unmittelbar an der Rhone, sondern an dem reißenden und durch seine Verheerungen bekannten Gebirgswasser Dranse, das durch zwei gleichnamige Quellströme, die obere und untere Dranse, gebildet wird, von welchen die erstere von Südosten her von den Gletschermassen von Getroz und Chermontane am Abhange des Mont Combin kommend das durch seine alten Bäder bekannte Val de Bagne bewässert, die letztere aber auf den Höhen des großen St. Bernhard und Mont Velan entspringend von Süden her das Val d' Entremont durchströmt. Beide Gewässer vereinigen sich nur eine Meile oberhalb der Rhone bei dem Flecken St. Branchier im Südosten von Martinach, unterhalb welcher Stadt sie sich in das Stromknie des Hauptflusses von Wallis ergießen [2]). Mar-

---

vicis celebrioribus Leucia, Sideris et Seduno utraque lingua paulo lautioribus in usu est. — Nostra aetate Veragri Gallica lingua sive Sabaudica utuntur, quam ipsi Romanam vocant.

1) Bridel, essai sur le Vallais. p. 118.
2) Bourrit, description des vallées de glace des Alpes Pennines et Rhétiennes. Genève 1783. 8. Tom. I. p. 28—93.

tinach liegt auf dem rechten oder östlichen Ufer der Dranse, aber ihm gegenüber auf einem steilen Felsen eine Burg, wo schon zu Cäsars Zeit sein Feldherr Sergius Galba bei der ersten Besetzung dieses Alpenthales durch die Römer sein Standquartier genommen haben mag. Noch jetzt beurkunden zahlreiche Denkmale des Alterthums die alte Bedeutung und Wichtigkeit von Octoburum, der Hauptstadt des Landes Wallis im römischen Zeitalter [1]).

Unter rechtem Winkel biegt sodann die Rhone plötzlich nach Nordwesten um, und hier folgt auf eine Strecke von vier Meilen ihr Durchbruch durch das Alpenland, das sie bei ihrer Einmündung in den lemanischen See verläßt. Auch in diesem Theile ihres Laufes nimmt sie noch mehrere kleine wasserreiche Zuströme in sich auf. Denn nicht weit unterhalb der Einmündung der Dranse öffnet sich zu ihr von Süden oder Südwesten her das Val de Trient, und sie erreicht sodann das berühmte St. Moritz (St. Maurice), welches auf dem linken Stromufer gelegen aus dem alten Agaunum oder Tarnaja hervorgegangen ist [2]). Hier aber endigt eigentlich das große wallisische Alpenthal der obern Rhone. Denn von beiden Seiten treten die erhabensten Gebirgsmassen unmittelbar an den Strom heran, so daß er sich nur durch einen schmalen Thalspalt einen Weg zum Austritt aus dem Alpenlande bahnen kann. Im Osten ist es der hohe Dent de Morcles als das äußerste Vorgebirge der Berner-Alpen, im Westen der mächtige Dent du Midi, welcher den letztern noch überragend in einer Höhe von 9800 F. auf der Grenzmark von Savoyen und Wallis zugleich das erhabenste Vorgebirge der Montblanc-Gruppe gegen den Genfer-See bildet. Beide Stromufer am Fuße dieser Gebirgsmassen sind durch eine mächtige steinerne, aus einem Bogen bestehende und aus dem römi-

---

1) Simler, Vallesiac descriptio. f. 28—30.
2) Bridel, essai sur le Vallais. p. 185.

schen Zeitalter stammende Brücke verbunden, welche durch ein Kastell geschützt wird, dessen Thor die einzige bequeme Pforte zu dem rings von der Natur ummauerten Alpenthale von Wallis bildet ¹).

Fortan die heutigen Länder von Wallis und der Waadt von einander scheidend geht die Rhone in nordwestlicher Richtung weiter in der Nähe des alten Ortes Bex (Bacis) vorüber, dem sich gegenüber das Val d' Illiez von Südwesten her zur Rhone öffnet. Allmählig beginnt sodann die Thalebene des Stromes sich zu erweitern, obschon die sie umschließenden Bergmassen sich bis zum lemanischen Alpensee hinabziehen. Denn noch folgt auf der östlichen Seite das tiefe Val d' Ormond, das sich aus dem Quellgebiet der Saane vom Oldenhorn gegen Südwest zur Rhone erstreckt und sich bei dem durch seine reichen Salzwerke bekannten Orte Aigle (Aelen bei den deutschen Schweizern) zu seinem Hauptthale aufschließt ²). Erst hier, nur zwei Meilen von ihrer Ausmündung, wird die Rhone für kleinere Fahrzeuge schiffbar, und ergießt sich durch eine doppelte Mündung in der Nähe des Städtchens Villeneuve in den südlichsten Golf des obern Endes des Genfer=Sees ³).

Vorzugsweise hat sich das obere Rhone=Land von dem St. Gotthard bis zum Genfer=See seit alten Zeiten den Namen des großen Alpenthales (vallis), aus welchem der neuere Name Wallis hervorgegangen ist, erhalten. Die

---

1) **Simler**, Vallesiae descriptio. f. 30. Tarnadae oppidulum, juxta quod montes in unum paene coeuntes, exiguo spatio, qua Rhodanus effluat, relicto, vallem praeruptis et altissimis rupibus quasi muro quodam claudunt. Rhodanum incolae eo loco ponte fornicato stravere, cui castellum additum est et porta ponti imposita, qua tota vallis clauditur. — Recte itaque incolae totam vallem unum quoddam oppidum censent, montibus quasi moeniis munitum, cujus porta Tarnadae sit.

2) **Füßlin**, schweiz. Erdbeschreibung. I. S. 247.

3) **Bridel**, essai sur le Vallais. p. 27.

vier bei der ersten Besitznahme dieses Landes durch die Römer hier wohnenden Völkerschaften, ohne Zweifel den gallischen Helvetiern nahe verwandt, die Biberen, Sedunen, Veragrer und Nantuaten, unter welchen die beiden mittlern die vornehmsten und bedeutendsten waren, werden schon in den römischen Siegesdenkmalen aus des Augustus Zeit unter dem Namen der IV. civitates vallis Penninae erwähnt. Doch muß man auch bald ohne nähere Bezeichnung nur den Ausdruck Vallis gebraucht haben, da jene vier Völker nicht nur im Allgemeinen bloß Vallenses genannt wurden, sondern wie aus Inschriften erhellt, bereits am Ende des dritten Jahrhunderts der Name Valinsa für dies Alpenland in Gebrauch war [1]).

Dieselben Bezeichnungen erhielten sich für dieses große penninische Alpenthal auch im Mittelalter. Denn gleich am Anfange des sechsten Jahrhunderts finden wir dieses Gebiet in der Ausstattungs-Urkunde des burgundischen Königs Siegmund für das Kloster St. Maurice als einen burgundischen Gau unter dem Namen des pagus Vallensis erwähnt, und da das Alpenthal der Dora Baltea an der Südseite der penninischen Alpen auch den Namen vallis im engern Sinne geführt zu haben scheint, so bezeichnete man es im Unterschiede von dieser vallis Pennina als die vallis Augustana nach der dortigen alten römischen Kolonialstadt Augusta Prätoria [2]). Dieser burgundische pagus Vallensis erscheint sodann in den Annalen von St. Bertin bei der gro-

---

1) Haller, Helvetien unter den Römern. II. S. 489. Simler, Vallesiae descriptio. f. 1.

2) Chron. Gottwic. II. p. 827; N. 475. Chart. reg. Sigismundi pro fundat. monast. Agaun. a. 515. Dono de rebus meis in pagis vel territoriis Lugdunensi etc., et pago Genevensi, Valdensi, et fine Aventicensi et Lausanensi curtes, et in pago Vallense et in valle Augustana, quae est a finibus Italiae, alias curtes.

ßen Reichstheilung vom Jahre 839 unter dem Namen des comitatus Vallissorum oder Vallisiorum ¹), und wird bei den spätern mittelaltrigen und neuern Autoren Vallesia, so wie dessen Bewohner Valesii oder Vallesiani genannt. Bei den französischen Romanen wird dies obere Rhone=Land le Vallais genannt, und heißt bei den Deutschen Wallis oder das Walliser=Land ²).

Die beiden Städte Martinach und Sitten erscheinen von je an als die beiden Hauptorte des Landes, an welche sich dessen gesammte Geschichte anknüpft. Unbekannt ist der Ursprung des jüngern Namens des alten Octoburum, welches von Cäsar nur noch vicus Veragrorum genannt, durch seine Lage und Stellung sich den Römern so sehr empfahl, daß es bereits vom Augustus mit dem römischen Bürgerrechte beschenkt und zur Hauptstadt der vallis Pennina erhoben wurde. Von dem Kaiser Claudius mit neuen Vergünstigungen ausgestattet, erhielt Octoburum fortan den Namen Forum Claudii mit dem Zusatz Vallensium, obschon der ältere Name daneben immer bestehen blieb, bis erst in dem burgundischen Zeitalter der jüngere Name Martinach üblich geworden zu sein scheint. Zahlreiche alte Denkmale der verschiedensten Art, wohin vornehmlich viele Meilensäulen, besonders aus dem Zeitalter der Constantier, gehören und dort aufgefundene Kaisermünzen von Augustus an bis auf die Zeit des Theodosius und Honorius, beurkunden die Bedeutung dieses Ortes in dem römischen Zeitalter, und er behielt dieselbe auch anfangs noch unter der burgundischen Herrschaft, wo er als der Sitz eines

---

1) Annal. Bertin. a. 839 ap. Pertz, mon. I. p. 434. Quarum altera regnum Italiae partemque Burgundiae id est vallem Augustanam, comitatum Vallissorum, comitatum Valdensem usque ad mare Rhodani.

2) Füßlin, schweiz. Erdbeschreibung. III. S. 299. 303.

Bischofs der christlichen Gemeinden im Lande Wallis erscheint ¹).

Die Geschichte des wallisischen Bisthums ist jedoch bis in das eilfte Jahrhundert hinein in großes Dunkel gehüllt, indem uns die geistlichen Vorsteher jenes Landes nur theilweise bekannt sind und überdies auch sehr verschieden genannt werden ²). Ohne Zweifel fand bereits im dritten Jahrhundert eine Verbreitung des Christenthums in das Alpenland der obern Rhone statt, und die wunderliche Sage von der thebäischen Legion, welche unter ihrem Obersten Mauritius auf dem Zuge des Kaisers Maximianus Herculeus gegen die gallischen Bagauden hier an der Rhone zwischen Octodurum und Tarnaja den Märtyrertod erlitten haben soll, scheint wenigstens so vielen historischen Gehalt zu haben, daß sie die erste Entstehung des alten Heiligthumes zu Tarnaja oder Agaunum, das fanum St. Mauritii, beurkundet, aus welchem später die berühmte Abtei St. Moritz zu Agaunum, das monasterium Agaunense, hervorgegangen ist ³). Aber erst gegen das Ende des vierten Jahrhunderts haben wir die erste sichere Erwähnung eines Bischofs im Lande Wallis, indem auf dem Concilium zu Aquileja im Jahre 381 unter der Schaar der übrigen Kirchenvorsteher auch Theodorus als episcopus Octodorensis genannt wird ⁴).

Das alte Octodurum behauptete indessen nicht lange den Vorzug der Sitz des wallisischen Bischofs zu sein, indem derselbe später im Laufe des sechsten Jahrhunderts, wie es heißt in Folge von mancherlei Unglücksfällen, durch welche jene Stadt seit der Besitznahme des Landes durch die Burgunden heimgesucht worden war, mehr oberhalb an der

---

1) Haller, Helvetien unter den Römern. II. S. 522 bis 531.
2) Leu, allgem. schweiz. Lexicon. XVII. S. 199 bis 228.
3) Simler, Vallesiae discriptio. fol. 39—41.
4) Hottinger, helvet. Kirchengeschichte. I. S. 170.

Rhone nach Sitten verlegt wurde, nach einigen Angaben bereits am Anfange jenes Jahrhunderts unter dem Bischofe Theodorus II., nach andern gegen das Ende desselben unter dem Bischofe Heliodorus. Dieses Sitten ist seitdem auch der stete Sitz der Bischöfe des Landes Wallis geblieben und erhob sich damit allmählig zum Range einer weltlichen und geistlichen Hauptstadt jenes Gebietes auf Kosten der seitdem immer mehr dahin sinkenden ältern Hauptstadt desselben [1]. Nichts destoweniger nannten sich die Bischöfe von Wallis noch längere Zeit nur Vorsteher der ecclesia Octodurensis oder auch episcopi Vallensium, wie der Bischof Constantius, welcher im Jahre 517 an der Synode von Epaona Antheil nahm, und der Bischof Rufus, welcher auf den beiden Concilien zu Orleans in den Jahren 541 und 549 thätig erscheint. Dagegen nannte sich zuerst der Bischof Heliodorus auf dem zu Macon im Jahre 585 abgehaltenen Concilium einen episcopus a Sedunis, und dies hat früher zuweilen zu der Annahme geführt, als ob es in dem Lande Wallis ursprünglich zwei Bisthümer gegeben habe, wenngleich sie dadurch genügend widerlegt wird, daß bei allen Gelegenheiten nur ein Bischof des Landes erscheint, mochte er sich nun nach der ältern Hauptstadt des Landes oder nach dem neuen von ihm damals gewählten Sitze benennen. Auch kann natürlich die Bezeichnung eines episcopus Vallensium nur auf den ungetheilten Kirchensprengel des Landes Wallis Bezug haben [2].

Jener zweite Theodorus am Anfange des sechsten Jahrhunderts gehört zu den berühmtesten Vorstehern der wallisischen Kirche, so daß er nicht nur der Schutzheilige des ganzen Landes geworden ist, sondern daß sein Name auch jetzt noch in vielfacher Beziehung daselbst in Gebrauch

---

1) Simler, Vallesiae descriptio. fol. 24. 25.
2) Hottinger, helvetische Kirchengeschichte. I. S. 159. 198. 200. 220. 229.

ist. Zu seiner Zeit und unter seiner Mitwirkung erfolgte die neue Begründung des alten Heiligthums zu Agaunum, indem der König Siegmund von Burgund im Jahre 515 den thebdischen Märtyrern zu Ehre hier eine prachtvolle Kirche erbauen ließ, welche mit einem glänzenden Kultus versehen und mit zahlreichen Vorrechten und Begabungen ausgestattet fortan unter dem Namen von St. Moritz das berühmteste geistliche Stift im Lande Wallis ward, dessen Bedeutung in der burgundischen Geschichte sich durch alle Jahrhunderte kund giebt [1]). Auch bekleideten die Bischöfe von Sitten sehr häufig das Amt eines Abtes in jener reichen Stiftung, die schon durch ihre geographische Lage den weltlichen und geistlichen Beherrschern des Landes von gleicher Wichtigkeit sein mußte. Nichts destoweniger gerieth doch das berühmte und reiche St. Moritz im Verlaufe der Zeit so sehr in Verfall, daß es unter dem letzten Könige von Burgund aus dem Stamme der Rudolfingen zum zweitenmale wiederhergestellt werden mußte. Denn im Jahre 1010 erneuerte der König Rudolf III. auf Veranlassung seiner Gemahlinn Hermegunde und seines Oheims Burkhard, welcher als Erzbischof von Lyon zugleich Propst von St. Moritz war, unter Mitwirkung der benachbarten Prälaten des Bischofs Hugo von Sitten, Heinrich von Lausanne und Hugo von Genf dieses uralte Stift, und verschaffte ihm die von den frühern Vergabungen Siegmunds verloren gegangenen Besitzungen wieder [2]).

Aus dem siebenten Jahrhundert sind uns unter den Bischöfen von Sitten nur bekannt der schon früher erwähnte Leudmund, welcher sich mit dem Patricius Aletheus in eine Verschwörung gegen den König Chlotar II. einließ, die für ihn nicht sehr rühmlich ausfiel, und Protasius, wel-

---

[1]) Mille, hist. de Bourgogne. I. p. 88. Hottinger, helvet. Kirchengeschichte. I. S. 198. 211.

[2]) Hottinger, helvet. Kirchengeschichte. I. S. 534.

cher mit seinen geistlichen Nachbaren, den Bischöfen Aricius von Lausanne und Pappolus oder Paulus von Genf, als Theilnehmer an der im Jahre 650 zu Chalons an der Saone abgehaltenen Synode erscheint. Am Anfange des achten Jahrhunderts soll der Bischof Amatus, zugleich Abt zu St. Moritz, zuerst die Ordensregel des heil. Benedict in jenem Stifte eingeführt haben. Aber auf die bisher ziemlich friedlichen Zeiten des Landes Wallis erfolgte seit der Mitte des achten Jahrhunderts eine Zeit der Drangsale durch die Raubeinbrüche der Araber in dieses Alpenthal, und diese Verheerungen desselben, an welchen nachmals auch Schaaren von Normannen und Ungarn Antheil genommen zu haben scheinen, die von den verschiedensten Weltgegenden kommend hier im Herzen des Alpenlandes zusammentrafen und sich nicht selten feindlich berührten, dauerten zum Nachtheil des Hochstiftes Sitten selbst bis zum Ende des zehnten Jahrhunderts fort [1]). Sah sich doch selbst der Bischof Wilichar ums Jahr 764 genöthigt die Stadt Sitten zu verlassen und seinen Sitz in dem Kloster St. Moritz aufzuschlagen. Dafür soll sein Nachfolger, der Bischof Alatheus, der sich der Gunst des Kaisers Karl des Großen erfreute, mit mancherlei Begabungen für sein Hochstift beschenkt worden sein. Wenig begründet ist dagegen die Angabe, daß sein Nachfolger, der Bischof Theodorus III., auch Theobulus genannt, in solchem Ansehn bei jenem Kaiser gestanden habe, daß ihm derselbe im Jahre 802 die weltliche Herrschaft über das ganze Land Wallis verliehen haben soll, obschon jener Theobulus selbst nicht einmal in der Reihe der wallisischen Kirchenfürsten eine sichere Stelle einnimmt, so daß man wohl mit Recht gemeint hat, daß die etwanigen Vergabungen Karls an jenes Hochstift sich nur auf dessen Schutzpatron, den ältern Theodorus, aus König Siegmunds Zeit

---

1) Bridel, essai sur le Vallais. p. 225. 228.

beziehen¹). Auch stammt die weltliche Macht der Bischöfe von Sitten erst aus spätern Zeiten und rührt vornehmlich von den Rudolfingen her, unter deren Walten im Lande Burgund alle Kirchenhäupter sich zu politischer Bedeutung emporschwangen. Nur haben die Bischöfe von Sitten so wenig im ganzen Gebiete von Wallis, wie die von Chur in Hohenrhätien, eine Landeshoheit sich zu erwerben vermocht.

Ganz unbekannt sind die Bischöfe von Sitten im Laufe des neunten Jahrhunderts, und kaum mehr als ihre Namen kennt man aus den nächstfolgenden Zeiten. Um die Mitte des zehnten Jahrhunderts soll Eberhard, ein Sohn des Königs Rudolf II. und ein Bruder des Königs Konrad von Burgund, die bischöfliche Würde daselbst bekleidet haben. Am Schlusse des zehnten Jahrhunderts wird hier der Bischof Hugo II. genannt, welcher den Kaiser Otto III. auf seinem Zuge nach Rom begleitet und von seinem Landesherrn, dem Könige Rudolf III., die Bestätigung der Vergabungen Karls des Großen an das Hochstift Sitten erhalten haben soll ²).

Uebrigens stand der Bischof von Sitten seit dem karolingischen Zeitalter unter dem Metropoliten von Tarantaise in dem heutigen Savoyen, wie diese Anordnung auch der politisch-kirchlichen Organisation des alten Römer-Reiches seit dem vierten und fünften Jahrhundert entsprach. Die Diöcese von Sitten fiel im Wesentlichen mit dem Lande Wallis im weitern Sinne genommen d. h. mit dem gesammten obern Rhone-Lande von der Furka am St. Gotthard bis zum obern Ende des Genfer-Sees zusammen, und wurde durch die Wasserscheide der hohen Alpenrücken diesseit und jenseit des Stromes begrenzt. Im äußersten Osten stieß die Diöcese von Sitten an der Furka mit dem rhäti=

---

1) Hottinger, helvet. Kirchengeschichte. I. S. 300. 392. Leu, allgem. schweizerisches Lexikon. XVII. S. 203. 224.
2) Leu a. a. O. XVII. S. 204.

schen Bisthum Chur zusammen. Von dort an folgte die
nördliche Grenze derselben dem Rücken des Berner-Oberlandes südwestwärts bis zum hohen Oldenhorn, und zog sich
dann in mehr westlicher Richtung auf den niedern Berghöhen entlang, welche die zur Saane und Rhone ablaufenden
Gewässer von einander scheiden, bis zur Einmündung der
Rhone in den Genfer-See. Auf dieser Strecke grenzte das
Bisthum Sitten an das Bisthum Lausanne in dem romanischen Helvetien. Gegen Süden folgte die Grenze der
Diöcese von Wallis dem Rücken der penninischen Alpen
vom St. Gotthard gegen Südwesten und Westen bis zur
Gebirgsgruppe des Montblanc, und stieß in dieser Ausdehnung an die Gebiete der beiden Bisthümer Novara und
Aosta, von welchen das erstere, dem Lande Lombardien angehörig und das gesammte Tosa-Thal umfassend, sich in dem
Val Formazza nordwärts bis zum Plateau des St. Gotthard hinauf erstreckte, während das letztere in dem Flußgebiete der Dora Baltea noch dem burgundischen Lande angehörte. Beide Diöcesen stießen mit der von Sitten an den
Berghöhen des Monte Rosa in dem Quellgebiet der zum
obern Po gehenden Sesia zusammen, während wiederum im
äußersten Südwesten der Gebirgsstock des Montblanc,
wo sich die zur Rhone, Isere und Dora Baltea ablaufenden
Gewässer von einander scheiden, die Grenzmark der vier Diöcesen von Sitten, Aosta, Tarantaise und Genf bildete. Die westliche weniger scharf bezeichnete Grenzmark
der Diöcese von Sitten zog sich von dem Montblanc in
nordwestlicher Richtung nach der savoyischen Landschaft Chablais hinein zu dem Flußgebiet der zum Genfer-See gehenden Dranse, von deren Mündung sie ostwärts, der Stadt
Lausanne gegenüber, die Ufer jenes Alpensees erreicht zu
haben scheint. Diese Linie schied hier die beiden Diöcesen von
Sitten und Genf von einander.

Gleich wie von Chur an dem obern Stromknie des
Rhein die verschiedenen rhätischen Alpenstraßen durch die

lepontischen Alpen ausgehen, so von Martinach an dem obern Stromknie der Rhone die verschiedenen wallisischen Alpenstraßen durch die penninischen Alpen, um von dem westlichen Helvetien aus nach Italien zu führen. Ohne Zweifel sind diese penninischen Heerstraßen durch das Alpengebirge schon in sehr alten Zeiten von den nach Italien wandernden gallischen Völkerschaften bei der ersten Besitznahme jenes Landes durch sie eröffnet worden und bei der bekannten Verbindung dieser gallischen Völker in den Ländern diesseit und jenseit der Alpen immer im Gebrauch geblieben. Aber erst durch Julius Cäsar sind die Pforten dieser penninischen Alpen auch für die Kulturwelt aufgeschlossen worden, und die durch ihn zuerst bekannt gemachte Straße über den großen St. Bernhard mußte um so mehr ihren Ruhm durch alle Jahrhunderte der Geschichte behaupten, als sie durch ihre Weltstellung eine Bedeutung bekommen hat, die auch durch Mittel der Kunst nicht für andere Straßen zu gewinnen ist. Wenn daher die berühmte Simplon=Straße in eben diesem Gebiete der Alpen im weitern Sinne genommen durch ihren großartigen Kunstbau eine besondere Beachtung zu verdienen scheint, so wird, von ihrer sonstigen Wichtigkeit abgesehen, die St. Bernhards=Straße doch ihre historische Bedeutung sich auch für die Zukunft bewahren müssen, und wird in dieser Beziehung immer die erste und vornehmste Pforte an dieser Mauerwand der Alpen verbleiben. Ist es doch merkwürdig genug, daß die St. Bernhards=Straße in der jüngern Zeit grade durch den Heereszug des großen Kriegshelden aufs neue so berühmt geworden ist, welcher durch die Ausführung des Prachtbaues in der Kunststraße über den Simplon zuerst der Welt das Beispiel von der Ueberwindung der größten Naturhindernisse in dem Alpengebirge und das erste Muster in der Anlegung solcher großartigen Bauwerke gegeben hat, wie sie nur den alten Denkmalen aus der Zeit der römischen Herrschaft in der Welt entsprechen.

Die Straßen über den großen St. Bernhard und über den Simplon sind aber zugleich die beiden einzigen großen Passagen, welche heut zu Tage aus dem obern Rhone-Lande in Wallis nach Italien führen, da alle übrigen hier sonst noch bekannten Pfade, wenn auch früher noch mehr in Gebrauch als jetzt, nur höchst beschwerliche und gefährliche Saumpfade bilden, deren historische Bedeutung jetzt erloschen ist. Schwerlich aber war in dem römischen Zeitalter hier neben der Bernhards-Straße noch ein anderer Weg durch die Alpen üblich oder besonders bekannt. Sie führte auf dem nächsten Wege von Italien aus nach dem Rheinlande namentlich nach der großen Festungslinie des limes Rhenanus oder nach Mainz und Köln und nach der gallischen Hauptstadt Trier. Darum war diese Alpis Pennina das große Thor von Germanien und Gallien aus nach Italien, und das an ihrem Fuße sich ausbreitende westliche Helvetien erhielt dadurch in militärischer Beziehung eine Bedeutung, welche die Römer wohl zu würdigen wußten. Auch hatten sie kaum von diesem Alpenpasse Besitz genommen, als schon unter dem Kaiser Augustus ihre Anlagen und Bauten der verschiedensten Art hier den Anfang nahmen. Denn gleichzeitig mit der Erhebung von Octodurum zum Range einer römischen Stadt erfolgte die Gründung und Einrichtung verschiedener Kolonialstädte in dem helvetischen Tafellande und in dem Alpenthale der Salassen am Südfuße des St. Bernhard, wo die berühmte Kolonie Augusta Prätoria an der Dora Baltea angelegt wurde [1]. Die über den St. Bernhard gebahnte Heerstraße führte von Octodurum am linken Ufer der Rhone abwärts nach Tarnaja, wo sie den Strom überschritt und auf dem rechten Ufer desselben durch das Gebiet der alten Nantuaten über die Stationen Bacis oder Bejum, das heutige Bex, und Ala, das heutige Aelen,

---

[1] Haller, Helvetien unter der römischen Herrschaft. I. S. 1 bis 52.

sich nach dem Orte Pennelucus, das jetzige Villeneuve, am obern Ende des lemanischen Sees wandte, dessen Ufern sie dann bis Viviscum, jetzt Vevay, folgte. Von Viviscum an das helvetische Tafelland durchschneidend zog sich die alte Römer=Straße in grader Richtung nordwärts durch die heutige Waadt über die Stationen Minnibunum und Paterniacum an der Broye abwärts nach der helvetischen Hauptstadt Aventicum, von wo sie dann dem Laufe der Aar weiter abwärts folgend sich nach Saloburum hinzog und sich dort spaltete, um entweder über Vindonissa und Vitodurum nach Brigantium zu führen, wo sie mit der über Chur kommenden rhätischen Alpenstraße zusammenfiel, oder über die Bergketten des Jura nordwärts nach der raurachischen Kolonialstadt Augusta am obern Rhein. Zahlreiche Ueberreste dieser alten großen römischen Heerstraße mit den dazu gehörigen Meilensteinen und andern Denkmalen werden noch jetzt überall in dem helvetischen Tafellande aufgefunden und beurkunden die Wichtigkeit derselben für die Zeit des ganzen Alterthums bis zur Vernichtung der römischen Herrschaft in diesen Gebieten [1]).

Die Eröffnung der Simplon=Straße erfolgte ohne Zweifel erst durch die Longobarden, deren Ansiedlung in Italien gegen das Ende des sechsten Jahrhunderts für die Geschichte der Alpenpässe von großer Bedeutung genannt werden muß. Denn dem Laufe der alpinischen Gewässer aufwärts folgend suchten sich die Longobarden überall in den Besitz der Alpenpforten zu setzen, welche sie bei ihrer Feindschaft mit den in dem burgundischen Lande herrschenden Franken zum Schutze ihres Reiches stets mit Thürmen und Mauern befestigten, deren Ueberreste in den bei den Franken genannten clusae Langobardorum auf allen Alpenrücken noch jetzt das Andenken an jene alte Zeit erhalten [2]).

---

1) Haller, Helvetien unter den Römern. II. S. 78 bis 80.
2) Müller, schweiz. Geschichte. I. S. 131 bis 133.

Schwerlich aber kann ihnen bei ihren mehrfachen Einbrüchen in das obere Rhone=Land, die nicht immer vortheilhaft für sie ausfielen, die Simplon=Passage unbekannt geblieben sein, da sie grade im Unterschiede von den andern Alpenpassagen von Italien aus einen leichtern Aufweg als von der andern Seite gewährt und von dem Lago maggiore her die nächste Straße zu jenem Alpenthale bildet. So berichtet der Bischof Marius von Aventicum in seiner Chronik zum Jahre 574, daß die Longobarden aufs neue in das Land Wallis eingebrochen seien und sich des Stiftes zu Agaunum bemächtigt hätten, aber zuletzt von den Franken bei dem Orte Bex besiegt und vernichtet wären [1]). Bestimmtere Angaben über den Simplon=Paß aus jenen ältern Zeiten fehlen jedoch. Dafür mag hier noch erwähnt werden, daß bei eben jenem Orte Bex in den alten Kirchenbüchern von Lausanne eine Lokalität unter dem Namen der fines Kuningorum erwähnt wird, über deren Bedeutung uns nichts bekannt ist, obschon sich das Andenken an diese Bezeichnung noch bis jetzt in dem Namen des benachbarten Dorfes Runens erhalten zu haben scheint [2]).

Schon zu Martinach, in einer Meereshöhe von 1480 F. gelegen, spaltet sich die große italische Heerstraße aus dem obern Rhone=Lande, indem die Straße über den St. Bernhard nach Süden dem Thale der Dranse aufwärts folgt, während die über den Simplon an dem linken Ufer

---

1) Marius Aventic., chron. ap. Bouquet, script. rer. Franc. II. p. 18. Eo anno (574) iterum Langobardi in Valle ingressi sunt et Clusas obtinuerunt et in monasterio sanctorum Acaunensium diebus multis habitaverunt, et postea in Baccis pugnam contra exercitum Francorum commiserunt, ubi paene ad interitum interfecti sunt, pauci fuga liberati.

2) Haller, Helvetien unter der römischen Herrschaft. II. S. 304. Vergl. den schweiz. Geschichtsforscher. Th. IV. 1821. S. 364 bis 373.

der Rhone hinaufsteigt und die Thalniederung dieses Stromes bis nach Brieg hinauf verfolgt. Bei den Dörfern Riddes und St. Peter auf der Hälfte des Weges zwischen Martinach und Sitten überschreitet die große Wallis-Straße die Rhone, und folgt nun ihrem rechten oder nördlichen Ufer nach der Thalebene von Sitten in einer Höhe von 1750 F. über dem Meere. Weiter aufwärts gelangt man auf derselben Uferseite über Siders nach Leuk, wo man an der Einmündung der vom Gemmi herabkommenden Dala in die Rhone diese letztere wieder überschreitet und sie nun an ihrem südlichen Ufer über die Orte Turtman und Visp bis nach Brieg aufwärts begleitet, wo an der Einmündung der von Süden her kommenden Saltine in die Rhone der eigentliche Kunstbau der Simplon-Straße seinen Anfang nimmt.

Aber das Städtchen Brieg in einer Meereshöhe von ungefähr 2200 F. bildet einen Vereinigungspunkt für die über den Simplon kommende und für die das obere Hochthal der Rhone durchziehende Straße, welche zur Verbindung mit den benachbarten Alpenlandschaften von Tessino, Uri und dem Berner-Oberlande dient. Denn gegen Nordosten zweigt sich hier ein über Aernen gehender und nach Münster hinauf führender Saumweg ab, wo sich im Quellgebiet der Rhone zwischen den höchsten Alpengipfeln eine vierfache Passage aufschließt und somit hier, wenn auch auf sehr beschwerlichen und nur in der höchsten Sommerzeit gangbaren Wegen eine große Kreuzstraße von Osten nach Westen und von Norden nach Süden bildet. Denn gegen Norden führt aus dem Hochthale der Rhone der Grimsel-Paß in das Haßli-Thal an der obern Aar, gegen Osten steigt man über die berüchtigte Furka zum Ursern-Thal an der Reuß hinauf, gegen Südost gelangt man über den Nufenen-Paß in das Quellgebiet des Tessino im Val Bedretto am Südfuße des St. Gotthard, und gegen Süden führt der hohe Gries-Paß in das Quellgebiet der Tosa und zum Val Formazza, durch welches man nach Domo d'Ossola hinabsteigt und dort die Kunststraße über den Simplon erreicht ¹).

Von Brieg aus steigt die letztere im Zickzacklaufe südwärts an der Saltine empor, welche nur an drei Stunden oberhalb jenes Ortes bei dem Alpendorfe Tavernettes, in einer Meereshöhe von 4900 F. gelegen, ihren Ursprung hat und sich in einem kurzen und steilen Querthale zur Rhone hinabergießt. Gleich im Süden des Dorfes erhebt sich die Paßhöhe des Simplon mit 6174 F. über dem Meeresspiegel und zwar grade im Osten des Dorfes Stalden im Visp=Thale. Nur eine halbe Stunde unterhalb der Paßhöhe liegt das Hospitium, wo die Gewässer schon nach Süden und Osten ihren Ablauf nehmen. Denn die Simplon=Passage bildet hier eine große von Nordwest nach Südost und nach Osten gehende Einsenkung zwischen der Plateaumasse des St. Gotthard und zwischen dem Alpenstocke des Monte Rosa, welche auf der italischen Seite von der Doveria durchströmt wird, und die das Val di Vedro bildend sich gegen Südosten zum Val d'Oscella bei Domo d'Ossola aufschließt. Das Gebiet des Simplon=Passes liegt noch ganz innerhalb des Landes Wallis, dessen politische Grenze hier eben so über die Wasserscheide der Alpen hinübergreift, wie das Gebiet der deutschen Zunge die Naturgrenzen übersprungen hat. Den Quellströmen der Doveria ostwärts folgend erreicht man erst in bedeutender Entfernung unterhalb der Paßhöhe das deutsche Dorf Simpeln oder Sim=

---

1) Simler, Vallesiae descriptio. f. 12. Grimsula mons dividit Helveticam vallem Haselam a Vallesiis et ab ea parte sunt Arolae fluminis fontes; iter per hunc montem ad Helvetios asperum est et admodum arduum. — Versus meridiem inter montes vallis Eginia per VIII millia fere passuum extenditur; ex hac valle duo itinera ad Insubres patent, unum per montem Nifium in vallem Lepontinam Bellinzonam, alterum per Griessum montem in Antigoriam vallem Bonmatum ducit.

plon in einer Höhe von 4550 F. und noch weiter abwärts im Osten davon das gleichfalls deutsche Dorf Ruden oder Gondo, unterhalb welches erst das Gebiet der italienischen Sprache und das lombardische Land beginnt ¹).

Bei den Wallisern führt diese Alpenpassage den Namen Simpeler, bei den Italiänern Sempiano oder Sempronio, und wird bei den ältern Autoren mons Sempronii oder Scipionis genannt ²). Doch schließen sich diese letztern Bezeichnungen keineswegs an Namen aus dem Alterthum an, da diese Passage den Alten ganz unbekannt erst in den letzten Zeiten des Mittelalters üblich geworden zu sein scheint und sodann erst in den jüngsten Zeiten in Aufnahme gekommen ist, was mit dem Verfall einer andern benachbarten Alpenstraße offenbar im Zusammenhang steht. Denn das Bedürfniß einer Verbindung zwischen Ober=Wallis und den lombardischen Gebieten am Lago maggiore war seit der Zeit des Mittelalters so bedeutend, daß man selbst die höchsten Alpenpfade an dem Gebirgsstocke des Monte Rosa wählte, um aus dem einen Lande nach dem andern zu gelangen. Aber die mit jenen Wegen verknüpften Schwierigkeiten, welche im Laufe der Zeit sich noch vermehrt haben sollen, trugen dazu bei der im Allgemeinen nur niedrigen Paßhöhe des Simplon allmählig den Vorzug zu geben, und dieser wurde dann für immer bestätigt durch den in den ersten Jahren unsers Jahrhunderts vollbrachten und zum Theil durch die Politik veranlaßten Kunstbau der Simplon=Straße,

---

1) Saussure, voyages dans les Alpes. IV. p. 330—337.

2) Simler, comment. de Alpibus f. 99. Alterum iter celebrius est, quo a Briga vico Vallesianorum per juga montis Sempronii Domussulam itur. Hunc montem Brigani a proximo vico Marlianus nominat, a Vallesianis Simpeler, ab Italis Sempiano vel Sempronio vocatur, Latine Sempronii aut, ut alii malunt, Scipionis mons dicitur.

welche auf dem nächsten Wege von dem östlichen Frankreich nach Mailand in Lombardien hinführt ¹).

Dort am Monte Rosa sind es aber zwei Straßen, welche, wenn gleich nur als sehr erhabene Saumpfade zu bezeichnen, doch für die Geschichte der Völkerverbindung im Süden und Norden der Alpen schon seit älterer Zeit von großer Bedeutung sind. Sie zweigen sich beide zu Visp von der großen Wallis-Straße ab, um südwärts durch das Thal der Visp oder Vispach zu den Alpenhöhen hinaufzusteigen. Der Flecken Visp hat nur eine Meereshöhe von 2000 F. und liegt noch in einer durch ihren Reichthum an Obst und Wein sehr ausgezeichneten Thalebene. Bei dem Dorfe Stalden theilt sich die Straße, und man verfolgt das östliche Quellthal der nach dem Orte Saas benannten Visp in dem Saaser-Thal, durch welches man zu dem Monte Moro aufsteigt, der hier das östlichste Vorgebirge des Monte Rosa bildet. Die sich schon an 8400 F. erhebende Paßhöhe des Monte Moro, bei den frühern Autoren auch mons Martis, bei den Italiänern zuweilen Maggana-Berg genannt, war in ältern Zeiten das große Thor zur Verbindung von Wallis mit dem mittlern und untern Lombardien, und noch jetzt bemerkbare Ueberreste eines alten Straßenbaues, den man zum Theil selbst auf das römische Zeitalter zurückzuführen geneigt war, beweisen deutlich genug, daß diese Monte Moro-Passage in Verbindung mit dem östlichen Nebenpasse über den Monte Antrona eine alte, viel benutzte Handelsstraße war, die erst ziemlich spät ihre Bedeutung verloren hat. Unmittelbar am Südfuße der Paßhöhe liegt das deutsche Dorf Macugnaga noch in einer Meereshöhe von 5000 F. im Quellgebiet der Anza, von wo aus man den prachtvollsten Anblick auf die Riesengipfel der Monte Rosa-Gruppe hat. Nur in wenigen Stunden gelangt man von hier aus der höchsten Polar-

---

1) Schott, die deutschen Kolonien in Piemont. S. 61 bis 70.

Region nach Osten und Südosten abwärts zu den Ufern des Lago maggiore und den borromäischen Inseln, wo im größten Contraste mit jener Schnee= und Gletscherwelt bereits die Myrthen und Aloen im Freien gedeihen ¹).

Verfolgt man dagegen von Stalben aus das westliche Quellthal der Visp, so erreicht man zunächst den Flecken Gasen oder St. Nicolas in einer Meereshöhe von 3400 F., nach welchem vornehmlich der untere Theil des Thales den Namen zu führen pflegt. Gegen Süden und Südwesten steigt man weiter aufwärts über die Alpendörfer Randa und Täsch bis nach dem höchsten Dorfe Zermatt d. h. auf der Matte am Fuße des Monte Rosa, in einer Meereshöhe von 4190 F., nach welchem das Alpenthal entweder ganz oder besonders nur in seinem obern Theile das Matter=Thal genannt wird. Von Zermatt beginnt der erhabene Gletscherpfad, welcher an der Westseite des Monte Rosa hinaufführend unter dem Namen des St. Theodul=Passes in der bedeutenden Höhe von 10,416 F. zwischen den Gipfeln des großen und kleinen Mont Cervin hindurchgeht. Obschon heut zu Tage nur in der günstigsten Sommerzeit zu passiren, bildete diese Straße, die zugleich der höchste Saumweg in Europa ist, doch früher ein wichtiges Verbindungsthor für die Länder Wallis und Piemont, und die auf der Scheidecke dieses Passes innerhalb der Polar=Region noch jetzt erkennbaren Ueberreste von Befestigungswerken lehren, daß derselbe nicht einmal der politischen Bedeutung für die Bewohner der anliegenden Alpengaue entbehrte. Uebrigens erscheint die Gebirgsmasse im Quellgebiet der Visp bei den ältern Autoren unter dem Namen des mons Sylvius, und noch der wallisische Geschichtschreiber Simler aus dem sechszehnten Jahrhundert berichtet von dem lebhaften Handels=

---

1) **Engelhardt**, Naturschilderungen der höchsten Schweizer-Alpen besonders in Süd=Wallis und Graubünden. Basel 1840. 8. S. 279 bis 333.

verkehr, welcher auf dieser Straße nach dem von ihm sogenannten Krämerthale (an der italischen Seite der Alpen) hindurchging [1]). Aber selbst noch jetzt sind die deutschen Bewohner der höchsten Alpenthäler am Monte Rosa wie vornehmlich zu Gressoney, Alagna und Macugnaga durch ihre Wanderungslust und durch den von ihnen betriebenen Handelsverkehr bekannt. Von der Paßhöhe von St. Theodul steigt man gegen Südwesten zu dem Val Tournanche hinab, wo man zunächst das Alpendorf Breuil noch in einer Meereshöhe von 6180 F. erreicht. Das nach dem gleichnamigen Flecken benannte Val Tournanche öffnet sich gegen Süden bei Chatillon zur Dora Baltea im Thale von Aosta [2]).

Die über den großen St. Bernhard führende Heerstraße verbindet zunächst die beiden noch innerhalb des Alpenlandes liegenden Städte Martinach und Aosta, und führt aus der vallis Pennina in die vallis Augustana. Nach Angabe der römischen Itinerarien so wie der noch jetzt daselbst vorhandenen alten Meilensäulen betrug die Entfernung von der Paßhöhe gegen Norden bis Martinach an 25 römische Millien, gegen Süden bis Aosta nur an 24 Millien oder die Länge des Weges zwischen beiden Orten an zehn Meilen [3]). Von Martinach aus folgt man gegen Südosten dem linken Ufer der Dranse aufwärts nach dem Flecken St. Branchier, wo sich in einer Meereshöhe von 2270 F. die beiden gleichnamigen Quellströme der Dranse von Osten

---

1) Simler, Vallesiae descriptio. f. 18. Mattia vallis incipit a monte Sylvio; per hunc iter est ad Salassos et Ajazam vallem, quam nostri vocant das Krementhal, quod hujus incolae per varias regiones oberrent, merces diversi generis circumferentes; hac via per glaciem inveteratam aliquot millibus passuum iter faciendum est.

2) Engelhardt, Naturschilderungen der höchsten Schweizer-Alpen. S. 133 bis 278.

3) Haller, Helvetien unter den Römern. II. S. 491. 513.

und von Süden her vereinigen. An dem linken Ufer des letztern weiter hinaufsteigend erreicht man bald den Flecken Orsieres, welcher an der Oeffnung eines Gabelthales gelegen noch von reichen Getreidefeldern umgeben ist und selbst noch einigen Weinbau hat. Denn hier spaltet sich das sogenannte untere Dranse-Thal wieder in zwei ziemlich parallel laufende Thäler, von welchen das westliche, Val de Ferret genannt, sich vom Col de Ferret herabzieht, während das östliche Val d'Entremont genannt das Hauptthal der untern Dranse bildet. Darum wird der Name Entremont (tractus Intramontius oder vallis Intramontiorum) von den Einheimischen auch zur Bezeichnung des gesammten, von den erhabensten Felsenrücken eingeschlossenen Dranse-Thales gebraucht, wenn gleich er im engern Sinne nur das Hochthal von der Paßhöhe des St. Bernhard bis nach Orsieres bezeichnet [1]). Eine steinerne Brücke führt bei dem letztern Orte auf das östliche oder rechte Ufer der Dranse hinüber, und man folgt demselben in dem wilden Val d'Entremont, durch welches der Fluß tobend hinabstürzt, aufwärts über Liddes, wo die Fahrstraße über den Bernhard ihr Ende nimmt, bis zu dem Alpendorfe St. Pierre, dem letzten Orte an der Nordseite der Paßhöhe, wo in einer Meereshöhe von 5000 F. die eigentliche Bernhard-Passage beginnt. Denn steil führt nun der Weg an den Quellen der Dranse gegen Süden hinauf, bis man fast in der Region des ewigen Schnees die Wasserscheide der Alpen erreicht, von welcher sich gegen Süden die Zuflüsse zur Dora Baltea hinabergießen [2]).

Die Paßhöhe des St. Bernhard, bei den Alten gewöhnlich Summus Penninus genannt, bildet ein wildes, von hohen Gebirgskuppen eingeschlossenes, schmales Felsen-

---

1) Simler, Vallesiae descriptio. f. 28.
2) Engelhardt, Naturschilderungen der höchsten Schweizer-Alpen. S. 31 bis 40.

thal, welches in einer Meereshöhe von 7680 F. unmittelbar am Westfuße des erhabenen St. Bernhard gelegen ist. Das schon seit ältern Zeiten berühmte und aus dunkeln Felsquadern erbaute Hospiz des großen St. Bernhard, die höchste menschliche Wohnung in Europa, liegt am Ostende eines kleinen Sees, der nach der italischen Seite seinen Abfluß hat, und ihm gegenüber befinden sich auf einer kleinen Ebene die Ruinen eines alten Jupiter-Tempels, nach welchem diese Alpenhöhe in der frühern Zeit des Mittelalters benannt zu werden pflegte.

Der im Alterthum hier herrschende Name des mons Penninus oder Alpis Pennina, der von diesem Punkte aus auf die gesammte Hochgebirgsmasse bis zum Monte Rosa übertragen wurde, und der bei der zuweilen vorkommenden falschen Schreibart von mons Poeninus die eben so irrige Annahme von dem Heereszuge der Karthager unter Hannibal auf dieser Alpenstraße nicht selten veranlaßt hat, findet seine natürliche Erklärung in dem Namen der bei den alten gallischen Völkern auf den Berghöhen vielfach verehrten Gottheit Pen, welches Wort noch jetzt häufig genug in den westeuropäischen Gebieten und Sprachen zur Bezeichnung von Berghöhen vorkommt. Das Heiligthum der gallischen Gottheit verwandelte sich sodann unter der römischen Herrschaft in das des Jupiter Penninus, und veranlaßte so den in dem frühern Mittelalter hier herrschenden Namen des Mons Jovis oder Mont Jour, der erst seit dem eilften Jahrhundert dem jetzt allgemein üblichen Namen für die Berghöhe und den Alpenpaß an den Quellen der Dranse hat weichen müssen [1]).

Nur kaum zwei Monate im Jahre erfreut sich das Felsenthal des St. Bernhard einer milden Sommerwärme. Bei seiner Erhebung bis in die Nähe der Polarregion wird

---

[1]) Hottinger, helvet. Kirchengeschichte. I. S. 26. 27. Haller, Helvetien unter den Römern. II. S. 493 bis 498.

es den größten Theil des Jahres hindurch von allen Schrecknissen des polarischen Winters heimgesucht. Lawinen und heftige Stürme bedrohen stets auf dieser Alpenhöhe den Wanderer und die hier schon seit alten Zeiten befindliche Ansiedlung und zwar nur in geringer Entfernung von dem tiefen und heißen Thalgrunde der Dora, in welchem sich bei Aosta schon ein italischer Himmel mit einer südlichen Vegetation entfaltet. Denn auf der italischen Seite des Alpenpasses steigt man an einem der Quellbäche des kleinen Flusses Butier hinab, wo man bald das Alpendorf St. Remy, welches in einer Meereshöhe von 4930 F. schon wieder Getreidebau hat, erreicht und folgt von dort dem Laufe des Butier gegen Osten abwärts über die Dörfer St. Oyen und Gignaud bis zur Oeffnung des von Nordosten herkommenden Val Pellina, das sich nach der Vereinigung der von beiden Seiten zusammenströmenden Gewässer gegen Süden zur Dora aufschließt. Dort liegt das alte Aosta, welches nur noch eine Meereshöhe von 1800 F. hat und zugleich den Vereinigungspunkt für die beiden über den großen und den kleinen St. Bernhard führenden Alpenstraßen bildet, die von hier an gemeinsam an der Dora abwärts nach den Ebenen von Piemont geleiten [1]).

Gleich wie an vielen andern wichtigen Lokalitäten ihres weiten Reiches hatten die Römer in dem Felsenthale des großen St. Bernhard eine kleine stehende Besatzung zur Sicherung ihrer Heerstraße von Italien nach Helvetien. Auch waren noch an dem Nordabhange des Alpenpasses verschiedene Befestigungswerke angelegt, welche in einer dreifachen Mauer mit Thoren bestanden zu haben scheinen, deren Ueberreste, wo sie nicht von den Schneemassen und Gletschern der benachbarten Höhen vernichtet sind, sich noch jetzt erkennen lassen. Nicht minder beweisen die Wichtigkeit

---

1) Saussure, voyages dans les Alpes. II. Chap. 41. 42. p. 426—448.

Die St. Bernhard-Straße.

dieser Lokalität für die Römer die Trümmer des prachtvollen Jupiter-Tempels, zu dessen Kultus eine ansehnliche Priesterschaar gehörte, die zugleich die Pflege der Wanderer auf dieser Alpenhöhe in jener Zeit besorgt haben mag, bis dieses Heiligthum in der Zeit des Theodosius seinen Untergang gefunden haben soll und durch die später hier hindurch ziehenden Barbarenschwärme gänzlich zerstört ward. Zahlreiche in jenen Ruinen befindliche Votif-Tafeln von Reisenden aus dem römischen Zeitalter bezeugen die Dankbarkeit derselben gegen die Schutzgottheit des Alpenpasses für die glückliche Ueberschreitung dieser schwierigen und nicht immer gefahrlosen Passage. Außer mancherlei Kunstgegenständen der verschiedensten Art sind seit älterer Zeit auf der Paßhöhe wie auf der ganzen Alpenstraße entlang auch zahlreiche Kaisermünzen von Gold und Silber von der Zeit des Augustus bis auf die des Honorius aufgefunden und ausgegraben worden [1]).

Im Mittelalter wie in den neuern Zeiten behielt die Alpenstraße über den großen St. Bernhard ihre Bedeutung als große Heer- und Handelsstraße besonders für die ostfranzösischen und westdeutschen Gebiete nach Italien. Als solche lernen wir sie zunächst wieder im karolingischen Zeitalter kennen namentlich bei dem Heereszuge Karls des Großen im Jahre 773 gegen die Longobarden, indem es in den fränkischen Annalen heißt, daß Karl seine Kriegsschaaren zu Genf versammelt habe und von dort aus mit dem einen Theile des Heeres über den Mont Cenis in Italien eingedrungen sei, während er seinen Oheim Bernhard mit dem andern Theile desselben den Weg über den Mont Joux habe nehmen lassen [2]). Und wie sehr jener Fürst die Be-

---

[1]) Haller, Helvetien unter den Römern. II. S. 502 bis 522.
[2]) Chron. Moissiac. a. 773 ap. Pertz, mon. I. p. 295. Eodem anno Karolus rex synodum tenuit in Jenua civitate, in quo conventu exercitum divisit, partem secum retinens, ut per Ceni-

deutung dieser Lokalität zu würdigen wußte, erhellt aus der
großen von ihm angeordneten Reichstheilung für seine Söhne
vom Jahre 806, indem er diese Alpenstraße über den großen
St. Bernhard mit Einschluß des an seinem Fuße liegenden
Thales von Aosta seinem ältesten Sohne Karl zutheilte,
welcher außer den andern nördlichen Ländern des Franken-
Reiches auch den größten Theil des Landes Burgund an
an der Nordseite des Alpenlandes von dem St. Gotthard
und den Quellen der Rhone bis zum Mt. Iseran und den
Quellen der Isere erhalten sollte, damit er auf solche Weise
einen freien Eingang in das Land Italien behalte ¹). Schon
oben ist dann ferner der verschiedenen Fahrten des Königs
Karl des Kahlen nach Italien über diesen Mont Joux gedacht worden. Eben diese Straße nahm der König Arnulf,
als er im Jahre 894 aus Italien heimkehrend zugleich die
Unterwerfung des burgundischen Königs Rudolf beabsichtigte.
Doch beziehen sich die Schwierigkeiten, welche Arnulf nach
der Angabe der fuldischen Jahrbücher in Uebersteigung der
Alpen zu überwinden hatte, nicht sowohl auf diese Alpenpassage des St. Bernhard als vielmehr nur auf den italischen Eingang der Alpen bei Ivrea ²). Auch wird daselbst
der Alpenpaß nicht einmal genannt. Bestimmter bezeichnet
dagegen bei eben jener Veranlassung der Chronist Regino
diese Lokalität des Mont Joux in den penninischen Alpen,
indem er zugleich bemerkt, daß Arnulf über St. Moritz in
das burgundische Land eindringend dem Könige Rudolf doch

---

sium montem transiret; partem vero reliquam, cui praefecit Ber-
nardum avunculum suum, cum ceteris fidelibus per Jovis montem in Italia intrare praecepit.

1) Walter, corpus juris Germ. ant. II. p. 216. Cap. a. 806.
Ita ut Karolus et Ludovicus viam habere possint in Italiam ad
auxilium ferendum fratri suo, si ita necessitas exstiterit, Karolus per vallem Augustanam, quae ad regnum ejus pertinet, et
Ludovicus per vallem Segusianam etc.

2) Annal. Fuldens. a. 894 ap. Pertz, mon. I, p. 410.

nichts habe anthun können, da sich derselbe in dem Gebirgs=
lande gegen die Angriffe schützte ¹).

Der Ursprung des Hospitiums auf der Paßhöhe des
großen St. Bernhard, das in den neuern Zeiten jenem Al=
penpasse mit Recht einen gewissen Ruhm verliehen hat, ist
unbekannt. Mit Bestimmtheit wird es zuerst in dem karo=
lingischen Zeitalter und zwar bei Gelegenheit der Verhand=
lungen unter den Söhnen des Kaisers Lothar im Jahre 859
als das hospitale in monte Jovis erwähnt. Doch soll
schon unter Kaiser Ludwig dem Frommen ein Abt Valga=
rius von Mont Joux ums Jahr 832 genannt werden, und
der Bischof Hartmann von Lausanne soll vor seiner Erhe=
bung auf den bischöflichen Stuhl in jener Stadt im Jahre
850 Vorsteher oder Almosenier des Klosters auf dem Bern=
hards=Berge gewesen sein ²). Der erste Anfang der geist=
lichen Stiftung zur Aufnahme und Pflege der Pilger auf
jener Alpenhöhe geht demnach in die frühesten Zeiten des
Mittelalters zurück und schließt sich ohne Zweifel an die
ähnliche Anstalt im römischen Zeitalter an. Aber die fol=
genden Zeiten bei der Auflösung des karolingischen Reiches
waren dem Bestehen dieser wohlthätigen Ansiedlung nicht
günstig und brachten ihr auf jeden Fall den Untergang.
Denn bei der allgemeinen Verwirrung im Abendlande, wie
sie durch die Raubzüge der Normannen bezeichnet wird, hat=
ten auch die Araber von Süden her ihre Raubeinbrüche
in das fränkische Reich zu erneuern gewagt, und von ihren
Schlupfwinkeln an der gebirgigen Meeresküste der Provence
fingen sie nicht nur an das Alpenland zu durchstreifen

---

1) Regino, chron. a. 894 ap. Pertz, mon. I. p. 606. Arnul-
fus pervenit usque Placentiam, inde conversus per Alpes Penninas, Galliam intravit, et ad sanctum Mauritium venit. Rodul-
fum, quem quaerebat, nocere non potuit, quia montana conscen-
dens in tutissimis locis se absconderet. Regionem inter Jurum
et montem Jovis exercitus graviter attrivit.

2) Saussure, voyages dans les Alpes. II. p. 436.

und ihre Raubzüge bis tief in das Innere des Landes hin auszudehnen, sondern sie faßten auch festen Fuß in den Alpenpässen und zerstörten so die Verbindung zwischen den Ländern Burgund und Italien. So erfahren wir namentlich, daß sie sich des Alpenpasses über den Mont Cenis und über den großen St. Bernhard, der beiden Hauptstraßen zwischen jenen Ländern, bemächtigten, die Reisenden beraubten und tödteten und von dort aus ihre Verheerungszüge unternahmen.

Allgemein sind die Klagen aus jener Zeit über die Leiden, welche alle Alpenlandschaften von dem Mittelmeere bis zum Quellgebiet des Rhein hin von den arabischen Raubschaaren zu erdulden hatten. Während der ganzen ersten Hälfte des zehnten Jahrhunderts waren sie die Herren von dem Alpenpasse des St. Bernhard, von wo aus sie alle umliegenden Gebiete durchstreiften und hier in dem helvetischen Alpenlande mit den aus dem fernen Osten kommenden Raubschaaren der Ungarn nicht selten feindlich zusammentrafen. Vornehmlich hatte das Land Wallis mit seinen Kirchen zu Sitten und St. Moritz trotz seiner geschützten Lage von ihnen zu leiden, und noch jetzt bezeugt eine daselbst befindliche Inschrift von dem Bischofe Hugo von Genf aus dem Anfange des eilften Jahrhunderts, in welcher von der cohors Ismaelitarum die Rede ist, von welchem Volke jene Verheerungen ausgingen [1]). Erst die Vernichtung und Vertreibung der arabischen Raubhorden aus den Gebieten der Provence gegen das Ende des zehnten Jahrhunderts konnte für die burgundischen Alpengaue einen mehr friedlichen und gesicherten Zustand hervorrufen, obschon jene wichtige Alpenstraße in der penninischen Alpenkette noch lange Zeit der Sitz von Räuberschaaren geblieben sein muß, nach deren Ueberwältigung und Vernichtung auch erst das alte Stift

---

1) Reinaud, invasions des Sarrazins en France et de France en Savoye, Piémont et dans la Suisse. Paris 1836. 8. p. 157—225.

auf der Höhe des St. Bernhard sich wieder erheben konnte. Der Ruhm aber dazu am meisten beigetragen zu haben, gebührt dem frommen Bernhard aus Monthey in Nieder-Wallis, Chorherrn und Archidiakonus zu Aosta gegen das Ende des zehnten Jahrhunderts. Nicht ohne Grund berichtet die Ueberlieferung von seinen Kämpfen mit Räubern und Dämonen, die auf dem Mont Joux die Herrschaft führten, bis es ihm gelang das Felsenthal daselbst von den Unholden zu säubern und aufs neue ein Kloster zu gründen, das zugleich die Sorge für die Pilger daselbst übernehmen sollte. Auch erfreute sich diese Stiftung, der er selbst bis zu seinem Tode im Jahre 1008 vorstand, der allgemeinsten Theilnahme und erhielt bald reiche Schenkungen, die sich später über alle Gegenden des Abendlandes ausdehnten. Eben diesem Bernhard zu Ehren empfing seitdem dieser Alpenpaß nebst dem sich darüber erhebenden Alpengipfel mit Recht seinen Namen, und zur Unterscheidung von dem gleichnamigen Berge und Passe in den grajischen Alpen wurden beide mit dem Namen des großen St. Bernhard bezeichnet [1]).

Der Genfer-See und der Lauf der Rhone in ihrem Durchbruch durch das Jura-Gebirge.

An der Oeffnung des obern Rhone-Thales, wo dieser Alpenstrom in das helvetische Tafelland einzutreten hat, breitet sich ähnlich wie beim Rheinstrom an seinem Austritt aus dem Alpenlande das große Wasserbecken des Genfer-Sees aus, welcher das ganze Tafelland bis zu den Bergketten des Jura hin einnimmt. Auch breitet sich dieses seit Alters durch seine prachtvollen und wohlangebauten Uferlandschaften berühmte Seebecken schon im Innern des bur-

---

[1] Simler, Vallesiae descriptio. fol. 29. Saussure, voyages dans les Alpes. II. p. 433—440.

gunbifchen Landes aus, und ist daher mit Recht das große burgundische Meer zu nennen.

Durch Cäsar lernen wir zuerst den Genfer=See unter dem Namen des lacus Lemanus oder Lemannus kennen, den er im Allgemeinen auch durch das ganze Alterthum behalten hat. Doch ward er in den letzten römischen Zeiten nicht minder nach der ansehnlichen an seinem Nordufer gelegenen Stadt Lausanne benannt und erscheint in dem antoninischen Reisebuche unter dem Namen des lacus Lausonius, Lausinius oder Lousonius, in der peutingerschen Tafel aber sogar als der lacus Lausanete oder Losanete, wie diese Bezeichnungen mit dem Verfall der lateinischen Sprache zusammenhängen [1]). Im Mittelalter ward der Genfer=See anfangs mit seinem ursprünglichen alterthümlichen Namen bezeichnet und wird so schon von dem Bischofe Gregor von Tours am Ende des sechsten Jahrhunderts genannt, der ihn wegen seines Fischreichthums rühmt und bemerkt, daß ihn die Rhone durchfließe [2]). Eben so spricht von ihm, ohne ihn jedoch zu nennen, sein Zeitgenosse der an ihm einheimische Bischof Marius von Aventicum bei Gelegenheit des großen Bergfalles von Tauretunum in Nieder=Wallis im Jahre 563, wodurch der See aus seinen Ufern trat und seine Verheerungen bis nach Genf hin ausdehnte [3]). Nicht

---

1) Haller, Helvetien unter den Römern. II. S. 21 bis 24. 216.

2) Gregor. Turon., de gloria martyrum ap. Bouquet, script. rer. Franc. II. p. 463. Igitur Lemanni laci, per quem Rhodanus influit, navigium petit. Extenditur autem lacus ille in longitudinem quasi stadiis quadringentis, latitudine autem centum quinquaginta. In hoc etiam stagno ferunt tructarum piscium magnitudinem usque ad centum librarum pondera trutinari.

3) Marius Avent., chron. ap. Bouquet l. c. II. p. 17. Hoc anno (563) mons validus Tauretunensis in territorio Vallensi ita subito ruit, ut castrum, cui vicinus erat, et vicos cum omnibus ibidem habitantibus oppressisset et lacum in longitudine LX. millium et latitudine XX. millium ita totum movit, ut egressus utra-

unpassend wird übrigens der Genfer=See in den Annalen aus dem karolingischen Zeitalter mit dem Namen des Rhone=Meeres (mare Rhodani) bezeichnet [1]). In den neuern Zeiten ist aber für dieses Bassin der Name des Genfer=Sees (lac de Genève) nach der Stadt üblich geworden, welche schon seit dem Mittelalter an seinen Ufern als der in jeder Beziehung vornehmste Ort hervortritt. Doch pflegt man auch wohl jenen Namen auf den westlichen oder südwestlichen Theil desselben zu beschränken und den obern und größern Theil des Wasserbeckens als den Lausanner=See nach der Stadt zu bezeichnen, welche nächst dem alten Genf als der bedeutendste Ort an seinen Gestaden genannt werden muß. Darum geschieht es aber auch bei den Anwohnern, daß der letztere wegen seiner weiten Ausdehnung nach Länge und Breite der große See, der erstere dagegen der kleine See genannt wird [2]).

In der Gestalt einer Mondessichel breitet sich der Genfer=See in der Richtung von Nordost nach Südwest aus und zwar in dem südwestlichsten Winkel des helvetischen Tafellandes, wo die Stadt Genf an seiner südlichsten Spitze die äußerste Grenzmark in der zweiten Region des deutschen Landes im weitern Sinne an dem Nordsaume des Alpengebirgslandes bezeichnet. Der Genfer=See erstreckt sich in dem Bogen von dem Orte Villeneuve an seinem östlichen Ende bis nach Genf an zehn Meilen oder achtzehn Stunden weit mit einer durchschnittlichen Breite in seiner Mitte von zwei Meilen. Der obere und bei weitem größere Theil des Sees, der Lausanner=See, breitet sich in der Richtung von Osten

---

que ripa vicos antiquissimos cum hominibus et pecoribus vastasset, etiam multa sacrosancta loca cum eis servientibus demolisset, et pontem Genavacum, molinam et homines per vim dejecit et Genava civitate ingressus plures homines interfecit.

1) Annal. Bertin. a. 839. ap. Pertz, mon. I. p. 434.
2) Füßlin, schweiz. Erdbeschreibung. I. S. 180.

nach Westen an sieben Meilen weit aus bis zu der alten Stadt Nyon, wo sich seine Ufer plötzlich verengen und der untere Theil des Sees beginnt, welcher sich golfenartig noch an drei Meilen weit in südwestlicher Richtung bis nach Genf hinabzieht, wo ihm die Rhone wieder entströmt, um ihren Durchbruch durch die Gebirgsketten des Jura zu beginnen. Hat das Wasserbecken des Genfer-Sees auch eine ganz entsprechende Stellung zu dem Stromsystem der Rhone wie das des Bodensees zu dem des Rhein, in welchen sich ihre wilden Alpenwasser abklären und ihren tobenden Lauf besänftigen, so unterscheiden sich beide doch darin, daß das erstere sich nicht mitten in einer Thalebene wie das schwäbische Meer ausbreitet, sondern zum Theil von erhabenen Bergmassen umsäumt wird, und darum noch mehr den Charakter eines Alpensees als jenes erhält. Denn da der Genfer-See in seiner Längenerstreckung sich am Fuße des Alpenlandes ausdehnt, so ist seine ganze südliche und südöstliche Uferseite von Berglandschaften erfüllt, welche den äußersten Abfall der Vorketten der grajischen Alpen und der kaum an zehn Meilen weit entfernten Gebirgsmasse des Montblanc bilden. Gegen Westen aber erheben sich die steilen Felsketten des Jura, die an dem untern Ende des Sees mit dem Alpengebirge in Berührung treten, und nur auf der nördlichen und nordöstlichen Seite breitet sich ein mildes Hügelland und eine Thalebene aus, mit welcher dort das helvetische Tafelland seinen Anfang nimmt.

Nichts destoweniger ist der lemanische Alpensee durch seine reiche und schöne Umgebung ausgezeichnet und ist durch den sich hier darbietenden Kontrast in seinen Uferlandschaften in Verbindung mit dem ausgedehnten Wasserspiegel zwischen so verschiedenartig gestalteten Naturformen wohl das prachtvollste Wasserbecken in dem helvetischen Alpenlande zu nennen. Trotz der großen Nähe der wildesten Alpennatur erfreuen sich die tief eingesenkten Gestade des Genfer-Sees eines sehr milden Himmels und einer sehr reichen

Vegetation, wenn gleich vornehmlich nur auf seiner rechten Userseite, und dem entspricht eine durch alle Zeiten der Geschichte hier einheimische Kultur des Bodens und seiner Bewohner, wie sie mit der ersten Ansiedlung der Römer in diesen Gebieten beginnt und sich seitdem ununterbrochen fortgepflanzt hat. Denn dies äußerste Ende des helvetischen Tafellandes senkt sich ziemlich tief gegen den Berührungswinkel der beiden Gebirge der Alpen und des Jura hinab, indem der Spiegel des Sees in der Zeit der größten Fülle desselben nur eine Meereshöhe von 1130 F. behauptet und somit noch bedeutend unter der Fläche des Neuenburger-Sees gelegen ist, von welchem er nur durch einen schmalen Isthmus flachen und ebenen Landes getrennt ist [1]). Ein großer und stattlicher Kranz von blühenden Ortschaften, die ihren Ursprung fast sämmtlich schon im Alterthum haben oder doch im Mittelalter emporgekommen sind, umzieht die Ufer des Genfer-Sees, und verleiht durch ihre gegenseitige Verbindung seinen Gewässern ein so reges Leben, wie es nur auf wenigen Alpenseen statt findet.

Aber der bei weitem größte Theil jener Ortschaften liegt auf der ausgedehntern nördlichen oder rechten Userseite in dem schönen und fruchtbaren Hügellande der Waadt, die sich von Osten nach Westen von dem westlichsten Ende des Berner-Alpenlandes bis zu den Bergketten des Jura erstreckt und sich nordwärts bis in das Gebiet der Neuenburger-Seegruppe ausdehnt. Der kleinere Theil derselben liegt an der kleinern südlichen oder linken Userseite, welche die savoyische Berglandschaft Chablais bildet. Die Reihe jener lemanischen Ortschaften beginnt mit dem Städtchen Villeneuve am äußersten Ostende des Sees nicht weit von der Einmündung der Rhone in denselben, und daran schließt sich weiter abwärts gegen Nordwesten die Stadt Bevay, welche beiden Orte noch jetzt durch ihre alten Denkmale beurkunden,

---

1) Saussure, voyages dans les Alpes. I. Chap. 1. p. 4—17.

daß sie aus den Römer-Städten Pennelucus und Viviscum hervorgegangen sind ¹). Dann folgt die alte bischöfliche Stadt Lausanne mit ihrem Hafenorte Ouchy, die glanzvolle Hauptstadt des Waadtlandes, ungefähr in der Mitte des nördlichen Ufers des großen Sees gelegen. Weiter gegen Westen schließen sich daran die Städte Morges und in einiger Entfernung von den Gestaden das alte Aubonne, aus dem römischen Alpona hervorgegangen, und weiter gegen Südwesten das Städtchen Rolle, wo der große See mit der bald beginnenden Verengerung seiner Gestade eigentlich sein Ende nimmt. Denn mehr abwärts gegen Südwesten liegt schon am Eingange des golfenartig sich zusammenschließenden Theiles des Genfer-Sees das alte Nyon, welches als die früheste römische Ansiedlung in dem Gebiete von Helvetien unter dem Namen der Julia Eqnestris oder colonia Equestris Nevidunum hier am Abhange der Gebirgsketten des Jura gegen den Genfer-See die Pfortenstadt für die Römer aus dem südlichen Gallien nach dem helvetischen Lande bildete und sich noch bis jetzt zahlreiche Denkmale seines Alterthums bewahrt hat ²).

An der südlichsten Spitze des Sees und am Ausflusse der Rhone aus demselben folgt, an dem linken Ufer derselben auf einer mäßigen Anhöhe gelegen, das uralte Genf in einer von der Natur mit allen ihren Reizen ausgestatteten Gegend, welche sich von je an eben so anregend für die geistige Entwickelung ihrer Bewohner gezeigt hat, wie die Lage der Stadt auf der Grenzmark der Länder Frankreich, Italien und Deutschland auf die Ausbildung des bürgerlichen Lebens ihren wohlthätigen Einfluß geäußert hat. An der savoyischen Uferseite des Genfer-Sees sind vornehmlich nur zu nennen die beiden Orte Thonon, die heutige Hauptstadt der Landschaft Chablais, und das früher durch seine

---

1) Haller, Helvetien unter den Römern. II. S. 230 bis 235.
2) Haller, Helvetien unter den Römern. II. S. 201 bis 215.

Heilquellen bekannte Evian, das jetzt aber mehr in Verfall gekommen ist ¹).

Durch seine bedeutende Tiefe, welche in dem großen See an dem savoyischen Gestade an zweihundert bis vierhundert Klafter und in dem kleinen See noch an vierzig Klafter betragen soll, beurkundet der Genfer-See vornehmlich seinen Charakter eines Alpensees. Mit großer Heftigkeit stürzt sich die Rhone in diesen Abgrund hinein und erfüllt ihn an seinem obern Ende mit den aus dem Wallis-Lande herabgeschwemmten Geschieben und Sandmassen. Irrig ist es aber, wenn schon nach dem Vorgange der Alten von neuern Schriftstellern angegeben wird, daß die Rhone über dem Wasser des Sees hinfließe ohne sich mit demselben zu vermischen ²). Denn obschon man ihre grauen Fluthen eine Strecke Weges von dem durch seine Klarheit ausgezeichneten Wasser des Sees unterscheiden kann, so macht sich doch in der Mitte desselben der Strom der Rhone weder durch die Bewegung noch durch die Farbe des Wassers kenntlich. Außer der Rhone ergießen sich noch viele andere kleinere Gewässer in den See, welche ihm in der Sommerzeit die aufgelösten Wasserschätze aus den Schneefeldern und Eismassen der umherliegenden Gebirge zuführen und dadurch bewirken, daß er um diese Zeit stark anzuschwellen pflegt ³). Zu jenen kleinern Zuströmen gehört vornehmlich auf der Südseite die Dranse, welche gleichnamig mit dem wallisischen Zufluß der Rhone auch hier in Savoyen aus zwei gleichnamigen Quellströmen gebildet wird, die auf den Berg-

---

1) Mallet, le tour du lac de Genève. Genève 1824. 8.
2) Ammian. Marcell., hist. XV, 11. A Poeninis Alpibus effusiore copia fontium Rhodanus fluens et proclivi impetu ad planiora degrediens proprio agmine ripas occultat, et paludi sese ingurgitat nomine Lemanno eamque intermeans nusquam aquis miscetur externis, sed altrinsecus summitates undae praeterlabens segnioris, quaeritans exitus, viam sibi impetu veloci molitur.
3) Füßlin, schweiz. Erdbeschreibung. I. S. 181.

höhen am Westabhange des hohen Dent du Midi ihren Ursprung nehmen, sich gegen Nordwesten durch das an ihnen liegende Alpenthal von Chablais ergießen, sich nicht weit von dem See vereinigen und zwischen Thonon und Evian sich in denselben einmünden. Der Dranse gegenüber ergießt sich durch das Gebiet der Waadt der kleine Fluß Venoge, dessen verschiedene Quellströme wie vornehmlich der Noson und Veiron von den Höhen des M. Tendre auf dem Jura, wo auch die Quellen der Orbe liegen, von Westen herabkommen und sich bei Lasarra vereinigen, wo die alten Kanalbauten zwischen der Venoge und Orbe zur Verbindung der Seen von Genf und Neufchatel so wie der Ströme Rhone und Rhein noch jetzt sichtbar sind. Gegen Süden durchschneidet der vereinigte Fluß, bei Cossonay vorübergehend, die Thalebene der Waadt und erreicht das Wasserbecken des lemanischen Sees zwischen den Städten Lausanne und Morges an der innersten Spitze des nördlichen Ufersaumes [1]).

Als ein ansehnlicher Strom tritt die Rhone aus dem Becken des Genfer=Sees heraus, verfolgt aber nicht die durch den untern Theil desselben angedeutete Richtung nach Süden, sondern wendet sich sogleich gegen Westen, um sich durch die Gebirgsketten des Jura eine Bahn zu brechen. Aber nicht weit von ihrem Ausfluß aus dem See unmittelbar unterhalb der Stadt Genf nimmt sie schon einen wasserreichen Zufluß in der Arve in sich auf, deren Quellen uns wieder in das Innere des Alpenlandes und zwar zu dem Gebirgsstocke des Montblanc zurückführen. Denn das Quellgebiet der Arve bildet das berühmte Thal von Chamouny oder Chamonix, von welchem aus man die Naturwunder jener Gebirgsgruppe zu betrachten und ihre Riesenhöhen zu ersteigen pflegt. Die an fünf Meilen weit in der Richtung von Südwest nach Nordost sich erstreckende Ge-

---

[1] Füßlin a. a. O. III. S. 480.

birgsmasse des Montblanc, auf der Grenzmark der drei Landschaften Savoyen, Wallis und Piemont, scheidet zugleich die sich zur Rhone und zum Po ergießenden Gewässer, doch so daß die auf drei Seiten oder nach Norden, Westen und Süden abfließenden Quellströme sich zu dem großen französisch-burgundischen Alpenstrom, die auf der vierten oder östlichen Seite sich zu dem italischen Alpenstrome wenden. Wenn auch in den jüngsten Zeiten vielfach besucht, ist die Gebirgsgruppe des Montblanc und ihre gesammte alpinische Umgebung doch erst seit den letzten Decennien des vorigen Jahrhunderts unter uns genauer bekannt geworden, nachdem man die Riesenhöhen Asiens und Americas längst kennen gelernt und erstiegen hatte. Der Ruhm aber dieses merkwürdige Gebiet des europäischen Alpenlandes zuerst wahrhaft aufgeschlossen und wissenschaftlich erforscht zu haben, gebührt dem großen Genfer-Naturforscher Hor. de Saussure, welchem es zuerst im Jahre 1787 gelang den höchsten Gipfel des europäischen Continents zu ersteigen, wohin ihm seitdem viele andere Reisende gefolgt sind [1]).

Auf der Südost- und Nordwestseite wird der lang gestreckte Zug der Gebirgsgruppe des Montblanc von zwei Längenthälern begleitet. Auf der Südostseite ist es das Gletscherthal der Allée blanche mit dem sich ihm gegenüber öffnenden Val de Ferret, die sich beide vereinigt bei dem Alpendorfe Courmayeur südostwärts zu dem Thale der obern Dora Baltea wenden. Auf dieser Seite zeigt sich der Steilabfall jener Gebirgsmasse, die von hier aus ganz unnahbar ist, indem der von Chamouny aus über den Col du Géant nach Courmayeur führende Saumpfad in einer Meereshöhe von 10,578 F. jetzt so von Eismassen erfüllt ist, daß er nicht mehr beschritten werden kann. Dagegen führen

---

1) Saussure, voyages dans les Alpes. Tom. II. Chap. 52. p. 550—574. Tom. IV. Voy. IV. Chap. 1—7. p. 137—216 et voy. V. Chap. 1—11. p. 217—318.

zwei andere obschon nicht minder beschwerliche Saumwege aus diesem Hochthale über die äußersten Grenzsteine jener Gebirgsgruppe nach Wallis und nach Savoyen, nämlich im Nordosten der Paß über den Col de Ferret in einer Meereshöhe von 7150 F. nach dem wallisischen Val de Ferret, das sich bei dem Orte Orsieres zu dem Thale der obern Dranse öffnet, und im Südwesten der Paß über den Col de la Seigne in einer Meereshöhe von 7550 F. nach dem Thale der obern Isere am Westfuße der Alpenstraße über den kleinen St. Bernhard. Auch führt von eben diesem Alpenthale an der obern Isere wiederum ein Saumpfad nordwärts über den Col de Bonhomme, das südwestlichste Vorgebirge der Montblanc = Gruppe, in einer Meereshöhe von 7530 F. nach dem obern Thal der Arve an der Oeffnung des Chamouny = Thales oberhalb des Städtchens Sallenches.

An der Abendseite der Montblanc = Gruppe befindet sich das von der obern Arve in der Richtung von Nordost nach Südwest durchströmte Chamouny = Thal, das zu den abgelegensten und verborgensten Thalschluchten des Alpenlandes gerechnet werden muß. Bei einer Länge von vier bis fünf Stunden hat dasselbe höchstens eine Breite von einer halben Stunde und ist rings von den erhabensten Gebirgsmassen ummauert. Denn auf seiner Nordwestseite, der Masse des Montblanc gegenüber, erhebt sich wieder die an 9300 F. aufsteigende Gebirgsgruppe des Mont Buet, auch la Mortine genannt, von deren Höhen sich der prachtvollste Anblick auf jene Riesengipfel darbietet [1]). An ihrem Fuße gegen Abend liegt wiederum das kleine von dem Flüßchen Giffre durchströmte Alpenthal Val de Sixt, das sich

---

1) J. A. de Luc, Reisen nach den Eisgebirgen von Faucigny in Savoyen (Leipzig 1777. 8) aus dem Franz. übers. aus seinen Recherches sur les modifications de l'atmosphère. Genève 1772. II. 4.

durch jenes Gewässer zur mittlern Arve öffnet. Auf der Nordseite ist das Chamouny-Thal von dem Col de Balme, und auf der Südwestseite von den Berghöhen de Lacha, de Forcles und Vaubagne geschlossen. Darum hat dies Thal nur zwei Zugänge, von denen der eine, die gewöhnliche Straße der Reisenden, von Genf her an der Arve aufwärts über Sallenches in dasselbe hineinführt, während an der entgegengesetzten Seite ein Saumpfad im Quellgebiet der Arve über den Col de Balme in einer Meereshöhe von 7100 F. nordwärts zum wallisischen Val de Trient und somit zum Stromknie der Rhone bei Martinach führt.

Das Thal selbst besteht aus schönen Wiesen, hat aber auch etwas Ackerland. Denn noch gedeihen hier die gewöhnlichen europäischen Cerealien, aber kein Obst, so wenig wie Wein, Kastanien und Nüsse, an denen das savoyische Land sonst so reich ist. Offenbar bildet die abgeschlossene Lage des Thales zwischen den höchsten Erhebungen einen Hauptgrund dieser Erscheinung. Denn die Thalebene erhebt sich nur an 2040 F. über den Spiegel des Genfer-Sees oder an 3170 F. über den Spiegel des Oceans, und unmittelbar darüber steigen die Gipfel der Montblanc-Gruppe in einer relativen Höhe von 11,530 F. empor, so daß sich hier einer der größten Contraste in der Plastik des Alpenlandes und der Erde überhaupt zeigt. Darum hat das Thal einen sehr lange dauernden Winter vom October bis zum May, zeigt im Sommer große Abwechselung von Kälte und Wärme, leidet an heftigen Aequinoktial-Stürmen und bietet im Frühjahr durch die Schneelawinen große Gefahren dar. Auch ist das Thal erfüllt mit zahlreichen Trümmerhaufen der von jenen Höhen herabgestürzten Felsmassen, aus denen man die Natur der Bestandtheile jener Gebirgsgruppe hier am bequemsten erforschen kann. An sechszehn mächtige Alpenhörner zählt man, welche sich sämmtlich mehr als 8230 F. über das Thal erheben, und unter ihnen ist am meisten ausgezeichnet der Gipfel des Montblanc selbst, welcher bei den Bewohnern des Thales la bosse de dromedaire genannt wird, weil er sich in der Gestalt eines Kameelbuckels zeigt. Außer vielen andern Eisströmen ziehen sich von seinen Höhen vornehmlich vier große Gletscherarme, des Bois, des Boissons, b'Argentière und de la Tour genannt, in das Thal hinab. Zu den merkwürdigsten Punkten dieser Polarzone gehören besonders das Eismeer von Montanvert, ein an zwei Stunden langer Gletscher in einer Höhe von 2568 F. über dem Thale, und der mit ihm in Verbindung stehende Gletscher des Bois, dessen Ende das prachtvolle Eisgewölbe bildet, aus welchem der Arveiron donnernd hervorbraust, um sich etwas unterhalb in die Arve zu ergießen [1]).

Bis zur Mitte des vorigen Jahrhunderts war dies Alpenthal fast ganz unbekannt in Europa; man nannte bis dahin die umliegenden Berghöhen nur les montagnes maudites und glaubte das Thal von wilden Menschen bewohnt. Erst seit dem Jahre 1741 wurde es eigentlich durch einige Engländer entdeckt, durch Windham und den bekannten Orientalisten Pocock, welche von Genf aus damals eine Reise dahin unternahmen und die ersten Nachrichten darüber mittheilten [2]). Nichts destoweniger war das Thal doch früher nicht unbekannt, indem der Hauptort desselben, gewöhnlich le prieuré de Chamouny genannt, schon aus der ältern Zeit des Mittelalters stammt und seinen Ursprung einem von dem Grafen Aimon von Genf hier ums Jahr 1099 gegründeten Benediktiner-Kloster verdankt, das von

---

1) Saussure, voyages dans les Alpes. Tom. I. Voyage autour du Montblanc. Chap. 6—9. p. 422—488. Tom. II. Chap. 13—34. p. 1—346. Bourrit, voyage pittoresque aux glacières de Savoye. Genève. 1773. 8.

2) Altmann, Beschreibung der helvetischen Eisberge. S. 111 bis 128.

der Abtei la Cluse in Piemont abhängig war¹). Uebrigens sind die Bewohner jenes Ortes oder überhaupt die Chamouniards die kühnsten Gemsenjäger und haben sich als Führer in der Alpenwelt des Montblanc einen gewissen europäischen Ruf erworben.

Reißend tritt der Gebirgsstrom der Arve aus jenem Alpenthale hervor und wendet sich unter rechtem Winkel gegen Nordwesten zur Rhone. Dies von der mittlern und untern Arve durchströmte alpinische Querthal, das bei dem Städtchen Sallenches beginnt, bildet die schöne und fruchtbare, aber zugleich von den erhabensten Gebirgsmassen eingeschlossene savoyische Landschaft Faucigny (oder Faussigny), die große Heerstraße der Reisenden von Genf aus nach dem Chamouny-Thale. Die Arve geht in ihrem mittlern Laufe bei den beiden Orten Cluses und Bonneville, letzteres die Hauptstadt von Faucigny, vorüber und nimmt zwischen ihnen auf ihrer rechten Seite das aus dem Val de Sixt kommende Flüßchen Giffre in sich auf. Eben dort wird dieses Alpenthal von zwei sich auf beiden Seiten erhebenden ansehnlichen Berggruppen eingeengt, so wie der Name des erstern Ortes mit einer ähnlichen mehr oberhalb gelegenen Einschnürung des Flusses zusammenhängt. Denn auf der Nordseite steigt unmittelbar über Bonneville die Gruppe des Mt. Mole in einer Höhe von 5690 F. empor, während sich auf der Südseite die Gruppe des Mt. Brézon in einer Meereshöhe von 5660 F. erhebt, zwischen welchen der Fluß rauschend hindurchbricht²). Aber in seinem untern Laufe nicht weit von seiner Einmündung in die Rhone erhebt sich nur in geringer Entfernung von Genf der merkwürdige Mt. Saleve, welcher aus Kalksteinmassen beste-

---

1) Notice historico-topographique sur la Savoye. Chambery 1787. 8. p. 50. 51.
2) Saussure, voyages dans les Alpes. Tom. I. Voyage autour du Montblanc. Chap. 1—5. p. 360—421.

hend mitten in dem jüngern Gebirgslande, wie sich dies um den Genfer-See zwischen den Kalkalpen und den Kalksteinketten des Jura ausbreitet, emporsteigt und ehemals das Thal von Faucigny geschlossen haben muß, bis sich die Gewässer des Alpenstromes eine Bahn durch ihn brachen und ihn spalteten, um so in die Thalebene von Genf einzutreten [1]). Sodann bei dem Städtchen Carouge vorübergehend, ergießt sich die Arve gleich unterhalb desselben in die Rhone. Die Bewohner dieses großen savoyischen Alpenthales, die sogenannten Faussignerans, sind wenn auch vornehmlich mit der Alpenwirthschaft beschäftigt, doch unter allen Savoyarden besonders ausgezeichnet als Handwerker und in mechanischen Kunstfertigkeiten; auch sollen sie wie die Bewohner der nördlichen Nachbarlandschaft Chablais in ihrer leiblichen Beschaffenheit noch jetzt ihre Abstammung von dem burgundischen Volke beurkunden [2]).

In westlicher Richtung durchströmt die Rhone nach der Aufnahme der Arve die schöne Thalfläche von Genf, welche amphitheatralisch im Osten, Süden und Westen von Berghöhen umsäumt wird, und erreicht bald die Gebirgsketten des Jura, die dort mit dem Mont Vouache ihren Anfang nehmen und ihrem weitern Laufe einen Damm entgegensetzen. Hier aber beginnt der merkwürdige Durchbruch der Rhone durch das Jura-Gebirge. Denn nur an drei Stunden unterhalb Genf tritt der Strom bei dem Fort l'Ecluse in einen offenbar erst durch seine Fluthen eingerissenen Bergspalt ein, an dessen linken Seite der Mt. Vouache noch an 3000 F. über den Spiegel des Genfer-Sees emporsteigt. Nach der Aufnahme der Arve hat die Rhone eine Breite von 213 F., verengt sich aber hier in diesem Berg-

---

1) Saussure, voyages dans les Alpes. I. Chap. 7. p. 163—201.

2) Albanis Beaumont, description des Alpes Grecques et Cottiennes ou tableau historique et statistique de la Savoye. Paris 1802. 4. Tom. II. p. 93—103.

spalte bei l'Ecluse zu 20 bis 30 F., und anderthalb Stunden unterhalb bei der sogenannten perte du Rhone ist das Strombett bis auf 15 und 16 F. zusammengeschnürt, während der Strom bei hohem Wasserstande eine Tiefe von 50 bis 60 F. hat. Die Kluft selbst zwischen den beiden Gebirgswänden der Jura-Ketten im Norden und Süden hat höchstens eine Breite von einigen hundert Klaftern, und verengt sich vom Fuße der gegenüberstehenden Felsen bis zur Oberfläche des Stromes selbst noch bis auf vierzig Klafter. Aber in einer Höhe von 300 F. über dem Spiegel des Flusses sind die steilen Felsschichten des Jura so weit weggebrochen, daß neben dem tiefen Abgrunde Raum für eine von Genf nach Lyon führende Heerstraße hat gewonnen werden können, und eben dort liegt auf dem rechten Stromufer das Fort l'Ecluse, das Thor von Frankreich gegen Savoyen und die Schweiz. Durch diesen Einschnitt in der Jura-Mauer tritt die Rhone aus dem Schweizer-Lande heraus und scheidet fortan das Land Savoyen von der französischen Landschaft Burgund. In südwestlicher Richtung zieht sich dieser Einschnitt fort bis zu dem Dorfe Coupy anderthalb Stunden unter l'Ecluse, wo die senkrechten Wände des Felsenbettes der Rhone an 60 F. über den Spiegel derselben emporsteigen, und indem sie sich nach oben hin verengen, entzieht sich der Strom auf eine Länge von 60 Schritt fast ganz dem Blicke. Dies ist die eigentliche perte du Rhone. Von dieser Stelle an bis zu der nicht weit unterhalb folgenden Aufnahme des kleinen Flusses Valscelline wird das Bett des Stromes so tief, daß sich seine steilen Wände an anderthalb hundert Fuß hoch erheben [1]).

Aber dort, wo die Valscelline aus einem der östlichsten Längenthäler des Jura (an der Westseite des Mt. Re-

---

1) Saussure, voyages dans les Alpes. I. Chap. 17. p. 325 — 335. Ebel, über den Bau der Erde im Alpengeb. II. S. 99. 107.

culet gelegen) sich in die Rhone einmündet, biegt dieser Strom scharf unter rechtem Winkel um und fließt nun, die Richtung seines Zustromes verfolgend, auf eine Strecke von mehrern Meilen, wo er bei dem Städtchen Seyssel vorübergeht, grade nach Süden, bis er bei dem savoyischen Flecken Yenne, den man nicht selten für das alte burgundische Epaona gehalten hat, aufs neue nach Westen hin einen Durchbruch durch die Gebirgsketten des Jura versucht. In diesem südwärts gewandten Laufe nimmt die Rhone vornehmlich zwei kleine Zuflüsse von Osten her in sich auf, welche zugleich die Abzugskanäle der im westlichen Savoyen liegenden zwar nur kleinen, aber durch ihre reizenden Umgebungen bekannten alpinischen Wasserbecken bilden. Denn gleich unterhalb Seyssel ergießt sich in den dortigen savoyisch-französischen Grenzstrom das reißende Bergwasser Fier, das von den Berghöhen in der Nähe von Sallenches herabkommt und westwärts bei dem Flecken Vieux Annecy vorübergeht. Aber gleich im Süden dieses Fleckens liegt der kleine Alpensee von Annecy, welcher in einer Meereshöhe von 1368 F. sich in der Richtung von Südost nach Nordwest ausbreitet und durch den Thioux in den Fier ausmündet. Benannt ist dieses kleine Bassin nach der an seinem untern Ende liegenden Stadt Annecy, welche nächst Chambery die bedeutendste Stadt des Landes Savoyen bildet und durch ein altes mächtiges Schloß, ehemals die Residenz der Herzoge von Genevois, beschützt wird [1]). Etwas weiter abwärts ergießt sich in den Fier der kleine von Südosten kommende Bergstrom Seran, der bei den Orten Alby und Rumilly mit dem Beinamen en Albanais vorübergeht.

Das sich um den Lac d'Annecy und den Fier ausbreitende Gebiet bildet die heutige Landschaft Genevois, einer der schönsten und reichsten Theile des Landes Savoyen. Her-

---

1) Notice historico-topographique de la Savoye. p. 37—39.

vorgegangen aus der alten Grafschaft von Genf (com. Genevensis) hat diese Landschaft aber stets einen verschiedenen Umfang gehabt. Schon seit ältern Zeiten gilt der Ort Annecy für die Hauptstadt derselben, und ist seit dem Reformations-Zeitalter auch der Sitz des Bischofs und Domkapitels von Genf geworden, obschon der Sitz der alten Grafen von Genf oder Genevois nicht hier, sondern in dem von ihnen gegründeten Städtchen la Roche war, welches in der Nähe von Bonneville auf den die Landschaften Faucigny und Genevois trennenden Berghöhen gelegen ist [1]).

Der zweite von Osten kommende Zufluß zur Rhone bildet den Abzugskanal des kleinen aber berühmten Lac de Bourget, der sich ganz in der Nähe des Rhone-Ufers gleichfalls in der Richtung von Südost nach Nordwest erstreckt und an Größe dem Lac d'Annecy ziemlich gleichkommt. Das sich um ihn ausbreitende Gebiet bildet die Landschaft Savoyen im engern Sinne, deren Bewohner daher unter dem Namen der Savoisiens von den Savoyards im Allgemeinen unterschieden werden. Sie ist zugleich der westlichste Theil des Landes Savoyen, in deren Mitte der Ort Chambery, die Hauptstadt des ganzen Landes, gelegen ist. Chambery, vermuthlich schon aus der alten römischen Station Lemincum oder Lemnicum hervorgegangen, liegt am Zusammenflusse der beiden kleinen Bergwasser Leisse und Albane, deren Quellen nur wenig im Süden von der Stadt sich in der Nähe der obern Isere bei der Stadt Montmelian befinden, und die sich vereinigt nicht weit unterhalb Chambery bei dem Flecken Bourget in den gleichnamigen Alpensee ergießen. Dies eigentliche Savoyen bildet eine liebliche Berglandschaft, die durch ihre reichen Weinpflanzungen aus-

---

[1] Albanis Beaumont, description des Alpes Grecques et Cottiennes. II. p. 116—153. Notice hist. topogr. de la Savoye. p. 44.

gezeichnet ist, von denen alle die Stadt Chambery umgebenden Berggehänge bedeckt sind ¹).

Das Bassin des Lac de Bourget liegt nicht nur bedeutend tiefer als sein Nachbarsee von Annecy, sondern auch als der Spiegel des Genfer-Sees, indem er nur noch eine Meereshöhe von 670 F. hat, und da er sich durch einen kurzen Kanal von seinem untern Ende aus westwärts in die Rhone entladet, so ergiebt sich schon daraus der ansehnliche Sturz dieses Stromes in seinem bisherigen Durchbruche durch die Jura-Ketten. An der rechten Uferseite des Sees liegt der Flecken Aix (Aquae Allobrogicae), durch seine alten Heilquellen bekannt; an der linken Uferseite nicht weit von der Ausmündung des Sees die freilich erst im zwölften Jahrhundert gegründete stattliche Abtei Hautecombe, in der viele Mitglieder des savoyischen Fürstenhauses ihre Ruhestätte gefunden haben. Dieser Landschaft Savoyen gegenüber breitet sich auf dem westlichen Ufer der Rhone das Hügelland von Bugey aus, in welchem sich in einiger Entfernung von dem Strome die alte bischöfliche Stadt Belley erhebt, gewöhnlich mit dem Beinamen en Bugey bezeichnet. Aber das eigenthümliche von dem Lac de Bourget und der Rhone gebildete Halbinselland wird von einer merkwürdigen in der Richtung von Norden nach Süden streichenden Gebirgsgruppe erfüllt, welche unter dem Namen des Mont du Chat bekannt sich seit Alters einen hohen Ruhm erworben hat. Denn die von dem Städtchen Yenne aus über diese Gebirgsgruppe nach dem Lac de Bourget hinwegführende Straße bildet hier einen nicht unwichtigen Eingang in das Alpengebirge, und eben hier war es, wo der große karthagische Feldherr Hannibal bei seinem Heereszuge über die Alpen sich nach einem Kampfe mit den dortigen Anwoh-

---

1) Albanis Beaumont, description des Alpes Grecques et Cottiennes. II. p. 63—72. Notice hist. topogr. de la Savoye. p. 7—12.

nern zuerst eine Pforte in das Alpenland eröffnete, um sodann, über das heutige Chambery seinen Weg nehmend, an der obern Isere zu dem kleinen St. Bernhard hinaufzusteigen und dem Lauf der Dora Baltea abwärts nach den Ebenen von Italien zu folgen [1]).

Bei eben dem Orte Yenne versucht die Rhone aufs neue durch die letzten Gebirgsketten des Jura hindurchzubrechen. Doch gelingt ihr dies erst weiter abwärts, nachdem sie nochmals eine südliche Richtung hat annehmen müssen, bis sie endlich bei der Aufnahme des von Süden kommenden Gebirgsstromes Guyer plötzlich unter spitzem Winkel gegen Nordwesten zurückgeworfen wird und diese Richtung auf eine Strecke von mehrern Meilen bis zu dem Städtchen St. Sorlin verfolgt. Das reißende Gebirgswasser Guyer bildet hier den Grenzstrom von dem Lande Savoyen gegen die französische Landschaft Delphinat, und geht in seinem obern Laufe bei dem savoyischen Städtchen les Echelles vorüber, welches durch seinen merkwürdigen Straßenbau durch den Herzog Karl Emanuel II. von Savoyen aus dem Jahre 1670 berühmt geworden ist, indem hier jetzt die große von Chambery nach Lyon führende Heerstraße hindurchgeht [2]). Auch liegt in nicht großer Entfernung von dem Ort in einem der wildesten Alpenthäler an den Quellen des Guyer die Grande Chartreuse, der Mutterort aller Karthäuser-Klöster. Noch nimmt der Guyer in seinem untern Laufe von Osten her den Abfluß des kleinen savoyischen Alpensees von Aiguebelle in sich auf, der aber an Größe jenen beiden andern Wasserbecken sehr nachsteht, und ergießt sich sodann zwischen den beiden kleinen Orten St. Geniß im Osten und St. Dibier im Westen in seinen Hauptstrom.

---

1) Polybius, hist. III, c. 50. 51. Vergl. (Wickham und Cramer) Hannibals Heerzug über die Alpen, aus dem Engl. von F. H. Müller. Berlin 1830. 8.
2) Notice hist. topogr. de la Savoye. p. 23.

Von der Aufnahme des Guyer an bildet der gesammte weitere Lauf des alpinischen Quellstromes der Rhone bis nach Lyon hin die Grenzscheide zwischen den beiden französischen Landschaften Burgund im Norden und dem Delphinat im Süden. Die Rhone vollendet nun in diesem Theile ihres Laufes ihren Durchbruch durch das Gebirgsland, um in die Thalebene von Lyon einzutreten. Denn da, wo sie zunächst in nordwestlicher Richtung fortgeht, durchschneidet sie die letzten Vorketten des Jura, welche an einigen Stellen durch ihre Felsbänke noch Stromfälle verursachen, die hier die Schifffahrt etwas gefährlich machen und saut du Rhone genannt werden [1]). Aber wo die Rhone bei St. Sorlin zum letztenmale nach Südwesten zurückgeworfen wird, tritt sie aus dem Berglande heraus und nimmt weiter unterhalb eine westliche Richtung an, in welcher sie auf eine Strecke von mehrern Meilen das Gefilde von Lyon bewässernd sich bei jener Stadt mit der von Norden kommenden Saone vereinigt. Der Spiegel der beiden vereinigten Gewässer soll bei Lyon nur noch eine Meereshöhe von 430 F. haben, und der Strom hätte danach in seinem Durchbruche durch die Jura=Ketten vom Genfer=See an bis nach jener Stadt einen Fall von 700 F., der seine reißende Strömung zur Genüge erklärt.

Noch nimmt dieser alpinische Quellstrom der Rhone in seinem untern Laufe zwei nicht unwichtige Gewässer in sich auf, welche von entgegengesetzten Seiten kommend nur wenig von einander in ihn ausmünden. Denn von Süden her ergießt sich zu ihm der Fluß Bourbre, welcher auf den Berghöhen im Westen von les Echelles, wo sich zwischen der Rhone und der Isere die Jura=Ketten mit dem Alpengebirge verbinden, entspringt und von dort in nordwestlicher Richtung bei der Stadt Bourgoin, dem alten Bergusium, vorübergehend die nördlichsten Theile der heutigen Landschaft

---

1) Ebel, über den Bau der Erde im Alpengebirge. II. S. 100.

Delphinat bewässert. Jenes Bourgoin bildet zugleich den Vereinigungspunkt für die beiden großen Heerstraßen, welche von Osten her von Chambery über les Echelles und von Südosten her von Grenoble an der Isere gemeinsam nach Lyon geleiten. Unterhalb jener Stadt wendet sich der Fluß Bourbre nach Norden und ergießt sich in dieser Richtung zu seinem Hauptstrome.

Bedeutender ist aber der von der andern Seite kommende Zufluß der Rhone, der Ain oder Dain (Danus), welcher weit im Norden in der Nähe der Stadt Poligny entspringend ein großes Längenthal des Jura durchströmt. In der obern Hälfte seines an achtzehn bis zwanzig Meilen langen Laufes gehört der Ain der heutigen Landschaft Franche-Comté an, und dort liegt in einem östlichen Seitenthale desselben die alte berühmte Abtei Condate oder St. Claude. In seinem untern Laufe scheidet der Ain die beiden südlichsten Gebiete des französischen Landes Burgund von einander nämlich das Berg= und Hügelland von Bugey im Osten von den Thalebenen von Bresse im Westen. Dort liegt wiederum in einem Seitenthale des Flusses die Stadt Nantua, welche jetzt die alte bischöfliche Stadt Belley nicht weit vom Rhone=Ufer überflügelt hat, hier aber erhebt sich die ansehnliche Stadt Bourg, gewöhnlich mit dem Beinamen en Bresse, in einer durch ihren Kornreichthum ausgezeichneten Ebene an dem kleinen Flusse Ressouze, welcher sich westwärts zur Saone ausmündet. Beide Gewässer, Ain und Bourbre, erreichen aber die Rhone, wo sie unterhalb des Fleckens Loyette, zuletzt ihre westliche Richtung annimmt.

Wenden wir uns von diesem mittlern Theile des Stromgebietes der Rhone wieder nach Nordosten zurück zu dem Wasserbecken des Genfer=Sees, so haben wir zunächst die politisch=kirchlichen Verhältnisse der an seinem Nordufer sich ausbreitenden Landschaft zu berühren. Die weite schöne Thalebene, welche sich dort von den Alpen im Osten bis zu den Ketten des Jura im Westen erstreckt und nordwärts bis zu dem Neuenburger-See reicht, bildet heut zu Tage den schweizerischen Kanton Waadt oder das Waadtland, das pays de Vaud bei den Romanen, hervorgegangen aus dem alten burgundischen pagus und comitatus Waldensis, der jedoch nicht den Umfang des heutigen Kantons dieses Namens hatte. Bereits in der Stiftungs- oder Ausstattungs-Urkunde der Abtei St. Moritz durch den König Siegmund von Burgund vom Jahre 515 wird neben dem Walliser- und Genfer-Gau auch der pagus Waldensis genannt [1]), und er erscheint sodann in der großen Reichstheilung vom Jahre 839 als der comitatus Valdensis am Rhone-Meere gelegen [2]). Unbekannt oder doch unsicher ist der Ursprung und die Bedeutung dieses ohne Zweifel seit der ersten Einwanderung der Burgunden in Helvetien entstandenen Namens, und wenn man ihn aus dem Deutschen ableiten muß, so möchte er wohl weniger ein Waldland bezeichnen [3]), da sich dies Gebiet von Helvetien grade nicht besonders durch seinen Waldreichthum vor andern Theilen jenes Landes ausgezeichnet haben kann, als vielmehr wohl Welschland, in so fern es grade unter der burgundischen Herrschaft ein Hauptsitz der Provinzialen in Helvetien blieb [4]). Uebrigens erscheint der Name jenes Gaues und Comitats auch häufig in den Urkunden der folgenden Zeiten, und noch im Jahre 1192 nannte sich der Graf Wilhelm von Genf, dessen Vorfahren eine theilweise Herrschaft in demselben gewonnen hatten, einen comes Valdensium, wie wenig auch dies Comitat dem ältern burgundischen entsprach [5]).

---

1) Chron. Gottwic. II. p. 826. N. 473.
2) Annal. Bertin. a. 839 ap. Pertz, mon. I. p. 434.
3) Gingins la Sarraz, essai sur l'établissement des Burgunden l. c. p. 241.
4) Ruchat, dissertation sur l'origine des noms des lieux de la Suisse l. c. p. 135—138. Bertrand, recherches sur les langues anciennes et modernes de la Suisse. p. 60.
5) Watteville, hist. de la confédération hélvétique. I. p. 67.

Der alte vom Genfer-See nordwärts bis zum Neuenburger-See reichende Waadt-Gau zerfiel aber wieder in drei kleinere Gaue oder Bezirke, von welchen der eine, der Gau von Yverdun (pagus Ebrodunensis), wie bereits oben angegeben ist, den nördlichen Theil an dem obern Ende des Sees von Neufchatel umfaßte. Da er an der Westseite des Sees sich über die Bergketten des Jura bis zu dem von der Reuse durchströmten Val Travers in der heutigen Landschaft von Neufchatel ausgedehnt haben soll, so erscheint er auch unter dem Namen des pagus Juranensis, und wird in den Urkunden aus der Zeit des zehnten Jahrhunderts als der pagus Everdunensis bezeichnet. Das Gebiet von Yverdun ist aber noch jetzt unter dem Namen le Gros de Vaud bekannt. Im Süden an den Ufern des Genfer-Sees breitete sich um das alte Lausanne der schon in jenem Stiftungsbriefe des Königs Siegmund erwähnte Lausanner-Gau (pagus Lausannensis) aus, der sich von dem kleinen Flüßchen Vevaise bei Vevay im Osten bis zur Venoge im Westen erstreckte. Denn jenseit der Venoge lag der dritte kleine Gau, welcher das Gebiet am Abhange des Jura bis zum See umfaßte und durch den kleinen bei der gleichnamigen Stadt vorübergehenden Fluß Aubonne von dem westlichsten der sieben großen burgundischen Gaue in Helvetien geschieden wurde. Darum führte jenes Gebiet auch nur den Namen des pagus inter Albonam et Venobiam und ist noch in der kirchlichen Geographie dieses Landes als das pays d'outre Venoge bekannt [1]).

An der Westseite des untern Endes des Genfer-Sees schloß sich an den Waadt-Gau der dem heutigen Waadtlande zum Theil noch angehörige und nach der dortigen alten römischen Ritter-Kolonie Julia Equestris oder Nevidunum (Nyon) benannte Equester-Gau (pagus Equestricus),

---

[1]) Gingins la Sarraz, essai sur l'établissement des Burgunden l. c. p. 242.

welcher mit Rücksicht auf das Territorium der alten Römer-
Stadt nach Westen hin über das Berggebiet des Jura eine
große Ausdehnung gehabt zu haben scheint [1]). Denn dort
soll sich dieser Gau bis zum Flusse Ain erstreckt und die
beiden Gebiete von Ober- und Nieder-Bugey zwischen der
Rhone und dem Ain umfaßt haben, indem man seinen Umfang mit der alten hier befindlichen Diöcese von Nevidunum
in Verbindung bringt, deren Mittelpunkt aber schon im Laufe
des fünften Jahrhunderts von jener Stadt an den Ufern des
Genfer-Sees nach der Stadt Belley weiter unterhalb an
der Rhone verlegt worden sein soll [2]). Sicher ist freilich die
Ausdehnung des Equester-Gaues über das Bergland des
Jura, da noch der König Karl von der Provence im Jahre
862 die Abtei St. Claude mit ansehnlichen Waldgebieten in
demselben beschenkte [3]), obschon er später an Umfang viel
verloren haben muß, da wenigstens die beiden Gebiete von
Bugey nachmals als besondere Comitate genannt werden.
Uebrigens lernen wir den Equester-Gau noch aus mehreren
Urkunden, welche die Gebiete von Genf und Lausanne be-
treffen, aus der Zeit des Königs Rudolf II., wo Anshelm
als Graf dieses Gaues genannt wird, kennen [4]). Doch
scheint allmählig sein Name sich verloren und der des benachbarten Gaues ihn in sich aufgenommen zu haben.

Denn sicher verbreitete sich schon frühzeitig der Name
des Waadtlandes über das weite Gebiet am Genfer-See
vom Fuße der Alpen bis zu den Bergketten des Jura, und
in diesem Waadtlande im weitern Sinne erscheint schon
seit den ältern Zeiten des Mittelalters das alte Lausanne

---

1) Watteville, hist. de la confédération helvétique. I. p. 23.
2) Gingins la Sarraz, essai l. c. p. 249.
3) Dunod, histoire de l'église et de la ville de Bésançon.
Bésançon 1750. 4. Tom. I. p. 65.
4) Müller, schweiz. Geschichte. I. S. 255. Schweiz. Museum.
Th. II. Jahrg. 1784. S. 257 bis 273.

als der Hauptort in politischer und kirchlicher Beziehung. Lausanne (Lousonium), welches noch jetzt mancherlei Denkmale des Alterthums aufzeigt, gehört zu den ältesten Orten des helvetischen Landes, und war schon im römischen Zeitalter ein nicht unbedeutender Punkt in dem jenes Gebiet durchziehenden Straßennetze [1]). Wenn auch später den Verheerungsstürmen in der Zeit der Völkerwanderung erliegend mußte sich der Ort wegen seiner schönen und überaus günstigen Lage doch bald wieder erholen und zu neuer Blüthe emporschwingen. Denn nur in geringer Entfernung im Nordosten von Lausanne erhebt sich die kleine an 1620 F. über den Spiegel des Genfer-Sees aufsteigende Berggruppe Jorat, über welche die von dort nach Milden und nach Freiburg gehende Heerstraße hinwegführt. Sie scheidet zugleich die zur Broye und zum Genfer-See abfließenden Gewässer und somit auch die beiden Stromgebiete des Rhein und der Rhone [2]). Ihre Abhänge sind mit den reichsten Weinpflanzungen bedeckt, welche sich bis zu den Ufern des Sees herabziehen und nicht wenig zur Schönheit der Umgebung von Lausanne beitragen.

Die Verlegung des alten bischöflichen Sitzes aus dem verfallenen Aventicum nach jener Uferstadt des lemanischen Sees gab aber den bedeutendsten Anstoß zu dem neuen Emporkommen dieses Ortes, und jene Verlegung wurde ohne Zweifel durch den Wunsch der dortigen Kirchenvorsteher veranlaßt ihren Sitz in der Mitte der in dem Waadt-Gaue zusammengedrängten romanischen Bevölkerung zu nehmen. Denn so soll schon der Bischof Protasius von Aventicum zur Zeit des Königs Siegmund von Burgund daran gedacht haben, Lausanne wieder herzustellen und dort die bischöfliche Kirche zu errichten, obschon dieser Plan noch durch seinen ums Jahr 530 erfolgten Tod vereitelt ward. Doch hat sich

---

1) Haller, Helvetien unter den Römern. II. S. 215 bis 221.
2) Saussure, voyages dans les Alpes. I. Chap. 19. p. 349.

sein Andenken in der Kirche des kleinen Ortes St. Prez oder St. Protais, wo er seine Ruhestätte gefunden haben soll, in der Nähe von Morges am Genfer-See noch bis jetzt erhalten. Uebrigens soll sein Nachfolger in der Verwaltung der Kirche von Aventicum, der Bischof Chilmegisel, der ums Jahr 536 oder 537 mit Tode abging, bereits zu Lausanne in der Kirche des heil. Thyrsus (St. Thiers) nachmals die des St. Marius genannt, beigesetzt worden sein, obschon jenes Aventicum noch auf längere Zeit der Sitz der Bischöfe dieses Theiles von Helvetien blieb. Auch bezeichnete sich sein Nachfolger, der Bischof Superius, noch als episcopus ecclesiae Aventicorum auf einer im Jahre 538 in der Auvergne abgehaltenen Kirchenversammlung.[1]).

Die wirkliche Verlegung des bischöflichen Sitzes von jener alten helvetischen Hauptstadt nach der heutigen Hauptstadt des Waadtlandes erfolgte aber erst gegen das Ende des sechsten Jahrhunderts durch den Bischof Marius, welcher zu den ausgezeichnetsten Männern seiner Zeit gehört. Aus einer angesehenen burgundischen Familie stammend, die zu Autun einheimisch war, bekleidete Marius an zwanzig Jahre lang von 581 bis 602 die Würde eines Bischofs in der Kirche zu Aventicum, und durch ihn wurde ums Jahr 590 der Vorzug der Stadt Lausanne als Sitz der Kirchenvorsteher jenes Theiles von Burgund entschieden, so daß man ihn als den eigentlichen Begründer des Bisthums Lausanne zu betrachten pflegt. Wegen seiner Geburt und seiner Bildung stand Marius bei dem damaligen burgundischen Könige Guntram in hohem Ansehn und nahm an den wichtigsten öffentlichen Angelegenheiten in dem Gebiete seines Landesherrn Antheil. Auch benutzte der Bischof die Gunst des Königs zur Verleihung von mancherlei Vorrechten und Vergabungen für seine Kirche, obschon er der letztern nicht

---

1) **Ruchat**, abrégé de l'histoire ecclésiastique du Pays de Vaud. Berne 1707. 8. p. 4—7.

minder zahlreiche Schenkungen aus seinem reichen Familiengute zuwandte. Er war es auch, durch welchen sich das alte Paterniacum, woselbst er eine Kirche begründete, zuerst wieder aus seinen Trümmern erhob und somit der erste Grund zu dem heutigen Peterlingen gelegt wurde. Seine Bildung beurkundete Marius als Geschichtschreiber in der Fortsetzung der Chronik des Prosper bis auf seine Zeit. Seine Ruhestätte fand Marius in der St. Thyrsus-Kirche, welche fortan nach ihm benannt und in dem obern Theile der Stadt gelegen die ältste Hauptkirche von Lausanne bildete, bis sich erst im Zeitalter der Rudolfingen eben daselbst die Kathedrale der Diöcese von Lausanne erhob [1]).

Aber nach des Marius Zeit liegt die Geschichte dieser bischöflichen Kirche während des Laufes des siebenten und achten Jahrhunderts so im Dunkeln, daß man kaum einige Namen ihrer Vorsteher kennt. Ums Jahr 650 erscheint der Bischof Arricius von Lausanne als Theilnehmer an der zu Chalons an der Saone abgehaltenen Synode, und ein Jahrhundert später wird hier der Bischof Alexander genannt, welcher wegen Ungehorsam gegen seinen Landesherrn, vermuthlich den fränkischen König Pipin, von seinem bischöflichen Sitze vertrieben worden sein und einen gewissen Alfons zum Nachfolger bekommen haben soll. Erst mit dem neunten Jahrhundert beginnt eine etwas mehr sichere Geschichte des Bisthums Lausanne, obschon die Vorsteher dieser Kirche noch lange Zeit ohne bedeutendes Ansehn blieben.

Ums Jahr 800 finden wir hier den Bischof Ubalrich oder Ulrich genannt, dessen Nachfolger Frebarius ansehnliche Schenkungen für seine Kirche von dem Kaiser Ludwig dem Frommen erhalten haben soll. Aber schon im Jahre 817 folgte ihm in der Verwaltung des Hochstiftes der Bischof Pascal, und diesem wiederum im Jahre 827 der Bischof David, welcher seines Hirtenamtes wenig einge-

---

1) Ruchat, histoire ecclés. du Pays de Vaud. p. 9—13.

denk nur seiner kriegerischen Neigung nachhing und im Kampfe mit der Nachbarstadt Milden endlich im Jahre 850 einen gewaltsamen Tod fand. Ein um so würdigeres Oberhaupt erhielt dafür die Kirche von Lausanne in seinem Nachfolger dem Bischof Hartmann, welcher vorher Almosenier oder Vorsteher des Klosters auf dem St. Bernhard=Passe gewesen war und jene Kirche bis zum Jahre 878 mit grossem Ruhme verwaltete. Sein Nachfolger, der Bischof Hieronymus, ist theils dadurch bekannt, daß er bei der gegen ihn in Lausanne herrschenden Partheiung sich durch das Ansehn und die Unterstützung des Papstes Johann VIII. in dem Bisthum behauptete, theils dadurch daß er an den zu jener Zeit in dem burgundischen Lande sich ereignenden politischen Umgestaltungen Antheil nahm [1]).

Denn um jene Zeit war es, daß die Diöcese von Lausanne zuerst in dem Könige Boso, nicht lange darauf aber in dem hochburgundischen Könige Rudolf einen neuen Landesherrn bekam, welcher letztere auch sogleich seine Hoheits= rechte geltend machte, indem er bei dem im Jahre 892 erfolgten Tode des Bischofs Hieronymus in Begleitung des Metropoliten von Besançon in Lausanne erschien und gegen einen gewissen Raginfried, welcher sich durch allerlei unrechtmäßige Mittel die bischöfliche Würde zu verschaffen suchte, den Diakonus Boso zum Bischofe daselbst erwählen ließ. Auf eine würdige Weise verwaltete dieser Boso das Hochstift bis zum Jahre 927, und stand in hohem Ansehn bei dem Könige Rudolf, der seiner Kirche mancherlei Vergabungen zuwandte. Nach der kurzen Verwaltung des Hochstiftes durch den Bischof Libo bis zum Jahre 932 folgte sodann als Vorsteher der Kirche von Lausanne des Königs Rudolf II. noch sehr junger Sohn Burkhard oder Beron, welcher dann später durch seinen Bruder, den König Konrad von Burgund, im Jahre 947 auf den erzbischöflichen Stuhl von Lyon erhoben ward.

---

1) Ruchat, hist. ecclés. du Pays de Vaud. p. 14—21.

Von geringer Bedeutung sind seine beiden nächsten Nachfolger in der Leitung der Kirche des Waadtlandes, die Bischöfe Meginhar oder Gottschalk bis zum Jahre 968 und Eginulf, angeblich aus dem Stamme der Grafen von Kyburg, bis zum Jahre 985. Einen um so berühmtern Namen führt dagegen in der Geschichte des Bisthums Lausanne des Eginulf Nachfolger, der Bischof Heinrich, angeblich aus dem Geschlechte der Grafen von Lenzburg. Denn während seiner fünf und breißigjährigen Verwaltung des Hochstiftes zeichnete er sich durch die Gründung vieler Kirchen in der Stadt Lausanne aus, und er soll auch den ersten Grund zu der dortigen Kathedrale gelegt haben, die jedoch erst lange nach seiner Zeit vollendet ward. Bei dem Könige Rudolf III. von Burgund, welchen er im Jahre 994 zu Lausanne krönte, stand er in einem solchen Ansehn, daß ihm derselbe zu Vevay im Jahre 1011 die ganze Grafschaft Waadt (comit. Waldensis) vermacht haben soll. Sicher ist wenigstens, daß unter jenes Rudolfs Walten im Lande Burgund alle Kirchenhäupter sich zu einer politischen Bedeutung emporschwangen, und wenn die Bischöfe von Lausanne auch nicht die weltliche Herrschaft in dem ganzen Waadtlande zu erwerben oder zu behaupten vermochten, so haben sie dieselbe doch in ihrer Residenzstadt zu gewinnen gewußt. Ueberhaupt erwarb sich der Bischof Heinrich solche Verdienste um seine Kirche, daß er nachmals unter die Schaar der Heiligen versetzt ward, obschon es ihm bei seinen Lebzeiten so wenig an Feinden gefehlt haben kann, daß er im Jahre 1019 selbst einen gewaltsamen Tod fand. Sein Nachfolger in dem Hochstifte war wiederum ein Mitglied des burgundischen Königshauses, der Bischof Hugo, ein natürlicher Sohn des Königs Rudolf III., welcher die Kirche von Lausanne bis zum Jahre 1038 verwaltete [1]).

---

[1]) Ruchat, hist. ecclés. du Pays de Vaud. p. 22—29.

Die ziemlich ausgedehnte Diöcese von Lausanne, deren Bischöfe seit dem karolingischen Zeitalter unter dem burgundischen Metropoliten von Besançon standen, umfaßte den größten Theil des burgundischen und romanischen Helvetiens. Auch haben wir ihre Grenzmarken namentlich gegen die Hochstifte von Sitten, Constanz und Basel schon oben kennen gelernt. Ihre Südgrenze wurde zunächst durch die Gestade des Genfer=Sees gebildet, an welchem sie bis zur Einmündung der Rhone in denselben reichte und noch das Gebiet der Stadt Villeneuve begriff. Von dort folgte die Diöcesan=Grenze gegen Osten und Nordosten der Wasserscheide des Berner=Alpenlandes bis in das Quellgebiet der Rhone, Reuß und Aar an dem Plateau des St. Gotthard, und berührte auf dieser Linie die Diöcese von Sitten, während sie im äußersten Osten an das rhätische Bisthum Chur stieß. Von dem St. Gotthard an zog sich die Grenze des Kirchensprengels von Lausanne gegen Nordwesten, dem Stromlaufe der Aar folgend, durch das helvetische Tafelland über Bern und Solothurn hinab bis zur Einmündung des Siggern=Baches in die Aar, und schied auf dieser langen Strecke die Gebiete der Länder Burgund und Schwaben wie die beiden Diöcesen von Lausanne und Constanz. Von dem Siggern=Bache zog sich die Grenze, gegen Westen und Südwesten zu den Berghöhen des Jura hinaufsteigend und die kirchlichen Gebiete von Lausanne und Basel von einander trennend, über die Felsenhalle von Pierre Pertuis und im Norden des St. Immer=Thales entlang bis zum obern Doubs, wo sich in der Gegend von dem heutigen la Chaux de Fond die beiden Kantone von Bern und Neufchatel einander berühren. Denn dort lagen, wie schon oben (S. 287) bemerkt, die Grenzsteine der drei Bisthümer Basel, Lausanne und Besançon. Auf der Westseite folgten sodann die Grenzen der Diöcese von Lausanne gegen die von Besançon in südlicher und südwestlicher Richtung den Bergrücken des Jura zwischen den zum Doubs und zum

Neuenburger=See ablaufenden Gewässern bis in das Quell= gebiet der Aubonne, welche letztere wiederum bis zum Genfer=See abwärts die Grenzmark gegen die Diöcese von Genf bildete [1]).

Die sich auf solche Weise rings um das Gebiet der Neuenburger=Seegruppe ausbreitende und von dem Jura im Westen bis zur mittlern Aar im Osten reichende Diöcese von Lausanne zerfiel nach ihrer geistlichen Verwaltung in acht Dekanate, deren Einrichtung aber hier wie fast überall nur den spätern Zeiten des Mittelalters angehört. Diese kleinern kirchlichen Gebiete waren aber 1) das Dek. von Lausanne oder das Land am Genfer=See. 2) Das Dek. von Ogo oder das Land an den Berner=Alpen. 3) Das Dek. von Freiburg oder das Land an der Saane. 4) Das Dek. von Bern oder das Land an der Aar. 5) Das Dek. von Solothurn oder das Land an der Aar und am Bieler=See. 6) Das Dek. von Avenche oder das Land an der Ostseite des Sees von Neuschatel. 7) Das Dek. von Neuschatel oder das Land am Jura und 8) das Dek. Outre la Venoge oder das Land zwischen der Venoge und der Aubonne vom Jura bis zum Genfer=See hinab [2]).

---

[1] Leu, allgem. helvet. oder schweizerisches Lexikon. XI. S. 430. Füßlin, schweiz. Erdbeschreibung. III. S. 480.

[2] G. E. Haller, Bibliothek der Schweizer=Geschichte. Bern 1785. 8. Th. III. S. 334.